ACRO
POLIS
衛城
出版

ACRO
POLIS
衛城
出版

獻給我的母親索荷拉（Soheyla）
以及我的父親哈桑（Hassan）

謝誌

感謝爸媽從來不曾懷疑過我；感謝凱薩琳・貝爾（Catherine Bell）讓我起步；感謝法蘭克・康洛伊（Frank Conroy）給我機會；感謝依萊絲・謝尼（Elyse Cheney）找到我；感謝丹尼爾・梅納克（Daniel Menaker）信任我；感謝亞曼妲・佛提尼（Amanda Fortini）為我牽線；感謝我的老師們質疑我。其他一切的一切，則全要感謝伊恩・魏雷特（Ian Werrett）。

奉至仁至慈的真主之名

目次

導讀

伊斯蘭的平權之夢：

論雷薩．阿斯蘭的《伊斯蘭大歷史》

趙恩潔（國立中山大學社會系副教授）

美國最出名的穆斯林公共知識分子

雷薩．阿斯蘭（Reza Aslan）在美國是一位家喻戶曉的人物。或許再沒有一位當代美國穆斯林知識分子，如阿斯蘭這般受到媒體矚目。在二〇一七年他透過推特批評總統川普的言論而引發爭議以前，阿斯蘭為CNN電視臺一靈性旅遊節目Believer製作團隊工作。平常，他的身影也可見於政治光譜極為不同的電視臺：從PBS到共和黨電視臺FOX，從反共和黨的Daily Show與

The Colbert Report等一線的娛樂政論節目，一路到極端無神論且視宗教為垃圾的節目主持人Bill Maher的脫口秀。有人說他的外形英俊、風度大方、辯才無礙，使得他聲名大噪。那麼，這樣一個曝光率如此高的知識分子，寫出來的歷史書，究竟是一本什麼樣的書呢？

相信與不相信的人們都有福了，因為這是一本精采可期又深入淺出的伊斯蘭簡史。阿斯蘭說故事的功力是一流的。除了對於史料的熟悉，他在重構歷史時總是夾敘夾議，其批判總是詼諧，因此這絕對不是一本枯燥乏味的史書。阿斯蘭採取的敘事模式，是他最擅長的將史料考證變成精采故事的模式。畢竟，阿斯蘭另一本暢銷作，就是描寫耶穌的生平。同樣透過歷史考察、宗教研究的觀點，他清楚勾勒出這位拿撒勒人先知與後世基督教誕生的生動圖像，並深刻地提出跨宗教的人性關懷等問題。事實上，他的作品，總是與今日民主、人權、恐伊斯蘭（Islamophobia）與宗教容忍（religious tolerance）等當代議題緊密扣連。值得一提的是，阿斯蘭本人曾經改信過基督教，但在研讀宗教史後又重回伊斯蘭教的懷抱。出生於伊朗德黑蘭，但七歲以後都在美國長大並接受教育的他，有著什葉派家族的背景，不只鑽研過耶穌生平，對伊斯蘭有深刻的研究，同時也是一位不折不扣的美國公共知識分子。這樣的一個人，其思考的寬度與言談的模式，足以成為在不同生活世界之人的橋梁。

宗教是社會的，也是文化交流的開花結果

那麼，若以具體的例子來說明，這大概會是一本什麼樣的書？我們該如何定位它？我可以幫助讀者的部分，或許是先提示這本書所使用的研究取徑，以供有興趣的讀者參考。畢竟，這不是一般的學術論文，而是一種人文社會科普書。在這樣的書中，一位學者的的研究方法不會一五一十排排坐好地列出來讓讀者知道。

讀者必須知道的首要之事，是這本書帶有強烈的重視意義詮釋的精神（意義是無比神聖的真實，而不在乎物理性質的真實），也表現出宗教研究中重視歷史脈絡與特定情境的解讀。從這樣的角度來看，這本書並非一般的神學科普書，而是一本研究伊斯蘭史的社會科學科普書。同時，這部作品也致力於顛覆一般大眾對於「宗教」在今日世界的角色之想像。在提到「一種常見但錯誤的想法」時，阿斯蘭主張我們必須破除那種誤以為「宗教是在某種文化真空中誕生」的想法，因為「所有的宗教都跟它們興起與發展時的社會、精神與文化背景有著密不可分的關係。」這對於宗教人類學者或社會學者而言，當然不是什麼新的觀點，而是基本的學術知識。人類學者Talal Asad就曾經清楚地論證，現代世界所通行的「宗教」的觀念，本質上就是歷史的產物，而且是因為西歐的特定政治背景才產生，尤其是在西歐君主與中產階級試圖削弱教會勢力，將教會趕出公共領域，使得基督教再也無法提供公共秩序的解釋力之後，宗教別無其他領域發展，才轉向注重強調個人內心世界，構成注重心理層次的「信仰」。事實上，即使是不同人文社會科學的學者，

也時常陷入這種將「信仰」永恆化、視為是宗教本質的預設之中，但這其實是誤將基督新教在西歐的發展挪用為一種普世性的、橫跨時間空間的所有宗教實踐的單一標竿，並無法說明更為儀式性的、社群性質的、乃至群體行為規範與規訓的宗教形式在不同時代中的意義。阿斯蘭的寫作方式的優點，是在於略過這些困難的學術討論，而直接用平白的話語來去自然化（de-naturalize）那些誤以為宗教只是某個先知突然領悟什麼而憑空發明出來的「信仰」的觀念。阿斯蘭與許多宗教人類學者及宗教社會學者的基本態度都是一致的：宗教是建立於人類社會之中的力量，並非自外於社會的東西，更絕非「信仰」這種將宗教力量內在化、心理化的觀念可清楚說明。在本書的前半部中，阿斯蘭就清楚地解答了，究竟穆罕默德是為了改變什麼樣的社會而慢慢建立起伊斯蘭的社群？先知周遭的部族政治、宗教與經濟、性別與權力又如何是他急欲改革的對象？阿斯蘭用許多史料證明了，伊斯蘭的發跡與發展，時時刻刻都與當時的政治、經濟、社會、文化息息相關，因此伊斯蘭本質上是一場又一場積極想要改變世態的精神與物質改革。

如果在研究方法與思考路徑上，這本書是屬於宗教人類學與宗教社會學的，那麼，在寫作風格上，本書卻又採取了一種科普歷史說書的方式，而特別適合各種讀者來閱讀。由於阿斯蘭熟知阿拉伯文學詩歌以及中東廣大地區多神信仰中不同社群與不同神明之間的關係，因此，他除了將伊斯蘭的精神扣緊當時的社會文化脈絡之外，更掌握了《古蘭經》不同章節在先知穆罕默德生存的不同時期對同樣事件截然不同的回應。這樣切入《古蘭經》的優點，在於阿斯蘭可以證據充足而清楚地說明，究竟是哪一種社會結構與社會亂象，促使穆罕默德試圖透過伊斯蘭為當時階級嚴明的社會帶來激進的平權夢想。可以說，阿斯蘭忠實地將《古蘭經》還原為先知、社會、文化與神不斷互動的一本活的、充滿生命力的、蘊含瑰麗文學能量的口述經典。更難能可貴的是，阿斯蘭把當時的中東地區的宗教思潮背景，用極為淺白的方式，說明了伊斯蘭、猶太教與基督教是如何彼此借鑑、積極影響而繁榮共生（或延續保守）的模式。畢竟《古蘭經》承認所有的猶太教先知，也承認耶穌為重要先知，耶穌之母則是具有高超德性的女性，更不必說《古蘭經》有許多的人物與故事都與《舊約聖經》一脈相承。《古蘭經》受到猶太教詮釋經典的視角影響之深，可以從《古蘭經》原本並無「是夏娃先被蛇勾引」（原本是連同亞當一起）但卻被後世的穆斯林學者如此釋經解讀。除此之外，《舊約聖經》「命定的先知」之文學主題也時常進入到穆罕默德的傳說中，穆罕默德年少跟隨沙漠商隊時就有獨雲為其遮住烈日等意象，就是延續著先知撒母耳從耶西一家最小的兒子大衛身上看見了未來的王這種「小人物出頭天」的情節。

這些跨宗教神蹟故事情節之間的雷同並非巧合，而是多元文化彼此融會貫通的結果。這樣在歷史中存在悠久的模式，是阿斯蘭在本書開頭提及當代所謂的「一神信仰衝突」時，他真正要給予讀者的訊息：我們誤以為是一個個封閉的宗教，彼此之間其實從誕生前後都不斷交互著影響。

事實上，根據阿斯蘭對多種史料的考證，穆罕默德自己就曾經承認，他的訊息是想改革前伊斯蘭時期阿拉伯既有的宗教信仰與文化習俗，好讓阿拉伯民族認識猶太人和基督徒的神。《古蘭經》（42:13）清楚地說道：「〔神〕已為你們〔阿拉伯人〕制定正教，就是祂所命令努哈（諾亞）的、祂所啟示你的、祂命令易卜拉欣（亞伯拉罕）、穆薩（摩西）和爾撒（耶穌）所制定的宗教。」從這個角度來說，先知穆罕默德深信，猶太教、教督教、伊斯蘭是一脈相承、彼此聯繫的亞伯拉罕一神宗教。

那麼，為什麼穆罕默德要這麼做呢？他想改革的前伊斯蘭時期的阿拉伯社會，究竟是什麼樣子的呢？

穆罕默德：阿拉伯社會的改革者

當時的阿拉伯社會，有極度發展的阿拉伯部族文化。一個人的社會認同感完全得自於部族的成員身分，而身為部族的一分子，就意味著一定要參與所有的部族活動，尤其是跟麥加宗教經濟系統相關者。然而七世紀時，在貧富差距逐漸擴大之下，阿拉伯部族原本彼此照顧的精神，已在經濟發展中逐漸淪喪，而社會則愈來愈由少數權貴（尤其是古萊須人〔Quraysh〕）所控制，依照著少數菁英部族的利益優先來制定生存法則。由於戰亂、遷徙以及資源分配不均，優勢族群壟斷著阿拉伯社會的運作。所有的窮人、沒有正式保護者的人們（包括孤兒和寡婦等無法取得任何遺產的邊緣人）若要生存下去，唯一的選擇，就是以極高的利息向有錢人借貸，導致債臺高築，陷入萬劫不復的貧窮，最後只好淪為奴隸。

這樣的阿拉伯社會，令當時的穆罕默德相當反感，並造成經商致富的他極大的精神痛苦。因而，穆罕默德時常感到無法原諒自己身為這個利益結構之共犯。阿斯蘭便如此說道：

一方面，〔先知穆罕默德〕以為人慷慨、經營事業公正無私而出名。即使已經成為備受尊敬且相當富裕的商人，他還是經常獨自到麥加谷地周圍的山區與峽谷進行「自我合理化」的閉關修行（也就是上一章裡提到的異教習俗「塔哈努斯」），並且定期在一種跟卡巴信仰關係密切的宗教慈善儀式中捐錢與食物給窮人。另一方面，他似乎也深切意識到自己是麥加宗教經濟系統中的共犯，剝削城內未受到保護的大眾來維持菁英階級的財富與權力。他因為自己的生活方式與信仰不符而飽受煎熬十五年；到了四十歲時，他在精神上已然痛苦不堪。接著，公元六一〇年的某個夜晚，在希拉山（Mt. Hira）上進行宗教閉關修行的穆罕默德有了一場將會改變世界的奇遇。

若從這個觀點看來，《古蘭經》的開端，也就是穆罕默德最初接受到的神的話語，其實正蘊含著深刻的政治經濟批判與社會正義的精神。在神最初給穆罕默德的話語中，首先是用美得驚人的韻文歌頌真主的力量與榮耀（《古蘭經》之於阿拉伯文，如同莎士比亞之於英文），接著就是集中在批評麥加部族倫理之淪喪。穆罕默德傳述了採用最強烈字眼來譴責人們對弱者與無依者的虐待與剝削的訊息。他呼籲人們終結讓窮人淪為奴隸的虛假合約與高利貸行為，禁止他的跟隨者任意趕走乞丐與孤兒寡母。他談及弱勢與受欺壓者的權利，並且提出一種新型的、平權的、脫離部族的自由社會。因而，伊斯蘭批評資本主義的利息制度這個當代廣為人知的教義（尤其在二〇〇八年由美國次級房貸導致的全球金融風暴之後），其實在伊斯蘭形成初期，就已經具備強烈的雛形。

因此，伊斯蘭的建立，是一種對社會不平等的反抗。投入穆罕默德的伊斯蘭運動，意味著身為一個部族成員不僅要改變信仰，還要棄絕部族的活動，本質上就是要脫離部族。這對部族權貴古萊須人而言，是個嚴重的威脅。他們對穆罕默德的主要怨言（至少公開上），早就超越了他對社會與經濟改革的訴求（雖然他們很可能也被那些批評搞到面紅耳赤），也不只限於他激進的一神論（畢竟他們早就習慣不理會信奉一神「異教」的哈尼夫信徒〔Hanifs〕的那些論調）。阿斯蘭指出，如同貝爾（Richard Bell）所指出的，整本《古蘭經》裡，絲毫沒有半句提到古萊須人基於信念捍衛多神論的話語。反之，就像他們對朝聖者的警告所顯示的，比起傳播一神論訊息，比較讓古萊須人困擾的是穆罕默德不斷抨擊他們祖先的儀式與傳統價值觀，而麥加的社會、宗教與經濟基礎都是建立在這些傳統之上，古萊須人的優勢也緊繫於此。

從這個角度而言，部族貴族古萊須人並不是像一般狹隘的宗教衝突論者常提及的，只是堅持自己的多神論而討厭穆罕默德的一神論，或基於想要捍衛多神論，因此試圖迫害穆罕默德。如阿斯蘭所言：

切莫忘記，古萊須人在宗教這方面的經驗很豐富。他們畢竟靠這個討生活。多神論、單一主神論、一神論、基督教、猶太教、祆教、哈尼夫信仰、各式各樣的異教，古萊須人全都見識過。很難相信他們會因為穆罕默德的一神論宣言而感到震驚。

同樣的一神論調調，當時流行多時的哈尼夫教徒已經講了好多年。所以古萊須人不怕這些「一神教異端」。古萊須人真正怕的，是穆罕默德的社會革命，因為穆罕默德當時所夢想的是一個新社會，而要讓這個新社會可以成立的唯一方法，就是推翻麥加引以為基礎的宗教經濟系統。

以更精準的歷史脈絡分析破除刻板印象

從上述的伊斯蘭發跡是建基在社會改革的訊息中，我們可以發現，伊斯蘭的興起，與建立一個更平權的社會的夢想息息相關。這個重要的觀念，與許多西方媒體以及某些古老西方知識分子所賦予伊斯蘭的形象（拿著刀的武士、血腥狂熱的暴徒）完全不同。阿斯蘭在書的後半部提到：伊斯蘭教於公元六至七世紀在阿拉伯世界興起，雖然穆罕默德帶著關於道德責任與社會平等主義的革命性訊息，卻漸漸地被他的後繼者重新詮釋成各種互相競爭的意識形態，甚至淪為講求嚴格的律法主義與不可動搖的正統。穆斯林社群經過了十八、十九世紀的殖民主義經驗後，每個派別也都有不同的反應。確實，被殖民的經驗迫使整個穆斯林社群重新思考信仰在現代社會中的角色。

二十世紀殖民主義結束但西方勢力仍然主導中東政治，儘管遠在東南亞的印尼做為世上最大的穆斯林多數國已經成功轉型為民主國家，中東的穆斯林社會則在困境重重的環境中持續爭辯是否有可能形成一個真正的伊斯蘭民主政體。在這樣的背景下，各方人馬都精進了他們的論點，但這是一個未完的旅程。

但這有那麼令人意外嗎？基督教的改革，當年所帶來的暴力又血腥的戰爭，讓歐洲足足有超過一個世紀時間都陷於破壞與戰亂之中。而且，他們當時並不需要面對外敵時時刻刻的軍事殖民與文化殖民。到了二十世紀，在民主的發展走火入魔成為民粹之後，歐洲在短短幾年間，就把全世界帶入不只一次的「世界大戰」之中。那些頌揚歐洲等於人權與文明，穆斯林社會等於違反人權與落後的觀點，是極為偏頗、罔顧複雜的歐洲血腥殖民史與世界大戰歷史的觀點。事實上，後殖民時期的穆斯林多元社群，一直都在各個國家內部進行各種奮鬥。這些複雜的現象絕對無法以簡化的「文明衝突」來說明。文明衝突的說法，會嚴重地誤導人們本質化某種宗教與文化，進而忽略一直以來，文明與文明之間不斷彼此借用、文明內部充滿更激烈的鬥爭、而跨越文明的權貴階層（包含外來殖民者與本土上位者）總是聯合壓榨雙邊的下層人民（包含帝國本土的勞工階級與殖民地的中下階層）的真實情況。

因此，我們又來到了這個今日屢見不鮮的雙重標準問題：為什麼那麼多的人總是選擇妖魔化伊斯蘭？阿斯蘭又如何在本書中應對這些問題？

有些人以為，一天要禱告五次，很奇怪。不吃豬，很奇怪。但是，聖靈懷胎，不奇怪嗎？三位一體，不奇怪嗎？或者，乩童可以讓神明附身，不奇怪嗎？

對這類迷思的處理方式，阿斯蘭同樣用歷史考證與比較研究來處理。他舉了以下這些例子說明：聖靈懷胎的故事，其實早就在中東兩河流域盛行已久；在基督誕生前一千多年，瑣羅亞斯德就開始布道說會有一場肉身的復活；「三位一體」的教義是公元四五一年迦克墩大公會議（Council at Chalcedon）的會議結果，在此之前神學家懷疑《新約》中並沒有清楚提及三位一體的概念（這個詞是由最早、最傑出的教父之一，迦太基的特土良〔Tertullian of Carthage〕於公元三世紀時發明的）。如果只看這些「奇怪的」會議所決定的結果，為什麼人們不會去質疑，基督教為何要採用這些奇怪的教義？

顯然，問題不在於什麼宗教信仰比其他宗教更奇怪，而是在於為什麼我們只會質疑、詰問某些宗教，卻默認其他宗教的合法性。

有些人以為，伊斯蘭是一個有問題的宗教，而穆斯林是「穿著長袍、亮出彎刀、準備隨時宰了出現在他面前的異教徒」的瘋狂人類。這些意象從九百多部好萊塢電影以及迪士尼卡通都可見到。對此刻板印象的回應，阿斯蘭的話語非常精闢有力，清楚描述人們是如何使用完全雙重標準的方式來理解十字軍東征以及伊斯蘭帝國的擴張，在此容我大幅引用：

伊斯蘭教是誕生在一個強盛帝國與全球擴張的時代，當時拜占庭帝國與薩珊王朝——兩者皆是政教合一的王國——都為了擴大疆域而陷於一種時時都在進行宗教戰爭的狀態。擴張到阿拉伯半島之外的穆斯林大軍只是加入了原本就已存在的混戰；雖然他們很快就占得上風，但這場混戰既不是他們發起的，也不是由他們來定義的。儘管西方人普遍認為穆斯林征服者強迫被征服的民族改信伊斯蘭教，但穆斯林征服者並未這麼做；實際上，他們甚至不鼓勵這麼做。真相是：在第八和第九世紀，阿拉伯穆斯林擁有極大的經濟與社會優勢，因此伊斯蘭很快就變成一個菁英集團，非阿拉伯人只能透過一套複雜的程序加入，首先就是要成為阿拉伯人的依附者。

這也是個宗教與國家不可分割的年代。除了寥寥幾位與眾不同的男女之外，這個時代沒有任何猶太教徒、基督徒、祆教徒或穆斯林會認為自己的宗教源自個人私密的自白經驗。事實恰恰相反。你的宗教就是你的種族、你的文化、你的社會身分，它定義了你的政治、你的經濟情況、你的道德倫理。最重要的是，你的宗教就是你的「國籍」。因此，神聖羅馬帝國有其官方認可並依法實施的基督教版本，如同薩珊帝國也有其官方認可並依法實施的祆教版本。在印度次大陸，毗濕奴諸王國（毗濕奴及其化身的信奉者）與濕婆諸王國（濕婆神的信奉者）競相爭奪領土的控制權，而在中國，佛教統治者也和道教統治者爭奪政治優勢。在所有這些地區，尤其是在國家明顯由宗教支持的近東地區，領土擴張與宗教傳播完全是同一件事。因此，「每一個」宗教都是「劍之宗教」。

當穆斯林征服者開始闡述伊斯蘭教的戰爭意義與戰爭作用時，他們手邊就有一些非常成熟的宗教戰爭理想可以套用；這些發展成熟的理想受到帝王支持，薩珊和拜占庭帝國都在實行。事實上，「聖戰」（holy war）一詞並不是源自伊斯蘭教，而是源自基督教十字軍，他們率先用這個詞賦予戰爭神學上的正當性，但打仗其實是為了爭奪土地和貿易路線。穆斯林征服者並未使用「聖戰」這個詞，而把阿拉伯文的「吉哈德」（*jihad*）定義成「聖戰」也完全不恰當。阿拉伯文中有許多字詞可以毫無爭議地被翻譯成「戰爭」，但「吉哈德」不在其列。

其實，把jihad翻成「聖戰」是沿用西方媒體理解的方式，而這在穆斯林法學者與伊斯蘭研究中仍然是富有爭議性的概念。Jihad字面上的意思是「努力、奮鬥」，且往往有兩種以上的意涵，至少分為「為抵抗外敵侵略而戰」或「奉主命成為安拉喜悅的行為，或說是心靈克服欲望野心的征戰」。此外，《古蘭經》與聖訓章節其實有許多提倡和平、禁止濫殺無辜市民（任何有女人小孩的地方都不准許，即使在戰場上也不允許、對和平者也不可施加暴力、也不可對勞工施加暴力、即使在戰場上也不允許）的訊息。在這樣的理解中，「自殺炸彈客」或「濫殺無辜」幾乎很難找到伊斯蘭的基礎。

阿斯蘭就指出，以古典吉哈德信條來說，把世界分成「伊斯蘭之土」（*dar al-Islam*）與「戰爭之土」（*dar al-aharb*）的對抗，是從十字軍東征後延伸而來，的觀念，其實是一種特定戰爭時期的歷史產物，卻被後世當成了不可動搖的教義。但阿斯蘭在書中也舉出，當十字軍東征結束，古典吉哈德信條就已經受到新一代穆斯林學者的激烈挑戰。伊本—泰米亞（Ibn Taymiyya，一二六三—一三二八）就堅稱，殺死拒絕改信伊斯蘭教的不信道者——古典吉哈德信條的基礎——不但跟穆罕默德的典範背道而馳，也違反了《古蘭經》中最重要的原則之一：「對於宗教，絕無強迫」（2:256）。

另外一個關於伊斯蘭根深蒂固的錯誤偏見，是以為伊斯蘭要求政教合一。然而，如同Robert Hefner教授在《公民的伊斯蘭》（*Civil Islam*）一書的導論所提及的，歷史中充滿著豐富的、穆斯林社群實行政教分離的經驗。事實上，《古蘭經》也從未提出一種關於國家的政治理論。阿斯蘭指出，如同許多穆斯林法學者已經指出的，先知權威應該僅限於真主使者的宗教職責，而哈里發的職權則純屬世俗，所有的穆斯林都可以質疑、反對、甚至反抗。阿布杜—拉濟克（Ali Abd ar-Raziq）甚至會說，伊斯蘭教的普世性只能以它的宗教與道德原則為基礎，跟個別國家的政治秩序完全無關。因此，阿斯蘭提醒我們，當代我們看到的那些似乎在進行政教合一的國家，他們是穆斯林社群中很晚近才出現的異類，與幾百年來多宗教多種族多文化的鄂圖曼帝國經驗完全不同，是各種新型的後殖民現代實驗：

〔別忘了世界各地許多穆斯林社群早就與民主和平共處多時，但如果是真的〕想把沙里亞納入法律系統，現代伊斯蘭國家只有三種選擇。可以完全採用傳統主義者對沙里亞的解釋，既不嘗試讓它現代化，也不配合當代的法律與社會常態來調整它，例如沙烏地阿拉伯和塔利班政權底下的阿富汗就是如此。〔但這是很晚近的發展，甚至可以說是歐洲殖民、鄂圖曼解體之後的結果。〕或是可以接受傳統主義派對沙里亞的觀點，說它是民法的合法法源，但除了關於家庭、離婚或繼承等最明顯的案例之外，完全不予採用，埃及和巴基斯坦就是這樣。或者，也可以嘗試透過一套全面性的改革方法，將沙里亞的傳統價值與立憲主義及法治等現代原則融為一體，同時考慮它的歷史背景和它在人類手中的演進。除了伊拉克發展迅速的民主實驗之外，目前只有一個國家〔伊朗〕認真考慮最後這個選項。

由此來看，現代的某些極權國家，在後殖民或是西方扶植過魁儡政權的政治境況下，試圖將伊斯蘭律法（沙里亞）進行法典化甚至套用在刑法上——畢竟，一直以來，伊斯蘭律法最重視的範圍是民法、地位法、財產繼承以及商業法規，而非刑法——都可說是一種現代的發明。如阿斯蘭所言：

> 就算只是對沙里亞的發展進行最初步的分析，也足以證明法律和天啟都是「和伊斯蘭社群一起」成長的……穆罕默德的公社演變時，啟示就隨著公社的需求改變。事實上，在穆罕默德

管掌權的二十二年裡，《古蘭經》幾乎時時都在變。

阿斯蘭所謂的「時時都在變」，指的是神的啟示是來自回應於人民的呼喊，而神的回應也總是照顧到人民在不同脈絡下的需求而精於變通。遺憾的是，許多人忘記了伊斯蘭律法幾百年來有著多重法源且內建多元彈性的歷史，反而選擇採取了基督新教某種literalist（望文生義而排除脈絡）的閱讀《聖經》的方法來閱讀《古蘭經》。這樣的發展，對於如阿斯蘭這樣的學者以及其他許多鑽研伊斯蘭法學的學者而言，不但無法體會伊斯蘭的平權之夢，甚至可以說是與伊斯蘭提倡的最基本的社會改革精神背道而馳。

最後一個根深蒂固、歷久不衰的迷思，是伊斯蘭歧視女性的觀念。關於《古蘭經》如何重視女性的權利，已經有非常多穆斯林女性主義的經典鑽研，在此不贅述。有興趣的讀者，可以參閱今年《新世紀宗教研究》最新一期期刊（第十六卷第三期）中，我針對Amina Wadud的穆斯林女性主義經典*Qur'an and Woman*所寫的書評與每章摘要。幾乎所有針對伊斯蘭與性別的爭議（包含一夫多妻在何種嚴格條件下才可行、女性是否可以擔任國家領袖、男尊於女是否真受《古蘭經》支持、女性證人是否不如男性證人、分財產規則是否只限男多於女等等），都可以在這本書中獲得解答。其實，歷史上對於《古蘭經》採取偏頗的男尊女卑的解釋，起初是來自於男性法學者試圖利用他們的宗教與政治權威，好奪回他們因為先知的平等主義改革而失去的社會優勢；以及後世盲目地「傳承」這些不平等的做法，好維持他們既得的利益。上述這些反對性平改革的發展，對於許多穆斯林以及鑽研伊斯蘭律法的學者而言，都違反了真正的伊斯蘭精神。以阿斯蘭的話語來說，先知穆罕默德所提倡的，是以下的社會圖像：

> 女性主義者眼中的麥地那是一個這樣的社會：穆罕默德任命像烏姆—瓦拉卡（Umm Waraqa）這樣的女性為溫瑪的精神導師；先知自己有時也會被妻子公然訓斥；女人和男人並肩祈禱作戰；阿伊夏與烏姆—薩拉瑪這樣的女子不只擔任宗教領袖，也是政治領袖——而且至少當過一次軍事領袖；而當召喚眾人祈禱的聲音從穆罕默德家的屋頂上大聲傳出時，男男女女齊聚一堂、並肩跪下，毫無隔閡，以一個團結的公社之姿接受神的賜福。

給平權鬥士的一份禮物

這本書當然不是沒有缺點的。首先，從許多西方進步媒體對本書的書評中可以看出，西方評論家誤以為阿斯蘭所提到的改革是一件很新穎的事情，但事實卻完全不是這樣。改革這件事情在伊斯蘭的歷史中已經出現過太多次，每次有了保守反改革運動之後，也會有改革運動，而改革運動自己本身也可能變成另外一種新權威，而在未來必須接受新的挑戰。事實上，主張這些變革所需要的基礎，不論是在「伊斯蘭法學研究之父」Joseph Schacht、Schacht的高徒與最有力的批判者Noel Coulson，或是穆斯林女性主義學者Fatima Mernissi與Amina Wadud，以及宗教學者Asma Barlas的學術著作中，都有更詳盡更嚴謹的論證。因此，如果說對西方媒體而言，阿斯蘭可能會被當成伊斯蘭內部的「異端」的話，在伊斯蘭研究的國際學術界中，阿斯蘭根本是不折不扣的「正統」。對後者而言，這本書並未帶來一種革命性的想法，而只是暴露出學術界的象牙塔與西方主導的媒體下的公共知識分子之間仍然存在的巨大鴻溝。阿斯蘭試圖彌補的這個鴻溝，還有他的這些切入點、視角，早已被許多學者同意了。而且阿斯蘭強調的改革，也不是像西方人以為的，是最近才發生的事情；在鄂圖曼帝國不斷受到西方威脅，在十八世紀、十九世紀乃至二十世紀時，從中東到東南亞，每個世紀中或世紀末總有伊斯蘭改革。

這本書的另外一個缺點，同時也是其他學術性解構經典或歷史重構之研究的缺點，就是與當代生活脈絡的脫鉤。比如，已經有太多歷史證據與伊斯蘭法學研究指出，穆斯林女性必須配戴頭巾是一種「共識」（伊斯蘭律法的法源之一），也就是穆斯林學者決議的結果，並非來自《古蘭經》或聖訓。但這樣專注於經典的解構，卻無法說明一九七〇年代以降，大規模出現於世界各地的穆斯林社群「重新戴上頭巾」的運動。同樣的，這種學術解構，依然無法回答，為何在穆斯林女性主義運動後，仍有大量的女性主動服膺於父權的《古蘭經》解讀而非性別平權的經文詮釋？像阿斯蘭這樣的解釋，對於那些真正生活在不得不為自己的家園「奮鬥」而在西方話語權下變成「聖戰士」的人們，有什麼幫助可言？這也就是說，專注於經典的原汁原味重現並更公平地重構一段歷史，本身也只是一種視角，而無法據此就進入到人們生活的真實脈絡。恐怕只有人類學與社會學的民族誌研究，才有辦法清楚回答，究竟人們與其宗教認同以及信仰故事的關係是什麼。

雖然有以上這些缺點，但這不會因此掩蓋了這本書支持大膽前進的改革精神。這本書值得推薦給所有人，不論你對伊斯蘭的理解是零、負五十，或一知半解。即使是精通伊斯蘭歷史的學者，也能夠從這本書中，看看阿斯蘭如何與有著不同關懷的現代公民們溝通，並將知識說成一個流暢的故事。更重要的是，這本書非常適合做為給所有平權鬥士的一份禮物。地球上的所有政權都來來去去，偉大的不過數百年。然而無論是猶太教、基督教、伊斯蘭，這些都是上千年的流動的人類遺產。一千年後也還會存在。在瞬息萬變的今日，瞭解一份橫跨千年的毅力與傳承之心，特別適合在世間炎涼中孤單行走的平權鬥士們。

僅以這篇導讀，獻給所有在平權之夢路上奮鬥而互相依偎的人們。

西子灣

二〇一八年七月十二日

推薦序

眾聲喧譁的伊斯蘭

周軼君（《拜訪革命》作者、前《端傳媒》國際組主任）

二〇一七年我受邀參加一個主題為「中東與反恐報導」的國際記者團，在美國各地訪問一個月。然而美國總人口中只有不到百分之一是穆斯林，團裡記者抱怨，大部分時間只能接觸到非穆斯林「這一邊」的說法。唯在明尼波利斯（Minneapolis），居住著幾十年前開始移入的索馬利亞（Somalia）難民。我在當地叫了一輛計程車，司機正巧是索馬利亞裔。他說自己六歲來到美國，童年至青少年時代，「完全是個美國人」，他的語言、遊戲、教育、生活方式，跟土生土長的美國小孩沒有兩樣。「直到三十歲時，忽然想找回自己的根，確認自己是誰，我找到了伊斯蘭，成為一個穆斯林。」

那場簡短的對話，對我觸動強烈。身在局外，很多人無法理解為什麼一些在歐美長大的穆斯林家庭孩子，明明已經融入美國社會，卻突然跑去加入伊斯蘭國（ISIS）。索馬利亞裔司機的經歷讓我忽然領悟：伊斯蘭教從不僅僅是一種宗教，它是一種文化，一種無所不包的生活方式，是穆斯林共有的身分認同。在有限的接觸中，這位司機於我印象，是一名溫良平和的穆斯林。但今天試圖「尋根」的西方穆斯林青少年，其中一些人很可能在網絡或者其他途徑，遇到了別有目的的引導人，以他們的方式解釋宗教，解釋「根」和歸屬，最終指向伊斯蘭國。

局外人對伊斯蘭世界內部的思想、情感連結所知甚少，誤會與對立常常由此而來。正因如此，本書作者雷薩．阿斯蘭（Reza Aslan）如此重要，他是穆斯林社群與西方話語之間不多見的橋梁。無意外，我第一次接觸他的名字是在電視上。年輕有活力，思想鋒利表達清晰，穆斯林、宗教學者、伊朗裔美國人，經常在電視節目，包括脫口秀中用美式英語解釋伊斯蘭教和熱點事件背後「另一邊」的聲音，儼然網路教主。阿斯蘭生平，讓人想起李安電影《少年Pi的奇幻漂流》裡的主人公，在不同宗教裡出出入入，都是通向同一個神的不同路徑。他出生於伊朗什葉派穆斯林家庭，十五歲改信基督教，進入哈佛念書之前又改回伊斯蘭教派，還寫過學術專著《革命分子耶穌：重返拿撒勒人耶穌的生平與時代》（*Zealot: The Life and Times of Jesus of Nazareth*），對基督教見解獨特。

唯是這樣的作者，才能以簡明生動的敘事，鞭辟入裡的分析，釐清伊斯蘭千年枝蔓，糾纏開合。阿斯蘭把我之前所獲模模糊糊的印象，看似互不相關的知識點照亮，連結成一條嶄新的道路，通向更上一層的理解。

有些論斷，只有以阿斯蘭的穆斯林身分來講，才具有說服力。比如，他從先知穆罕默德獲得天啟之前的阿拉伯半島社會情況說起，大膽宣告宗教絕對不是「誕生在某種文化真空之中」，伊斯蘭教是天啟，但絕不是無根的。在此基礎上，讀者能更全面地理解，伊斯蘭教從一開始就不僅僅是宗教運動，本質上更是一場猛烈的社會改革。同情弱者、提倡平等、賦予奴隸窮人同等權利，創造出互相扶助、紀律嚴明的政治軍事團體「溫瑪」（Umma）。這個公社在成立之後二十年間統一阿拉伯半島，打敗拜占庭、征服波斯與埃及，發展成龐大的帝國。這般能量絕非偶然。重現穆罕默德早年的經歷，也就明白《古蘭經》視猶太人的摩西、基督教的耶穌同為先知，是順理成章的事情。

身為穆斯林的阿斯蘭還證明，所謂伊斯蘭教「厭女」，完全違背了先知穆罕默德的做法。實際上是第二任哈里發伍瑪爾（'Umar）個人對女性粗暴專橫，禁止她們進入公共生活，投石致死的刑罰也始於他。這可能有點像今天人們所知儒教中三綱五常嚴苛的一面，並非百分百孔子原意，而是經過後世不斷演化。被改變被誤解，常常是革命者的宿命。

《伊斯蘭大歷史》給我最大的啟示，是重新思考這樣一個問題：先知穆罕默德歸真之時，沒有指定明確的繼承人，也沒有留下如何繼承的制度，是不是由此埋下至今未能解決的一個問題：伊斯蘭國家、社會中，權力的合法性來源從何而來？正是由於合法性沒有獲得公認的解決方案，千年以來，穆斯林社群不斷陷入誰能代表真主聲音的爭鬥，內耗極大。先知之後，溫瑪曾經在聽取部族大多數人的意見情況下推選哈里發，但很快到了第四任哈里發就止於內戰。在遭遇殖民、異教戰爭的衝擊之後，誰代表正道，不斷「被解釋」成符合各種團體需求的樣子，造就了今天很多人頭腦中那個激進好戰、食古不化的伊斯蘭教形象。

先知穆罕默德集神權與世俗管理權於一身，並無爭議，而在他身後，「誰說了算」這件事導致了遜尼與什葉的大分裂、宗教團體（如瓦哈比派〔Wahhabism〕或穆斯林兄弟會〔Muslim Brothers〕）與世俗政府的互相絞殺，守舊派（基本教義派）與西化人士間的敵對（新與舊的價值分野與對立）。何梅尼回歸政教合一，地位幾近先知，但是他在對外戰爭中慘敗，輸出革命偃旗息鼓，國家更無發展，白白生靈塗炭。另一個極端，當然是土耳其國父凱末爾，徹底剝離神權，國家飛速發展，但是幾十年之後，他的政黨漸漸腐敗，民粹主義者艾爾段（Recep Tayyip Erdoğan）東山再起時，打著伊斯蘭的旗幟回歸，安慰底層人心。

西方解決統治「合法性」的辦法是選舉。政府並無神授，維持社會穩定、激發社會活力的，是個人與政府，個人與社會之間的契約。契約的擬定方式便是選舉。為數眾多的穆斯林國家，今天也是由選舉產生政府。但問題在於，「神權」的一部分並沒有成功轉移到世俗政府的職權中，那些國家裡的或者跨國的宗教團體，仍然「有權」（往往是來自底層窮苦人們的背書）指出某個世俗政府並未按照真主的意志行事。埃及穆斯林兄弟會刺殺薩達特（Anwar Sadat）總統是政治事件，最後也要歸於宗教說辭。而沙烏地王室靠瓦哈比派上臺，目前最要提防警惕的，也是來自清教徒式宗教團體的責難。

今天伊斯蘭世界最令人不安的反差，恐怕是極高的現代化，與極低的現代性。當然，這不是在說所有穆斯林國家的普遍規律，而是將之視為一個整體來看的話，海灣國家物質富裕程度相當高，卡達曾經位列全球人均收入之冠。沙烏地阿拉伯武器展，伊朗的ＡＩ足球比賽，重中穆斯林擁抱先進技術的傳統。一九七九年奈波爾在德黑蘭街頭目睹革命情形，反西方宣言都是通過西方製造的收音機、磁帶發布的。追溯到鄂圖曼帝國時期，為了定位朝拜的方向、開闢新的海航路線，通曉天文地理機械的占星師也是第一流的科技人才。

但是，現代性仍是未完成的故事——如沙烏地阿拉伯女性剛剛獲得駕車的權利。「擁抱現代化，拒絕現代性」絕非僅限於穆斯林世界，幾乎為第三世界共有。原因之一，或許是「現代性」進入東方，都伴隨著西方殖民或戰爭的痛苦過程，對傳統文化的劇烈衝擊。無論是英國在印度的巧取豪奪殘酷鎮壓，還是美國出兵伊拉克踏足聖地，都為穆斯林社群中宣講「反西方反現代價值」者提供彈藥。李歐梵教授曾經寫道，他去印度參加一個學術會議，主題是「Alternative Modernity」(另類現代性)，最後與會者都認同可以把Alternative去掉。每一種文化都寄望找到源於自身的「現代性」，但去掉現代性中的「西方性」並不容易。

未來將怎樣？伊斯蘭世界能否與西方和平共處？還會有更多恐怖襲擊嗎？這些問題無人能

夠預知，但阿斯蘭指出了一個非常有趣的變化。隨著電視與網際網路的傳播力興起，解釋《古蘭經》等經典的權力正在分散，「合法性」多元化，甚至落到完全不受宗教機構約束的個人手中。於是，會有埃及電視傳道人卡列德（Amr Khaled），瑞士出生的穆斯林知識分子拉馬丹（Tariq Ramadan），但是阿斯蘭毫不諱言，賓拉登（成書時伊斯蘭國尚未興起）也是權力分散的結果。賓拉登並沒有獲得任何宗教機構授權，卻自成一套對宗教的解釋和行為體系。

這便回到此書於我思考最多的問題：伊斯蘭世界內部，正當性究竟何來？即使在溫和穆斯林占大多數的印尼，我曾見到反恐保安的手機螢幕保護程式是賓拉登頭像。這並不代表保安認同恐怖襲擊之反人性，但賓拉登敢跟世界老大作對，他在穆斯林社群中的正當性來自於英雄主義，而不是他能給這個社群帶來多少穩定與幸福。伊斯蘭國則描繪他們將回歸先知時代的社會型態，溫瑪與哈里發，儘管偷偷篡改了內容。

不得不說，我的個人體驗是，阿斯蘭在論述「伊斯蘭民主」、「政教分離」概念時，有時已經切到關鍵，卻遊刃而走，令人產生抓住他辯個究竟的衝動。比如，當他說到百分之七十的美國人稱自己為基督徒，所以政教徹底分離並非民主的前提。然而，西方社會固然是主要由信徒（基督徒）組成的社會，但政策制定者、菁英階層中，無神論者比比皆是。或許他們仍承認自己是教徒，並堅守宗教中的基本美德，但他們幾乎不會向中世紀那樣徵求教會的意見做出政策。同樣信奉一神教的國家以色列，今天之所以強大，並不僅是因為有耶路撒冷（且飽受爭議），更是因為有特拉維夫(Tel Aviv-Yafo):一個世俗、多元、科技創新之地。儘管如阿斯蘭指出，大部分穆斯林國家已經實現政教分離，但是要把二者剝離乾淨極其困難，只能是「多少程度上涉入政治」。

西方無神論者大多是法國大革命的產物。如托克維爾所言，大革命催生了一種「新的人類」，以理性為指引，徹底擺脫宗教。這也解釋了二〇一五年巴黎《查理週刊》事件的悲劇：言論自由當然應該堅持，然而無神論的執著，同宗教激進分子的執著，恐怕是同一種狂熱。東西兩個世界的偏執就這樣撞擊在血泊之中。

阿斯蘭認為美國沒有徹底的政教分離而成功，源於其「多元性」。伊斯蘭教曾經是，今天也需要實現「多元性」。我想這是非常理想的未來，然而眼下的情形卻並不樂觀：誰能在穆斯林群體中倡導多元性呢？沙烏地阿拉伯改革剛剛起步，土耳其正在搞民粹不需要多元性，約旦像是最理想的阿拉伯國家，可是體量太小，受周邊大國牽制多，無法產生深遠影響力。

以「阿拉伯之春」主力，阿拉伯世界的中產階級論，他們顯然是理想的改革者，「現代性」的追求者：反對專制，要求平等與自由。但是他們並沒有能力迅速自我組織，在各種舊勢力圍剿之下敗下陣來。「阿拉伯之春」所及，幾乎所有發生政權更迭的國家都可以看到，舊政倒下之後，取而代之的常常是宗教組織，可見他們在民間的能量之大。

古希臘哲人柏拉圖曾經勾勒理想中的國家政治、組織、生活。現代西方政治，某程度上被認為是試圖接近這一理想國的努力。先知穆罕默德的溫瑪，是伊斯蘭版本的理想國。一代又一代穆斯林，在歷史潮流中，都希望能夠回到先知的公社，從根源中汲取力量。然而問題是，溫瑪形成的背景環境，恐怕與今日大相逕庭。

阿斯蘭極具洞見地指出，伊斯蘭就是語言。「真正的民主只能從內部培育，以一般人熟悉的意識形態為基礎，並以本地人能夠理解並欣然接受的語言來表述。」可那究竟是怎樣的語言？波斯語、土耳其語，還是阿拉伯語？一個土耳其人的布道，可能根本不會引起阿拉伯人的注意，更何況是闡述他們的理念。

這語言由誰來講？唯有真主，同時接受這一邊，或那一邊的眾聲喧譁。

修訂版前言

九一一事件發生十年之後，反穆斯林情緒在歐洲和北美洲各地達到前所未有的高點，比二〇〇一年那場悲劇剛發生時還要高出許多。民調顯示，美國和加拿大有將近一半的人口對伊斯蘭教抱持負面觀感。在歐洲，限縮穆斯林權利與自由的法律順利通過，公開反穆斯林的政治人物與政黨也大獲成功，讓穆斯林群體邊緣化與權利受到剝奪的感覺更為深刻。

人們提出很多理由來解釋這股突然高漲的反穆斯林情緒。全球金融危機當然有影響。在經濟困頓的時期，大家自然會找個代罪羔羊來發洩自己的恐懼與焦慮。在歐洲和北美洲的許多地方，當地人對伊斯蘭的恐懼與更大的擔憂密切相關；他們擔憂移民，也擔憂我們生活的這個愈來愈沒有界線、異質性愈來愈高的世界。

另外一個事實是，所謂的反恐戰爭打了十年，美國及其西方盟友都對戰爭感到厭倦。當初驅使眾人支持對阿富汗和伊拉克發動戰爭的那股愛國熱忱已然消散，九一一攻擊事件的首腦——奧薩瑪・賓拉登（Osama bin Laden）——也已身亡，於是許多人開始納悶，花掉幾兆美元、賠掉好幾千條人命去打這場所謂的「反恐戰爭」，最後究竟得到了什麼。與此同時，發生在歐洲和北美洲的一連串「本土」恐怖攻擊事件更升高了憂慮的意識，連美國也一樣。美國的穆斯林群體經濟優渥、融入社會，而且階級向上流動，但其他人卻不再認為他們不會受好戰派意識形態影響——那種意識形態已在歐洲的部分年輕穆斯林間得到認同。

雖然這些都是重要的決定因素，可以解釋近年席捲歐洲和北美洲的反穆斯林情緒，但還有另一個更根本的因素要面對。這牽涉到一份二〇一〇年的民調，調查結果顯示有將近四分之一的美國人仍然認為歐巴馬總統本身就是穆斯林，比二〇〇八年的一份類似調查多出了十個百分點。在共和黨員中，這個數字是將近四〇％；在自稱是茶黨（Tea Party）黨員的人當中則超過六〇％。事實是，各項民調始終顯示一個人愈是不贊同歐巴馬總統的健保或金融管制等政策，就愈有可能認為他是穆斯林。

簡單來說，伊斯蘭教在美國被**他者化**了。它已經成為一個容器，人們對衰退的經濟、對不熟悉的新政治秩序、對不斷變化且徹底改變了世界的文化、種族與宗教情勢感到的所有憂慮與不安，全都可以扔進這個容器裡。在歐洲和北美洲，舉凡可怕、外來、陌生、不安全的事物，都會被貼上「伊斯蘭」的標籤。

這樣的發展並不令人意外，在美國更是如此。事實上，目前針對美國多元化穆斯林群體的所有言論——說他們是外來者、異鄉客，不是美國人——在將近一百年前也被用來評論過天主教和猶太教移民。把伊斯蘭教他者化在西方世界也不是什麼新現象。反之，從十字軍東征到文明衝突，伊斯蘭教向來扮演著西方世界眼中的典型他者這個要角。但這件事還是很令人沮喪：即使在這個以宗教自由原則為立國基礎的國家，居然有這麼多人堅信穆斯林不該享有這些自由、穆斯林就是**不一樣**。

我在二〇〇五年出版本書時，目標就是要挑戰這種傲慢。我要闡明伊斯蘭教並無特異或與眾不同之處，世界上每一個地方的每一種宗教在發展時都曾受到歷史、文化與地理因素影響，而同樣的因素也以相似的方式影響了伊斯蘭教的發展，把它變成宗教史上最兼容並蓄、最多樣化的信仰之一。雖然這個訊息在今天和在當年一樣重要——也許更重要——我們卻必須承認，對伊斯蘭教有更多認識，並不足以改變人們對穆斯林的觀感。人心不是只靠取得資料或訊息就能改變的（若是那樣，應該不費吹灰之力就能讓美國人相信歐巴馬其實是基督徒了）。反之，人只能透過緩慢而穩定地建立個人關係來發現這個根本的真理：各地的人都擁有相同的夢想與抱負，所有的人都要對抗一樣的恐懼和焦慮。

當然，這樣的過程要花時間。也許還要再經過一個世代，人們才會帶著羞愧與嘲諷回顧當今這個瘋狂反穆斯林的時期，一如現在這一代人也帶著羞愧與嘲諷回顧從前反天主教徒與反猶太人的那股歇斯底里。但那一天終會到來，毋庸置疑。也許到時候我們就會看出世人其實全都緊緊相繫，不分文化、種族或宗教。

因沙拉（*Inshallah*）。但憑真主的旨意。

序

一神信仰的衝突

時值午夜，到馬拉喀什（Marrakech）還要五個小時。我向來很難在火車上睡覺。當輪子在鐵軌上轉動時，那毫無間斷的節奏與隆隆聲響總令我無法入眠。就像一段遠方的旋律，音量不大卻又無法忽視。就連在夜裡淹沒車廂的黑暗，似乎也無所助益。每到夜裡，廣袤無聲的沙漠從我車窗外疾速掠過，星星成為這片沙漠中唯一可見的光，這時的狀況最糟了。

有這樣的怪癖還真不幸，因為搭火車穿越摩洛哥最好的方法就是呼呼大睡。火車上到處都是非法的冒牌導遊，他們在廂房間走來走去，專找觀光客下手，推薦最好的餐廳、最便宜的旅館、最乾淨的女人。摩洛哥的冒牌導遊能講五、六種語言，因此要忽視他們相當難。我的橄欖色皮膚與濃眉黑髮，通常令他們不會找上我。但若想完全避開他們，唯一的方法就是睡覺，讓他們別無選擇，只能繼續找下一個旅客來糾纏。

我聽見隔壁廂房有人大聲爭執時，還以為就是這麼回事。我推測是一個冒牌導遊和一個不情願的觀光客一言不合。我聽到有人劈哩啪啦地說著阿拉伯文，速度快得我聽不懂，偶爾被一個美國人激動的回應打斷。

我不是沒見識過這種交火：在大型計程車上、在市集上都有，在火車上更是屢見不鮮。我不過在摩洛哥待了幾個月，就已很習慣當地人那種突如其來的暴怒，他們可以話說到一半突然變臉，接著——就在你準備好被痛罵一頓時——又迅速消氣，只是咕噥幾聲，還友善地拍拍你的背。

隔壁的人提高了音量，這下我覺得我搞懂了。根本不是冒牌導遊。有人正被罵得狗血淋頭。

內容不好分辨，但我聽出了含混不清的柏柏族（Berber）方言；官員如果想要威嚇外國人，有時就會使用這種語言。美國人一直說「等等」，還有「您說英語嗎？您說法語嗎？」我聽得出來，摩洛哥人要求他們出示護照。

好奇之下，我站起身，悄悄跨過倒在我旁邊呼呼大睡的那個生意人的膝蓋，把門打開到足以讓我閃身出去的寬度，然後走進外面的廊道。雙眼適應燈光後，我看到熟悉的紅黑相間查票員制服從隔壁廂房的玻璃門內閃過。我輕輕敲門，沒等人回應就走了進去。

「薩蘭阿雷庫姆（*Salaam alay-kum*），」我說。**願你平安**。

查票員停止叫罵並轉向我，按照慣例回我一句「瓦雷庫姆薩蘭。」**也願你平安**。他漲紅著臉，眼睛也是紅的，但似乎不是基於憤怒。他凌亂的頭髮和皺巴巴的制服代表他才剛醒來。他說話帶著一種慵懶的調調，讓人很難聽懂。我出現之後，他又更理直氣壯了。

「敬愛的先生，」他用清晰易懂的阿拉伯文說，「這裡不是夜店。這裡有小孩。這不是夜店。」

我完全不懂他是什麼意思。

美國人一把抓住我的肩膀，把我轉向他。「能不能請你告訴這個人我們在睡覺？」他很年輕，非常高大，有一對大大的綠眼睛，一頭濃密的金髮垂下來蓋在他臉上，他不斷用手指將髮絲撥回去。「我們只是在睡覺，」他重複道，嘴形很誇張，彷彿我在讀他的唇語似的。「您明白嗎？」

我轉向查票員，翻譯道：「他說他在睡覺。」

查票員勃然大怒，激動之下再次劈哩啪啦地說起沒人聽得懂的柏柏族方言。他開始狂亂地比手畫腳，手勢的用意在於表達他很認真。他要我明白，如果只是一對男女在睡覺，他才不會生這麼大的氣。他一直說他有孩子。他是人父，他是**穆斯林**。他還說了更多，但我已經沒在聽了。我的注意力完全轉移到廂房裡的另一個人身上。

她就坐在那名男子正後方，故意讓他擋著：一派隨意地翹著腿，雙手交疊在腿上。她頭髮凌亂、臉頰發紅。她沒有直視我們，倒是透過車窗上扭曲的倒影觀看這一幕。

「你有沒有告訴他我們在睡覺？」美國人問我。

「他恐怕不相信，」我回答。

他雖被我的英文嚇到，卻因為這項指控而震驚得無暇追問。「他不相信？這下可好。他打算怎麼樣，把我們用亂石砸死嗎？」

「麥康！」那女人叫了一聲，她原本似乎不打算這麼大聲的。她伸出手，把他拉去坐到她身邊。

「好吧，」麥康嘆了口氣說道。「就問問他要多少錢才願意走吧。」他在襯衫口袋裡摸索，掏出一疊五顏六色的破爛鈔票。他還來不及把鈔票攤開，我就站到他前面，對查票員伸出雙臂。

「美國人說他很抱歉，」我說。「他非常非常抱歉。」

我拉著查票員的手臂，輕輕地把他帶到門口，但他不肯接受道歉。他再次要求他們出示護照。

我假裝聽不懂。在我看來，這一切簡直像在演戲。他也許逮到那對男女行為逾矩，但其實只要嚴厲斥責就夠了。他們很年輕，又是外國人；他們不懂社會禮儀在穆斯林世界裡的錯綜複雜。查票員一定理解這點，但這對看來並無惡意的男女似乎真的惹火了他，而且對他個人造成了冒犯。他再次強調他是人父、是穆斯林、是有道德心的男人。我附和他，並且承諾我會一路看著這對男女，直到抵達馬拉喀什。

「願真主令你更加仁慈，」我說，隨即打開了門。

查票員不情願地用手碰了碰胸膛，然後謝過我。接著，就在即將踏上走廊之際，他又轉過身面對廂房內部，以一根顫抖的手指頭指向那對坐著的男女。「基督徒！」他惡狠狠地用英文咒罵，聲音中滿是鄙夷。他關上門，我們聽見他沿著廊道走開，腳步非常大聲。

有那麼一刻，沒半個人說話。我還是站在門邊，緊緊抓著行李架，因為列車正拐過一個大彎，車身是傾斜的。「他那樣講還真怪，」我笑了一聲。

「我叫珍妮佛，」那名女子說。「這是我先生麥康。謝謝你幫了我們。狀況原本搞不好會失控呢。」

「應該不會啦，」我說。「他鐵定已經忘了這事。」

「這個嘛，根本沒什麼事好忘的，」麥康說。

「當然。」

麥康突然火大起來。「其實那傢伙打從我們一上車就一直陰魂不散。」

「麥康，」珍妮佛低聲叫他，同時握緊他的手。我想引起她的注意，但她不肯看我。麥康則氣得渾身發抖。

「他為什麼要那樣？」我問。

「你也聽到啦，」麥康愈說愈大聲。「因為我們是基督徒。」

我的臉抽動了一下。那是不由自主的反應——只是眉毛挑了一下而已——但珍妮佛看到了，因此幾乎像在道歉似地說：「我們是傳教士。我們正要到西撒哈拉去傳福音。」

我頓時明白查票員為什麼要陰魂不散地跟著他們，抓到他們的把柄時又為何那麼憤恨無情。進入這間廂房到現在，我才注意到有一個打開的小紙盒，擺在行李架上的兩個背包之間。盒子裡裝滿了翻譯成阿拉伯文的口袋版《新約聖經》，封皮是綠色的，已經少了三、四本。

「你要一本嗎？」珍妮佛問。「我們在發送。」

自從二〇〇一年發生九一一事件以來，歐美的專家學者、政治人物與傳道者都主張世界已經陷入一場「文明衝突」，這個杭廷頓（Samuel Huntington）發明的詞，如今已無所不在。衝突的一方是現代化、開明、民主的西方社會，另一方則是過時、野蠻、專制的中東社會。幾位備受尊敬的學者甚至進一步延伸這類論點，表示穆斯林世界之所以無法民主，大半必須歸咎於穆斯林文化；他們宣稱穆斯林文化本質上就與啟蒙運動的價值觀互不相容，例如自由主義、多元主義、個人主義，以及人權。因此，意識形態如此矛盾的兩大文明以某種災難性的方式互相衝撞，只是早晚的事。而說到這場無可避免的衝突，最好的例子莫過於所謂的反恐戰爭。

但這套誤導世人、製造分歧的說辭背後，其實存在著一種較為隱微、害處卻大得多的觀點：與其說是文化戰爭，這更像是一場宗教之戰；我們陷入的並非「文明衝突」，而是「一神信仰的衝突」。

這種一神信仰衝突的思維，從美國在阿富汗和伊拉克發動戰爭時那套將宗教截然對立、主張「正義對抗邪惡」的說辭中便聽得出來，從日漸高張的反穆斯林激情中也看得出來；這種激情已經成為主流媒體在談論中東時，必不可少的一部分。從右翼思想擁護者寫的社論裡也讀得出這種思維；他們堅決認為伊斯蘭教代表的是一種落後而暴力的宗教與文化，與「西方」價值觀完全不符。

當然，伊斯蘭世界也不乏反基督徒與反猶太人的宣傳。事實上，有時候似乎就連穆斯林世界最溫和的傳道者與政治人物，都無法抗拒偶爾提出那套「十字軍與猶太人」的陰謀論，而多數人說到「十字軍與猶太人」時，指的單純就是**他們**：那沒有面孔、殖民主義、猶太復國主義、帝國主義的「他者」，有別於**我們**。如此看來，一神信仰的衝突絕對不是什麼新現象。其實從伊斯蘭教擴張之初，到十字軍的血腥戰爭與宗教法庭，乃至殖民主義的悲劇後果和以色列／巴勒斯坦的暴力循環，在猶太人、基督徒與穆斯林的關係中成為特徵的敵意、不信任感與通常很激烈的偏狹心態，向來是西方史上最歷久不衰的主題之一。

然而過去幾年來，隨著國際衝突愈來愈常被描述成是末日將至、各方的政治議題中也隱含神學語言，我們已經無法忽略一件事，即推動目前中東戰爭的那套說辭充滿敵意且無知，而它與推動從前那些毀滅性宗教戰爭的說辭之間，有驚人的相似之處。當美南浸信會前任會長文斯（Jerry Vines）稱先知穆罕默德為「一個惡魔附身的戀童者」時，聽起來和中世紀的教廷傳道者簡直像得詭異；那些傳道者認為穆罕默德就是敵基督（Antichrist），而伊斯蘭教的擴張則是末日之兆。當奧克拉荷馬州的共和黨參議員殷霍夫（James Inhofe）站在美國國會講臺前，力稱正在發生的中東戰爭並非政治或領土之戰，而是「神的話語是否為真之爭」時，他說的正是十字軍的語言，無論他是不是刻意的。

你可以說，一神信仰的衝突是一神信仰本身無可避免的結果。多神信仰提出許多神話來描述人類的處境，但一神信仰通常只有單一神話；這種信仰不只排斥其他所有的神，也排斥對神的其他所有解釋。如果神只有一個，那麼真理可能也只有一個，這很容易在互不相容的絕對觀點之間導致血腥衝突。傳教活動雖然因為幫世界各地的窮人提供醫療與教育而值得表揚，但依然是基於這個信念進行：通往神的道路只有一條，其他道路皆導向罪惡與毀滅。

在前往馬拉喀什的路上，我得知麥康和珍妮佛參與了一項成長迅速的運動，成員都是愈來愈關注穆斯林世界的基督教傳教士。基督教的福音傳道活動在穆斯林國家經常受到激烈指責——大部分要歸因於殖民活動留下的殘存記憶，因為殖民時期歐洲人災難性的「文明任務」與強烈反伊斯蘭的「基督教化任務」密不可分——所以部分福音傳道機構現在會教導其傳教士在穆斯林世界「臥底」，採用穆斯林身分、穿穆斯林服裝（包括面紗），甚至以穆斯林的身分齋戒禱告。與此同時，美國政府也鼓勵許多基督教援助組織在兩場戰爭過後積極參與重建伊拉克與阿富汗的基礎建設，這讓那些意圖把占領兩國之舉描繪成另一場基督徒對抗穆斯林聖戰的人更能借題發揮。除此之外，許多穆斯林世界的人都認為美國和以色列勾結，全面妨礙穆斯林的利益，而且特別針對巴勒斯坦人的權利，所以穆斯林對西方的怨恨與猜忌會有增無減，而且導致災難性後果，是可以理解的。

在宗教教義如此輕易就與政治意識形態交纏在一起的情況下，我們要如何克服這種在現代世界已經根深蒂固的「一神信仰衝突」思維？教育和包容顯然不可或缺，但最迫切的倒不是更正確地認識鄰人的信仰，而是要對宗教本身有更宏觀、更完整的瞭解。

我們必須理解，宗教不是信仰。宗教是信仰的**故事**。宗教是一套由符號與隱喻（解讀儀式與神話）組成的制度化系統，為一個信仰群體提供一種共通語言，讓大家可以互相分享自己偶然遭遇的聖神降臨感受。宗教關乎的不是真史，而是聖史。聖史不會像河流一樣隨著時間流動，反而像是一棵神聖的樹，樹根深深扎在洪荒之初，枝椏則穿插在真史之中，不怎麼在乎時空的界線。事實上，宗教正是在聖史與真史互相碰撞的時刻誕生的。當神祕、難以言喻、無法歸類的信仰被扭曲的宗教枝椏糾纏，一神信仰的衝突就會爆發。

◎◎◎

於是，這本書就是伊斯蘭教的**故事**。這個故事深深烙印在第一代穆斯林的記憶中，並由最早為先知穆罕默德作傳的伊本─伊斯哈格（Ibn Ishaq，七六八年歿）、伊本─希夏姆（Ibn Hisham，八三三年歿）、巴拉祖里（al-Baladhuri，八九二年歿）與塔巴里（al-Tabari，九二三年歿）記載下來。這個故事的核心是《榮耀古蘭經》（*The Glorious Quran*）——穆罕默德前後共約二十三年間在麥加和麥地那獲得的天啟。雖然《古蘭經》基於某些後來才明朗的原因，對穆罕默德的生平著墨不多（確切地說，書中鮮少提及穆罕默德），但它的彌足珍貴在於呈現出穆斯林信仰誕生初期的意識形態；「初期」指的是信仰尚未成為宗教、宗教尚未成為制度的時候。

但我們絕對不能忘記，《古蘭經》與先知傳統固然不可或缺，而且極具歷史價值，它們終究是以**神話**為本。令人遺憾的是，**神話**這個詞原本只有超自然故事的意思，現在卻成了虛假的同義詞，但神話其實總歸是真實的。神話本質上同時具有合理性與可信度。不論神話傳遞的真理為何，都與史實關係不大。摩西有沒有真的分開紅海，耶穌有沒有真的讓拉撒路死而復活，真主的話語是不是真的由穆罕默德的嘴巴說出來，都是無關緊要的問題。關於一個宗教與其神話，唯一有意義的問題是：「這些故事的含意為何？」

事實是，世界所有偉大宗教的福音傳播都與記錄下他們對歷史事件的客觀觀察這件事無關。他們根本不會去記錄任何觀察！反之，他們是在**解讀**那些事件，好讓自己群體的神話與儀式產生架構與意義，為世代子孫提供一份共有的認同、一個共同的願景、一個共同的**故事**。畢竟就本質而言，宗教就是詮釋；同樣就本質而言，所有的詮釋都有所本。然而，有些詮釋卻比較合理。正如猶太人哲學家與神祕主義者麥蒙尼德（Moses Maimonides）許久以前所指出，決定事物是否可能為真的，是推理而不是想像。

學者為某個宗教傳統做出合理的闡釋時，都是將那個宗教的神話與他們針對這些神話出現時所知的精神及政治背景結合在一起。憑藉著《古蘭經》與先知傳統，再加上我們對穆罕默德誕生時及其訊息成型時文化背景的認識，我們就能更合理地重現伊斯蘭教的起源與演進。要做到這一點很困難，但有件事讓它變得稍微容易了些：套用赫南（Ernest Renan）的話，穆罕默德似乎「活在歷史的矚目之下」，是個去世時已取得極高成就的先知（這點令他的基督教與猶太教抨擊者始終無法釋懷）。

伊斯蘭教於公元六至七世紀在阿拉伯興起，對此我們一旦有了一套合理的詮釋，就可以追溯穆罕默德關於道德責任與社會平等主義的革新訊息，是如何逐漸被他的後繼者重新詮釋成各種互相競爭的意識形態，講求嚴格的律法與不可動搖的正統。這樣的結果導致穆斯林群體四分五裂，也加深了主流（**遜尼派**）伊斯蘭教與另外兩大支派（**什葉派**和**蘇非派**）之間的鴻溝。儘管擁有共同的聖史，每個派別卻各自努力發展自己對經文的解釋、對神學與律法的見解，以及自己的信仰群體。對於十八、十九世紀時遭到殖民的經驗，每個派別的反應也不同。其實，那場經驗迫使了整個穆斯林群體重新思考信仰在現代社會中的角色。有些穆斯林積極發展西方世俗民主概念的伊斯蘭版本，想促成一場他們自己的伊斯蘭啟蒙運動，有些則鼓吹與西方文化理念切割，好讓社會完全「伊斯蘭化」。到了二十世紀，殖民政策結束、伊斯蘭國家誕生後，穆斯林世界對於形構一個真正伊斯蘭民主政體的可能性爭議不斷，兩派人馬也在這樣的背景下精進了他們的論點。但我們會發現，在這場伊斯蘭與民主之爭的中心，存在著一場更值得注意的內部角力，爭的是誰才有權定義這場已經在大半個穆斯林世界發生的伊斯蘭宗教改革。

基督教改革的過程很可怕，但儘管它經常被人描繪成新教的革新與天主教的強硬之間發生的衝撞，實際上卻不是那樣。其實基督教改革爭的是這個信仰的未來——這場暴力又血腥的爭論讓歐洲陷於破壞與戰亂中超過一個世紀。

目前為止，伊斯蘭改革也沒有什麼不同。對大半個西方世界而言，二〇〇一年九月十一日象徵了伊斯蘭與西方之間一場全球性角力的開端——是文明衝突的終極表現。然而從伊斯蘭的角度來看，紐約和華盛頓的攻擊事件只是一場正在進行的戰爭當中的一部分；交戰雙方都是穆斯林，一方力圖在其宗教價值觀與現代世界的現實面之間達成調解，另一方則在面對現代主義與改革時，選擇回歸其信仰的「基本教義」——有時還會採取狂熱的手段。

本書不只是對伊斯蘭教的起源與演進做批判性的重新檢視，也不只是描述當前穆斯林為了幫這個偉大但受到誤解的信仰界定未來方向而產生的對抗。本書最重要的地方在於它是一份改革的論據。有些人會稱之為叛教，但我不在意。沒有人能替神發言——連先知也不行（先知說的是**關於**神的事）。有些人會稱之為護教，但這也沒什麼不好。護教就是捍衛，而捍衛自己的信仰就是信徒最崇高的使命，尤其是捍衛它免受無知與仇恨所害，進而協助塑造這個信仰的故事。以伊斯蘭教而言，這個故事始於十四個世紀之前的公元六世紀末，地點是聖城麥加，也就是穆罕默德・伊本—阿布杜拉・伊本—阿布杜—穆塔立卜（Muhammad ibn Abdallah ibn Abd al-Muttalib）——先知暨真主的使者——誕生的地方。願神賜福於他。

關鍵大事年表

五七〇年	先知穆罕默德誕生
六一〇年	穆罕默德在希拉山首度得到神啟
六二二年	穆斯林移居到葉斯里卜（後來的麥地那），此事件稱為「聖遷」。
六二四年	對抗麥加與古萊須人的巴德爾之役
六二五年	烏胡德之役
六二七年	壕溝之役
六二八年	麥地那與麥加簽訂《侯代比亞和約》
六三〇年	穆罕默德戰勝古萊須人，穆斯林占領麥加。
六三二年	穆罕默德去世
六三二—六三四年	阿布—巴克爾任哈里發時期
六三四—六四四年	伍瑪爾任哈里發時期
六四四—六五六年	伍斯曼任哈里發時期
六五六—六六一年	阿里任哈里發時期，他被視為第一位什葉派伊瑪目。
六六一—七五〇年	伍麥亞朝
六八〇年	先知的孫子胡笙在卡爾巴拉被殺
七五〇—八五〇年	阿拔斯朝
七五六年	伍麥亞朝的末代王子阿布杜—拉曼在西班牙成立敵對的哈里發政權
八七四年	第十二任伊瑪目（或稱馬赫迪）隱遁
九三四—一〇六二年	布伊朝，統治伊朗西部、伊拉克與美索不達米亞。
九六九—一一七一年	法蒂瑪朝，統治北非、埃及與敘利亞。
九七七—一一八六年	伽色尼朝，統治呼羅珊、阿富汗與印度北部。
一〇九五年	教皇烏爾班二世（Pope Urban II）發起十字軍東征
一二五〇—一五一七年	馬木路克朝（Mamluk Dynasty），統治埃及和敘利亞。
一二八一—一九二四年	鄂圖曼帝國

- 一五〇一—一七二五年　薩非朝，統治伊朗。
- 一五二六—一八五八年　蒙兀兒朝，統治印度。
- 一八五七年　印度反英起義
- 一九二四年　世俗的土耳其共和國成立，鄂圖曼哈里發政權告終。
- 一九二五年　伊朗進入巴列維朝
- 一九二八年　班納在埃及成立穆斯林兄弟會
- 一九三二年　沙烏地阿拉伯王國建國
- 一九四七年　巴基斯坦建國，為第一個伊斯蘭國家。
- 一九四八年　以色列建國
- 一九五二年　納塞在埃及發起自由軍官革命
- 一九七九年　蘇聯入侵阿富汗
- 一九八〇年　伊朗人質危機
- 一九八七年　第一次巴勒斯坦大起義（Intifada）
- 一九八八年　哈馬斯組織成立
- 一九八九年　蘇聯軍隊撤離阿富汗
- 一九九一年　波斯灣戰爭；蓋達組織成立
- 一九九二年　阿爾及利亞內戰
- 二〇〇〇年　第二次巴勒斯坦大起義於以色列及巴勒斯坦爆發
- 二〇〇一年　蓋達組織攻擊紐約與華盛頓
- 二〇〇三年　美國率軍入侵伊拉克
- 二〇〇六年　哈馬斯組織在巴勒斯坦勝選
- 二〇〇八年　以色列入侵加薩走廊
- 二〇〇九年　伊朗綠色運動
- 二〇一〇年　美國在伊拉克的作戰任務正式結束
- 二〇一一年　民主示威運動橫掃北非
- 二〇一一年　賓拉登在巴基斯坦被殺

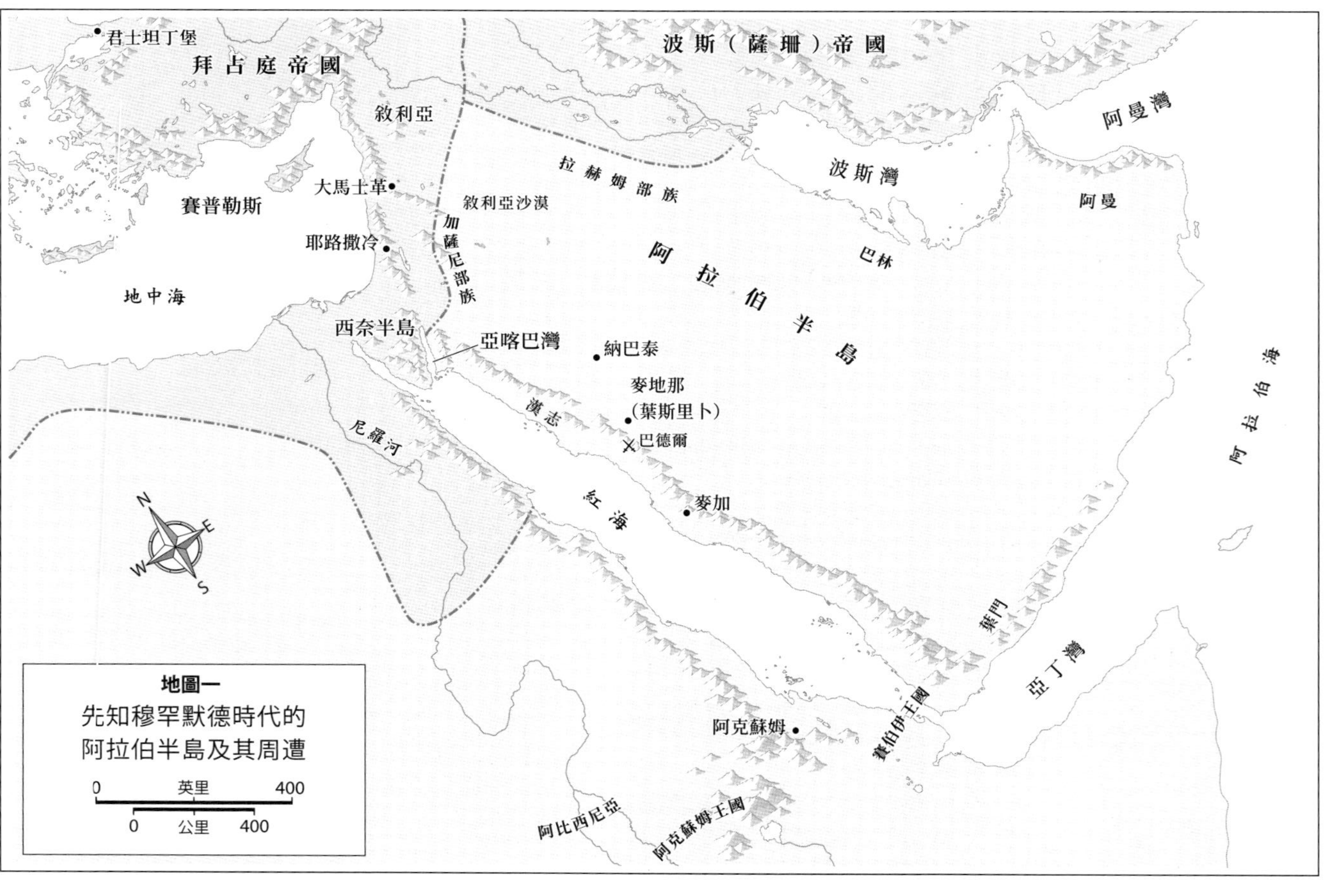

地圖一
先知穆罕默德時代的阿拉伯半島及其周遭

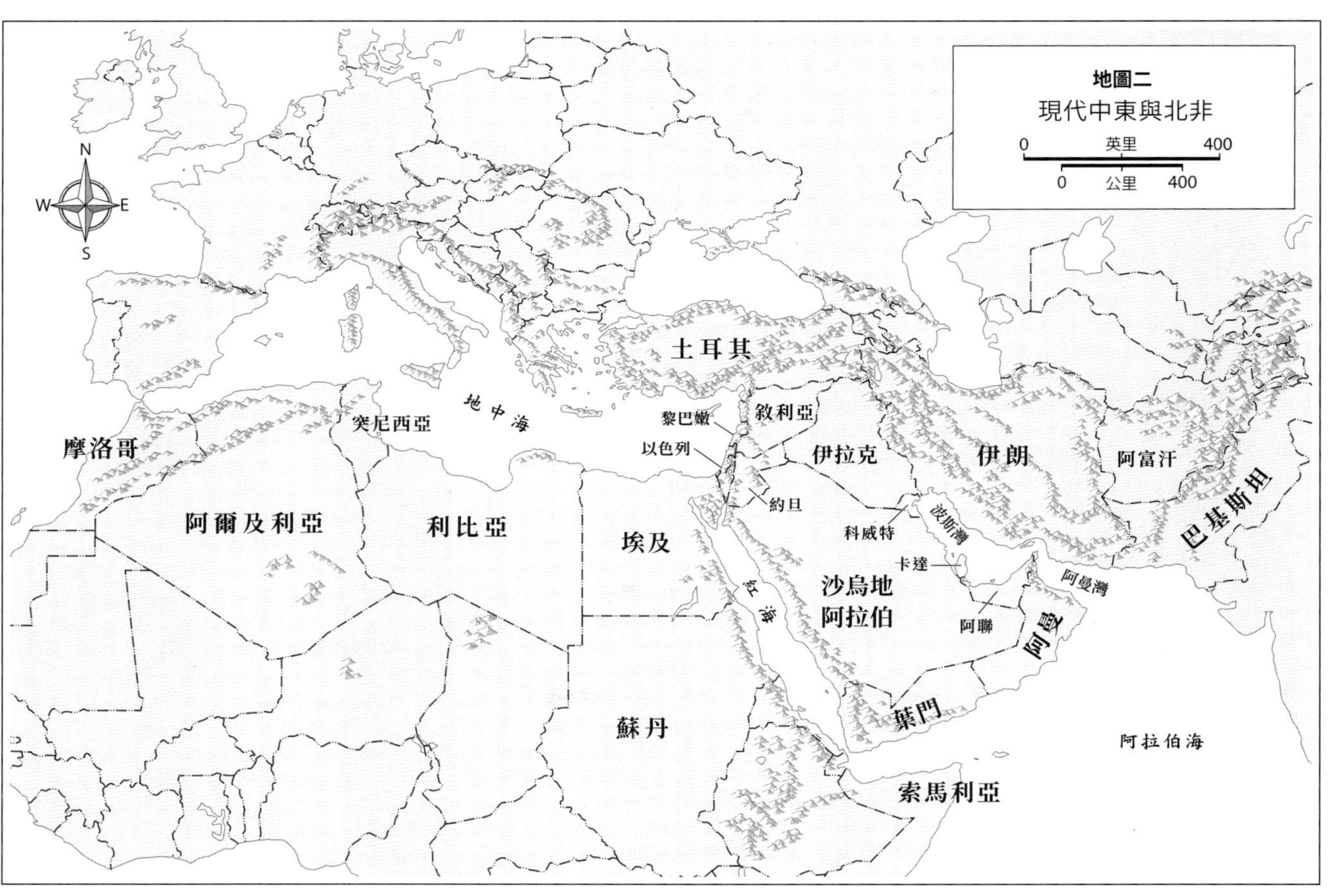
地圖二
現代中東與北非
0
英里
400
0
公里
400
N
W
E
S
土耳其
地中海
突尼西亞
摩洛哥
阿爾及利亞
利比亞
埃及
蘇丹
黎巴嫩
以色列
敘利亞
約旦
伊拉克
伊朗
阿富汗
巴基斯坦
科威特
波斯灣
卡達
沙烏地
阿拉伯
阿聯
阿曼灣
阿曼
葉門
紅海
索馬利亞
阿拉伯海

第一章

沙漠中的聖殿

前伊斯蘭時期的阿拉伯

阿拉伯。公元六世紀。

在阿拉伯沙漠光禿禿的山脈環繞之下，乾燥荒涼的麥加盆地內立著一座不起眼的小聖殿，阿拉伯異教徒稱之為「卡巴」(*Ka'ba*)：立方體。卡巴是一棟沒有屋頂的低矮建築，以沒有抹上灰泥的石塊建成，坐落在一片凹陷的沙地中。它的四面牆——矮得據說連山羊幼崽都可以跳過——用染成紫色和紅色的厚布條圍住。在底部，灰色的石頭上鑿出了兩扇小門，做為內殿的入口。前伊斯蘭的阿拉伯諸神就被供奉在這狹小的聖殿內部：敘利亞的月神胡巴爾（Hubal）；在埃及被稱作艾西斯（Isis）、在希臘則被稱作阿芙蘿黛蒂（Aphrodite）的全能女神烏札（al-Uzza）；納巴泰人（Nabataeans）的文字與預言之神庫特巴（al-Kutba）；基督徒的上帝化身耶穌，以及他的母親馬利亞。

據說，卡巴裡裡外外總共有三百六十尊神像，阿拉伯半島上每一個說得出名字的神都在其列。聖月期間，麥加城被沙漠市集和大批做買賣的人群包圍時，阿拉伯半島各地的朝聖者都會來到這片不毛之地，造訪自己部族的神祇。他們唱敬神的歌、在諸神面前跳舞；他們獻上祭品、祈求安康。接著，朝聖者在一場獨特的儀式中——它的起源至今是個謎——集合起來，繞著卡巴走七圈，有些人會短暫停下腳步，親吻聖殿的各個角落，然後再度被人潮淹沒並帶離。

聚集在卡巴周圍的阿拉伯異教徒相信，這座聖殿是由第一個男人亞當*建立的。他們相信亞當原

---

* 編按：宗教人物譯名，除有必要，皆採用讀者熟悉的基督教慣稱，以利閱讀。

本的建築毀於大洪水，後來由諾亞重建。他們相信在諾亞之後，卡巴被遺忘了好幾個世代，直到亞伯拉罕來此探望在他妻子撒拉要求下被驅逐到這片荒地的長子以實瑪利（Ismail）與側室夏甲（Hagar）時，才重新發現它。他們也相信，亞伯拉罕就是在這裡差點把以實瑪利殺來獻祭，他會罷手是因為神承諾他，說以實瑪利和弟弟以撒（Issac）一樣，會成為偉大國家的祖先。如今他的子孫就像一陣沙漠旋風，席捲了黃沙滾滾的麥加谷地。

當然，這些故事的目的都只是傳遞卡巴的「意義」，而不是它的起源。事實是，沒有人知道卡巴是誰建造的，也沒有人知道它存在多久了。這座聖殿甚至很可能不是這個地方成為聖地的最初原因。卡巴附近有一口名叫「滲滲泉」（*Zamzam*）的井，由豐沛的地下泉水挹注；根據傳說，它是為了養活夏甲和以實瑪利而置於那裡的。我們不需要多少想像力，就能理解一座位於沙漠中央的水泉，何以會在阿拉伯的流浪貝都因（Bedouin）部族眼中成為聖地。卡巴本身可能是很多年以後才建造的，起初也不是阿拉伯的萬神殿，而是一個安全的處所，用來存放以滲滲泉為中心而發展出來的諸多儀式所使用的聖物。確實，最古老的卡巴相關傳說宣稱，卡巴的牆內是一個沙坑，坑裡藏有「寶藏」（儀式用品），由一條蛇以魔法保護。

對古代阿拉伯人而言，最初的聖殿也可能具有某種宇宙方面的意義。不僅卡巴裡的很多神像都跟行星與恆星有關，共有三百六十尊神像的傳說也引發了與星象有關的聯想。繞行卡巴走七圈——繞行在阿拉伯文裡稱為「塔瓦夫」（*tawaf*），至今依然是每年「哈吉」（*Hajj*）朝覲的主要儀式——可能是在模仿天體的運行。畢竟，古代民族普遍相信，他們的神廟和聖殿是萌生萬物的「宇宙山」在人間的複製品。卡巴跟埃及的金字塔及耶路撒冷的聖殿山一樣，可能都是被當成「宇宙軸心」(*axis mundi*)來建造的；宇宙軸心有時又稱為「臍點」(navel spot)，是一個神聖的空間，整個宇宙都繞著它運轉，地面和堅固的天頂之間就由它連結。這就可以解釋為什麼卡巴的地面曾經釘有一根釘子，古代阿拉伯人稱之為「世界的肚臍」。根據傳說，古代朝聖者有時會進入聖殿，脫掉衣服，把自己的肚臍貼在釘子上，跟宇宙合而為一。

可惜，卡巴的起源就和許多和它有關的事情一樣，只是臆測而已。學者能夠肯定的事只有一件，那就是到了公元六世紀，這座用泥巴和石塊建成的小聖殿後來成為阿拉伯在前伊斯蘭時期的宗教生活中心。這個引人遐思但定義不明的異教時代被穆斯林稱作「賈希利亞」(*Jahiliyyah*)——「蒙昧時代」。

⊛⊛⊛

傳統上來說，賈希利亞被穆斯林定義成一個道德淪喪、宗教失和的時代：當時以實瑪利的子孫混淆了對唯一真神的信仰，讓阿拉伯半島陷入偶像崇拜的黑暗之中。但是到了後來，先知穆罕默德有如黎明到來一般，於七世紀初出現在麥加，傳播絕對的一神信仰與毫不妥協的道德觀。透過他從真主那裡得到的奇妙啟示，穆罕默德終結了阿拉伯人的異教信仰，並以伊斯蘭這個普世宗教取代了「蒙昧時代」。

事實上，阿拉伯人在前伊斯蘭時期的宗教經驗遠比這個傳說提到的還要複雜。伊斯蘭教興起之前，阿拉伯半島確實異教盛行。但「異教」（paganism）卻是個意義不明且帶有貶意的泛稱，由那些不屬於這個傳統的人發明，用來把實際上幾乎無窮無盡的各種信仰與儀式全部歸成一類。其拉丁文字根*Paganus*是「鄉巴佬」或「老粗」的意思，原本被基督徒用來辱罵和他們不同信仰的人。某方面來說，這個稱呼頗為恰當。因為異教和基督教不同，與其說它是一套統一的信仰與儀式系統，還不如說它是一種宗教**視角**，而這種視角善於接受許多影響與解釋。異教通常——雖然並非每一種——持多神論，既不追求普世性，也不追求道德絕對論。沒有異教教義或異教教規這種東西。沒有任何東西適合冠上「正統異教」或「非正統異教」等名稱。

此外，在說到阿拉伯人在前伊斯蘭時期的宗教經驗時，一定要把在阿拉伯沙漠裡流浪的游牧民族貝都因人和安頓在麥加等主要人口中心的定居部族區分開來。六世紀時的阿拉伯貝都因異教也許涵蓋了很多種信仰與習俗——從拜物到拜圖騰乃至於拜人（祖先崇拜）都有——但是對於從阿拉伯龐大定居社會發展出來的抽象問題就不那麼關心，尤其是關於死後的問題。這不是說貝都因人只進行原始的偶像崇拜。反之，我們絕對有理由相信，前伊斯蘭時期阿拉伯的貝都因人享受著豐富多元的宗教傳統。然而，游牧的生活型態需要一種能解決當務之急的宗教：哪個神能帶我們找到水？哪個神能治好我們的病？

相較於游牧民族，阿拉伯定居社會對異教的信奉則從早期較簡單的表現形式發展成一種形態複雜的新泛靈信仰，造物主和祂創造出來的萬物之間存在著大量神性或半神性的媒介。這個造物主稱為「阿拉」（*Allah*），阿拉並不是一個真正的名字，而是「阿爾－伊拉」（*al-ilah*）的縮略，單純就是「神」的意思。阿拉跟在希臘與祂對應的神祇宙斯一樣，原本是古代掌管雨和天空的神，後來升級為前伊斯蘭時期阿拉伯人眼中的至高真神。阿拉雖然是備受信靠的強大神明，祂在阿拉伯諸神當中的崇高地位卻使得祂和多數的大神一樣，是普通人呼求不得的。只有出現重大危機的時候，才會有人請示祂。否則，向地位較低、較平易近人的神求助會有效得多；祂們都是阿拉的代禱者，其中最強大的三位就是阿拉的三個女兒：阿拉特（Allat，「女神」）、烏札（al-Uzza，「強者」），以及瑪納特（Manat，「命運女神」，其名應該是源自希伯來文的 *mana*，意思是「分得的一份」）。這些中間神不只被供奉在卡巴，在阿拉伯半島各地也有專屬的神廟：阿拉特在塔伊夫城（Ta'if）；烏札在納克拉（Nakhlah）；瑪納特在庫戴德（Qudayd）。阿拉伯人需要雨水、孩子生病、開始打仗或深入變化莫測且住有「鎮尼」（*Jinn*，精靈）的沙漠時，都是向祂們禱告。鎮尼是無煙之火形成的生物，它們聰明、難以察覺、可以為人所拯救，在西方稱為「genie」，也就是阿拉伯神話中的仙女或妖精。

前伊斯蘭時期的阿拉伯沒有傳道者也沒有異教經文，但這不表示諸神不會說話。祂們經常讓一群稱為「卡辛」（*Kahin*）的異教高人發出忘我的言論，藉此傳達旨意。卡辛是詩人，主要工作是占卜預言；只要付一筆錢，他們就會進入恍神狀態，然後以押韻的對句洩露神的訊息。詩人在前伊斯蘭時期的社會，原本就扮演了重要角色；他們是吟遊詩人、部族的史學家、社會評論者、倫理學的傳播者，偶爾還要負責主持正義。但卡辛表現出詩人比較偏精神層面的功能，他們來自各種社會與經濟階層且有部分是女性，負責解夢、破案、尋找遺失的牲畜、調解糾紛、闡釋倫理。然而，卡辛和他們在德爾菲（Delphi）的對應角色皮提雅（Pythia）一樣，說出來的神諭都很模糊，故意表達得曖昧不明，因為理解神的意思是求神者自己的責任。

卡辛雖被視為人與神之間的連結，卻不會直接和神溝通，而是透過鎮尼和其他靈體與神接觸，這兩者是賈希利亞的宗教經驗中不可或缺的一部分。即便是這樣，卡辛和其他任何人也無法藉此接觸阿拉。事實上，創造天地、根據自身形象塑造人類的阿拉，是唯一沒有被塑成神像供奉在卡巴裡的神。儘管被稱為「眾神之王」、「一屋之主」，祂卻不是卡巴裡的主神。那份殊榮屬於胡巴爾，也就是在伊斯蘭教興起的數百年前，就已經被帶到麥加的敘利亞神祇。

雖然在前伊斯蘭時期阿拉伯的宗教崇拜中，阿拉的角色很渺小，但祂在阿拉伯諸神中的優越地位，清楚顯示出阿拉伯半島異教信仰如何從樸素簡單的泛靈論基礎演進成伊斯蘭教。也許此一發展過程最顯著的例證，就是傳說中異教朝聖者抵達卡巴前所唱的行進頌歌：

> 我來了，噢，阿拉，我來了。
> 祢沒有同伴，

祢只與自己為伴。

祢擁有他，以及他的一切。

這份獨特的宣示，與穆斯林的信仰宣言——「萬物非主，唯有真主」——有明顯的相似之處，可能透露了前伊斯蘭時期阿拉伯「單一主神信仰」最早期的跡象。**單一主神信仰**（henotheism）是德國語言學家穆勒（Max Müller）所創的詞，意思是信奉單一主神，但不見得排斥其他小神的存在。阿拉伯單一主神信仰最早的證據可追溯到一支名叫阿米爾（Amir）的部族，他們於公元前二世紀生活在今日的葉門附近，信奉一位主神，稱他為「杜—薩馬威」（*dhu-Samāwi*）：「天空之主」。關於阿米爾族宗教的細節已無從考究，但大部分學者確信，單一主神信仰在公元六世紀時已經成為絕大多數定居阿拉伯人的標準信仰，他們不僅認定阿拉是他們的主神，還堅信祂和猶太人信奉的耶和華（Yahweh）是同一個神。

理論上，猶太人在阿拉伯半島的歷史可以追溯到此前一千年的巴比倫流亡時期（Babylonian Exile），不過公元七〇年羅馬劫掠耶路撒冷聖殿後，以及公元一三二年科赫巴（Simon Bar Kochba）以救世主姿態領導起義後，可能都出現過後續的移民潮。整體而言，猶太人是是一支繁榮興盛、極具影響力的離散民族，其文化與傳統已經完全融入前伊斯蘭時期阿拉伯的社會及宗教環境中。不論是已經成為阿拉伯人的猶太後裔，還是來自巴勒斯坦的移民，猶太人存在於阿拉伯社會的每個階層。猶太商人、猶太貝都因人、猶太農民、猶太詩人、猶太戰士遍布整個半島。猶太男性取阿拉伯名字；猶太女性則戴阿拉伯頭巾。這些猶太人當中可能有一些會講亞蘭語（Aramaic），或至少是某種不道地的版本，但他們的主要語言還是阿拉伯語。

阿拉伯的猶太教雖然和近東地區的主要猶太中心都有連繫，但在傳統猶太信仰與習俗上，早已發展出自己的變化體。猶太人與阿拉伯異教徒有許多相同的宗教理念，尤其是在有些人所謂的「民間宗教」方面：相信魔法、使用護身符、進行占卜……諸如此類。舉例來說，雖然有證據顯示阿拉伯半島部分地區存在著為數不多但身分正式的拉比（Rabbi），但也住著一群稱為「寇亨」（*Kohen*）的猶太占卜師。寇亨在猶太社群中的功能相當接近祭司，但是他們也會傳達神諭，這一點與異教的卡辛類似。

猶太人與阿拉伯異教徒之間的關係是共生的，因為不只猶太人極度阿拉伯化，阿拉伯人也深受猶太信仰與習俗影響。想找到這份影響的證據，只要看看卡巴就好；它的起源神話顯示這是一座在猶太傳統中扎根甚深的閃族聖殿（阿拉伯文的 *haram*）。早在伊斯蘭教尚未興起之前，亞當、諾亞、亞伯拉罕、摩西和亞倫就都和卡巴有某種關連，而至今依然嵌在聖殿東南角的神祕黑石，人們原本似乎也把它與雅各夢見天梯時枕在頭下方的那塊石頭相提並論（創世紀 28: 11-19）。

只要想想阿拉伯人和猶太人一樣，都自視為亞伯拉罕的後代，阿拉伯異教與猶太人的關連就完全說得通了。阿拉伯人認為亞伯拉罕不僅重新發現卡巴，還創造了在那裡進行的朝聖儀式。亞伯拉罕在阿拉伯的地位崇高無比，因此卡巴內也供奉了他的雕像；這尊雕像以傳統異教風格，將他描繪成一個手持占卜杖的薩滿。對阿拉伯人而言，亞伯拉罕既非神也非異教徒一事，就跟他們的神（阿拉）與猶太人的神（耶和華）之間的關連一樣，都無關緊要。在六世紀的阿拉伯，異教信仰完全不排斥猶太人的一神論。前面已經提過，阿拉伯異教信仰可以吸收各種五花八門的宗教意識形態。阿拉伯異教徒很可能只是把猶太教當成了另一種表達類似宗教情懷的方式。

同樣的說法也可以用來描述阿拉伯人對基督教的觀感。基督教和猶太教一樣，在阿拉伯半島具有不容忽視的影響力。阿拉伯部族受到基督徒包圍：西北方有敘利亞人，東北方有美索不達米亞基督徒，南方則有阿比西尼亞人（Abyssinians）。到了公元六世紀，葉門已經成為基督徒在阿拉伯施展抱負的活動中心；奈季蘭城（Najran）被廣泛視為阿拉伯基督教的中樞，沙那（Sana'）則建造了一座巨大的教堂，而那座教堂有一段時間曾以半島主要朝聖地的身分，與麥加競爭。

做為一種勸誘改宗的信仰，基督教不甘於停留在阿拉伯世界的邊緣。由於教徒齊心協力將福音傳遍阿拉伯半島，有幾個阿拉伯部族**全體**改信了基督教。其中最大的一族是加薩尼人（Ghassanids），他們生活在羅馬與阿拉伯世界的交界，在基督教拜占庭王國與「不文明」的貝都因人之間充當緩衝者。加薩尼人積極支持在阿拉伯傳教，同時拜占庭帝國的皇帝也派遣主教深入沙漠，想讓其餘的阿拉伯異教徒改信基督。然而，加薩尼人和拜占庭人所宣傳的基督教非常不同。

公元三二五年，第一次尼西亞大公會議（Council at Nicaea）宣告耶穌是「全神」；公元四五一年，迦克墩大公會議（Council at Chalcedon）確立了三位一體的信條在基督教神學中的地位。從此以後，近東地區的基督教便有一大部分被羅馬正教會歸為異端。由於《新約》並未清楚提及三位一體（這個詞由迦太基的特土良〔Tertullian of Carthage〕於公元三世紀初期發明，他是最早也最傑出的教父之一），所以早期的基督教群體既沒有廣泛採納這個概念，對它也沒有一致的解釋。特土良這類的孟他努派（Montanist）基督徒相信，耶穌具有和上帝一樣的神性**特質**，但這份特質的**量**不及上帝。形態論（Modalist）基督徒認為三位一體象徵著神的先後三種存在形態：首先是聖父，接著是聖子，最後則是永恆的聖靈。聶斯托留派（Nestorian）基督徒主張耶穌擁有兩種截然不同的本質——人與神，而諾斯底派（Gnostic）基督徒，尤其是所謂的幻影派（Docetist），則宣稱耶穌只是外表像人，實際上是不折不扣的神。當然也有亞流派（Arian）這樣的基督徒，徹底排斥三位一體之說。

基督教成為羅馬帝國的國教之後，這些關於耶穌身分的不同說法全都被一個正統的立場取代，希波的奧古斯丁（Augustine of Hippo，四三〇年歿）將這個立場表達得最清楚：聖子與聖父是「同樣的本質與存在」——同一個神，三種樣貌。孟他努派、形態論者、聶斯托留派、諾斯底派和亞流派同時被斥為異端，信條也受到打壓。

加薩尼人和生活在君士坦丁堡高壓控制範圍之外的眾多基督徒一樣，是基督一性論者（Monophysite），意思是他們不接受認定耶穌具有雙重本質的尼西亞信條。反之，基督一性論者相信耶穌的本質只有一個，統合了人性與神性，但他們通常比較強調其中一種，強調哪一種則視派別而定。一般而言，安條克派（Antiochian）強調耶穌的人性，亞歷山卓派（Alexandrian）則強調他的神性。因此，加薩尼人雖是基督徒，而且是拜占庭帝國的附庸，但他們的神學理論與宗主國不同。

同樣的，我們只要往卡巴裡面一看，就可以辨認出在阿拉伯扎根的基督教是哪一種。根據傳說，聖殿內的耶穌像是一位名叫巴庫拉（Baqura）的科普特基督徒（Coptic，亞歷山卓派基督一性論者）放在那裡的。如果傳說為真，那麼耶穌被供在卡巴內一事，就可以視為阿拉伯異教徒認可耶穌是具有完整神性的神人這種基督一性論的信念——他們完全能接受這樣的身分。

基督教在阿拉伯半島上的存在——正統也好、非正統也好——必定對阿拉伯異教徒有深遠的影響。經常有人指出，《古蘭經》裡的聖賢故事，尤其是跟耶穌有關的那些，都透露出對基督信仰傳統與敘事的熟稔。基督教和《古蘭經》所描述的末日、最後審判與等著接納被救贖者的天堂，都有明顯的相似之處。這些相似點未必與穆斯林認為《古蘭經》乃由真神降示的信念衝突，但的確顯示出《古蘭經》對末世的描述可能是透過一套阿拉伯異教徒早已熟悉的符號與隱喻傳遞給他們的，而這有部分要歸功於在阿拉伯廣泛傳播的基督教。

加薩尼人保衛拜占庭帝國的邊境，而另一個阿拉伯部族拉赫姆（Lakhmids）也以同樣的方式為當時的另一個強大王國效命，那就是薩珊王朝（Sasanian）。居魯士大帝（Cyrus the Great）的伊朗古王國曾經稱霸中亞近千年，而薩珊人則是這個王國的偉大繼承者；他們信奉祆教，也就是伊朗先知瑣羅亞斯德（Zarathustra）在先於他們近一千五百年前創始的重要信仰。他的思想與信念對其他宗教在中亞的發展影響甚巨，尤其是猶太教和基督教。

基督誕生前一千多年，瑣羅亞斯德即傳道講述過天堂和地獄存在、會有一場肉身的復活、會有一個處女透過奇蹟誕下救世主，以及末日來臨時，天使的正義勢力與魔鬼的邪惡勢力會爆發一場宇宙終極戰役。瑣羅亞斯德的神學核心是一套獨特的一神系統，只以一個神為依歸，那就是馬茲達（Ahura Mazda，「全知之主」）；祂創造了天與地、日與夜、光明與黑暗。然而瑣羅亞斯德與多數古人一樣，無法輕易想像自己的神同時是善良與邪惡的根源，於是他發展出一種道德二元論，內容是有兩個對立的靈，斯朋塔．曼紐（Spenta Mainyu，「善靈」）和安戈拉．曼紐（Angra Mainyu，「惡靈」），分別主管善與惡。這兩個靈被稱為「馬茲達的雙胞孩子」，但他們並不是神，只是真實與虛假的靈體化身。

到了薩珊王朝，瑣羅亞斯德原來的一神論已經演變成一套嚴格的二元系統，當初的兩個靈變成了不斷爭奪人類靈魂的兩個神：光明之神歐馬茲（*Ohrmazd*，也就是馬茲達）與黑暗之神阿里曼（*Ahriman*），阿里曼也是基督教撒旦概念的原型。祆教不會勸人改信，而且要改信祆教還困難無比——因為祆教的社會階級分明，且對宗教儀式的潔淨有著近乎瘋狂的執著——但是阿拉伯半島有薩珊王朝的駐軍，所以還是導致幾個部族改信了祆教，特別是祆教中比較溫和的派別：馬茲達教（Mazdakism）和摩尼教（Manichaeism）。

這段前伊斯蘭時期阿拉伯宗教經驗的簡略概述所勾勒出來的，是這樣的時代風貌：祆教、基督教與猶太教各自融入近東最後幾個依然異教盛行的地區之一，只是這些都是信奉單一主神的異教。這三大宗教與各自的宗教中心距離較遠，讓它們能自由將教義與儀式發展成新鮮、創新的神學。尤其在蒙昧時代的宗教經驗中心麥加，這個生機勃勃、兼容並蓄的環境孕育了許多大膽的新思想與令人振奮的宗教實驗，其中最重要的是一種鮮為人知的阿拉伯一神論運動，人稱「哈尼夫思想」(*Hanifism*)；它於公元六世紀左右興起，而且據悉只存在於阿拉伯西部，也就是阿拉伯人所謂的「漢志」地區（*Hijaz*）。

穆罕默德最早的傳記作者之一伊本—希夏姆曾在其著作中描述哈尼夫思想的傳奇起源。有一天，正當麥加人在卡巴舉行一場異教慶典時，有四個分別名叫瓦拉卡（Waraqa ibn Nawfal）、奧斯曼（Uthman ibn Huwairith）、烏巴伊德—阿拉（Ubayd Allah ibn Jahsh）、宰德（Zayd ibn Amr）的男子脫離了其他朝拜者，在沙漠裡密會。他們在那裡「憑著堅強的友誼」達成共識，決定永遠不再膜拜前人的偶像。他們立下隆重的誓約，決心回歸純粹的亞伯拉罕信仰。在他們眼裡，亞伯拉罕既非猶太人也非基督徒，而是一個完全的一神論者：一個「哈尼夫」(*hanif*，字根為阿拉伯文的 *hnf*，意思是「揚棄」，例如揚棄偶像崇拜）。這四個男子離開麥加，分頭傳播這種新宗教，並找出和他們一樣的人。最後，瓦拉卡、奧斯曼和烏巴伊德—阿拉都改信了基督教，這件事顯示出基督教在那個地區的影響力。但宰德繼續維持新的信仰，放棄了族人的宗教，也不再崇拜聖殿內那些他口中「無用也無害的偶像」。

宰德站在卡巴的陰影中，背靠著它不平整的石牆，大聲斥責他的麥加同鄉：「我不再承認阿拉特和烏札，兩個都不承認……我也不會膜拜胡巴爾，雖然在我還不懂事的時候，他曾經是我們的神。」

他也會穿過擁擠的市場，用比商販叫賣還要大的音量喊道：「除了我之外，你們沒有人追隨亞伯拉罕的信仰。」

宰德跟他那個時代所有的傳道者一樣是詩人，而傳說中那些出自他之手的詩歌裡，含有一些很不尋常的宣言。「我讚美感謝神，」他歌頌道。「祂是唯一的神。」然而，儘管推動一神信仰並否定聖殿內的偶像，宰德對卡巴本身還是抱持著很深的敬意。他相信卡巴與亞伯拉罕之間存在著一種精神上的連結。「我在亞伯拉罕的避難所內避難，」宰德如此宣告。

根據各方說法，哈尼夫一神信仰運動在整個漢志地區都蓬勃發展，尤其是像塔伊夫與葉斯里卜（Yathrib）這樣的主要人口中心；詩人伍麥雅（Umaya ibn Abi Salt）便是在塔伊夫寫出頌揚「亞伯拉罕信仰」的詩歌，而葉斯里卜則是兩位影響深遠的哈尼夫教部族領袖：阿布—阿米爾（Abu Amir ar-Rahib）與阿布—卡伊斯（Abu Qais ibn al-Aslat）的故鄉。哈尼夫教的其他傳道者還包括卡利德（Khalid ibn Sinan），人稱「被族人殺害的先知」，以及卡斯（Qass ibn Sa'idah），人稱「阿拉伯的智者」。我們不可能知道前伊斯蘭時期的阿拉伯有多少人改信哈尼夫教，或那場運動的規模變得有多大。然而有件事似乎很明顯，那就是阿拉伯半島有許多人都力求把阿拉伯異教徒不甚明確的單一主神信仰轉變成一種富克（Jonathan Fueck）所謂的「阿拉伯民族一神教」。

但哈尼夫思想似乎不只是一場早期的阿拉伯一神論運動。傳說中哈尼夫教所宣揚的神積極主動，深深涉入子民的個人生活；這個神與人類之間不需要媒介。這場運動的核心就是要熱切遵守一套絕對的道德規範。光是揚棄偶像崇拜還不夠；哈尼夫教認為人還必須努力保持高尚的道德。「我侍奉悲憫的主，」宰德說，「願仁慈的主赦免我的罪。」

哈尼夫教也以一種抽象的方式談及未來一個清算的日子，屆時每個人都必須為自己的道德抉擇負起責任。「當心啊，眾人，當心死後的事！」宰德如此警告他的麥加同鄉。「什麼都逃不過神的眼睛。」在一個對死後世界並無既定想法的民族眼中，這肯定是個全新的概念，尤其這個死後世界還是建立在人類的道德之上。而且哈尼夫思想和基督教一樣是傳道性質的信仰，所以它的理念一定傳遍了漢志地區。大部分定居的阿拉伯人應該都聽過哈尼夫傳道者講道，麥加人必定也很熟悉哈尼夫思想，而先知穆罕默德無疑很清楚這兩點。

有一個鮮為人知的傳說，描述哈尼夫教的宰德與少年穆罕默德之間的一場奇遇。這個故事最初似乎是由約努斯（Yunus ibn Bukayr）根據穆罕默德的第一個傳記作者伊本—伊斯哈格的說法所寫下。雖然這件事看來在伊本—希夏姆重述的穆罕默德生平中被刪去了，但希伯來大學的教授奇斯特（M. J. Kister）收集了至少十一個其他版本的傳說，描述的幾乎是一模一樣的故事。

編年史學家說，故事是這樣的，「某一天在炎熱的麥加」，穆罕默德和他的兒時玩伴伊本—哈里塔（Ibn Haritha）從塔伊夫歸來；他們在塔伊夫宰殺並烤了一頭綿羊，用來祭祀諸神的其中一個（應該是阿拉特）。兩個少年穿過麥加谷地北部時，忽然遇到宰德；當時他不是隱居在麥加旁邊的高地上，就是正在進行一場漫長的靈修閉關。穆罕默德和伊本—哈里塔立刻就認出了他，於是用「賈希利亞的問候語」(*in'am sabahan*)向他打招呼，然後在他身邊坐下來休息。

穆罕默德問：「阿姆爾之子啊，我為何會見到你受族人排斥？」

「我發現他們將眾神和真主相提並論，而我不願意跟他們一樣，」宰德回答。「我信的是亞伯拉罕的宗教。」

穆罕默德接受了這個解釋，沒有多說什麼，然後打開他那袋祭祀用的肉。「大叔啊，吃點東西吧。」他說。

但宰德的反應很不屑。「孩子，那來自你們獻給偶像的祭品，對吧？」穆罕默德回答是，宰德便憤怒起來。「我絕不吃這種祭品，也不要跟它們沾上任何關係，」他嚷道。「我這個人只吃宰殺來獻給真主的祭品。」

宰德的訓斥深深震撼了穆罕默德，因此他在多年後提起這段故事時宣稱，自己在那之後都沒有「碰過一尊那些神祇的塑像……也沒有再祭拜過祂們，直到真主賜我榮耀，讓我成為祂的使徒」。

少年時期的穆罕默德可能信奉過異教、且因崇拜偶像而被一個哈尼夫信徒訓斥一事，悖離了穆斯林的傳統觀點；他們認為先知自始至終都是徹頭徹尾的一神論者。伊斯蘭教徒普遍相信，即便是在還沒有受到真主召喚時，穆罕默德也從未參與過聚落內的異教儀式。塔巴里在他所撰寫的先知生平中指出，真主令穆罕默德無法參與任何異教儀式，以免他被玷汙。但是這個觀點就像天主教徒相信馬利亞始終是處女一樣，不具有什麼歷史或經文基礎。不只《古蘭經》承認真主發現穆罕默德「徘徊歧途」而將他引入正路（93:7），古老的傳說也清楚顯示，穆罕默德曾經深深涉入麥加的宗教習俗：繞行卡巴周圍、祭祀、進行名叫「塔哈努斯」（*tahannuth*）的異教閉關修行。事實上，那座異教聖殿拆除重建時（卡巴後來擴建且終於加上了屋頂），穆罕默德也積極參與了重建工作。

然而，穆罕默德為徹頭徹尾一神論者的信條，仍是穆斯林信仰的一個重要面向，因為它貌似支持這個信念：穆罕默德得到的啟示來自於神。對部分穆斯林而言，承認穆罕默德可能曾經被某個像宰德這樣的人影響，相當於否定穆罕默德訊息的神授性質。但這類信念是基於「宗教是在某種文化真空中誕生」這種常見卻錯誤的假設；宗教絕不是這樣產生的。

所有的宗教都跟它們興起與發展時的社會、精神與文化背景有著密不可分的關係。宗教不是先知創造的。先知最重要的身分是改革者；他們重新定義並重新闡釋其聚落既有的信仰與習俗，提出一套嶄新的符號與隱喻，而後世則可用這套符號與隱喻來描述真實的本質。其實，通常是先知的傳人主動負起責任，把老師的話語和事蹟整理成統一而易懂的宗教系統。

穆罕默德和在他之前的諸多先知一樣，從未宣稱自己創了一個新宗教。他自己也承認，他的訊息是想要改革阿拉伯在前伊斯蘭時期的既有宗教信仰與文化習俗，好讓阿拉伯民族認識猶太人和基督徒的神。「〔神〕已為你們〔阿拉伯人〕制定正教，就是他所命令努哈（諾亞）的、他命令易卜拉欣（亞伯拉罕）、穆薩（摩西）和爾撒（耶穌）的宗教，」《古蘭經》說道（42:13）。因此，穆罕默德年輕時會受到前伊斯蘭時期阿拉伯的宗教氛圍影響，也不應讓人感到意外。伊斯蘭運動儘管獨一無二，而且是受神感召而起，但其根源無疑與當時民族多元、宗教多元的社會有關；那個社會在穆罕默德年輕時滿足了他的想像力，並令他得以用一種能輕鬆獲得阿拉伯異教徒認同的語言來表現他的革新訊息，迫切地想把訊息傳達給他們。不論穆罕默德還扮演過什麼其他角色，他都無疑是他那個時代的卓越人物，即便你選擇把那個時代稱為「蒙昧時代」。

◎◎◎

根據穆斯林傳統說法，穆罕默德誕生於公元五七〇年。同一年，來自基督教阿比西尼亞的葉門統治者阿布拉哈（Abraha）帶著一群大象攻擊麥加，企圖摧毀卡巴，好讓沙那的教堂成為阿拉伯半島新的宗教中心。文書記載，當阿布拉哈的軍隊逼近城下時，麥加人看到阿比西尼亞人從非洲帶來的大象便嚇得撤退到山上，卡巴於是無人捍衛。但就在阿比西尼亞軍隊準備發動攻擊之際，天空突然變暗；一群鳥飛過來，每一隻嘴裡都啣著一顆阿拉怒火化身的石頭，往入侵的軍隊頭上砸，直到他們別無選擇，不得不退回葉門。

在這個沒有固定曆法的社會，後來被稱為「象年」的這一年不僅是其晚近記憶裡最重要的年分，也是阿拉伯一個嶄新紀元的開端。正因如此，早期的傳記作者都把穆罕默德的出生年分訂在五七〇年，好讓它與另一個重要年分恰巧重疊。但五七〇年既不是穆罕默德正確的生辰年，而且真要說起來，也不是阿比西尼亞人攻擊麥加的那一年；現代學者已經斷定，那場重大事件是發生在五五二年左右。事實是，現今沒有人知道穆罕默德何時出生，一如當時也沒有人知道，因為在前伊斯蘭時期的阿拉伯社會裡，出生日期未必很重要。穆罕默德本人或許也不知道自己是哪一年出生的。總之，一定是等到穆罕默德被尊為先知很久之後，可能甚至是他去世很久之後，才開始有人關心他的出生日期。唯有到那個時候，他的追隨者才會想要確立他的誕生年，以便制定一份穩固的伊斯蘭年表。他們還有哪個比象年更適當的年分可以選擇？無論如何，我們以現代的歷史學方法推算，至多也只能確定穆罕默德是誕生在公元六世紀後半。

穆罕默德的誕生和大部分先知一樣，伴隨著各種跡象和預兆。塔巴里寫道，穆罕默德的父親阿布杜拉前去會見他的新娘途中，有個奇怪的女子在他的雙眼之間看見一道光芒，便把他攔下，要求他跟她上床。阿布杜拉禮貌地拒絕後，繼續前往阿米娜（Amina）家，並在那裡與她圓房，讓她懷上先知。隔天，阿布杜拉又遇見那個女子，於是問她：「妳今天怎麼不對我提出跟昨天一樣的要求？」女子回答：「昨天在你身上的光離開你了。今天我已不需要你。」

阿布杜拉從來沒有機會解開那名女子話中的含意；穆罕默德還沒出生他就去世了，只留下一筆微不足道的遺產，就是幾隻駱駝和羊。但穆罕默德先知身分的徵兆還是持續出現。阿米娜懷孕時，聽見一個聲音對她說：「妳腹中懷的是這個民族的主人，他誕生時，妳要說：『我把他交託給唯一的真主，使他免受嫉妒之人傷害』，然後為他取名穆罕默德。」有時阿米娜還會看見肚子發出光芒，她可以從中依稀看出「敘利亞的城堡」，這也許是指穆罕默德會繼承耶穌的先知地位（當時敘利亞是一個重要的基督教中心）。

穆罕默德在嬰兒時期被交給一位貝都因養母照顧，這在定居社會的阿拉伯人當中是一項常見的傳統，因為他們希望依照祖先的古老習俗，讓孩子在沙漠中長大。正好，穆罕默德的第一次先知經驗就是發生在沙漠裡。他在放牧羔羊時，有兩個身穿白衣的男子朝他走來，手捧著一個裝滿雪的金臉盆。那兩個男子走到穆罕默德面前，並將他按倒在地。他們把手伸進他的胸腔，掏出他的心臟。從他的心臟裡抽出一滴黑色液體後，他們用雪將心臟洗淨，再輕輕放回穆罕默德的胸膛，然後便消失了蹤影。

穆罕默德六歲時，母親也去世了，於是他被送去跟祖父阿布杜—穆塔立卜（Abd Al-Muttalib）同住。他祖父負責為朝聖者供應滲滲泉之水，這是麥加社會最具影響力的異教職位之一。兩年後，阿布杜—穆塔立卜也去世了，成為孤兒的穆罕默德又被送去投靠另一個親戚，這次是他有錢有勢的叔父阿布—塔里布（Abu Talib）。阿布—塔里布十分同情這個男孩，便讓他隨自己利潤豐厚的商隊經商。穆罕默德的先知身分終於暴露出來，就是在商隊前往敘利亞的一次貿易任務途中。

阿布—塔里布籌備了一趟前往敘利亞的大規模貿易遠征，最後一刻才決定帶穆罕默德一起去。當商隊緩緩走過乾荒的大地時，有個名叫巴希拉（Bahira）的基督教修士看見他們從他位於巴斯拉（Basra）的修道院旁經過。巴希拉博學多聞，擁有一本他所屬修會裡修士們代代相傳的祕密預言書。

他日夜窩在斗室裡鑽研這份古老的手稿，並且在陳舊的書頁間發現將會有一個新先知來臨的訊息。就是這個原因令他決定攔下商隊，因為他注意到在這隊人馬搖搖晃晃地走在細細的灰色地平線上時，有一朵小小的雲一直徘徊在其中一個成員的頭頂上，只為他一個人抵擋無情的烈日。當這個人停下來時，那朵雲就跟著停下；當他爬下駱駝到樹下休息時，那朵雲就跟上去，籠罩在稀疏的綠蔭上方，直到那棵樹纖細的枝椏彎下來遮住他。

巴希拉辨認出這些跡象可能代表的意義，於是急急傳訊給商隊的領隊。「我為你們準備了食物，」信上寫道。「我希望你們大家都來，不論尊卑、不分主僕。」

商隊成員很驚訝。他們已經多次在前往敘利亞途中行經這座修道院，但巴希拉從未理會過他們。不過他們還是決定停下來過夜，並且去見那位老修士。吃飯的時候，巴希拉發現他從遠處看見的那個人，也就是受到雲朵和樹木特別照顧的那個人，並不在席間。於是他問這些男子，是不是商隊的每一個成員都到了。「不要讓任何一個人留在外面，錯過我這場盛宴。」

他們回答說每一個該到的人都到了；當然只有那個叫穆罕默德的小男孩除外，因為他們把他留在外面看守行裝。巴希拉很高興。他堅持要小男孩加入他們。當穆罕默德進入修道院時，這位修士仔細端詳了他一下，然後對著在場所有的人宣告，說這是「世界之主的使者」。

當時，穆罕默德九歲。

如果穆罕默德童年的故事聽起來很熟悉，那是因為它們是一種用在先知身上的 *topos*：一種傳統文學主題，大部分神話裡都有。這些故事和《福音書》裡對聖嬰的敘述一樣，目的不在於講述歷史事件，而是要闡明先知經驗的奧祕。它們答覆了這些問題：身為先知具有什麼**意義**？一個人是忽然變成先知，抑或是先知這種身分在出生前，甚至是太初之前就已命定？如果是後者，那麼一定會有一些跡象預告先知的到來：也許是奇蹟般的受孕，或是某種關於先知身分與任務的預言。

阿米娜懷孕時的故事跟基督教中馬利亞的故事出奇地相似；馬利亞懷著耶穌時，聽見神派來的天使對她說：「你要懷孕生子，可以給他起名叫耶穌。他要為大，稱為至高者的兒子」（路加福音1:31）。巴希拉的故事則跟猶太人撒母耳（Samuel）的故事很像；神對撒母耳說耶西（Jesse）的其中一個兒子會是下一個以色列之王後，撒母耳就邀請他們全家與他同吃祭肉，結果最小的兒子大衛被留在家裡照顧羊群。「你打發人去叫他來，」撒母耳在拒絕耶西其他兒子後，如此要求。「他若不來，我們必不坐席。」大衛一進入房間，便被膏立為王。（撒母耳記上16:1-13）。

同樣的，這些傳統文學主題的歷史真實性其實無關緊要。描述穆罕默德、耶穌或大衛童年的故事是否為「真」並不重要。重要的是這些故事怎麼述說我們的先知、我們的救世主、我們的王：他們的使命是神聖而永恆的，打從創世之初就已經由神決定。

不過，我們如果將這些傳說和我們所知道的前伊斯蘭時期阿拉伯社會情況相結合，便能拼湊出重要的歷史資訊。舉例來說，我們可以合理推斷穆罕默德是麥加人，而且是孤兒；他從小就在叔父的商隊裡做事；這支商隊經常在阿拉伯各地穿梭，必定遇見過信奉基督教、祆教與猶太教的部族，而他們全都深深融入了阿拉伯社會；最後，我們也可以推斷他一定很熟悉哈尼夫思想的信仰與理念。當時哈尼夫思想在麥加很盛行，而且很可能為穆罕默德自己的宗教運動奠下了基礎。事實上，早期的穆斯林傳記作者彷彿想強調哈尼夫思想與伊斯蘭教之間的關連，都把宰德變成了像施洗者約翰那樣的人物，說他預言「易司馬儀（以實瑪利）的子孫中會出一個先知，尤其是阿布杜—穆塔立卜的子孫」。「我不認為我在有生之年見得到他，」據傳宰德這麼說過，「但我相信他，宣告他的訊息為真，並證明他是先知。」

宰德也許錯了。也許他確實有見到這位先知，只是他不可能知道那個曾經被他吩咐不要祭拜偶像的孤兒少年有一天也會和他一樣，站在卡巴的陰影中，用比朝聖者繞行卡巴的喧囂聲還要大的聲音問道：「你們信過阿拉特、烏札和瑪納特嗎？……這些偶像只是你們和你們的祖先所定的名稱……我選擇哈尼夫易卜拉欣（亞伯拉罕）的宗教，他不崇拜偶像。」（53:19, 23; 2:135）

第二章

鑰匙的保管者

穆罕默德在麥加

每到朝聖的季節，也就是每年的最後兩個月和第一個月，古城麥加就會從一個忙碌的沙漠都會變成一座擁擠不堪的城市，滿是朝聖者、商人與商隊。這些商隊通常在烏卡茲（Ukaz）和杜爾馬加茲（Dhu'l-Majaz）等鄰近城鎮的大型商業市集之間往來穿梭。無論是不是從麥加出發，所有想要進城的商隊都必須先在麥加谷地的郊外停留，讓官方清點貨物並記錄他們的貿易任務。駱駝被人卸下負載的物品後，便交由奴隸看管，同時會有一位麥加官員為商隊從市集帶回來的紡織品、油、椰棗估價。官員會根據估出來的總值收取麥加的費用：凡是在這座聖城裡頭和周圍進行商業活動，都要課徵一小筆稅金。繳了錢之後，商隊成員才可以卸下滿是沙塵的面罩，前往卡巴。

麥加古城以聖殿為中心，呈放射狀拓展；城裡狹窄的泥土街道像動脈一樣，來來回回地輸送著往返卡巴的朝聖者。城市外圍的住家由泥巴和稻草建成；這些不耐久的建築，最後都會被每年淹沒這座山谷的洪水沖走。在離市中心較近的地方，住宅比較大也比較耐久，雖然也是泥巴蓋的（只有卡巴是石造建築）。這是麥加的市場區——「蘇克」（*suq*），空氣中瀰漫著濃重刺鼻的煙霧，攤位上散發出血和香料的強烈氣味。

商隊員工疲倦地在擁擠的市場中前進，行經放在火焰上燒烤的綿羊心和山羊舌，行經跟朝聖者大聲討價還價的商販，行經蹲在院落裡的黝黑女子，最後終於來到聖殿的神聖門檻前。這些男子先在滲泉邊淨身，接著向「一屋之主」報告說他們已經到了，最後加入大批朝聖者的行列，繞行卡巴。

與此同時，聖殿內有一個老人身穿潔白無瑕的束腰罩袍，在木雕與石雕神像間來回走動，負責點蠟燭和整理祭壇。這名男子不是祭司，甚至不是卡辛。他遠比祭司或卡辛重要得多。他是「古萊須人」（*Quraysh*）；這個有權有勢、極其富有的部族在幾個世紀前就已經定居麥加，如今整個阿拉伯地區都稱他們為「阿赫・阿拉」（*ahl Allah*）：「神之部族」，聖殿的管理者。

古萊須人在麥加的優越地位始於公元四世紀末，當時有個野心勃勃的阿拉伯年輕人，名叫古賽伊（Qusayy）；他統一了幾個互相仇視的氏族而成功控制卡巴。阿拉伯半島的氏族主要由人口眾多的大家族組成，並以族長的「巴伊特」（*bayt*，家族）或「巴努」（*banu*，兒子）自稱。穆罕默德的氏族叫「巴努哈須彌」（Banu Hashim），也就是「哈須彌之子」。不同的氏族可以透過通婚與政治結盟合併成一個「阿赫」（*ahl*）或「闊姆」（*qawm*）：也就是「民族」，但比較常被稱為部族。

在麥加的囤墾時代早期，有幾個氏族競相爭奪這座城市的主控權，而其中幾個氏族又存在著鬆散的結盟關係。基本上，古賽伊所做的就是把那些名義上具有血緣與姻親關係的氏族結合成單一優勢部族：古萊須。

古賽伊的過人之處在於他看出麥加的權力來源就在於那座聖殿。簡而言之就是，控制卡巴的人就能控制麥加。他稱呼他的古萊須族人為「易司馬儀（以實瑪利）最高貴純潔的子孫」，喚起他們的民族情感，藉此從敵對氏族手中成功奪下卡巴，並且自命為「麥加之王」。雖然他允許眾人照原樣進行朝聖儀式，但唯有他一人握有聖殿的鑰匙。因此，只有他有權為朝聖者提供食物和飲水、主持在卡巴周圍舉行的婚禮與割禮，以及發放戰旗。古賽伊還把麥加劃分出不同的區域，分成外圈和內圈，可能是想要進一步強調聖殿賦予權威的能力。一個人住得離聖殿愈近，他的權力就愈大。而古賽伊的房子似乎就和卡巴**連在一起**。

他和聖殿如此接近，麥加人自然明白其中意義。那些繞行卡巴的朝聖者其實也繞著古賽伊走，這個事實絕對很難忽視。而且卡巴內殿的唯一入口是古賽伊家裡的一扇門，因此任何人想要接近聖殿裡的神，都必須先透過他。古賽伊用這個方法取得了這座城市的政治與宗教權威。他不只是麥加之王，還是「鑰匙的保管者」（the Keeper of the Keys）。「不論生前還是死後，他在古萊須部族裡的權威就像是一種宗教，人人追隨，」伊本—伊斯哈格寫道。

古賽伊最重要的革新就是建立了後來麥加的經濟基礎。他首先鞏固了自己所屬城市在阿拉伯半島的朝拜中心地位，把鄰近部族崇拜的所有神像蒐集起來——尤其是供奉在薩法（Safah）與馬爾瓦（Marwah）這兩座聖山上的那些——然後將這些神像移入卡巴。從此以後，如果有人想朝拜比如說戀人之神伊薩夫與娜依拉（Isaf and Na'ila）好了，就只能去麥加，而且一定得先付一筆錢給古萊須人，才能進入聖城朝拜。身為鑰匙保管者，古賽伊也壟斷了物品買賣及服務朝聖者的事業。他向市民課稅支付這些事業的成本，利潤卻歸他自己。不過短短幾年，古賽伊建立的體系讓他，還有那些跟他搭上關係的古萊須當權氏族都發了大財。但是在麥加，可以賺的錢還不只這些。

卡巴和所有閃族的聖殿一樣，把整個周圍地區都變成了聖地；麥加城因而成為中立區，部族之間不得在此戰鬥，也禁止攜帶武器。朝聖季來到麥加的朝聖者都被鼓勵帶著商品前來交易，善加利用這座城市的和平與繁榮。為了促成這件事，大型商業市集的時間都跟朝聖週期重疊，兩者的規則也相輔相成。我們很難確知，開始針對這項貿易課稅是不是古賽伊的主意。在這個時期，古萊須人很可能只負責管理麥加城內部及周邊的貿易活動，並且收取一小筆費用，在這個危險而無人巡邏的沙漠區域確保商隊的安全。但有一點看來很清楚：古賽伊之後過了幾代，在他孫子，亦即穆罕默德的曾祖父哈須彌領導下的古萊須人，已經在麥加創造了一個規模不大但利潤豐厚的貿易區，幾乎完全仰賴卡巴的朝聖週期來維持。

麥加的貿易範圍有多廣，是學者之間的一大爭議焦點。曾有多年時間，大家理所當然地把麥加想像成一條國際貿易路線的核心，從葉門南方的海港輸入黃金、白銀、香料，再將它們輸出到拜占庭帝國和薩珊帝國，從中賺取暴利。根據這個經過大量阿拉伯文獻證實的觀點，古萊須人掌管的是阿拉伯南部和北部之間一個自然形成的貿易前哨站，而卡巴的存在又大幅提高了這個地區的聲望。因此，根據瓦特（Montgomery Watt）的說法，麥加是阿拉伯西部的金融中心；若用沙班（Muhammad Shaban）的話來說，貿易是麥加**存在的理由**。

然而近來已有一些學者開始質疑這個觀點，主要是因為目前還沒有發現任何一份非阿拉伯的文獻確認麥加是一個國際貿易區的中心。「完全沒有資料提到古萊須人與他們的貿易中心，不管是希臘文、拉丁文、敘利亞文、亞蘭文、科普特文，還是其他非阿拉伯地區在被阿拉伯征服前寫成的文獻中都沒有，」派翠西亞·克隆（Patricia Crone）在《麥加的貿易與伊斯蘭之興起》（*Meccan Trade and the Rise of Islam*）中寫道。「這樣的沉默非常醒目，而且意義重大。」

克隆和其他人認為前伊斯蘭時期的麥加和佩特拉（Petra）及帕邁拉（Palmyra）這類地位明確的貿易中心不同，那裡沒有任何積聚資本的實質跡象。而且不論阿拉伯文獻怎麼說，歷史證據和基本地理常識都清楚指出麥加並不位在阿拉伯半島任何已知的貿易路線上。「既然可以在塔伊夫停留，商隊何苦深入荒蕪的麥加谷地？」克隆問道。

克隆說得沒錯。當時眾人沒有理由前往麥加，或者真要說的話，也沒理由在那裡定居。除了卡巴之外，完全沒有理由。

麥加地處偏僻，這點毋庸置疑。漢志地區自然形成的貿易路線在麥加東方，若要到麥加停留，勢必得在葉門和敘利亞之間繞一大段路；敘利亞是阿拉伯在前伊斯蘭時期的主要國際貿易轉運站。塔伊夫位在貿易路線附近，也有一座聖殿（供奉阿拉特），絕對是途中比較合理的停駐站。但麥加具有一種特殊的神聖性，不只是因為卡巴，更因為卡巴裡面供奉著諸神。

分布在阿拉伯世界的其他聖殿都只供奉一位當地神明，但是卡巴不一樣。卡巴獨樹一格之處在於它號稱是一座普世萬能的神殿。據說前伊斯蘭時期阿拉伯的每一位神明都被供奉在這座聖殿裡，也就是說不論信仰的是何方神聖，阿拉伯半島上的每一個民族都覺得自己在精神上不僅對卡巴負有深切的責任，對卡巴所在的城市及維護卡巴的部族更是如此。克隆用這樣的結論來解釋阿拉伯文獻與非阿拉伯文獻之間的差異：關於前伊斯蘭時期的卡巴我們所知道的一切——確切地說，是關於先知穆罕默德我們所知道的一切，以及關於伊斯蘭教在七世紀阿拉伯的興起我們所知道的一切——完全是八、九世紀的阿拉伯作者杜撰出來的。這個虛構的故事裡，沒有一丁點可靠的歷史證據。

真相大概介於瓦特的「國際商業中心」理論和克隆的「虛構之穆罕默德」理論之間。非阿拉伯的文獻清楚顯示麥加為國際貿易區中心的觀點是虛構的。但大量的阿拉伯文獻卻反過來顯示，早在伊斯蘭教興起之前許久，麥加至少已經有某種程度的貿易活動。即使阿拉伯文獻的作者有可能為了吹噓祖先的商業長才而誇大這種貿易活動的規模與範圍，但麥加人看來顯然有參與彼得斯（F. E. Peters）所謂的「內部以物易物系統」，不足之處由敘利亞和伊拉克邊境的小型貿易區彌補，而且幾乎只仰賴週期性的商業市集，而這些市集都刻意安排在麥加的朝聖季。

重點是，這種貿易儘管規模不大，卻完全仰賴卡巴，因為完全沒有其他理由能讓人到麥加來。這裡是一片沙漠荒原，沒有任何物產。正如布里特（Richard Bulliet）在他的傑作《駱駝與輪子》（*The Camel and the Wheel*）中所言，「麥加能夠發展成一個大型貿易中心，唯一的原因是麥加人能用某種手段強行控制貿易活動。」確實，麥加正是做到了這點。古賽伊和他的後代讓這座城市的宗教與經濟生活緊密結合，發展出一套創新的宗教經濟系統。這套系統靠著控制卡巴和幾乎全數阿拉伯人都會參加的卡巴朝聖儀式來確保經濟、宗教和政治的至高權力都屬於同一個部族：古萊須。

正因如此，阿比西尼亞人才會在象年企圖摧毀卡巴。他們已經在和葉門那些繁華商港相距不遠的沙那建立了自己的朝聖中心，所以去消滅麥加的聖殿並不是因為卡巴造成宗教威脅，而是因為麥加是一個經濟對手。跟塔伊夫、密納（Mina）、烏卡茲，以及幾乎每一個鄰近區域的領導者一樣，阿比西尼亞人也很想把麥加的宗教經濟系統複製到自己的領土上，由自己來管轄。畢竟，如果連古萊須這樣鬆散的氏族聯盟都可以靠這套系統發財，那麼任何人都可以靠它發財。

但是並非每個麥加人都有從古萊須人的系統中獲利。貝都因人生活的種種限制自然讓他們不會有社會與經濟階級，但在麥加這樣的定居社會裡，階級制度卻非常普遍。在一個隨時移動、累積物質財富反而不實用的社群裡，唯一的生存之道就是透過平均共享所有可用的資源來維持強烈的部族向心力。因此部族的倫理是以這個原則為基礎：每個成員在維持部族穩定方面，都有不可或缺的作用；部族有多強，必須看它最弱的成員有多強。部族裡每個成員都同樣重要的觀念，並不是社會平等的完美典型。反之，這樣的部族倫理旨在維持一種社會平等的表象，好讓每一個成員不論身分，都能分享社會與經濟上的權利和福利，而部族的團結就是靠這些東西維繫的。

在前伊斯蘭時期的阿拉伯，維護部族倫理的責任落在部族中的「薩義德」（*Sayyid*）或「謝赫」（*Shaykh*）身上。謝赫（這個頭銜意指「帶著歲月痕跡的人」）是大家一致選出的「同儕之首」，他是族人中最受尊敬的一員，也是名義上的領袖，代表部族的力量與道德屬性。儘管大家普遍認為某些家族天生具有領導能力與高尚情操，但謝赫並非世襲之位，因為阿拉伯人非常鄙視拜占庭和薩珊君王的世襲統治。除了年紀之外，成為謝赫的唯一要求就是必須能具體呈現「穆魯瓦」（*muruwah*）的理想；穆魯瓦是部族的行為準則，由阿拉伯人的重要美德構成，例如勇氣、榮譽、好客、戰鬥能力、正義感，以及最重要的一點：孜孜不倦地投身於部族的集體利益。

由於阿拉伯人謹慎提防把所有的領導職務集中在一個人身上，所以謝赫真正的執行權力很小。每一項重大決策都必須跟部族裡其他具有同等地位的人集體商討：戰爭領袖「卡伊德」（*Qa'id*）、宗教官員「卡辛」，以及負責仲裁紛爭的「哈卡姆」（*Hakam*）。謝赫可能偶爾會代理這些職務，但他最主要的責任還是確保族裡的每個成員都受到保護，尤其是無力保護自己的窮人與弱者、小孩與老人、孤兒與寡婦，並藉此維持部族內與部族之間的秩序。效忠謝赫的人會立下稱為「貝阿」（*bay'ah*）的忠誠誓言，立誓的對象是擔任謝赫的人，而不是謝赫這個職位。如果謝赫並未盡到妥善保護每個部族成員的責任，族人就會收回誓言，再選出另一個領袖取而代之。

在這樣一個社會裡，沒有一套神授的倫理規範——例如《十誡》——來制定出絕對的道德概念，因此謝赫維持部族秩序的合法手段只有一個：同態報復法。同態報復法的拉丁文是 *Lex talionis*，但更為人所知的說法是「以眼還眼」這個粗糙的概念。然而同態報復法完全不是野蠻的法律體制，反而旨在「限制」野蠻行為。所以，如果傷了別人一隻眼睛，得到的報復就僅限於一隻眼睛；如果偷了別人一匹駱駝，就必須償還一匹駱駝；如果殺了別人的兒子，那麼自己的兒子就要被處決。為了方便懲罰，所有的商品與財產都定出了價碼，稱為「血價」。社會上的每一條人命，其實還有人體的每一個部位，也都訂定了血價。在穆罕默德的時代，一個自由男子的生命大約價值一百匹駱駝；一個自由女子的生命則值五十匹。

謝赫的責任是確保部族內發生的所有罪行都受到應得的報復，以維繫族群的和平與穩定。對部族外的人犯罪不但不會受到懲罰，甚至算不上犯罪。偷盜、殺人或傷人的行為**本身**並不被視作違反道德，這類行為唯有破壞了部族的穩定，才會受到懲罰。

同態報復法偶爾會因為某種計算上的複雜狀況而失去原有的平衡感。舉例來說，假若一匹被偷的駱駝處於懷孕狀態，那麼小偷應該賠償受害者一匹駱駝還是兩匹？由於部族社會沒有正式的執法單位與司法系統，因此需要交涉時，雙方就會找上哈卡姆：由任一名受到信任的中立第三方，負責仲裁這場紛爭。哈卡姆向雙方各收取一筆保證金，以確保大家都會服從他的判決之後（因為嚴格說來，這是無法強制的），便會做出權威性的法律宣判：「一匹懷孕的駱駝，具有兩匹駱駝的價值。」哈卡姆的各項判決隨著時間累積起來之後，就成為一種規範性法律傳統（*Sunna*）的基礎，用來當作部族的法規。換言之，一匹懷孕駱駝的價值就不再需要仲裁了。

然而，由於每個部族都有自己的哈卡姆與法律傳統，因此一個部族的法律與傳統不見得適用於另一個部族。個人在自己的部族範圍之外，通常不會有法律保障、權利與任何社會身分。既然在自己的部族外偷盜、傷人或殺人，嚴格說來都沒有違反**道德**，那麼前伊斯蘭時期的阿拉伯人如何維繫部族之間的關係，就成為一件複雜的事。各部族透過一個複雜的結盟與加盟網絡維繫彼此之間的關係，但是簡單地說，如果一個部族的成員傷害了另一個部族的成員，受害的部族如果夠強大，就可以要求報復。因此，謝赫有責任確保鄰近部族明白任何攻擊他族人的行為都會受到同等的報復。倘若無法做到這點，他就不能繼續擔任謝赫。

麥加的問題是財富都集中在少數幾個掌權的家族手中，不只改變了這座城市的社會與經濟風貌，更實際摧毀了部族倫理。麥加突然湧現的個人財富，讓社會平等的部族理想蕩然無存。窮人與邊緣人不再受到關懷，部族的實力也不再視最弱的成員而定。古萊須部族的謝赫把關注焦點移到貿易活動，而不是照顧那些無依無靠的人。當發生紛爭的其中一方有錢有勢到幾乎招惹不得，同態報復法如何能夠正常運作？當古萊須人不斷擴張的權威令別人不敢責難他們，部族之間的關係又要如何維繫？雪上加霜的是身為鑰匙保管者，古萊須人在麥加的權威還不只關係到政治或經濟，還有宗教。看看哈尼夫派的人就知道，他們在傳說中呈現出來的形象是嚴厲抨擊麥加同鄉永無止盡的貪婪，儘管如此，他們卻始終對古萊須人忠誠不渝，視古萊須人為「麥加與卡巴具亞伯拉罕般神聖性的正當代理人」。

部族倫理淪喪之後，麥加社會變得階級分明。頂端是古萊須掌權家族的領導者。一個人如果有幸取得足夠的資本創立一份小事業，就可以充分利用這座城市的宗教經濟系統。但對大部分麥加人而言，這根本是不可能的事。尤其是那些沒有受到正式保護的人——例如孤兒和寡婦，兩者都無法取得任何遺產——他們唯一的選擇就是以極高的利息向有錢人借貸；這必定會導致債臺高築，接著造成萬劫不復的貧窮，最後令他們淪為奴隸。

身為孤兒，穆罕默德一定十分瞭解被麥加宗教經濟系統排除在外的苦處。對他而言幸運的是，他的叔父與新監護人阿布—塔里布是哈須彌氏族的謝赫。哈須彌是勢力龐大的古萊須部族內，一個不很富有但很有名望的小氏族。阿布—塔里布給了穆罕默德一個家，並讓他有機會在商隊裡工作養活自己，就這麼讓他免於像麥加的許多孤兒那樣，走上負債累累、淪為奴隸的命運。

穆罕默德很能幹，這點毋庸置疑。傳說故事都大費周章地強調他是非常成功的精明商人，懂得如何達成利潤豐厚的交易。雖然他在麥加的社會地位很低，但全城的人都知道他是個正直虔誠的人。他的綽號叫「阿敏」（*al-Amin*），意思是「值得信賴者」，此外他也曾數次獲選擔任哈卡姆，仲裁一些小紛爭。

穆罕默德的外貌似乎也很搶眼。他被描述成一個胸膛寬闊的男子，大鬍子、鷹勾鼻，看上去很有威嚴。很多說法都提到他大大的黑眼睛和編成辮子紮在耳後的濃密長髮。然而即使他既誠實又幹練，到了七世紀初，二十五歲的穆罕穆德卻依然未婚，也沒有自己的資本與事業，工作和住處完全仰賴叔父慷慨相助。事實上，他的條件實在太差，因此當他向叔父的女兒烏姆—哈妮（Umm Hani）求婚時，她斷然拒絕，選擇了一個比較有錢的追求者。

後來，一個與眾不同的四十歲寡婦注意到穆罕默德，他的命運也從此改變。這位名叫哈蒂嘉（Khadija）的寡婦是個謎：在麥加這個把女性視為動產且不准她們繼承丈夫遺產的社會，她不知怎麼地成了最受尊敬的成員之一，是個富有而備受敬重的女商人。她擁有一份蓬勃發展的商隊事業，而且儘管年紀不小又有自己的孩子，卻不乏追求者，其中大部分人都想要她的錢。

根據伊本—希夏姆的說法，哈蒂嘉是在雇用穆罕默德為她帶領商隊時認識他的。她早已聽說他「性格誠實、可靠、高尚」，所以決定把一趟前往敘利亞的特殊任務交託給他。穆罕默德沒讓她失望。他帶回來的利潤是哈蒂嘉預期的將近兩倍，結果她用求婚來犒賞他。穆罕默德滿懷感激地接受了。

與哈蒂嘉的婚姻讓穆罕默德得到麥加社會最高階層的接納，而且讓他得以完全進入麥加的宗教經濟系統。據說他把妻子的事業經營得非常成功，地位與財富都不斷累積。到了最後，他就算不是統治菁英，也可以被視為「中產階級」——雖然這個名詞不符合他的時代。他甚至擁有自己的奴隸。

但儘管如此成功，穆罕默德在麥加社會的雙重地位還是讓他深感矛盾。一方面，他以為人慷慨、經營事業公正無私而出名。即使已經成為備受尊敬且相當富裕的商人，他還是經常獨自到麥加谷地周圍的山區與峽谷進行「自我合理化」的閉關修行（也就是上一章裡提到的異教習俗「塔哈努斯」），並且定期在一種跟卡巴信仰關係密切的宗教慈善儀式中捐錢與食物給窮人。另一方面，他似乎也深切意識到自己是麥加宗教經濟系統中的共犯，剝削城內未受到保護的大眾來維持菁英階級的財富與權力。

他因為自己的生活方式與信仰不符而飽受煎熬十五年；到了四十歲時，他在精神上已然痛苦不堪。

接著，公元六一〇年的某個夜晚，在希拉山（Mt. Hira）上進行宗教閉關修行的穆罕默德有了一場將會改變世界的奇遇。

他獨自坐在一座山洞裡冥思。突然間，有個看不見的東西緊緊攫住他的胸口。他試圖掙脫，卻動彈不得。他被黑暗吞沒。他胸口的壓力不斷增強，直到他不能呼吸。他覺得自己快死了。就在他吐出最後一口氣時，一道光和一個可怕的聲音貫穿他全身，「宛如黎明的曙光」。

「宣讀！」那個聲音命令道。

「要我宣讀什麼？」穆罕默德喘著氣問。

那看不見的東西加強了束縛的力道。「宣讀！」

「要我宣讀什麼？」穆罕默德又問了一次，胸口開始承受不住。

那個東西再次加強力道，那聲音又重複了一次命令。最後，就在他覺得自己撐不住的那一刻，胸口的壓力驟然消失。在籠罩山洞的那份寂靜中，穆罕默德**感受到**這些話語被印到他的心上：

你應當奉你的創造主的名義而宣讀，

他曾用血塊創造人。

你應當宣讀，你的主是最尊嚴的，

他曾教人用筆寫字，
他曾教人知道自己所不知道的東西。（96:1-5）

這就是穆罕默德的火焰荊棘：就在這一刻，他不再是一個憂心社會弊病的麥加生意人，而是變成了亞伯拉罕傳說中所謂的**先知**。然而，一如他偉大的先知前人——亞伯拉罕、摩西、大衛、耶穌——穆罕默德也不會只是個先知而已。

伊斯蘭教主張從亞當開始，所有宗教裡曾經出現過的所有先知一再地在無意間揭露神的啟示。這些先知在阿拉伯文裡稱為「納比」（*nabi*），他們被挑選出來把神的神聖訊息傳達給全人類。但是有些「納比」還被賦予了傳遞神聖文句的額外責任：摩西揭示了《妥拉》；大衛創作了《詩篇》；耶穌的話語則被寫成《福音書》。這樣的人不只是區區一個先知而已，還是神的使者——「拉蘇」（*rasul*）。於是，在往後二十三年間宣讀出《古蘭經》（字面上即是「宣讀」之意）全文的麥加商人穆罕默德便從此被稱為「拉蘇阿拉」（*Rasul Allah*）：「真主的使者」。

穆罕默德第一次獲得天啟的情形很難描述。文獻的敘述都很模糊，有時還互相矛盾。伊本—希夏姆說啟示是在穆罕默德睡覺時，有如夢境一般降臨在他身上，但塔巴里說先知當時站著，真主降示令他雙膝跪地；他顫抖著雙肩，想要爬走。穆罕默德在山洞裡聽見的那聲命令（*iqra*，「伊卡拉」）在塔巴里寫的傳記中大致被理解成「背誦」，但在伊本─希夏姆寫的傳記裡卻很明顯是「朗讀」的意思。事實上，根據伊本─希夏姆留下的一個傳說，第一次宣讀的內容其實是寫在一張魔法錦緞上，放在穆罕默德面前讓他讀出來。

穆斯林傳統向來偏重塔巴里對「伊卡拉」的定義（也就是「背誦」），主要是為了強調先知不識字。有些人說《古蘭經》對穆罕默德的稱號「安納比阿爾烏米」（*an-nabi al-ummi*）便驗證了這一點，這個稱號傳統上被理解成「文盲先知」的意思。但儘管穆罕默德不識字這件事可以強化《古蘭經》的奇蹟，史實上卻不合理。很多學者和阿拉伯語言學家指出，「安納比阿爾烏米」應該理解成「文盲的先知」才對（文盲是指沒有宗教經典的人），這樣的翻譯既符合句子的文法，也符合穆罕默德的想法。他認為《古蘭經》的啟示是要賜給沒有聖典的民族：「我沒有把他們所能誦習的任何經典賞賜他們，在你之前，我沒有派遣任何警告者去教化他們。」（34:44）。

事實是，一個像穆罕默德這樣成功的商人，不太可能沒有能力閱讀及書寫自己做生意的收據。他顯然既不是書吏也不是學者，而且完全沒有詩人的文采。但他必定能夠讀寫基本的阿拉伯文──名字、日期、商品、勞務──此外他有很多客戶是猶太人，所以可能連亞蘭文都懂得一點。

各種傳說對於穆罕默德第一次獲得天啟時的年齡也莫衷一是：有些編年史家說是四十歲，有些則說是四十三歲。儘管不可能找出篤定的答案，但康拉德（Lawrence Conrad）指出，古代阿拉伯人普遍相信「男人要到四十歲，才會達到體力與智力的顛峰」。《古蘭經》中將男子滿四十歲視同壯年

（46:15），也證實了這種說法。換言之，那些古代傳記作者嘗試算出穆罕默德在希拉山上的年齡時，可能只是用猜的，正如他們推算他的出生年時，大概也是用猜的。

同樣的，第一次天啟的確切日期也是眾說紛紜。有人說是發生在齋戒月的第十四天，有人說是在第十七天，也有人說是第十八天或第二十四天。甚至連最早的穆斯林社群中都有人爭論穆罕默德第一次宣讀的內容是什麼：有些編年史家宣稱，真主給穆罕默德的第一個命令既不是「背誦」也不是「朗讀」，而是「起而警告！」

各種傳說如此模糊與矛盾，也許是因為穆罕默德的先知生涯並非始於一次重大的真主降示，而是先有一連串較小且難以形容的超自然經驗，而後才以和真主的一場決定性激烈邂逅達到高潮。先知晚年最親密、最鍾愛的伴侶阿伊夏（Aisha）聲稱，穆罕默德先知身分最初的徵兆，早在希拉山的那場經歷之前就已經出現了。這些徵兆以幻象的形式出現在穆罕默德的睡夢中，由於太令人煩心而使得穆罕默德愈來愈渴望獨處。「他最喜歡自己一個人，」阿伊夏回憶。

穆罕默德那些惱人的幻象似乎還伴隨著幻聽。伊本─希夏姆記載，先知出發去「麥加的峽谷」獨處時，他在途中經過的石頭和樹木都會對他說：「阿拉的使徒啊，願你平靜。」每當這樣的聲音出現，穆罕默德「就會左顧右盼、回頭張望，卻只看到樹木和石頭」。這些聲音與影像的幻覺一直持續到他在希拉山上被真主召喚的那一刻。

顯然除了先知之外，沒有人可以描述預言的經驗，但是把獲得先知意識這件事視為一種緩慢演進的過程，既不會不理性，也不是異端邪說。耶穌是等到雲層分開、一隻白鴿飛下來停在他頭上才確認了自己救世主的身分，還是他其實早已明白自己被神挑選出來進行一項神聖的任務？悉達多悟道時，是像許多人描述地那樣坐在菩提樹下，突然靈光乍現，還是說他的頓悟其實是「色即是空」的信念穩定發展後得到的結果？也許啟示確實如同某些傳說所描述，「宛如黎明曙光」般降臨在穆罕默德身上，但他也可能是透過一連串無以名狀的超自然經驗，逐漸察覺到自己的先知意識。真相為何，我們不可能知道。但有一點似乎很肯定，那就是穆罕默德也跟在他之前的所有先知一樣，完全不想接受神的召喚。那次經驗讓他沮喪不已，第一個念頭就是自殺。

據穆罕默德所知，只有卡辛會收到神的訊息，偏偏他非常鄙視他們，把他們視為可惡的騙子（「我連看他們一眼都沒辦法，」他曾經如此叫嚷過）。如果他在希拉山上的經驗意味他自己也即將成為一名卡辛，而他在麥加的同僚也會視他為卡辛，那他還不如死了算了。

「絕對不能讓古萊須人這麼說我！」穆罕默德發誓。「我會爬上山頂，然後跳下來，這樣才能殺死我自己並得到平靜。」

穆罕默德確實有理由擔心自己被比作卡辛。真主降示的最初幾個經節帶有精妙的詩歌特質，而這是從任何譯本中都看不出來的。他背誦的第一句和後面幾句話都是以押韻的對句說出來，這與卡辛進入忘我狀態時非常相似。這種情況並不罕見，畢竟阿拉伯人很習慣聽到諸神透過詩歌說話，因為詩歌能把他們的語言提升到神的境界。但很久之後，穆罕默德的訊息開始跟麥加的菁英階層產生衝突，此時他的敵人就緊咬住卡辛神諭和穆罕默德話語之間的相似性，譏諷地問：「難道我們務必要為一個狂妄的詩人，而拋棄我們的眾神靈嗎？」(37:36)

《古蘭經》裡有好幾十節都在駁斥穆罕默德是卡辛的說法，這顯示出這個問題對早期穆斯林社群而言非常重要。隨著穆罕默德的運動遍及整個阿拉伯世界，真主降示也變得愈來愈平鋪直敘，不再具有早期那些語句的神諭風格。然而，穆罕默德一開始就知道自己會受到什麼樣的評論，而光是想到會被和他同時代的人視為卡辛，就足以讓他萌生自殺的念頭。

最後，真主告訴穆罕默德說他沒瘋，解除了他的焦慮。但我們可以篤定地說，要不是因為哈蒂嘉，穆罕默德或許真的會按照計畫自我了斷，而歷史也會因而改寫。

「透過她，神為祂的先知減輕了重擔，」伊本—希夏姆這麼描寫哈蒂嘉這位不凡的女子。「願全能的真主憐憫她！」

穆罕默德回到家，還因為山洞裡發生的事而嚇得渾身發抖。他爬到妻子身旁，嚷著：「把我包起來！把我包起來！」

哈蒂嘉立刻為他披上一件斗篷，然後緊緊抱住他，直到他停止發抖抽搐。一平靜下來，穆罕默德就放聲大哭，同時努力解釋自己的遭遇。「哈蒂嘉，」他說，「我覺得我瘋了。」

「不可能，親愛的，」哈蒂嘉輕撫著他的頭髮回答。「神不會這麼對待你，因為祂知道你誠實、值得信賴、品德高尚，而且善良。」

但由於穆罕默德還是很沮喪，哈蒂嘉便穿上外出服，去找她所知唯一能理解她丈夫遭遇的人：她的基督徒表親瓦拉卡。他就是最初那四個哈尼夫信仰者裡的瓦拉卡，後來歸信了基督教。瓦拉卡對《聖經》經文非常熟悉，因此能看出穆罕默德的經歷本質為何。

「他是這個民族的先知，」聽完哈蒂嘉的描述後，瓦拉卡這樣安撫她。「叫他要歡欣。」

但穆罕默德還是很惶恐，尤其不確定自己被神召喚之後應該做什麼。更糟的是，就在他最需要信心的時候，神卻不說話了。希拉山上的第一次啟示經驗過後，就是一段很長時間的沉默，於是過了一陣子，連哈蒂嘉都開始質疑穆罕默德的經歷意味著什麼，而她原本從未懷疑過這件事的真相。「我想你的主一定是開始討厭你了，」她對穆罕默德坦言。

最後，就在穆罕默德跌落谷底時，第二次啟示又從天而降，方式就和第一次一樣激烈，令人痛苦不已。這次的啟示向穆罕默德確認，不管他願不願意，他都已經是神的使者：

你為主的恩典，你絕不是一個瘋人，
你必得享受不斷的報酬。
你確是具備一種偉大的性格的。
你將看見，他們也將看見，你們究竟誰是害瘋病的。(68:1-5)

如今，穆罕默德已經別無選擇，只能「起而警告」了。

❂❂❂

穆罕默德最早揭示給麥加人的經節可分成兩大主題：宗教與社會——雖然兩者使用的語言是一樣的。穆罕默德首先以美得驚人的經節歌頌真主的力量與榮耀，祂「使地面奇異地裂開，在大地上生產百穀，與葡萄和苜蓿，與子橄和海棗，與茂密的園圃」（80:19）。這個神並不是大部分麥加人早已熟悉的那個強大遙遠的至高之神。這是一個深愛創造的**好**神。這個神是「拉曼」（*ar-Rahman*，「至仁的」，55:1）、「阿克拉姆」（*ar-Akram*，「最慷慨的」，96:3）。這樣一個神，祂值得感恩與崇拜。「你們想否認多少來自你主的恩典？」穆罕默德問他家中的男性成員。

這些早期的經節讚美神的權能與良善，在其中明顯找不到專斷的一神論宣言，也沒有對多神論的絕對批評。一開始，穆罕默德似乎比較在意讓大家知道阿拉是什麼樣的神，而不是究竟有幾個神。也許原因就像前文提過的，穆罕默德傳道的群體原本就具有某種程度的一神論——或至少是單一主神論——傾向。不必告訴古萊須人說神只有一個，因為他們之前就已經從猶太人、基督徒和哈尼夫派那裡聽過很多次了，而且他們也不見得不同意。穆罕默德在傳道生涯的這個階段，有一個急迫得多的訊息要傳遞。

那個訊息——也就是穆罕默德最初幾次誦讀內容中的第二個主題——幾乎只談論麥加部族倫理淪喪的情形。穆罕默德用最強烈的字眼譴責虐待及剝削弱者與無依者的現象。他呼籲眾人終結讓窮人淪為奴隸的假合約與高利貸。他談論弱勢與受欺壓者的權利，並且提出一個驚人的主張，說照顧他們是有錢有勢者的責任。「至於孤兒，你不要壓迫他；」《古蘭經》這麼命令，「至於乞丐，你不要喝斥他。」（93:9-10）

這不是和氣的建議；這是一個警告。神已經看見了古萊須人的貪婪與惡毒，不會再容忍之。

傷哉！每個誹謗者，詆毀者，
他聚積財產，而當作武器，
他以為他的財產，能使他不滅。
絕不然，他必定要被投在毀滅坑中。
你怎能知道毀滅坑是什麼？
是真主的燃著的烈火。（104:1-6）

穆罕默德主要把自己視為一個告誡者，負責傳遞一個訊息給他聚落裡那些喝斥孤兒的人、不勉勵人賑濟貧民的人、對神禮拜卻忽視道德責任的人，以及不肯借人什物的人（107:1-7）。他的訊息很簡單：審判日接近了，屆時「天將綻裂，地將展開」（84:1-3），而那些不「釋放奴隸」或不「在饑荒日賑濟」的人將被關在火獄裡（90:13-20）。

這是個激進的訊息，之前在麥加從來沒有人聽過。穆罕默德當時還沒開始建立新宗教；他是在號召一場全面的社會改革。他也還沒開始宣揚一神信仰；他是在要求經濟正義。而就傳播這個極度創新的革命性訊息而言，他多多少少是被忽視了。

這有一部分要怪穆罕默德自己。所有的傳說都宣稱，穆罕默德一開始只把真主的降示透露給最親密的朋友和家人。第一個接受他訊息的人顯然是哈蒂嘉；她從認識她丈夫的那一刻起，一直到她自己去世的那一刻為止，始終全力支持著他，尤其在他最低潮的時候。至於第二個接受訊息的人是誰，雖然不同派別的穆斯林之間存在許多爭議，但應該可以合理推測是穆罕默德的堂弟阿里（Ali）；他是阿布—塔里布的兒子，和先知在同一個屋簷下長大，而且是除了穆罕默德的妻子之外，跟他最親近的人。

阿里接受訊息一事讓穆罕默德寬慰許多，因為他不僅是穆罕默德的堂弟，也是他最親密的盟友：先知一而再地說這名男子是他的「兄弟」。阿里最後會成為伊斯蘭世界最受尊敬的戰士。他會娶穆罕默德的愛女法蒂瑪為妻，並生下先知那兩個著名的孫子：哈珊（Hasan）與胡笙（Husayn）。被視為奧祕之源與伊斯蘭形上學之父的阿里，有朝一日會促使一個全新的伊斯蘭教派生成。不過他成為哈須彌氏族裡第一個站出來回應先知召喚的成員時，只是個十三歲的男孩而已。

阿里歸信後，穆罕默德的奴隸宰迪（Zayd）也立刻跟著歸信；穆罕默德自然釋放了他。過了不久，穆罕默德的摯友及富裕的古萊須商人阿布—巴克爾（Abu Bakr）也成為追隨者。阿布—巴克爾是個忠心耿耿、虔誠狂熱的男子，他接受穆罕默德的訊息後，第一個行動就是用自己的財產為其他商人的奴隸贖身，直到自己幾乎一無所有。穆罕默德的訊息透過阿布—巴克爾傳遍了全城，因為如同伊本—希夏姆的考證所述，他不是那種低調沉默的人，而是會「公開表現自己的信仰，並召喚他人追隨真主與祂的使徒」。

在這裡，我們應該停頓一下，思考穆罕默德在麥加這場運動中幾個值得注意的面向。雖然他的訊息終究傳遍了幾乎每一個社會區塊——從權利受他捍衛的弱勢與失依者，到他訓誡的麥加上層階級——但他這場運動在早期那些年裡，最令人驚奇的特色是他的追隨者主要都來自瓦特所謂的「最具影響力的氏族中，那些最具影響力的家族」。這些人都是年輕男子，大部分不到三十歲，跟穆罕默德一樣對麥加社會感到不滿。但他們並非全部都是男性：穆罕默德最早的追隨者中有大量女性，其中很多是冒著生命危險反抗她們父親、丈夫與兄弟的傳統，只為加入他這場運動。

儘管如此，穆罕默德最初那幾年的沉默導致他們一直是個大約只有三、四十人的小團體。他們自稱是穆罕默德的**同伴**（Companions），因為在這個階段，他們確實只是同伴。對其他的麥加人而言，穆罕默德的訊息和他的同伴忽視不理就好。

塔巴里和伊本—希夏姆都說，就算在穆罕默德開始公開傳道之後，古萊須人也「沒有疏遠他或以任何方式排斥他」。他們有什麼理由那麼做？靠著壓榨窮人與失依者發財是一回事，但捍衛這種行為完全是另外一回事。況且穆罕默德的訊息沒有任何內容直接威脅到他們的生活方式，宗教上或經濟上皆然。只要穆罕默德的運動不影響經濟現況，古萊須人就會樂於讓他和他的同伴繼續私下祈禱、舉行祕密集會，談論他們的種種不滿。

然而，穆罕默德一直都是個不容忽視的人。

公元六一三年，也就是真主降示開始三年後，穆罕默德的訊息有了戲劇性的變化，而最能夠總結這場變化的，就是具有雙重意義的信仰宣言——清真言（*shahadah*，「舍西德」）。這句宣言從此之後便定義了這場運動的使命與原則：

萬物非主，唯有真主；穆罕默德是主使者。

從穆罕默德傳道生涯的這一刻起，他最早宣讀內容中所隱含的一神論，此後成為原本那些社會訊息背後的最高思想。「你應當公開宣布你所奉的命令，」真主這麼要求，「而且避開以物配主者。」（15:94）

雖然一般都認為穆罕默德和他那一小群追隨者最後會點燃古萊須人的怒火，全是因為這種新的、毫不妥協的一神論（「他把眾神合而為一是吧？真是讓人驚訝，」古萊須人應該會這樣說），但這種觀點卻忽略了這句簡單的信仰宣言背後意味著怎樣的社會與經濟後果。

切莫忘記，古萊須人在宗教這方面的經驗很豐富。他們畢竟靠這個討生活。多神論、單一主神論、一神論、基督教、猶太教、祆教、哈尼夫信仰、各式各樣的異教，古萊須人全都見識過。很難相信他們會因為穆罕默德的一神論宣言而感到震驚。同樣的事不只哈尼夫派已經鼓吹多年，傳說裡也舉出好幾位在阿拉伯半島各地傳播一神論的著名先知人物。事實上，早期穆斯林把其中的兩位「先知」——蘇瓦伊德（Suwayd）與魯格曼（Luqman）——尊為穆罕默德的前輩。魯格曼甚至在《古蘭經》中有個專屬的章節（三十一章），裡頭稱他是一個被真主賞賜偉大智慧的人。因此，神學上而言，穆罕默德「萬物非主，唯有真主」的主張在麥加並不驚世駭俗，而且真要說的話，也算不上新奇。

不過，有兩個非常重要的因素使穆罕默德有別於同時代的其他人，而這兩個因素遠比他的一神信仰更加激怒古萊須人。首先，穆罕默德跟魯格曼與哈尼夫派不一樣，他並不是自己決定要開口的。他宣讀的內容不像卡辛那樣是以精靈為媒介。更確切地說，穆罕默德獨一無二之處在於他自稱「神的使者」。他甚至反覆將自己和先前的猶太教與基督教先知及使者類比，尤其是亞伯拉罕，而所有的麥加人——不管是不是異教徒——公認亞伯拉罕是受到神感召的先知。簡而言之，穆罕默德與哈尼夫派之間的差異在於穆罕默德不只是傳播「亞伯拉罕的宗教」，他本身就是**新一任**亞伯拉罕（6:83-86; 21:51-93）。而讓古萊須人惱怒的，正是這樣的自我定位。因為穆罕默德自稱「神的使者」是明目張膽地違逆阿拉伯人取得權力的傳統程序。穆罕默德的權力並不是因為當上「同儕之首」而得到的。根本沒有人能和穆罕默德平起平坐。

第二，如同先前所說，哈尼夫傳道者或許抨擊了多神信仰與麥加同鄉的貪婪，但他們對卡巴和城內負責保管鑰匙的人還是保有一份很深的敬意。這可以解釋為什麼哈尼夫派在麥加似乎多半受到容忍，以及他們為什麼從來不曾大量投向穆罕默德的運動。但身為生意人與商賈，穆罕默德明白哈尼夫派不明白的事：要在麥加達成徹底的社會與經濟改革，唯一的方法就是推翻為麥加奠定基礎的宗教經濟系統。而要做到這點，唯一的方法就是攻擊古萊須人財富與聲望的真正來源——卡巴。

對穆罕默德而言，「萬物非主，唯有真主」遠遠不只是一句信仰宣言。這句宣言是有意識且刻意地在攻擊卡巴，以及古萊須人管理卡巴的神聖權利。而由於麥加的宗教生活與經濟生活密不可分，只要攻擊其中一方，就等於攻擊了另外一方。

清真言無疑內含一項重要的神學革新，但這項革新並不是一神論。透過這句簡單的信仰宣言，穆罕默德是在向麥加宣告天地之神根本不需要任何媒介，任何人都可以與之親近。因此，聖殿內的偶像是完全無用的；聖殿本身只要仍然做為諸神的居所，也同樣無用。倘若卡巴無用，麥加就沒有理由擔當阿拉伯至高無上的宗教或經濟中心了。

古萊須人無法忽視這個訊息，尤其朝聖季很快就要到了。他們使盡千方百計想讓穆罕默德和他的同伴閉嘴。他們去找阿布—塔里布幫忙，但這位哈須彌氏族的謝赫雖然自己永遠不會接受穆罕默德的訊息，卻也拒絕撤除對他姪兒的保護。他們對穆罕默德極盡輕蔑，並且欺凌他的同伴中那些不幸沒有謝赫保護的人。他們甚至表示願意提供穆罕默德他想要的全部自由、支持、權力與金錢，由著他和平地繼續他的運動，只要他停止羞辱他們的祖先、嘲笑他們的習俗、分化他們的家族，還有最重要的：詛咒聖殿內的其他神明。但穆罕默德拒絕了。當朝聖者帶著祈願與商品齊聚麥加的時節再度到來時，古萊須人的焦慮達到了前所未有的高點。

古萊須人知道穆罕默德打算站在卡巴前，親自將他的訊息傳達給從半島各地聚集過來的朝聖者。這或許不是第一次有傳道者嚴詞譴責古萊須人和他們的做法，但這樣的譴責出自一位功成名就的古萊須生意人之口——也就是一個「他們的自己人」——這絕對是頭一遭。古萊須人看出這是個不容忽視的威脅，於是採取一個策略來破壞穆罕默德的計畫。他們坐在「眾人前往市集時會走的路上」，警告每一個路過者說：「有一個巫師帶來了一個會讓父子反目、兄弟鬩牆、夫妻失和、家族分化的訊息，」這人正在卡巴等著他們，大家不要理他。

古萊須人並不認為穆罕默德是巫師；他們坦承他宣讀的時候「不吐口水也不打繩結」，不做這些顯然跟巫術有關的儀式。但他們絕對打從心裡相信穆罕默德在分化麥加的家族。要記得，在前伊斯蘭時期的阿拉伯，一個人的社會認同感完全得自他的部族成員身分，而身為成員就必須參與所有的部族活動，尤其是跟部族信仰有關的那些。然而，投入穆罕默德的運動意味著一個人不僅要改變信仰，還要棄絕所有部族活動；本質上就是脫離部族。

這對古萊須人而言是很嚴重的問題，他們對穆罕默德最大的不滿（至少是公開表現出來的最大不滿），既不是他對社會與經濟改革的訴求，也不是他激進的一神論。事實上，貝爾（Richard Bell）曾經指出，整本《古蘭經》裡沒有一句古萊須人基於信念而捍衛多神論的話語。古萊須人給朝聖者的警告反而顯示，穆罕默德不斷嘲諷他們祖先的儀式與傳統價值觀，似乎比他的一神論訊息更令他們困擾。畢竟麥加的社會、宗教與經濟基礎都建立在那些傳統之上。

可想而知，他們警告大家不要理會站在卡巴前的那個「巫師」，只是讓大家對穆罕默德的訊息更好奇。因此等到朝聖週期與沙漠市集結束、朝聖者皆已返家時，穆罕默德——那個把高高在上的古萊須人嚇壞了的男子——已經成為整個阿拉伯地區家喻戶曉的話題人物。

由於沒能在朝聖市集期間讓穆罕默德安靜下來，古萊須人決定以其人之道還治其人之身，用穆罕默德攻擊他們的方式還擊他：從經濟下手。他們不僅抵制穆罕默德和他的同伴，還採用真正的部族作風，抵制穆罕默德的整個氏族。從此以後，麥加沒有人可以跟哈須彌氏族的任何一個成員通婚、購買貨物或販賣商品（包括食物和水），不論他們是不是穆罕默德的追隨者。古萊須人並非企圖透過這場抵制行動來逼穆罕默德與他的同伴妥協；這只是一種手段，用來展示一個人離棄部族的後果。如果穆罕默德與他的同伴想跟麥加的社會與宗教活動劃清界線，也必須準備好脫離麥加的經濟活動。畢竟，如果宗教和貿易在麥加是不可分割的，那麼就沒有人可以如此厚臉皮地否定前者，卻又期望參與後者。

結果如他們所願，這場抵制嚴重打擊到那些同伴，因為他們大多數都還是靠貿易為生，穆罕默德本人也是。事實上，這場抵制的破壞力大到讓某些顯赫的古萊須部族成員提出抗議；他們雖然排斥穆罕默德，卻無法狠下心「在哈須彌氏族衰亡的同時繼續吃、喝、穿衣」。幾個月後，抵制結束，哈須彌氏族再次能夠參與麥加的商業活動。但就在穆罕默德看似即將在麥加東山再起的時候，他卻再次遭逢悲劇；他的叔父兼保護者阿布—塔里布與他的妻子兼知己哈蒂嘉幾乎同時去世。

阿布—塔里布去世的意義顯而易見：穆罕默德再也不能仰賴叔父堅定的保護來躲避傷害了。哈須彌氏族的新任謝赫阿布—拉哈布（Abu Lahab）個人對穆罕默德深惡痛絕，因此正式撤除了對他的保護。後果立刻就出現了。穆罕默德在麥加的街道上受到公然凌辱。他也無法再公開傳道或祈禱。他打算這麼做時，有一人把塵土倒在他頭上；另一個人則拿綿羊的子宮扔他。

失去阿布—塔里布或許讓穆罕默德身陷險境，但哈蒂嘉之死卻令他徹底崩潰。畢竟她不只是他的妻子，還是他的支柱與慰藉，是助他脫離貧困的人，可以說是救了他一命。在這個男人和女人都可以擁有無數配偶的多夫多妻制社會，穆罕默德竟和一個比他年長十五歲的女性維持一夫一妻的關係，這不管怎麼說都令人稱奇。羅丁森（Maxime Rodinson）認為，基於哈蒂嘉的年紀，穆罕默德不太可能對她存有任何肉體上的激情；他這種說法毫無根據也令人反感。失去阿布—塔里布的保護就算不會危及穆罕默德的人身安全，也絕對會令他意志消沉。但對先知而言，在經歷了讓人痛苦的激烈啟示經驗之後，或是在又一次被古萊須人羞辱，灰頭土臉、渾身是血地回到家裡之後，卻不見哈蒂嘉用斗篷包住他、抱著他直到恐懼消退，一定是難以想像的悲痛。

失去了人身以及情感上的支持，穆罕默德已經無法在麥加待下去。稍早前，他已經派了一小群追隨者——在麥加社會裡完全無依無靠的那些——短暫前往阿比西尼亞，此舉部分是為了向那裡的基督教皇帝（或稱「內格斯」，Negus）尋求庇護，部分則是試圖跟古萊須人的一個主要商業競爭對手結盟。但是如今，穆罕默德需要一個永久的家，讓他和同伴可以免於古萊須人毫無節制的報復。

他嘗試待在麥加的姊妹市塔伊夫，但那裡的部族領袖不希望因為庇護古萊須人的敵人而引起他們反感。他走訪麥加周圍的地方市集——他在那些地方肯定也很出名，不管是以商人還是滋事分子的身分——但也徒勞無功。最後，答案出現了；有個名叫哈茲拉吉（*Khazraj*）的小氏族對他發出邀請，他們住在麥加北方大約兩百五十英里處的一座農業綠洲——許多小村子聚集在那裡，統稱葉斯里卜。雖然葉斯里卜是一座遙遠且完全陌生的城市，穆罕默德也別無選擇，只能接受邀請，並且通知他的同伴準備好要做一件不可思議的事：拋下部族與家庭，到一個沒有保護的地方迎接一個不確定的未來。

移居葉斯里卜的行動進行得緩慢而保密，同伴們分批前往綠洲，一次只有幾個離開。等到古萊須人意識到發生什麼事時，只剩下穆罕默德、阿布—巴克爾和阿里還沒走了。各個氏族的謝赫擔心穆罕默德離開麥加是為了召募軍隊，便決定從每個家族裡各選出一個男子，「一個年輕、強壯、出身良好的貴族戰士」，命他們趁穆罕默德睡著時潛進他家，然後同時拔劍刺他，由部族裡的每一個人共同承擔殺死他的罪責。但是刺客到穆罕默德家中時，卻發現阿里假裝成先知，睡在他床上。穆罕默德在前一天晚上得知有人要取他性命，已經和阿布—巴克爾從窗戶溜出去，逃離了麥加。

古萊須人氣急敗壞。他們提出一百匹母駱駝的優渥獎賞給任何找到穆罕默德並將他帶回麥加的人。有好幾十個貝都因男子被這高得出奇的報酬吸引，日夜搜索周遭區域，想找到先知和他的朋友。

此時，穆罕默德和阿布—巴克爾正躲在距離麥加不遠的一座山洞。他們躲了三天，等待搜索行動停止、貝都因人返回營地。等到第三天晚上，他們小心翼翼地走出山洞，確認無人跟蹤之後，便騎上由一名認同他們的同夥帶去給他們的兩匹駱駝。接著他們就無聲無息地遁入沙漠，朝葉斯里卜而去。

這真是一樁奇事，也有人會說是奇蹟：這名男子原本被迫趁夜溜出自己家，到幾百英里外的異鄉跟焦急等待他的七十來個追隨者會合；同一名男子在短短幾年後回到了出生的城市，既不是偷偷摸摸也不是趁夜潛入，而是正大光明地回來，還有一萬人平靜地跟在他後面。而那些曾經企圖趁他睡著時謀殺他的人這時卻反過來把聖城以及卡巴的鑰匙一同奉上——毫無條件、毫不抵抗，就像獻上一份神聖的祭品。

第三章

先知之城

最早的穆斯林

傍晚時分，沙漠的太陽就像一個發光的白球，在天邊往下落。它沉入地平線，光輝被沙丘遮蔽，使得沙丘看起來彷彿遠方一道道起伏的黑色湧浪。在葉斯里卜的邊緣，一排高大的棗椰樹形成一道分界，將綠洲和進逼的沙漠分隔開來。那一小群聖伴*就在這裡等待，手遮著眼睛，盯著無邊無際的大地，尋找穆罕默德的蹤影。他們已經在沙漠邊緣站了幾天幾夜。他們還能做什麼？他們很多人在葉斯里卜沒有棲身之所。他們大部分的財產都留在了麥加。他們的旅程並不是一趟穿越沙漠的浩大出走，駱駝身上也沒有滿載著財物。這場從麥加到葉斯里卜的遷徙稱為「聖遷」（*Hijra*），是一場祕密行動：女兒趁夜溜出父親的家，年輕男子則蒐羅可以背在身上的物資，以應付這趟耗時一週、穿越荒原的艱苦旅程。他們帶來的少量物資已經成了共有財產，而且終將耗盡。

問題是，這些聖伴——現在更適切的說法是「遷士」（*Muhajirun*，字面上為「完成那場聖遷的人」之意）——主要都是貿易者與商人，但葉斯里卜並不是一座貿易城市。事實上葉斯里卜根本不是座城市。它是一個由村落構成的鬆散聯盟，住戶都是農夫和果園主人這些務農者。這裡跟遷士拋下的那座繁華城市完全不同。就算他們可以從貿易商搖身變成農人，葉斯里卜最好的農地也都已經有主人了。

除了仰賴「輔士」的救濟與善心之外，他們要如何在這裡生存？所謂輔士（*Ansar*）就是同樣接受了穆罕默德的訊息、並投入其運動的少數葉斯里卜村民。此外，遷士捨棄了古萊須的保護後，未來又

---

* 編按：第二章譯為「同伴」，本章之後用「聖伴」表示。

將何去何從？這個阿拉伯地區最強大的部族會就這麼任由他們離開麥加而不追究嗎？他們選擇拋棄家園、族人、身分，真的只是因為一個與眾不同但未經考驗、而且此刻下落不明的先知叫他們這麼做？

就在太陽消失前，有人看到沙漠中兩個模糊的身影，步履蹣跚地朝葉斯里卜前進。遷士們紛紛歡呼：「使者來了！使者到了！」眾男子跳起來，跑出去迎接進入綠洲的穆罕默德和阿布─巴克爾。眾女子則手牽手，圍著他們倆繞圈跳舞；她們的呼聲傳遍家家戶戶，宣告先知的到來。

在旅途中乾渴曬傷的穆罕默德在鞍上往後一靠，鬆開了駱駝的韁繩。一群人聚集過來，遞上食物和水。有幾個輔士奮力抓住駱駝的韁繩，把牠帶往他們的村子。他們大喊：「真主的使者啊，請到這個守衛眾多、物資充裕、牢不可破的定居地來吧。」

但穆罕默德不想和葉斯里卜的任何一個特定氏族結盟，因此拒絕了他們的邀請。「放開韁繩，」他命令道。

眾人退開，穆罕默德的駱駝又搖搖晃晃地前進了幾步。牠在一個如今用來曬椰棗的廢棄墳場周圍繞圈，然後停下腳步並跪下，低頭讓先知下來。穆罕默德請這塊地的地主出價。

「我們不要錢，」地主們回答。「只接受真主的獎賞。」

穆罕默德十分感激他們的慷慨，於是下令整地，把墳墓挖走，把棗椰樹砍下來蓋一棟小屋。他預想要有一個以棗椰樹葉當屋頂的院落，住房則用木材建造，牆面塗上泥巴。但這不會只是個住處。這個改建後的曬棗場與墳場將會成為第一座清真寺（*masjid*），屬於一個新的社會。這個社會團體極度革新，因此多年後穆斯林學者嘗試建立伊斯蘭教的專屬曆法時，不是以先知的誕生年為始，也不是以真主首度降示那年為始，而是以穆罕默德和他那群遷士來到這個小小的村莊聯盟、建立一個新社會的那一年為元年。那一年，也就是公元六二二年，此後永遠被稱為伊斯蘭曆元年（Year 1 After Hijra）；那座曾經叫作葉斯里卜達數百年的綠洲，也從此被冠上「麥地那特安納比」（*Medinat an-Nabi*）的美名，意思是「先知之城」，簡稱麥地那。

有一個歷久不衰的神話，是關於穆罕默德在後來的先知之城裡度過的歲月。這個神話定義了伊斯蘭的宗教與政治，至今已有一千四百年。穆斯林公社是在麥地那誕生的，而穆罕默德的阿拉伯社會改革運動也是在這裡轉型成一種普世的宗教意識形態。

先知去世後，「麥地那的穆罕默德」成為勢力擴及整個中東地區的阿拉伯帝國所效法的典範，也是中世紀時每一個伊斯蘭王國與蘇丹國努力達到的標準。麥地那的理想也激發了十八與十九世紀的諸多伊斯蘭復興運動，這些運動都力求恢復穆罕默德那個純淨公社的原始價值，想藉此從殖民統治者手中奪回穆斯林土地的控制權（然而那些原始價值該如何定義，他們的想法也南轅北轍）。隨著殖民主義在二十世紀終結，麥地那的記憶讓人萌生了建立「伊斯蘭國家」的念頭。

今日，麥地那既是伊斯蘭民主政治的原型，也是伊斯蘭武裝鬥爭的動力。伊斯蘭現代主義者，例如埃及作家與政治哲學家阿布杜—拉茲格（Ali Abd ar-Raziq，一九六六年歿），以穆罕默德在麥地那的公社為證據，指出伊斯蘭教提倡政教分離。但阿富汗和伊朗的穆斯林極端主義者也利用同一個公社，塑造出各種伊斯蘭政教合一的模型。穆斯林女性主義者為了爭取平權，不斷從穆罕默德在麥地那實行的法律改革中汲取靈感；與此同時，穆斯林傳統主義者則把同樣的法律改革解釋為穆斯林社會繼續壓抑女性的理由。對一些人而言，穆罕默德在麥地那的作為可當成穆斯林與猶太人關係的典範；對另一些人而言，他的作為卻證明亞伯拉罕兩個兒子之間那場無法化解的衝突向來存在，也會一直存在下去。但不論被歸為現代主義者還是傳統主義者，改革派還是基本教義派，女性主義者還是沙文主義者，所有的穆斯林都把麥地那視為伊斯蘭完美境界的典範。簡而言之，麥地那就是伊斯蘭教應有的樣子。

所有這等重要的神話都面臨一樣的問題，也就是要將真史與聖史區別開來，往往很困難。問題有一部分在於描述穆罕默德在麥地那時期的歷史傳說，都是在先知去世幾百年後由穆斯林史學家寫成的；他們都亟欲強調穆罕默德的神聖任務受到普遍認可，而且很快就成功。別忘了，到了穆罕默德傳記作者生活的年代，穆斯林公社已經變成一個極為強大的帝國。因此，他們的說法反映出來的政治與宗教意識形態往往不屬於七世紀的麥地那，而是屬於九世紀的大馬士革或十一世紀的巴格達。

想瞭解麥地那真正發生了的事情及背後的原因，就必須仔細研究這些文獻。這麼做不是為了發掘後來成為穆斯林首都的那座神聖城市，而是要發掘早期孕育出穆斯林公社的那座偏遠沙漠綠洲。畢竟在成為「先知之城」前，那裡只不過是葉斯里卜。

七世紀的葉斯里卜是一座欣欣向榮的農業綠洲，有許多棗椰樹林和遼闊的耕地；這些樹林與農地大多掌握在二十來個大大小小的猶太氏族手中。定居在阿拉伯西部（漢志地區）的猶太人大部分是來自巴勒斯坦的移民，但葉斯里卜的猶太人和他們不同，多為歸信猶太教的阿拉伯人。除了因為宗教信仰而被稱作猶太人以外，他們和他們的異教鄰居並沒有太大差異。葉斯里卜的猶太人和所有的阿拉伯人一樣，認為自己的首要身分是各自氏族的成員——每個氏族都是一個主權實體——而不是屬於一個單一的猶太人群體。或許有幾個猶太氏族互相結盟，但這些同盟也完全沒有構成一個統一的猶太部族。

猶太人是葉斯里卜最早的定居者，他們占領了這個地區最肥沃的農地，名叫「高地」（the Heights），並且很快就精於栽種阿拉伯最有價值的作物：椰棗。猶太人也是技藝精湛的珠寶工匠、裁縫、武器工匠與釀酒師（猶太人的葡萄酒在阿拉伯半島被視為極品）。但讓他們致富的，是在整個漢志地區都很搶手的葉斯里卜椰棗。事實上，綠洲裡最大的其中五個猶太氏族——薩拉巴（Banu Thalabah）、哈德（Banu Hadl）、古萊札（Banu Qurayza）、納迪爾（Banu Nadir）與蓋努嘎（Banu Qaynuqa）——幾乎完全壟斷了葉斯里卜的經濟。

等到幾個貝都因部族放棄游牧生活、也在葉斯里卜定居時，所有最肥沃的土地都已經有主人了。剩下的只有一些幾乎無法耕作的土地，位在一個稱為「低地」（the Botom）的區域。爭奪有限資源不但令「異教」（也就是阿拉伯）氏族與猶太氏族起了一些衝突，也造成猶太人在葉斯里卜的權威與影響力逐漸衰弱。但大致而言，這兩個群體還是透過策略性的部族聯合與經濟結盟而過著相對和平的生活。猶太人定期雇用阿拉伯人運送他們的椰棗到鄰近市場（尤其是麥加），阿拉伯人則一直非常敬重他們猶太鄰人的知識、技藝與傳統。用阿拉伯編年史家瓦齊迪（al-Waqidi）的話來說，猶太人是「一個擁有高貴血統與財產的民族，而我們只是一個沒有棗椰樹、也沒有葡萄園的阿拉伯部族，只有綿羊和駱駝」。

綠洲裡真正的衝突不在猶太人與阿拉伯人之間，而是在阿拉伯人與阿拉伯人之間。說得更明確些，是在最大的兩個阿拉伯部族之間：奧斯（Aws），以及最初邀請穆罕默德及其追隨者前往葉斯里卜的哈茲拉吉部族。這場衝突的起因已不可考，但有一點似乎很清楚，那就是同態報復法未能解決這場長年的紛爭，雖然此法的目的就在於遏止這種持續不斷的部族衝突。到了穆罕默德抵達葉斯里卜時，原本可能只是因為爭奪有限資源而起的糾紛已擴大成血海深仇，就連猶太氏族也捲入其中，納迪爾和古萊札氏族支持奧斯部族，蓋努嘎則支持哈茲拉吉部族。簡而言之，這場衝突當時正把綠洲一分為二。

奧斯和哈茲拉吉迫切需要的是一位哈卡姆，也就是仲裁者。而且不是隨便一位哈卡姆都行，必須是一個有權威、值得信賴、中立的第三方，跟葉斯里卜的任何人完全沒有關係；這個人必須有權力——如果是神授的權威更好——為這兩個部族進行仲裁。而擔任這份工作的完美人選自己也迫切需要一個棲身之所，這是多巧的事啊。

***

可以肯定，穆罕默德來到葉斯里卜只是為了擔任哈卡姆，仲裁奧斯部族與哈茲拉吉部族之間的紛爭。但傳說似乎都把來到綠洲的穆罕默德描繪成一個偉大先知，代表著一個已然廣獲認可的新宗教：他的領袖地位在全葉斯里卜無人質疑。這樣的看法有一部分是根據一份名叫《麥地那憲章》（Constitution of Medina）的著名文件，它可能是穆罕默德定居綠洲一陣子之後草擬的。這份文件經常被譽為世界最早的書寫憲章，是穆罕默德、剛抵達的遷士、歸信穆罕默德運動的麥地那輔士，以及葉斯里卜其餘的猶太教與異教氏族之間，正式簽訂的一系列互不侵犯協約。

但這部憲章引起爭議，因為它似乎賦予了穆罕默德無可匹敵的宗教與政治權威來治理綠洲的全體居民，也包括猶太人。它指出穆罕默德獨攬仲裁葉斯里卜所有紛爭的大權，不單只能仲裁奧斯與哈茲拉吉之間的糾紛。它封他為葉斯里卜唯一的戰鬥領袖（卡伊德），並且明確地尊他為真主的使者。儘管這份文件暗示穆罕默德的主要角色是他那個遷士「氏族」裡面的「謝赫」，卻也清楚賦予他一個特殊地位，凌駕於葉斯里卜其他所有部族與氏族的謝赫之上。

問題就在於確認《麥地那憲章》寫成的確切時間。包括塔巴里和伊本—希夏姆在內的傳統出處，都把編寫這部憲章列為穆罕默德進入綠洲之後最先做的事情之一，也就是，在公元六二二年。但這個可能性非常低，因為穆罕默德在葉斯里卜頭幾年的地位很薄弱。畢竟他被迫逃離麥加，在整個漢志地區都像個罪犯一樣遭到追捕。而且如同雷克（Michael Lecker）指出的，大多數的奧斯人要等到六二四年的巴德爾之役（Battle of Badr）過後（這個事件會在下一章討論），甚至可能要等到六二七年——也就是聖遷到葉斯里卜五年後——才歸信伊斯蘭教。在那之前，除了輔士（當時的組成分子只有哈茲拉吉部族的少數幾名成員）之外，幾乎沒有人知道穆罕默德是誰，更遑論臣服於他。葉斯里卜只有極小部分的人口參與他的運動，而那裡光是猶太人可能就有幾千人。穆罕默德抵達這座綠洲時，他帶來的男人、女人和小孩總數還不到一百。

《麥地那憲章》可能反映了穆罕默德、阿拉伯氏族與其猶太依附者早期立下的幾項互不侵犯協定。它甚至可能複製了穆罕默德為奧斯與哈茲拉吉仲裁糾紛時的某些原理。但它絕對不可能像文獻所說的那樣，是在公元六二四年之前完成的。唯有在巴德爾之役過後，穆罕默德才有可能想像得到《麥地那憲章》賦予他的那些權力。事實上，甚至連葉斯里卜都要等到巴德爾之役過後，才有可能被當成麥地那。

穆罕默德在葉斯里卜頭幾年的角色很可能就是個哈卡姆——儘管是權力很大且受神啟發的一個——只能仲裁奧斯與哈茲拉吉兩個部族之間的衝突，而他身為謝赫的權威也僅限於他自己的遷士「氏族」。這個氏族只是許多氏族中的一個，他也只是諸多謝赫中的一位。穆罕默德自稱真主的使者一事被人接受或否決，並不會影響他同時扮演好這兩個角色。葉斯里卜的阿拉伯異教徒和猶太人必定會把他的先知角色視為他具有超自然智慧的證據，尤其是因為理想的哈卡姆幾乎總是兼具卡辛，也就是預言者的身分；在處理像奧斯與哈茲拉吉之間這種特別棘手的紛爭時，卡辛與神的連結是不可或缺的。

但是，儘管葉斯里卜的其他居民可能只把穆罕默德視為一位哈卡姆與謝赫，他那一小群追隨者卻完全不是這麼看他的。對他們而言，穆罕默德是先知與立法者，憑藉著唯一真神的權威說話。他以這樣的身分來到葉斯里卜建立一種新的社會宗教群體，不過這個群體要如何組織、誰又可以被視為成員，尚且需要定義。

你可能會很想把這個新群體的成員稱為穆斯林（*Muslim*字面上的意義即真主的「臣服者」）。但我們沒有理由相信這個名字在當時就已經被用來指稱一場特定的宗教運動；這個現象要等到很多年以後，可能是穆罕默德死後才發生。要指稱穆罕默德的追隨者群體，更準確的用詞也許就是《古蘭經》使用的名稱：「溫瑪」（*Ummah*）。然而，這個名稱的問題在於沒有人能肯定它是什麼意思，又是出自何處。它可能源自阿拉伯文、希伯來文或亞蘭文；它的意義可能是「社群」、「國家」或「民族」。有幾個學者提出「溫瑪」可能源自阿拉伯語中的「母親」（*umm*）；這個想法雖然優美動人，在語言學上卻沒有任何證據支持。讓狀況更複雜的是，公元六二五年之後《古蘭經》便不再使用「溫瑪」一詞，取而代之的是「闊姆」（*qawm*）——阿拉伯語中的「部族」。

不過這個措辭上的改變可能具有某種意義。儘管穆罕默德的公社極具原創性，終究仍是個阿拉伯人的組織，以阿拉伯人對部族社會的概念為本。除了君主政體之外，七世紀的阿拉伯完全沒有其他的社會組織模型。事實上，早期的穆斯林公社和傳統部族社會之間存在太多類似之處，會讓人清楚感覺到：至少在穆罕默德心裡，溫瑪確實是個部族，只是這個部族既新穎又顛覆傳統。

一方面來說，《麥地那憲章》提到穆罕默德的角色是他那個遷士氏族的謝赫，這顯示出先知的地位雖然崇高，但他的世俗權威依舊非常符合前伊斯蘭時期部族社會的傳統典型。此外，身為部族成員就必須參與部族信仰的儀式與活動，所以同樣的，穆罕默德公社的成員也必須參與公社的「部族信仰」儀式，這裡的信仰就是剛萌芽的伊斯蘭教。集體祈禱、救濟、集體齋戒——伊斯蘭教最先規定的三項活動——等公開儀式，與共同的飲食規定及純淨標準結合起來之後，在溫瑪中的作用就和異教社會中的部族信仰活動一樣：提供一份共同的社會與宗教認同感，讓一個群體可以把自己跟另一個群體區分開來。

溫瑪之所以成為一個獨特的社會組織實驗，是因為在葉斯里卜這個遠離古萊須部族社會與宗教霸權的地方，穆罕默德終於有機會落實他在麥加大力鼓吹卻徒勞無功的那些改革。透過實施一連串激進的宗教、社會與經濟改革，他得以建立一種在阿拉伯前所未見的新社會。

舉例來說，部族的權力分散在許多人手中，沒人擁有任何實際的執行權，穆罕默德則是把前伊斯蘭時期握有權力的職務全部集中在自己身上。他在自己的公社裡不只是謝赫，還是哈卡姆與卡伊德，而且他是人與神之間唯一的正當媒介，所以也是公社中的卡辛。他身為先知與立法者的權威不容置疑。

另一方面，要成為某個部族的成員，唯一的途徑就是生在那個部族。但任何人只要宣告「萬物非主，唯有真主；穆罕默德是主使者」，就能加入穆罕默德的公社。於是「舍西德」（清真言）在葉斯里卜從一句具有明確社會與政治意涵的神學聲明變成了一種新版的忠誠誓言，也就是部族成員對謝赫立下的「貝阿」。此外由於人種、文化、民族與血緣對穆罕默德都毫無意義，因此溫瑪跟傳統部族不同，可以透過眾人歸信其信仰而幾乎毫無上限地成長。

重點是，我們可以用「溫瑪」來稱呼穆罕默德在葉斯里卜的公社，但有一個前提，那就是這個名稱必須被理解成東方學者探險家湯瑪斯（Bertram Thomas）所謂的「超級部族」（super-tribe），歷史學家哈濟生（Marshall Hodgson）以「新型部族」（neo-tribe）稱之則更為精確：意思是，這是一種全新類型的社會組織，但還是以傳統的阿拉伯部族典範為基礎。

跟所有部族謝赫的工作一樣，穆罕默德身為溫瑪首領最重要的功能就是確保公社內的每一個成員都受到保護。他可以做到這點，靠的是手邊有的這個重要手段：同態報復法。但是，雖然報復仍是對傷害的一種正當回應，穆罕默德卻勸導信徒傾向寬恕：「惡行應得同樣的惡報，」《古蘭經》這麼說，「誰願恕饒而且和解，真主必報酬誰。」（42:40）。同樣的，《麥地那憲章》也贊成以報復做為犯罪的首要防治方法，但附加了一個前所未有的條款，那就是整個公社都得「團結對抗〔罪犯〕」，而且除了與他對抗之外，什麼都不能做」，這明顯反轉了部族傳統，也明白顯示出此時穆罕默德已經開始為一個以道德而非功利原則為本的社會奠基。但這還只是開始而已。

為了推動他的平等主義理想，穆罕默德讓公社內每個成員的血價一致，這樣就不會再有任何人的生命價值比別人高或低（以金錢來考量）的問題。這是阿拉伯法律系統中的又一項革新，因為在前伊斯蘭時期的阿拉伯，雖然傷了人一隻眼睛，罪犯的一隻眼睛就必須接受同樣的傷害，卻不會有人認為一位謝赫的眼睛和一個孤兒的眼睛價值相同。但穆罕默德改變了這一切，而且無可避免地嚴重打亂了社會秩序。有一則傳說故事特別有趣：有個名叫伊本—埃漢姆（Jabalah ibn al-Ayham）的部族男子，他出身高貴，是穆罕默德早期的追隨者之一。有一次，他被一個出身低微的男子在臉上揍了一拳，那個男子來自阿拉伯的小部族穆札伊納（Muzaynah）。埃漢姆原本預期那個低賤的犯人會受到嚴厲的懲罰——嚴厲到可以顯示出對方的社會地位有多麼低下——結果讓他震驚的是，他可以做的報復就只是回揍那個低下的男子一拳。埃漢姆因為這樣的「不公正」而憤怒不已，於是立刻摒棄伊斯蘭教，變成了基督徒。

穆罕默德推動平等主義的做法還不止於改革同態報復法。在葉斯里卜，他絕對禁止高利貸；濫放高利貸是他對麥加宗教經濟系統最大的不滿之一。為了扶植新經濟，他成立了自己的市場；這個市場有別於蓋努嘎氏族控制的那個，不課徵交易稅，借貸也不用利息。雖然這個免稅市場最後成為穆罕默德和蓋努嘎之間的一個衝突點，但先知這麼做並不是為了跟這個富裕而強大的猶太部族作對，而是為了進一步縮小極富者與極貧者之間的差距。

穆罕默德利用他無人質疑的宗教權威，制定了一種稱為「天課」（*zakat*，「扎卡特」）的強制性賦稅，溫瑪的每個成員都必須根據自己的財力來繳交。錢收來以後就會被當成救濟金，重新分配給社群內最貧困的成員。*zakat* 在字面上的意思是「淨化」，繳交這筆錢不是慈善行為，而是宗教奉獻：穆罕默德在麥加宣揚得最早也最久的美德，就是善心與對弱勢者的照顧。《古蘭經》提醒信徒，虔誠不是在祈禱時「把自己的臉轉向東方或西方……而是信真主，並將所愛的財產施濟親戚、孤兒、貧民、旅客、乞丐和贖取奴隸，並謹守拜功，完納天課」。（2:177）

穆罕默德為經濟再分配與社會平等主義所做的努力，也許在他賦予公社婦女的權利與特殊待遇上展現得最清楚。《古蘭經》先是提出一種不符合《聖經》的信念，認為男人和女人是同時從一個胚胎一起創造出來的（4:1; 7:189），接著大費周章地強調兩性在真主眼中的平等地位：

順服的男女、
信道的男女、
服從的男女、
誠實的男女、
堅忍的男女、
恭敬的男女、
好施的男女、
齋戒的男女、
保守貞操的男女、

常念真主的男女——
真主已為他們預備了赦宥
和重大的報酬。(33:35)

但《古蘭經》同時也承認男人和女人在社會上有不同的分工角色；在七世紀的阿拉伯，另有其他主張就太異於常情了。因此，「男人是維護婦女的，因為真主使他們比她們更優越，又因為他們所費的財產。」(4:34)

除了幾個著名的例外(如哈蒂嘉)，前伊斯蘭時期的阿拉伯婦女既不能擁有財產，也不能繼承丈夫的財產。事實上，妻子本身就被視為財產，她自己和她的嫁妝都會由她亡夫的男性繼承人繼承。如果男性繼承人對這個寡婦沒興趣，可以把她轉讓給他的親屬——例如兄弟或姪兒——轉讓對象便能和她結婚並掌管她亡夫的財產。但寡婦如果已經老得無法再嫁，或者沒人對她有興趣，那麼她和她的嫁妝就會回歸氏族。同樣的法則也適用於所有的女性孤兒，以及所有和穆罕默德一樣，在雙親死時被認為太年幼、無法繼承父親財產的男性孤兒。

然而，從哈蒂嘉提供的財富與安穩中獲益良多的穆罕默德力圖讓婦女有機會在社會上獲得某種程度的平等與自主。他修改了阿拉伯傳統的婚姻法與繼承法，以消除那些讓婦女無法繼承並保有自己財產的障礙。穆罕默德針對這項傳統所做的改變太過複雜，無法在此詳細討論，但光是指出這點便已足夠：溫瑪的女性成員史無前例地得到了繼承丈夫財產、以及在婚姻中把自己的嫁妝當作個人財產保留下來的權利。穆罕默德也禁止丈夫染指妻子的嫁妝，迫使他必須用自己的財產養家。如果丈夫死了，妻子可以繼承他的部分財產；如果丈夫休妻，妻子可以帶著全部的嫁妝返回娘家。

穆罕默德的改革一如預期，讓公社內的男性成員很不高興。男人抱怨說如果不能夠再把女性當作財產，那麼不只是他們的財產會大幅減少，他們自己可以繼承的微薄遺產也會被姊妹和女兒瓜分——他們辯稱，女性成員並沒有負擔和男性一樣的責任。在塔巴里的描述中，幾個男人去找穆罕默德理論時問道：「怎麼可以讓不工作也不自食其力的女人和小孩擁有遺產繼承權呢？他們現在可以直接繼承，就跟靠著工作賺到財產的男人一樣嗎？」

面對這些怨言，穆罕默德非但不表示同情，態度還堅定得嚇人。「誰違抗真主和使者，並超越他的法度，真主將使誰入火獄，而永居其中，他將受凌辱的刑罰。」（4:14）

如果穆罕默德的男性追隨者對新的繼承法規不滿，那麼當他邁出以下這革命性的一步，既限制男人可以擁有的妻子數目、也賦予女子離開丈夫的權利時，他們必定非常憤怒。

從某些角度來看，前伊斯蘭時期的阿拉伯人在結婚與離婚這方面的習俗異常寬鬆。在貝都因人的社會裡，男人和女人都採多夫多妻制，而且男女都可要求離婚：男人只要做出聲明就可以，例如「我跟妳離婚！」而女人——結了婚還是跟娘家人一起生活——則只需把帳篷反轉，讓丈夫過來「拜訪」時不得其門而入。父系血統在貝都因社會裡並不重要（世系傳承主要透過母親），因此一個女性有幾個丈夫、孩子的父親是誰，都沒有差別。然而在麥加這樣的定居社會，繼承權因為財產的累積而變得重要許多，連帶使得父系血統也變得重要許多，母系社會於是逐漸被父系社會取代。在這個邁向父系制度的趨勢下，定居社會中女性要求離婚與實行一妻多夫的權利也逐漸被剝奪。

雖然穆罕默德的婚姻觀受猶太傳統影響的程度，似乎遠大於前伊斯蘭時期的阿拉伯傳統，但他終究是一個麥加社會的產物。因此，儘管他限制了男人休妻的權利——強迫他們必須度過三個月的和解期，離婚宣言才能夠生效——並且讓女性在恐遭丈夫「鄙棄或疏遠」（4:128）的時候擁有要求離婚的權利，他還是明確終結了所有的一妻多夫婚姻，從而穩固了朝父系社會邁進的步伐。穆斯林女性再也不能擁有超過一個丈夫。然而，穆斯林男性能不能擁有超過一個妻子（一夫多妻），至今都還是個爭論不斷的議題。

一方面，穆罕默德顯然接受（有上限的）一夫多妻制，因為這對溫瑪的存續來說是必要的。尤其在與古萊須人作戰之後，有數以百計的寡婦與孤兒必須由公社扶養與保護。「擇娶你們愛悅的女人，各娶兩妻、三妻、四妻，」《古蘭經》這麼說，「**但必須要公平地對待她們**」（4:3，粗體為本書所加）。另一方面，《古蘭經》在同一章稍後也明白表示一夫一妻制是較為理想的婚姻制度，因為「即使你們貪愛公平，**你們也絕不能公平地待遇眾妻**」（4:129，粗體同樣為本書所加）。這看似矛盾的敘述，讓我們得以稍微理解這個公社在發展早期所遭遇的兩難困境。基本上，信徒個人必須努力落實一夫一妻制，但穆罕默德在葉斯里卜嘗試建立的公社若是不施行一夫多妻制，就會滅絕。

對世界各地的大多數穆斯林而言，上一段引述的兩句話如果放在當時的歷史背景下思考，無疑應該被理解成要摒棄所有形式的多夫多妻制。但還是有些穆斯林將自己的一夫多妻制合理化，尤其是像沙烏地阿拉伯和阿富汗這樣的部族社會；他們不見得是引用《古蘭經》，而是指出穆罕默德自己立下的榜樣，因為不論是妻子數目的上限還是一夫一妻制的優先性，在他身上都不適用。

跟哈蒂嘉度過了超過二十五年一夫一妻的生活後，穆罕默德在葉斯里卜的十年間娶了九個女人。除了極少數的例外，這些婚姻都不是性的結合，而是政治婚姻。這不是說穆罕默德對性生活沒興趣；反之，傳說都把他描繪成一個性欲既旺盛又健康的男子。但身為溫瑪的謝赫，穆罕默德有責任透過唯一可用的手段在公社內外建立關係，這個手段就是婚姻。於是，他與阿伊夏及哈芙莎（Hafsah）的婚姻讓他和早期穆斯林公社中最重要且最有影響力的兩個領袖有了關連，這兩人分別是阿布—巴克爾和伍瑪爾（Umar）。一年後，他娶了烏姆—薩拉瑪（Umm Salamah），藉此和麥加最有權勢的氏族之一瑪赫祖姆（Makhzum）建立起重要關係。他還娶了早已超過適婚年齡的年長寡婦邵姐（Sawdah），這是為了給溫瑪成員立下榜樣，要他們娶那些需要財務支援的女性為妻。他跟猶太女子拉伊漢娜（Rayhana）的婚姻將他與猶太部族古萊札連繫起來，而他和科普特基督徒女子瑪莉亞（Mariyah）的婚姻，則創建出讓他可與埃及基督教統治者攜手的重要政治同盟。

儘管如此，一千四百年來——從十字軍東征時期的中世紀教皇，到啟蒙時代的歐洲哲學家，乃至美國的福音派牧師——穆罕默德妻子眾多一直是這位先知與伊斯蘭教飽受嚴厲抨擊的原因。當代學者

——穆斯林與非穆斯林皆有——在回應時都使了相當大的力氣來為穆罕默德的婚姻辯解，尤其是他和阿伊夏的結合，因為她被許配給先時只有九歲。這些學者努力拆穿那些反伊斯蘭牧師與學者偏執又無知的批評，值得讚賞，然而事實是穆罕默德在這件事上根本不需要捍衛。

跟偉大的猶太先祖亞伯拉罕與雅各一樣；跟先知摩西與何西阿（Hosea）一樣；跟以色列國王掃羅、大衛、索羅門一樣；也跟幾乎所有的拜占庭／基督教與薩珊／祆教君王一樣，阿拉伯的謝赫包括穆罕默德在內——全部都有好幾個妻子，或好幾個妾，或者妻妾成群。在七世紀的阿拉伯，謝赫的權力與威望大部分取決於他後宮的大小。儘管穆罕默德跟一個九歲女童結婚，依我們現代人的觀感或許很震撼，但他與阿伊夏的婚約僅止於此：只是一個「婚約」。阿伊夏是進入青春期之後才和穆罕默德圓房的，阿拉伯每一個女孩都要到青春期才能完婚，無一例外。穆罕默德諸多婚姻中最令人震驚的部分，並不是他在葉斯里卜實行了十年的一夫多妻，而是在麥加實行了二十五年的一夫一妻；這種事在當時幾乎是前所未聞的。事實上，穆罕默德的婚姻倘若有什麼有趣或不尋常之處，那絕對不是他有幾個妻子，而是她們必須遵守的規約，尤其是在面紗這部分。

雖然面紗長久以來都被視為伊斯蘭教最特殊的象徵，但令人驚奇的是，《古蘭經》裡完全沒有規定婦女要戴面紗。戴面紗與隔離的傳統（合稱 *hijab*，「希賈布」）早在穆罕默德的時代之前就已傳入阿拉伯，主要是經由阿拉伯與敘利亞及伊朗的接觸。在敘利亞和伊朗，希賈布是社會地位的象徵。畢竟，唯有不必下田工作的女子才有本錢與人隔離並戴著面紗。

在溫瑪，戴面紗的傳統是到公元六二七年左右才出現的；那時候，《古蘭經》中被稱為「希賈布經節」的經句突然降臨溫瑪。然而，那一節的內容並不是針對一般婦女，而是只針對穆罕默德的眾妻：「信道的人們啊！你們不要進先知的家，除非邀請你們去……當請你們去的時候……不要留戀閒話。你們向先知的妻子們索取任何物品的時候，應當在帷幕外索取，那對於你們的心和她們的心是更清白的。」(33:53)

只要想起穆罕默德的家同時也是公社的清真寺，那這項限制就完全說得通，因為清真寺是溫瑪的宗教與社交生活中心，一天二十四小時都不斷有人進出這裡。其他部族的使者來找穆罕默德談事情時，他們會在開放的中庭搭起帳篷，一待就是好幾天，帳篷距離穆罕默德眾妻睡覺的地方只有幾英尺。抵達葉斯里卜的新移民也經常住在清真寺內，直到找到合適的住家。

穆罕默德還只是個部族的謝赫時，這持續不斷的騷動還可以容忍。但到了六二七年，他已經在一個不斷擴張的公社中成為權力至高的領袖，必須實行某種程度的隔離措施來維護他妻子們的不可侵犯地位。於是就有了這項從伊朗和敘利亞上流階層婦女那裡引借過來的傳統，讓社會上地位最高的女性戴面紗並與人隔離，避免遭其他人窺探。

只有穆罕默德的眾妻需要戴面紗一事還有進一步的證據，那就是戴面紗的用語 *darabat al-hijab* 是做為「成為穆罕默德之妻」的同義詞使用，兩者可以互相替換。因為這個緣故，先知還在世時，溫瑪沒有其他女子遵行希賈布。當然，男女信眾的衣著都必須保守，但女人尤其被指示要效法先知的眾妻，「用外衣蒙著自己的身體。這樣做最容易使人認識她們，而不受侵犯」(33:59)。確切地說，有陌生男性在場時，女性應當「遮蔽下身……用面紗遮住胸膛」(24:31-32；請注意這裡的「面紗」用的是 *khamr* 一詞，而不是 *hijab*)。然而，蕾拉・艾哈邁德（Leila Ahmed）說得一點也沒錯：整部《古蘭經》裡，「希賈布」一詞都不曾用在穆罕默德之妻以外的任何女性身上。

我們很難斷定溫瑪的其他人是何時開始使用面紗的，但很有可能是在穆罕默德去世很久之後。穆斯林女性開始戴面紗大概是為了模仿先知的妻子，她們被尊為「溫瑪之母」。但面紗並不是強制性的，而且其實也是等到穆罕默德去世後過了好幾代，才廣泛受到使用。當時有大量研究經文與律法的男性學者開始利用他們的宗教與政治權威，想奪回他們因為先知推動平等主義改革而失去的社會優勢。

穆罕默德剛去世的那段時間對穆斯林社群而言，顯然是一個混亂的時期。溫瑪的財富與勢力都以驚人的速度成長。穆罕默德死後僅僅過了五十年，他在葉斯里卜創立的小公社就擴大到阿拉伯半島之外，將伊朗龐大的薩珊帝國全部併吞。再過五十年後，這個社群占領了印度西北部的大部分地區，吸收了整個北非，並且迫使信奉基督教的拜占庭帝國縮小成一個衰敗的區域勢力。又過五十年後，伊斯蘭教開始經由西班牙和法國南部挺進歐洲。

當穆罕默德那個由阿拉伯追隨者組成的小公社拓展成全世界有史以來最大的帝國之一，它也面臨愈來愈多法律上與宗教上的挑戰，而這些挑戰在《古蘭經》中並沒有明確解釋。穆罕默德還在世時，遇到這些問題只要去找他就好。但沒有了先知，當問題遠超過一群阿拉伯部族人士的知識與經驗範疇時，要確認神意就愈來愈困難了。

一開始，溫瑪的人自然是轉向早期的先知聖伴尋求指引與帶領。身為第一代穆斯林——曾經與先知同行並談過話的人——遷士有權做出法律與信仰上的決策，因為他們對先知的生平與教誨有直接的認識。他們是活生生的「聖訓」資料庫：所謂聖訓（*hadith*）就是保存穆罕默德言行的口述軼事。

聖訓後來成為制定伊斯蘭律法不可或缺的一項工具，用來處理《古蘭經》沒有提到的議題。然而，聖訓剛出現時完全雜亂無章，因此要辨其真偽幾乎是不可能的事。更糟糕的是，第一代的先知聖伴去世後，社群愈來愈需要仰賴第二代穆斯林（*Tabiun*）從第一代穆斯林那兒得到的說法；第二代穆斯林去世後，社群距離先知真正的言行又遠了一步。

就這樣，每經過一個世代，用來確認聖訓為真的「傳述鏈」（*isnad*）就變得愈長、愈迂迴，以至於穆罕默德去世還不到兩個世紀，就已經有大約七十萬則聖訓在穆斯林土地上流傳，其中絕大部分無疑是某些人揑造的，目的是要把他們自己的信仰與行為和先知扯上關係，以賦予其信仰與行為正當性。幾代之後，幾乎任何宣稱是穆罕默德傳下來的事物，都能被奉為聖訓。事實上，匈牙利學者戈德齊赫

（Ignaz Goldziher）記錄下大量聖訓，傳播者都宣稱它們源自穆罕默德，實際上卻含有摘自《妥拉》與《福音書》的經句、零星的後期希伯來語俗諺、古代波斯格言、希臘哲學文章節錄、印度諺語，還有一則幾乎一字不改地抄襲了〈主禱文〉（the Lord's Prayer）。到了九世紀，伊斯蘭律法正在訂立的時候，社群中流傳的假聖訓已經多如牛毛，因此穆斯林法律學者有點異想天開地將它們分成兩類：為了物質利益而撒的謊，以及為了占得意識形態上風而撒的謊。

在第九、第十世紀，許多穆斯林共同努力篩選長期累積的大量聖訓，意欲把可信的聖訓區分出來。然而有好幾百年的時間，任何人只要有足夠的權力和財力能影響公眾對某個特定議題的看法——例如正當化自己對女性社會角色的見解——還是只要搬出某一則聖訓就可以了。而這則聖訓是他從某人那裡聽來的，某人又是從別人那裡聽來的，別人是從一個先知聖伴那裡聽來的，聖伴則是從先知那裡聽來的。

所以，這麼說絕對不誇張：穆罕默德才去世不久，那些自告奮勇負責解釋《古蘭經》中真主旨意以及聖訓中穆罕默德旨意的男子——碰巧也是溫瑪中一些最有錢有勢的成員——便已不怎麼在乎自己說法的準確性或解釋的客觀性，而是比較關心如何奪回他們在先知推動改革後失去的經濟與社會優勢。如同法蒂瑪．梅尼西（Fatima Mernissi）所指出，我們一定要時時記得每一則聖訓背後都存在著根深蒂固的權力鬥爭與利益衝突，而在一個「社會機動性〔以及〕地理擴張〔皆是〕常規」的社會裡，這些都是預料中的現象。

因此，關於《古蘭經》告誡信徒不要「把財產交給愚人（*sufaha*）」這一點，早期的《古蘭經》解經者——全是男性——都不顧《古蘭經》的警告，宣稱「**愚人**指的就是女人和小孩……**所以兩者都不得擁有繼承權**」（粗體為本書所加）。

穆罕默德去世二十五年後，一個名叫阿布—巴克拉（Abu Bakra，勿與阿布—巴克爾混淆）的著名巴斯拉富商宣稱自己曾聽先知說過：「把事業交託給女人的人，絕對無法發達。」當時，他身為先知聖伴的權威性完全沒有受到質疑。

伊本—馬哲（Ibn Maja）則在他的聖訓集中描述，當先知被問到妻子可以對丈夫行使哪些權利時，先知給了一個令人難以置信的答案；他說妻子唯一的權利就是「在你〔自己〕吃飽之後」被賜予食物，以及「在你自己穿好之後」被賜予衣裳。即使這說法完全違背《古蘭經》的要求，卻毫無爭議。

庫德里（Abu Said al-Khudri）發誓自己曾經聽到先知對一群婦女說：「我從沒見過任何比妳們更缺乏智慧和信仰的人。」他這段回憶完全沒有引發質疑，儘管穆罕默德的傳記作者都說先知曾多次徵詢並聽從妻子們的建議，甚至在軍事方面也一樣。

最後，知名的《古蘭經》解經家法拉齊（Fakhr ad-Din ar-Razi，一一四九—一二〇九）把「他從你們的同類中為你們創造配偶，以便你們依戀她們」（30:21）這句話，解釋成「證明女性被創造出來的用意和動植物及其他有用的東西一樣，〔不是為了〕敬拜與執行真主的命令……因為女人軟弱愚昧，某種程度上就像個孩子」。他的評注後來成為（且至今猶然）穆斯林世界最廣受推崇的論點之一。

我必須不斷重複最後這一點。事實上，十四個世紀以來，《古蘭經》解經學一直是穆斯林男子的專屬領域。由於每一個解經者都無可避免地會把自己的意識形態與成見帶進《古蘭經》，因此某些經文往往被人以最仇視女性的方式解讀，這應該不令人意外。以下面這段經文（4:34）的兩種英文翻譯為例，文中講述的是男人對女人的義務，而這兩位不同的當代《古蘭經》翻譯者都有廣大的讀者群。第一種是普林斯頓版，譯者為阿麥德．阿里（Ahmed Ali）；第二種則是由紐約大學出版的法克里（Majid Fakhry）譯本：

> Men are the support of women [*qawwamuna 'ala an-nisa*] as god gives some more means than others, and because they spend of their wealth (to provide for them).... As for women you feel are averse, talk to them suasively; then leave them alone in bed (without molesting them) and go to bed with them (when they are willing).
>
> 男人是女人的支柱〔*qawwamuna 'ala an-nisa*〕，因為真主使男人比女人更優越，又因為他們（養她們）所費的財產。……至於你們認為心有不甘的女子，你們應該勸誡她們；可以和她們同床異被（而不猥褻她們），然後（在她們願意的時候）與她們歡好。
>
> Men are in charge of women, because Allah has made some of them excel the others, and because they

spend some of their wealth. ... And for those [women] that you fear might rebel, admonish them and abandon them in their beds and beat them [*adribuhunna*].

男人負責管理女人，因為阿拉使男人比女人更優越，也因為他們會花費一部分的財產。……至於那些你們擔心會反抗的〔女子〕，你們要責備她們，將她們棄於床上不顧，並且打她們〔*adribuhunna*〕。

基於阿拉伯文的變異性，這兩種譯文就文法、句法和意義而言都沒有錯。*qawwamuna 'ala an-nisa* 這個詞組可以理解為「守護」、「保護」、「支持」、「照料」、「看顧」或「管理」女人。而這段經文的最後一個字 *adribuhunna* 被法克里譯成「打她們」，但也可以是「不理會她們」或「順應她們」之意，而且值得注意的是，這個字甚至還有「與她們進行兩情相悅之性行為」的意思。如果宗教確實等於詮釋，那麼一個人要選擇接受並奉行哪種說法，便取決於他想要從經文中讀出什麼：如果一個人認為《古蘭經》賦予女性權力，就會選擇阿麥德．阿里譯本；如果一個人想用《古蘭經》來正當化對女性的暴力行為，就會選擇法克里譯本。

伊斯蘭史上曾有過幾位女性力圖維繫自己身為聖訓保存者與《古蘭經》解經者的權威。例如，卡莉瑪．賓特─阿赫瑪德（Karima bint Ahmad，一〇六九年歿）與法蒂瑪．賓特─阿里（Fatima bint Ali，一〇八七年歿）就被視為先知傳統最重要的其中兩位傳承者，而宰娜卜．賓特─沙里（Zaynab bint al-Sha'ri，一二二〇年歿）以及達琪卡・賓特—穆希德（Daqiqa bint Murshid，一三四五年歿）這兩位文獻學者，在早期的伊斯蘭學術圈中都享有卓越的地位。此外還有一個事實也很難忽略，那就是所有「可信的」聖訓中，有將近六分之一可以追溯到穆罕默德的妻子阿伊夏身上。

這些女性即便出名，卻完全敵不過早期先知聖伴不容置疑的權威，例如年輕自信的古萊須菁英伍瑪爾；他最終在穆罕默德死後接下了穆斯林社群的領導權。先知向來欣賞伍瑪爾，不只是因為他驍勇善戰，也因為他的德行無可挑剔、敬拜真主非常熱誠。從許多角度而言，伍瑪爾是個單純、高尚、虔誠的男子。但他的性情也十分火爆，容易發怒動粗，尤其是對女人。他厭惡女性的態度遠近馳名，導致他向阿伊夏的妹妹求婚時被斷然拒絕，因為他對女性實在太粗暴。

從伍瑪爾成為穆斯林社群領袖的那一刻起，他厭惡女性的傾向就表露無遺。他試圖將女人關在家裡（但沒有成功），還想阻止她們到清真寺做禮拜。他實施隔離祈禱，並且直接違背先知立下的典範，強迫女性接受男性宗教領袖的教導。更令人難以置信的是，他還禁止穆罕默德的諸位遺孀進行朝聖儀式，並且制定了一系列主要針對女性的嚴懲條例。最主要的一條是以亂石砸死通姦者，這種懲罰在《古蘭經》裡完全沒有依據，但伍瑪爾卻將它正當化，宣稱這本來就是真主降示的一部分，只是因為某種原因而沒有寫進正統經文裡。當然，伍瑪爾從未解釋這樣一段文字怎麼會被「意外」遺漏在《真主的天啟》（即《古蘭經》）之外，但話說回來，他也毋須解釋。他只要仗著先知的權威說話就夠了。

毫無疑問，《古蘭經》也和所有神聖經典一樣，深深受到出現時代社會的文化規範影響——如我們所見，那個社會並不把女性視為地位平等的部族成員。因此，《古蘭經》裡有許多章節都跟猶太教和基督教經文一樣，清楚反映出古時候女性在那些男性至尊社會中的次等地位。但過去一個世紀以來，蓬勃發展的穆斯林女性主義運動不斷強調的正是這一點。這些女性主張，《古蘭經》裡的宗教訊息——內容是革命性的社會平等主義——必須跟阿拉伯在七世紀時的文化偏見切割。她們也正在將她們的看法引入《古蘭經》解經學這個男性主導的世界，這可是歷史上頭一遭。

放眼伊斯蘭世界，有一群當代女性文獻學者正在從伊斯蘭研究向來極度欠缺的一種視角重新解讀《古蘭經》。這些學者跳脫傳統性別框架的約束，從這樣的概念出發：女性在穆斯林社會中地位長期低下的原因並不是伊斯蘭的道德教誨，而是阿拉伯在七世紀時的社會狀態，以及許多男性《古蘭經》解經者的嚴重仇女思想。世界各地的穆斯林女性主義者都在努力以一種較中性的方式詮釋《古蘭經》，並以一種較平衡的方式實行伊斯蘭律法。第一本由女性（拉蕾・巴赫蒂亞爾，Laleh Bakhtiar）翻譯的英文版《古蘭經》不久前出版，在歐美受到書評盛讚，而如今也有一群新的女性伊瑪目與帶禱者在領導從多倫多到上海的穆斯林集會。同時，在穆斯林占人口多數的國家，女性國家領導人與政黨領袖也有穩定增加的趨勢，包括塞內加爾的馬梅・馬迪奧爾・博耶（Mame Madior Boye）、土耳其的坦蘇・奇萊爾（Tansu Çiller）、科索沃的卡庫莎・賈夏里（Kaqusha Jashari）、印尼的梅嘉娃蒂・蘇卡諾普特麗（Megawati Sukarnoputri）、馬來西亞的努魯・伊莎・安華（Nurul Izzah Anwar）、巴基斯坦的班娜姬・布托（Benazir Bhutto，二〇〇七年慘遭自殺炸彈客殺害），以及孟加拉的卡莉達・齊亞（Khaleda Zia）

與謝赫・哈西娜（Sheikh Hasina）。過去幾年間，在伊斯蘭世界選出的女總統與女性國會領導者，人數已經超越歐洲和北美洲的總和。

當然，在很多穆斯林占人口多數的國家，女性仍然沒有和男性相同的法律權利；世界各地的開發中國家大部分也是如此——不論是不是穆斯林國家。女性在伊朗、阿富汗、蘇丹、索馬利亞等地的困境無疑很駭人，也迫切需要處理。但用這些國家的女性經歷一概而論伊斯蘭對女性的待遇，就真的過分簡化了。很遺憾，現在整個西方世界就是這樣，認為穆斯林女性無疑受到伊斯蘭教的壓迫與矮化。這個形象不僅一直存在，而且幾乎是全憑「面紗」這種單一象徵物想像出來的。事實上，許多歐美人士有時候似乎認為，一塊可以選擇用或者不用的布料，足以定義一位穆斯林女性的一生經歷。

這並不是新現象，當然不是。即使數千年來，男女兩性在許多文化中都有戴面紗的習俗，但是在許多西方人眼中，面紗卻始終是伊斯蘭教「他者特質」的典型象徵。自從福樓拜（Gustave Flaubert）和波頓爵士（Sir Richard Burton）等研究東方的作家在其情色遊記裡不斷把穆斯林女子寫成某種致命的東方女郎之後，歐洲人就對面紗特別著迷。這樣的形象在歐洲殖民主義者的著作中又有了新的意義，例如英國在埃及的總領事克羅默勛爵（Alfred, Lord Cromer）。在他眼裡，面紗是「矮化女性」的象徵，並清楚證明「伊斯蘭是個徹底失敗的社會系統」。不過別忘了，這位殖民地的紳士可是英國「反女性選舉權男士聯盟」的發起人。克羅默對穆斯林女性的困境本身根本不感興趣；對他而言，面紗是「伊斯蘭教落後」的一個象徵，也是歐洲人在中東進行「文明化任務」最具體的理由。

在現代世界，面紗所象徵的已經不只是對穆斯林女性的物化，也象徵著許多人認定的那道將伊斯蘭與西方世界隔開的價值觀與道德觀鴻溝。所以法國和一些其他歐洲國家最近才會制定新法，禁止穆斯林女子穿戴某些形式的希賈布。這類禁令的支持者辯稱，面紗是對啟蒙運動原則的一種公然侮辱，而歐洲文化正是建立在這些原則之上。他們宣稱，面紗本質上就是對女性解放觀念的詛咒。法國前總統薩科奇（Nicolas Sarkozy）簽署這道禁令時說：「在本國，我們無法接受讓女性成為帘幕後的囚徒，斷絕所有社交生活，喪失所有身分。」沒錯，這種主張的核心就是一種根深蒂固的女性歧視觀念，認為沒有一個穆斯林女子會自行選擇戴面紗，認為她一定是被丈夫、父親或者宗教加諸在她身上的社會限制所逼迫——認為穆斯林女性事實上沒有能力決定自己該不該穿戴什麼，所以必須由國家來替她們決定。

這麼說並不是要和許多自由派穆斯林改革者同聲一氣，辯稱面紗其實是穆斯林女性的權力象徵；這個主張因為傑出伊朗政治哲學家沙里亞蒂（Ali Shariati，一九三三—七七）的知名著作《法蒂瑪就是法蒂瑪》（*Fatima Is Fatima*）而聲名大噪。對沙里亞蒂和與他看法相同的人而言，面紗不是象徵對女性的壓迫，而是代表對西方女性形象的強力反抗。但這個看法儘管很具啟發性，卻有一個重大瑕疵，那就是沙里亞蒂所描述的，是他自己完全沒有經歷過的事。

真相是，把戴著面紗的穆斯林女子視為她丈夫柔弱溫順的性資產，就和後現代主義者把面紗視為脫離西方文化霸權的女性自由與女權象徵一樣，都是帶來誤解且頭腦簡單的想法。面紗有可能兩者皆非或兩者皆是，但這完全得讓穆斯林女性自行決定。一個女人要穿什麼服裝，完全是她個人的選擇。男人或國家都沒有立場去定義伊斯蘭文化中恰當的「女性特質」。那些不把穆斯林女性當成個體來對待，而是將她們看作伊斯蘭貞潔或世俗自由主義象徵的人，都犯了同樣的罪過：物化女性。

上述基本上就是所謂穆斯林女性運動的基礎；該運動認定，在這麼多穆斯林國家打壓女性權利的，是男性主導的社會，而不是伊斯蘭教。因為這個緣故，世界各地的穆斯林女性主義者正大力提倡回歸穆罕默德最初為追隨者構想的社會。儘管文化、國籍與信仰有所不同，這些女性都相信，從先知穆罕默德身上，以及他在麥地那賦予女性的空前權利與特殊特遇中，我們應當學到的課題是伊斯蘭教最重要之處在於它是一個平等主義的宗教。女性主義者眼中的麥地那是一個這樣的社會：穆罕默德任命像烏姆－瓦拉卡（Umm Waraqa）這樣的女性為溫瑪的精神導師；先知自己有時也會被妻子公然訓斥；女人和男人並肩祈禱作戰；阿伊夏與烏姆－薩拉瑪這樣的女子不只擔任宗教領袖，也是政治領袖——而且至少當過一次軍事領袖；而當召喚眾人祈禱的聲音從穆罕默德家的屋頂上大聲傳出時，男男女女齊聚一堂、並肩跪下，**毫無隔閡**，以一個團結的公社之姿接受神的賜福。

由於這場社會平等主義的革新試驗實在太成功，因此在公元六二二至六二四年間，溫瑪急遽成長；新成員有麥地那的新輔士，也有因為亟欲參與先知之城這場運動而湧入的新遷士。但實際上，此時的麥地那還只是葉斯里卜。必須等到穆罕默德放下他的平等主義改革，將注意力轉回聖城麥加和那個掌控阿拉伯的強大部族之後，這個地方才能真正稱為麥地那。

第四章

為主道而戰

吉哈德的意義

在葉斯里卜，真主的使者正在做夢。夢中的他站在一片廣闊的草地上。牛群自由自在地吃草。他手中握著一樣東西：一把劍，已然出鞘，在陽光下閃閃發亮。劍刃上有一道蝕刻的痕跡。戰爭即將爆發。但寧靜的草地上，吃草的碩大牛隻間，溫暖的陽光下，卻是一片祥和。一切看來都是好兆頭。他低頭看自己的身體，發現身上穿著一套刀槍不入的甲冑。沒什麼好擔心的。他握著劍，面對著無邊的地平線，高大自信，等待迎戰。

醒來後，穆罕默德立刻明白了夢境的意義：古萊須人要來了。但他不可能知道的是，此時此刻他們已有三千重裝戰士與兩百騎兵朝著葉斯里卜襲來，想要一舉消滅穆罕默德和他的運動。根據當時的習俗，軍隊後方尾隨了一小群婦女，穿戴著珠寶首飾與她們最華美的衣裳。

領導這群婦女的是一位名叫欣德（Hind）的神祕女子，她很有權勢，是古萊須部族新任謝赫阿布—蘇斐揚（Abu Sufyan）的妻子。一年前，也就是公元六二四年，古萊須人首度在巴德爾跟穆罕默德和他的追隨者正面交鋒，當時欣德的父兄都死於穆罕默德的叔父哈姆札（Hamzah）之手。如今，欣德雙手緊揪著她那件飄逸白袍的裙襬，舉步維艱地穿過沙漠；她是一個活生生的例子，提醒著眾人古萊須部族為何終究要把這場阿拉伯半島控制權的爭奪戰，直接帶到穆罕默德家門前。

「滿足我復仇的渴望，」她對走在前方的眾男子大喊，「也滿足你們自己復仇的渴望！」

與此同時，即將發生攻擊的流言也在葉斯里卜傳開。猶太氏族不想跟這場穆罕默德與麥加之間的戰爭扯上關係，因此安穩地躲在自己的堡壘中，溫瑪則開始瘋狂蒐集所有能找到的武器與物資，準備迎接這場包圍戰。黎明時分，喚拜聲將整個社群的人聚集到清真寺，穆罕默德在這裡平靜地向大家確認流言屬實。

他宣布說古萊須人確實正朝著葉斯里卜襲來，但他不打算出去迎戰，反而計劃不動聲色地等待敵人上門。他確信自己在夢中穿的那套甲冑代表葉斯里卜無懈可擊的防衛能力。他宣告倘若古萊須人真的愚蠢到來攻擊這座綠洲，那麼就由男人在街道與巷弄中跟他們作戰，女人和小孩則在棗椰樹上拿石塊丟他們。

穆罕默德的追隨者對這個計畫心存疑慮。他們還清楚記得自己一年前在巴德爾擊敗古萊須部族的經過。儘管人數遠比對方少，穆罕默德的小隊人馬還是把麥加大軍打得死傷慘重，讓對方不得不落荒而逃。他們必定能再次把古萊須人殺個片甲不留。

「真主的使者啊，」他們表態道，「請帶領我們迎戰敵軍，以免他們以為我們膽小懦弱，不敢面對他們。」

他們的反應讓穆罕默德感到徬徨，因為他原本認定他那個夢是來自真主的訊息。但他的手下愈是催促他出去迎敵，他就愈發動搖。連他最信任的顧問群對於該怎麼辦，都意見分歧。最後穆罕默德被這場爭論搞得心浮氣躁，又深知非做出決定不可，因此他站起身，命人將他的甲冑取來。他們要在開放的沙漠迎戰古萊須人。

穆罕默德帶著區區幾百名男子和寥寥數名女子——包括幾乎每次都陪他上戰場的阿伊夏和烏姆——

薩拉瑪——出發，前往葉斯里卜西北方幾英里處一片名叫烏胡德（Uhud）的曠野；他聽說古萊須人在那裡落腳紮營，研擬進攻策略。到了烏胡德，他進入一座峽谷，在一片乾河床對面架起自己的營帳，距離麥加軍隊並不遠。他可以從這裡看到古萊須人的帳篷。他評估對方龐大的人數與精良的武器，當他看見對方有好幾百匹馬和駱駝在附近的一片草原吃草時，他的心猛然一沉。他的人只找到兩匹馬，駱駝則是一匹也沒有。

穆罕默德退回後方，命令追隨者紮營等待天亮。到了早上，天空開始泛紅，他跳上一匹馬，最後一次審視他的軍隊。他在男人之中看見拿著劍的小孩，有些還踮起腳尖，想要混在人群裡。他憤怒地把他們從隊伍中拉出來，叫他們回到家人身邊，但還是有幾個孩子成功躲過檢查，又跑回來打仗。接下來，他把弓箭手安排在側翼附近的一座山頂上，吩咐他們「堅守崗位，別讓敵人從你們的方向攻擊我們」。他對其餘的手下喊出最終指令：「沒有我的命令，誰也不准開戰！」接著，他彷彿意識到自己違反了夢中的預兆，又穿上第二層甲冑，然後命令軍隊進攻。

古萊須人幾乎立刻就被擊潰。穆罕默德的弓箭手持續對著戰場射箭，保護他弱小的軍隊，並且逼迫麥加大軍撤離原本的位置。但古萊須人撤退時，弓箭手卻直接違抗穆罕默德要他們堅守崗位的命令，跑下山去拿取撤軍留下的戰利品。古萊須人不久就重整陣容，而由於側翼無人守護，先知和他的戰士很快就遭到包圍。戰爭變成了屠殺。

人數眾多的麥加軍隊迅速殲滅穆罕默德的地面部隊。戰場上屍橫遍野。當古萊須人逼近時，穆罕默德的一些手下排成一個緊密的圓圈，為他抵擋步步進逼的軍隊以及從四面八方落下的箭雨。這些男子一一倒在他的腳邊，身上插滿了箭，直到剩下最後一人。而後他也倒下了。

此時穆罕默德只剩孤身一人，他跪在死去的戰士身邊，繼續盲目地對著古萊須人射箭，直到弓在他的手中折斷。他手無寸鐵、身負重傷：他的下顎裂了、牙齒斷了、嘴唇破了、額頭有傷且滿是鮮血。有那麼一刻，他考慮使盡所有殘存的力氣衝向敵人，但就在此時，他的一個手下——名叫阿布—杜賈納（Abu Dujanah）的魁梧戰士——突然跑上戰場，一把抓住他，把他拖進峽谷的隘口；僅剩的倖存者都聚集在那裡療傷。

先知突然從戰場上消失，他被殺死的謠言也隨之傳開。諷刺的是，這正是穆罕默德一行人需要的喘息空間。因為他的死訊傳出後，古萊須人就停止進攻，戰役也宣告結束。穆罕默德的殘軍渾身是血、狼狽不堪地悄悄返回葉斯里卜之時，勝利的阿布—蘇斐揚爬上一座山丘，高高舉起彎刀，大喊：「胡巴爾萬歲！萬歲！」

在此之後，烏胡德稍微平靜下來，欣德和古萊須部族的其他婦女便在戰場上遊走，毀壞死者的屍體，這種做法在前伊斯蘭時期的阿拉伯很常見。那些女人從戰死的穆罕默德戰士遺體割下鼻子和耳朵，做成項鍊和腳鍊。但欣德有一個更急迫的任務。她脫離隊伍，在峽谷中搜尋穆罕默德的叔父哈姆札的屍體——也就是在巴德爾殺死她父兄的人。終於找到哈姆札後，她跪在他的屍首旁，割開他的身體，徒手挖出他的肝臟，接著一口咬下，以此完成她對真主使者的復仇。

＊＊＊

伊斯蘭太常被描繪成歷史學家路易斯（Bernard Lewis）所說的「一種軍事宗教，〔有〕狂熱的戰士，致力於透過武力傳播他們的信仰與律法」，連像他這樣的當代學者都這樣看，可知大批穆斯林像蝗蟲般瘋狂衝上戰場的形象已然成為西方世界最長久的刻板印象之一。「伊斯蘭向來不是一種救贖的宗教，」知名社會學家韋伯（Max Weber）寫道，「伊斯蘭是一種好戰的宗教。」杭亭頓更是將它形容成一種「以鮮血鑲邊」的宗教。

「伊斯蘭是好戰宗教」這種根深蒂固的刻板印象源自十字軍東征時的教廷宣傳，當時穆斯林被描繪成敵基督的士兵，他們占據聖地（更重要的是還有通往中國的絲路）的行為褻瀆了神。中世紀時期，穆斯林哲學家、科學家與數學家正在保存過去的知識、影響未來的學術研究，窮兵黷武且嚴重分裂的神聖羅馬帝國，為了讓自己有別於從四面八方箝制它的土耳其，而將伊斯蘭稱為「劍之宗教」；彷彿在那個時代，開疆拓土除了戰爭之外還有其他方法似的。到了十八、十九世紀，歐洲殖民者有系統地掠奪中東與北非的自然資源，無意間引起一場激烈的政治與宗教反撲，後來產生了今日大眾所說的「伊斯蘭基本教義主義」，於是穆斯林戰士「穿著長袍、亮出彎刀、隨時準備宰了出現在他面前的異教徒」那種令人聞風喪膽的形象便成了一種極度普遍的陳腔濫調。到今天還是一樣。

今日，穆斯林的傳統形象多少已經被另一種新的形象取代：綁著一身炸彈的伊斯蘭恐怖分子，準備為主殉道，希望帶走愈多條無辜的性命愈好。但有一個看法始終沒變，那就是從穆罕默德的時代至今，伊斯蘭教徒一直在打聖戰（*jihad*，「吉哈德」）。

然而，吉哈德的信條和伊斯蘭教的許多信條一樣，都是在穆罕默德去世很久之後，也就是穆斯林征服者開始吸收近東地區的文化與習俗時，才完全發展成一種意識形態的表現方式。我們一定要記得，伊斯蘭教是誕生在一個強盛帝國與全球擴張的時代，當時拜占庭與薩珊——兩者皆是政教合一的王國——都為了擴大疆域而陷於時時都在進行宗教戰爭的狀態。擴張到阿拉伯半島之外的穆斯林大軍只是加入了原本就已存在的混戰；雖然他們很快就占得上風，但這場混戰既不是他們發起，也不是由他們定義的。儘管西方人普遍認為穆斯林征服者強迫被征服的民族歸信伊斯蘭教，但穆斯林征服者並未這麼做；實際上，他們甚至不鼓勵這麼做。真相是：在第八和第九世紀，阿拉伯穆斯林擁有極大的經濟與社會優勢，因此伊斯蘭教很快就變成一個菁英集團，非阿拉伯人只能透過一套複雜的程序加入，首先就是要成為阿拉伯人的依附者。

這也是個宗教與國家合一的年代。除了寥寥幾位與眾不同的男女之外，這個時代沒有任何猶太教徒、基督徒、祆教徒或穆斯林會認為自己的宗教源自個人私密的自白經驗。事實恰恰相反。你的宗教就是你的種族、你的文化、你的社會身分；它定義了你的政治、你的經濟情況、你的道德倫理。最重要的是，你的宗教就是你的**國籍**。因此，神聖羅馬帝國有其官方認可並依法實施的基督教版本，如同薩珊帝國也有其官方認可並依法實施的祆教版本。在印度次大陸，毗濕奴諸王國（毗濕奴及其化身的信奉者）與濕婆諸王國（濕婆神的信奉者）競相爭奪領土控制權，而在中國，佛教統治者也和道教統治者爭奪政治優勢。在這些地區，尤其是在國家明顯由宗教支持的近東地區，擴張領土與傳播宗教完全是同一件事。因此，**每一個**宗教都是「劍之宗教」。

當穆斯林征服者開始闡述伊斯蘭教的戰爭意義與戰爭作用時，他們手邊就有一些非常成熟的宗教戰爭理想可以套用；這些發展成熟的理想受到帝王支持，薩珊和拜占庭都在實行。事實上，「聖戰」（holy war）一詞並不是源自伊斯蘭教，而是源自基督教十字軍；他們率先用這個詞賦予戰爭神學上的正當性，但打仗其實是為了爭奪土地和貿易路線。穆斯林征服者並未使用「聖戰」這個詞，而把阿拉伯文的「吉哈德」(*jihad*) 定義成「聖戰」也完全不恰當。阿拉伯文中有許多字詞可以毫無爭議地翻譯成「戰爭」，但是「吉哈德」不在其列。

「吉哈德」字面上的意義是「掙扎」、「奮鬥」或「巨大的努力」。它在宗教上的主要意涵（有時被稱為「廣義吉哈德」）是指靈魂為了克服人與神之間的罪障所做的努力。正因如此，在《古蘭經》裡，「吉哈德」一詞後面幾乎一定接著「為主道」。然而，由於伊斯蘭教認為追求神聖與順服的內在努力與追求人類福祉的外在努力不可分割，因此吉哈德比較常令人聯想到它的次要意涵（「狹義吉哈德」）：任何對抗壓迫與暴政的行動——不論是軍事行動還是其他方面的行動。儘管偶爾會有好戰分子和極端主義者操弄狹義的吉哈德，為他們的社會及政治目的添加宗教的認可，但穆罕默德對這個詞的理解絕非如此。

根據《古蘭經》，戰爭只有正義與不義之分；它從來都不**神聖**。事實上，吉哈德最應該被理解成一種原始的「正義戰爭理論」（just war theory）：公元六二四年，穆罕默德微小但不斷成長的公社與無所不能、無所不在的古萊須人之間爆發一場血腥混亂的大戰，這個理論應需求而誕生，並且在當時的背景下發展成形。

◎◎◎

奇怪的是，古萊須人起初似乎完全不介意穆罕默德的公社在葉斯里卜獲得這麼大的成功。他們肯定知道那裡發生的事。古萊須人靠著在半島各地安插眼線來維繫他們在阿拉伯的優越地位；任何可能危害他們權威或威脅他們利益的事物，他們都一定會注意到。不過儘管他們或許對穆罕默德的追隨者愈來愈多一事感到不安，只要那群人待在葉斯里卜，麥加就願意完全忘記穆罕默德的存在。然而，穆罕默德卻不願意忘記麥加。

也許葉斯里卜發生的最大轉變不在於傳統部族體系，而是在先知本人身上。隨著真主降示從原本講述善良與真主權能的概括性陳述，演變成建立並維繫一個公正平等社會所需的明確法律與文明規範，穆罕默德的先知意識也跟著演變。他傳遞的訊息不再只是針對「首邑〔麥加〕及其四周的居民」（6:92）。溫瑪在葉斯里卜的驚人成功讓穆罕默德確信，真主召喚他不只是為了要他警告他的「親戚」（26:214）。如今他已經瞭解自己肩負的任務是要「憐憫全世界的人」（21:107）以及傳播「對於全世界的教誨」(12:104; 81:27)。

當然，不論他的公社有多麼受歡迎、多麼成功，只要阿拉伯的宗教、經濟與社會中心持續反對，這個公社就永遠別想擴張到葉斯里卜之外。穆罕默德終究必須面對古萊須人，而且如果可能的話，還要說服他們轉而支持他。但他首先得引起他們的注意才行。

穆罕默德在麥加學到要跟古萊須人面對面，唯一有效的方法就是影響他們的經濟，所以他做了一個異常大膽的決定，宣告葉斯里卜是一個聖城（*haram*）。這份宣言在《麥地那憲章》中正式確定，代表葉斯里卜此後可望成為一個宗教朝聖地與合法的貿易中心（這兩者在古代的阿拉伯幾乎無法分割）。這不只是一個經濟上的決策。穆罕默德宣布葉斯里卜為聖城，是在蓄意挑戰麥加在阿拉伯半島上的宗教與經濟霸權。此外，為了確保古萊須人收到這個訊息，他派遣追隨者進入沙漠，參與「搶商隊」這項歷史悠久的阿拉伯傳統。

在前伊斯蘭時期的阿拉伯，搶商隊是一種小氏族從大氏族的財富中獲利的合法手段。這種行為完全不被視為偷盜，而且只要不使用暴力、沒有濺血，就毋須受到報復。搶匪會迅速衝向商隊——通常是從後方——然後趕在被發現之前拿走任何伸手可及的東西。這種時而發生的劫掠對商隊首領而言必定很惱人，但一般都被視為運送大量商品穿越無人保護的廣袤沙漠時，要承擔的固有風險。

穆罕默德的劫掠行動雖然一開始規模小且零星，但這麼做不只為溫瑪提供了迫切需要的物資，也有效擾亂了進出麥加的貿易。不久，進入這座聖城的商隊就開始向古萊須人抱怨，說他們穿越這個地區時不再覺得安全了。有幾個商隊甚至選擇繞路去葉斯里卜，因為穆罕默德和他的手下保證去那裡絕對安全。麥加的貿易開始衰退，利潤變少，穆罕默德終於得到了他要的注意。

公元六二四年，距離烏胡德的慘敗還有整整一年時，穆罕默德得到消息，說有一支大型商隊正在從巴勒斯坦前往麥加途中，其規模實在大得太誘人，無法忽視。於是他召集了三百名志願者（大部分是遷士），出發去襲擊這支商隊。但當他的人馬抵達巴德爾城外時，卻突然碰上一千名古萊須戰士。原來穆罕默德計劃劫掠商隊的風聲已經走漏到麥加，現在古萊須人正準備給他們這一小群叛亂分子一個永生難忘的教訓。

雙方軍隊隔著一座相當大的山谷互相觀察了好幾天：古萊須人穿著白袍、騎著精心彩繪過的馬匹與高大健壯的駱駝，整齊列隊；溫瑪的成員則個個衣衫襤褸，只準備要劫掠商隊，而非打仗。事實上，雙方似乎都不太想開戰。古萊須人大概認為他們壓倒性的人數會讓對方立即投降，或者至少痛改前非。而穆罕默德一定也明白，在這樣的條件下跟古萊須人作戰，不只他自己會送命，溫瑪也會毀滅。

他焦慮地等待真主的指示。

「主啊，」他不斷祈禱，「如果這群人死了，就不會再有人敬拜祢了。」

除了害怕被消滅之外，還有別的原因讓穆罕默德在巴德爾遲遲不願開戰。他早就明白，只要古萊須人不屈服，他的訊息就不可能傳出阿拉伯半島。穆罕默德也絕對知道，不打一仗對方是不可能屈服的，同時他很清楚，真主降示不僅已經永遠改變了前伊斯蘭時期阿拉伯的社會經濟風貌，也一定會改變前伊斯蘭時期的戰爭方法與戰爭倫理。

阿拉伯並不缺「戰爭法則」。異教部族之間存在許多關於可以在什麼時間、什麼地點打仗的規範。但這些規則主要是用來控制與限制戰事，以確保部族存續，而不是用來建立一套戰爭的行為準則。絕對倫理在部族的法律與秩序觀念中並不重要，在部族的戰爭與和平觀念中也沒有任何作用。

在《古蘭經》中緩緩發展的吉哈德信條，確切目的是區分前伊斯蘭時期與伊斯蘭時期的戰爭觀，並且為後者注入米爾（Mustansir Mir）所謂的「意識形態兼倫理面向」；在此之前，阿拉伯半島上並沒有這種東西。吉哈德信條的中心思想，就是此前一直沒有正式認定的「戰士」與「非戰士」之分。因此在任何情況下，都絕對不可殺害婦女、小孩、僧侶、拉比、老人及其他非戰士。穆斯林律法後來更擴大禁令，禁止虐待戰俘、破壞屍體；禁止在作戰時有性騷擾、性侵或任何形式的性暴力行為；禁止殺害外交人員、恣意毀壞房產，也禁止破壞宗教或醫療機構——好幾個世紀之後，這些規範都被納入現代的國際戰爭法。

但吉哈德信條中最重要的革新，可能是絕對禁止所有非自衛性的戰爭。「你們當為主道而抵抗進攻你們的人，」《古蘭經》說，「你們不要過分，因為真主必定不喜愛過分者。」（2:190）《古蘭經》在其他地方說得更明確：「**被進攻者**，已獲得反抗的許可……他們被逐出故鄉，只因他們常說：『我們的主是真主。』」（22:39，粗體為本書所加）。

《古蘭經》中確實有些段落指示穆罕默德和他的追隨者「在哪裡發現以物配主者，就在那裡殺戮他們」(9:5)；「對不信道者和偽信者戰鬥」(9:73)；而且尤其要「抵抗不信真主和末日的人」(9:29)。但我們必須明白，這些話是特別針對古萊須人及他們在葉斯里卜的臥底——在《古蘭經》中被具體稱為「以物配主者」和「偽信者」——所說的，當時溫瑪正與這些人深陷一場可怕的戰爭中。

儘管如此，這些段落長久以來都被穆斯林和非穆斯林用來暗示伊斯蘭教提倡與不信道者對抗，直到他們歸信為止。但《古蘭經》和穆罕默德都沒有認可這個看法。這種觀點是在十字軍東征進行得如火如荼之際，由後代的伊斯蘭法律學者提出的，其中有部分是為了回應十字軍。他們發展出今日所謂的「古典吉哈德信條」：這個信條的意義之一是把世界分成兩個領域——「伊斯蘭之土」(*dar al-Islam*)與「戰爭之土」(*dar al-aharb*)，前者不斷在追擊後者。

當十字軍東征接近尾聲、羅馬把注意力從穆斯林的威脅轉向歐洲各地紛起的基督教改革運動時，古典吉哈德信條受到了新一代穆斯林學者的激烈挑戰。其中最重要的一個學者是伊本—泰米亞（Ibn Taymiyya，一二六三——一三二八）；他對塑造伊斯蘭意識形態的影響極大，只有聖奧古斯丁對塑造基督教的影響能夠比擬。伊本—泰米亞主張，殺死拒絕歸信伊斯蘭教的非信徒——這是古典吉哈德信條的基礎——不但與穆罕默德立下的典範背道而馳，也違反了《古蘭經》最重要的原則之一：「對於宗教，絕無強迫」(2:256)。確實，《古蘭經》在這一點上非常堅持。「真理是從你們的主降示的，」經文說道：「誰願信道就讓他信吧，誰不願信道，就讓他不信吧」(18:29)。《古蘭經》也反問：「難道你要強迫眾人都做信士嗎？」(10:100)。顯然不能；《古蘭經》於是命令信徒對不信道者說：「你們有你們的報應，我也有我的報應」（109:6）。

伊本—泰米亞對古典吉哈德信條的抗拒，在十八、十九世紀激發了幾位穆斯林政治與宗教思想家的作為。在印度，賽義德．阿赫梅德．汗（Sayyid Ahmed Khan，一八一七—九八）用伊本—泰米亞的論點主張反抗英國占領的獨立運動不能稱為吉哈德，因為英國人並沒有壓迫印度穆斯林群體的宗教自由——這是《古蘭經》中認可吉哈德的必要條件（可以想像，這樣的說法在印度殖民地不受歡迎）。奇拉格．阿里（Chiragh Ali，一八四四—九五）是阿赫梅德．汗的學生，也是最早將《古蘭經》的學問推向理性脈絡分析的穆斯林學者之一；他認為現代穆斯林群體不能將歷史上穆罕默德的溫瑪當成開戰形式與時機的正當性典範，因為如前所述，溫瑪是在整個已知世界都處於長久衝突的時代中發展出來的。二十世紀早期，埃及改革者沙爾圖特（Mahmud Shaltut，一八九七—一九六三年）利用奇拉格．阿里對《古蘭經》的脈絡分析，指出伊斯蘭教不但禁止不是出於直接反抗侵略的戰爭，也禁止沒有正式受到合格穆斯林法律學者（*mujtahid*，「穆智臺希德」）認可的戰爭。

但過去這個世紀，尤其是殖民經驗在中東促成一種新的伊斯蘭激進主義興起之後，古典吉哈德信條在幾位著名穆斯林知識分子的講臺上與教室裡東山再起。在伊朗，阿亞圖拉何梅尼（Ayatollah Khomeini，一九〇二—八九）憑藉好戰派對吉哈德的詮釋，先是激勵了一九七九年的反帝國主義革命，接著又引燃了他與伊拉克長達八年的毀滅性戰爭。何梅尼將吉哈德視為一種戰爭武器，這個觀點促成了伊斯蘭好戰團體真主黨（Hizbullah）的成立；他們策略性地運用自殺炸彈客，開啟了一個可怕的國際恐怖主義新時代。

在沙烏地阿拉伯，阿卜杜勒阿齊茲國王大學（King Abdulaziz University）的伊斯蘭哲學教授阿札姆（Abdullah Yusuf Azzam，一九四一—八九）利用自己對國內憤怒青年的影響力，宣傳一種強硬而好戰的吉哈德詮釋方式，他主張這是所有穆斯林的責任。「只有吉哈德與槍，」阿札姆博士對他的學生宣告。「不交涉、不開會、不對話。」阿札姆的觀點為巴勒斯坦好戰組織哈馬斯（Hamas）奠下了基礎；他們反抗以色列占領時便採用了真主黨的策略。他的教誨對其中一個學生造成了非比尋常的影響：奧薩瑪·賓拉登。他最終將導師的理念付諸實行，呼籲全球的穆斯林對西方世界發動吉哈德，從而掀起一波駭人的恐怖主義浪潮，導致數以千計的無辜人士喪命。

賓拉登最後成立的血腥恐怖組織「蓋達」（al-Qaeda）只不過是一種表現形式，象徵著一場規模浩大的好戰派伊斯蘭極端保守主義運動；此一運動通常被稱為聖戰（吉哈德）主義（*jahadiyyah*）。聖戰（吉哈德）主義的獨特之處——其實也是這個運動的名字來源——在於它以激進的方式重新詮釋吉哈德的概念。好幾個世紀以來，吉哈德一直被定義成一種集體責任，只有在捍衛生命、信仰與財產時才能發動，但在聖戰（吉哈德）主義中，它變成了一種極度個人的義務，完全脫離任何制度的影響。吉哈德在蓋達組織和全世界和他們有相同看法的聖戰（吉哈德）主義組織手中，已經變成了一種**攻擊性**武器，可以用來對抗他們眼中所有伊斯蘭教的「敵人」，不論對方是不是穆斯林。事實上，西點軍校反恐中心最近的一份報告指出二〇〇四到二〇〇六年間，蓋達組織攻擊事件中的傷亡者有八五%是穆斯林（二〇〇六到二〇〇八年間的比例更是竄升到九八％！）女人、小孩、老人、病人、行動不便者——根據聖戰（吉哈德）主義，這些全都是合理的攻擊目標，即使《古蘭經》明文禁止傷害非戰士。正因如此，與西方人的普遍認知很不同的是，蓋達這類聖戰組織的行為其實不只遭受全世界大多數穆斯林的嚴厲抨擊，連巴勒斯坦的哈馬斯組織及黎巴嫩的真主黨等其他好戰團體也同聲譴責。

事實是，全世界幾乎每五個人就有一個是穆斯林。雖然其中有些人或許和賓拉登一樣對西方強權心懷不滿，但和他用同樣方式詮釋吉哈德的卻少之又少。實際上，儘管吉哈德信條被人以各種方式操弄，用來合理化個人偏見或政治意識形態，但吉哈德這個概念在穆斯林世界既沒有受到普遍認可，也沒有一致的定義。對抗不義與暴政確實是所有穆斯林的責任，畢竟如果沒有人站出來對抗專政者與暴君，那麼就如《古蘭經》所說，我們的「修道院、禮拜堂、猶太會堂、清真寺——其中常有人紀念真主之名的建築物——必定被人破壞了」(22:40)。但《古蘭經》對吉哈德的見解終歸只能被理解成一種對抗壓迫與不義的**防禦性**反應，而且必須謹守那些明白扼要的戰爭行為倫理規範。如果決定一場戰爭是否為「正義戰爭」的關鍵因素如政治理論家沃爾澤（Michael Walzer）所言，在於有沒有制定同時涵蓋*jus in bello*（戰爭中的正義）也涵蓋*jus ad bellum*（戰爭本身的正義）的明確規則，那麼描述穆罕默德吉哈德信條最好的方式，就莫過於古代阿拉伯的「正義戰爭」理論了。

公元六二四年的巴德爾之役成為穆罕默德將這個吉哈德理論付諸實行的第一個契機。日子一天天過去，雙方軍隊也持續愈靠愈近，但穆罕默德還是拒絕在對方發動攻擊之前開戰。就算已經開打——以傳統的阿拉伯方式，雙方各派兩、三個人出去短兵相接，打完之後戰場清空，雙方再各選出一組人馬出去應戰——穆罕默德也繼續跪著等待真主的訊息。最後是阿布—巴克爾受夠了先知的猶豫不決，催促他站起來，加入這場無論穆罕默德再怎麼不願意都已發生的戰役。

「真主的先知啊，」阿布—巴克爾說，「不要再這樣呼求你的主了，因為真主一定會兌現祂對你的承諾。」

穆罕默德同意了。他終於站起身，呼喚他的一小群追隨者，要他們信靠真主、全力進攻。

接下來是一場被義大利史學家嘉布里耶利（Francesco Gabrieli）稱作「只是一場鬥毆而已」的激烈衝突。它也許只是一場鬥毆，但當戰鬥結束、戰場上的屍體都被清除之後，誰勝誰負已毋庸置疑。令人驚奇的是，穆罕默德只折損了十二個人，古萊須人卻被徹底擊潰。先知戰勝阿拉伯最強大部族的消息早在勝利者返回葉斯里卜之前，就傳了回去。溫瑪一片歡欣鼓舞。巴德爾之役證明真主庇護了使者。傳聞說有天使降臨戰場，為穆罕默德殺敵。經過巴德爾之役，穆罕默德就不再只是一個謝赫或哈卡姆；他和他的追隨者成為漢志地區的新政治勢力。葉斯里卜也不再只是個農業綠洲，而是那股勢力的中心：先知之城。麥地那。

巴德爾之役基本上在阿拉伯創造了兩個對立的群體：一方偏向穆罕默德，另一方依舊效忠古萊須人。大家都選邊站。來自半島各地的氏族代表湧入麥地那跟穆罕默德結盟，同時也有一群忠誠的古萊須部族支持者離開麥地那、前往麥加。有趣的是，這些對古萊須忠誠的人有很多是哈尼夫信徒；雖然穆罕默德的運動跟「亞伯拉罕的宗教」關係密切，他們卻拒絕歸信，主要是因為哈尼夫信仰迫使他們忠於卡巴及其管理者，也就是古萊須人。

然而，不論是從麥地那到麥加的「逆向遷徙」還是哈尼夫的背離，都沒有對穆罕默德造成困擾。他掛慮的是一個急迫得多的問題：麥地那有一個叛徒。有人向古萊須人透露了他劫掠商隊的計畫。雖然可能的犯嫌很多，但穆罕默德立刻就懷疑是蓋努嘎氏族——綠洲裡最大、最富有的猶太氏族之一。他基於這份懷疑採取行動，圍攻蓋努嘎的堡壘十五天，直到這個氏族終於投降。

穆罕默德會擔憂蓋努嘎氏族背叛，也許不是沒有根據。麥地那的大部分猶太氏族都與古萊須人有重要的商業聯繫，所以完全不想捲入這場他們推測會拖延很久的雙城之戰。穆罕默德待在綠洲已經讓他們面臨經濟困境。阿拉伯部族與權力愈來愈大的穆罕默德形成政治結盟，大幅削弱了麥地那猶太氏族的勢力與權威。先知的免稅市場尤其讓蓋努嘎氏族損失慘重，因為它摧毀了蓋努嘎對麥地那的經濟壟斷，也大幅減少了他們的財富。跟麥加打仗只會讓麥地那猶太氏族的處境雪上加霜，因為戰爭會永久切斷他們與古萊須人的經濟連結，畢竟他們的椰棗、葡萄酒與武器主要是被古萊須人買去。儘管穆罕默德在巴德爾打了勝仗，但還是沒理由相信他真的能征服古萊須部族。麥加人終究會重振旗鼓，回來擊敗先知。到時候猶太氏族勢必要對古萊須人清楚展現他們的忠誠。

巴德爾之役後，穆罕默德也十分急於釐清忠誠關係，因此他將《麥地那憲章》正式確定下來，以此鞏固綠洲內的共同防禦協議。這份文件被吉爾（Moshe Gil）貼切地描述為「準備開戰之舉」，當中明白指出捍衛麥地那——至少在分攤防衛開銷這部分——是每一個居民共同的責任。此外，儘管《麥地那憲章》清楚表示麥地那的猶太氏族擁有絕對的宗教與社會自由，並且聲言「猶太人信自己的宗教、穆斯林信自己的宗教」，但還是全力要求他們協助對抗「任何與這份文件的簽署者開戰的人」。簡而言之，《麥地那憲章》為穆罕默德提供了一個分辨敵我的方法。於是，當他懷疑蓋努嘎氏族違背了共同防禦的誓言、露出與他為敵的真面目時，很快就採取了行動。

根據阿拉伯傳統，背叛的罰則非常明確：男人處死，女人和小孩發賣為奴，他們的財產則當作戰利品分送出去。麥地那的每一個人都預期這會是蓋努嘎氏族的下場，蓋努嘎人自己也這麼想。因此，當穆罕默德揚棄傳統律法，決定將這個氏族逐出麥地那、甚至允許他們帶走大部分財產時，他們震驚不已。這是穆罕默德一個寬厚的決定，而這個決定從許多角度而言，都是受他的麥地那盟友所迫而做出來的，因為他們不希望雙手染上依附者的鮮血。但是一年後，他自負的軍隊在烏胡德慘敗，而他再次被迫做出同樣的決定。

烏胡德之役摧毀了溫瑪的士氣。更重要的是，這場戰役似乎證實了麥地那猶太氏族的預測；他們推測古萊須人擊敗穆罕默德是遲早的事。納迪爾氏族和古萊札氏族，也就是綠洲內僅剩的兩個優勢猶太氏族，對烏胡德之役的結果尤其感到歡喜。事實上，納迪爾氏族的謝赫戰前就曾密會古萊須部族的首領阿布—蘇斐揚，戰後他們更企圖趁人之危，刺殺穆罕默德。但穆罕默德在作戰受的傷復原之前，就得知了這個陰謀，他用和處理蓋努嘎氏族一樣的方式，帶著折損慘重的殘存軍隊趕去圍攻納迪爾氏族的堡壘。當這個氏族向他們的猶太同胞求助時，古萊札氏族的謝赫伊本—阿薩德（Ka'b ibn Asad）清楚表明他們只能自求多福。得到這個答案後，納迪爾氏族別無選擇，只能向穆罕默德投降，但有一個條件，即是給他們和蓋努嘎氏族一樣的機會，可以放下武器並安靜地離開麥地那。這次穆罕默德一樣同意了，引起追隨者極度反感，因為他們很多人在這場戰爭中受了重傷。於是納迪爾氏族帶著錢財離開了麥地那，前往亥巴爾（Khaybar）。

烏胡德之役過後，麥加與麥地那之間的小衝突又持續了兩年。這是一段血腥時期，充滿祕密協商、暗中行刺與可怖的暴力之舉，雙方皆然。最後，在公元六二七年，厭倦了這場爭鬥的古萊須人組成一支陣容浩大的貝都因戰士聯軍，最後一次前往麥地那，希望能徹底終結這場漫長的戰爭。但是這一次，穆罕默德決定靜待古萊須人來襲。他採用一種創新的軍事策略，指示追隨者在麥地那周圍挖出一道壕溝，他可以從內部無限期捍衛綠洲。這種戰術在往後的數百年一直被人仿效。古萊須人和他們龐大的貝都因聯軍花了將近一個月都攻不破這道巧妙的壕溝防線，結果只能放棄，並在補給品用盡的情況下疲憊返鄉。

雖說這個結果對穆罕默德而言絕非勝利，但他不可能不滿意，尤其是考量到烏胡德之役的慘烈下場。戰況並不激烈；雙方的死亡人數都極少。事實上，根本沒發生什麼事。但這場後來被稱為「壕溝之役」的戰役之所以出名，原因不是作戰期間發生的事，而是戰役結束後發生的事。

麥地那軍隊在一個月的圍城期間苦苦抵禦麥加入侵者之際，古萊札氏族——此時已是綠洲裡最大的猶太氏族——公開且積極地支持古萊須軍隊，甚至提供他們武器與物資。古萊札氏族為何會這樣公然背叛穆罕默德，原因不得而知。他們明目張膽找貝都因聯軍交涉，甚至在戰事進行得如火如荼時也一樣，這態度意味著他們可能認為這就是穆罕默德運動的末日，希望等到塵埃落定時，他們是站在勝利的那一邊。古萊札氏族大概以為，就算是穆罕默德贏了這場戰役，他們的下場頂多也只是像蓋努嘎和納迪爾氏族一樣被逐出麥地那，而納迪爾氏族當時 已在亥巴爾龐大的猶太居民中興盛起來。但穆罕默德的慷慨已被逼到極限，他無心再仁慈下去了。

他把古萊札氏族關在他們的堡壘中一個多月，自己則與顧問群商討該怎麼做。最後，他改採阿拉伯傳統。這是一場紛爭，只能透過哈卡姆的仲裁來解決。但由於這場紛爭牽涉到穆罕默德——他顯然不是中立人士——因此仲裁者的角色就落到了奧斯部族的謝赫薩德（Sa'd ibn Mu'adh）身上。

表面上看來，薩德似乎一點也不中立。畢竟古萊札氏族是奧斯部族的依附者，所以嚴格說來，他們是直接受薩德保護。也許這就是古萊札氏族如此樂於讓他擔任哈卡姆的原因。但當薩德走出他療癒戰傷的帳篷時，他的決定卻是截至當時為止，最清楚表明「舊社會秩序已經不再適用」的徵兆。

「我對他們的判決如下，」薩德宣告，「他們的戰士當受處決，他們的孩子〔與妻子〕當成為奴隸，他們的財產當被瓜分。」

◎◎◎

各領域的學者都曾經仔細審視處決古萊札氏族一事，這也是可以理解的。十九世紀的格雷茲（Heinrich Graetz）將這個事件描繪成一場野蠻的種族屠殺，反映了伊斯蘭教固有的反猶太意識。巴倫（S. W. Baron）的《猶太人之社會與宗教史》（*Social and Religious History of the Jews*）有點天馬行空地將古萊札氏族比擬成馬撒大（Masada）的反抗者——在公元七二年壯烈地選擇集體自殺，而不願臣服於羅馬人的那些傳奇猶太人。二十世紀早期，有一些東方學家指出伊斯蘭歷史上的這個事件證明了伊斯蘭教是一個暴力且落後的宗教。嘉布里耶利則在他的鉅作《穆罕默德與伊斯蘭的征服》（*Muhammad and the Conquests of Islam*）中說，穆罕默德處決古萊札氏族，等於再次肯定了「我們身為基督徒與文明人所意識到的一點，也就是這個神，或至少祂的這一面，並不是我們的神。」

為了回應這些指控，有些穆斯林學者做了相當可觀的研究，想證明處決古萊札氏族一事從未發生，至少不是像文獻記載的那樣。舉例來說，阿赫馬德（Barakat Ahmad）與阿拉法特（W. N. Arafat）都曾指出，古萊札的故事不但不符合《古蘭經》的價值觀與伊斯蘭教的前例，更是基於極度含糊且互相矛盾的記述，而做出這些記述的猶太編年史家都想把古萊札描繪成為神殉道的英雄。

近年來，有些當代伊斯蘭學者認為不能以我們的現代道德標準來批判穆罕默德的作為，因此力爭將處決古萊札氏族一事放在其歷史脈絡中審視。凱倫・阿姆斯壯（Karen Armstrong）在她為先知所寫的傑出傳記中指出，這場屠殺也許會令現代讀者反感，但根據當時的部族倫理，它並無不合法或不道德之處。同樣的，斯蒂爾曼（Norman Stillman）也在他的著作《阿拉伯土地上的猶太人》（*The Jews of Arab Lands*）中提出，古萊札氏族的下場「在那個時代嚴酷的戰爭法則下並不罕見」。斯蒂爾曼進一步寫道，麥地那的其他猶太氏族都沒有反對穆罕默德的做法，也沒有為了古萊札氏族而嘗試出手干涉，這證明猶太人自己也把這個事件視為「傳統阿拉伯式的部族與政治事務」。

不過，連阿姆斯壯與斯蒂爾曼也繼續支持一個歷久不衰的看法，那就是處決古萊札氏族雖然就歷史上與文化上的理由來說是可以理解的，但此事仍是麥地那的穆斯林與猶太人之間一場根深蒂固的意識形態衝突所導致的悲劇，這類衝突在今日中東地區也仍看得到。瑞典學者安德烈（Tor Andrae）將這個看法概括表達得最為清楚，他說進行這場處決是因為穆罕默德相信「猶太人是阿拉與阿拉降示的死敵。〔因此〕對他們仁慈是不可能的」。

但安德烈與許多和他持相同意見者的看法，說好聽一點是不懂穆斯林的歷史與宗教，說難聽一點就是偏執而愚昧。事實是，處決古萊札氏族確實是個可怕的事件，這一點無可否認，但這個舉動既非種族屠殺，也不是穆罕默德發動的某種全面反猶太行動，更絕對不是伊斯蘭教與猶太教之間一場根深蒂固的內在宗教衝突所導致的結果。這種說法絕非事實。

首先，古萊札氏族並不是因為身為猶太人而被處決。雷克便曾經說明，卡里布氏族（Banu Kalib）也有大量成員因為背叛而遭處決，但他們是古萊札氏族的**阿拉伯**依附者，與古萊札氏族結盟，成為麥地那城外的一股附屬勢力。儘管記載的被殺人數從四百到七百都有（視資料來源而定），但即便採最高的估計，在麥地那城內與周邊地區的猶太人總數當中所占的比例也極小。就算排除蓋努嘎與納迪爾氏族，綠洲裡仍有數千名猶太人在古萊札氏族遭處決後，繼續跟他們的穆斯林鄰人和平共處多年。唯有到了七世紀末，留在麥地納的猶太氏族才在伍瑪爾的統治下被——和平地——逐出城外，這是阿拉伯半島上一個更大規模的伊斯蘭化過程當中的一環。把麥地那僅僅略多於百分之一的猶太人口之死描述成「種族屠殺」，不只是荒謬的誇大其詞，更侮辱了真正遭到種族屠殺的數百萬猶太人的名譽。

第二，學者們幾乎一致同意，古萊札氏族遭處決一事完全沒有影響到猶太人後來在伊斯蘭世界所受的待遇。反之，猶太人在穆斯林的統治下繁榮發展，尤其是在伊斯蘭教傳入拜占庭地區之後。因為拜占庭的正教統治者會例行性地因為宗教信仰而迫害猶太人與非正教基督徒，通常是強迫他們歸信帝國的基督教，否則就要處死。相對之下，穆斯林法律將猶太人與基督徒視為「順民」（*dhimmi*，「齊米」），既不要求也不鼓勵他們歸信伊斯蘭教（但異教徒與多神信仰者通常必須在歸信與受死之間抉擇）。

不僅伊斯蘭律法禁止穆斯林迫害順民，穆罕默德更對他日益壯大的軍隊下達命令，即絕不為難猶太人信奉猶太教，還有一定要保留他們見到的基督教機構。因此，伍瑪爾之所以下令拆除大馬士革一座強占猶太人房子而違法建成的清真寺，只是聽從了先知的警告：「凡虧待猶太人或基督徒者，必在審判日遭我指責。」

根據穆斯林律法，只要繳交「人丁稅」(*jizyah*) 這種特殊的保護稅，猶太人和基督徒就可以享有宗教自主權，也有機會共同維護穆斯林世界的社會與經濟制度。這份寬容在中世紀的西班牙——穆斯林、猶太人與基督徒攜手合作的至高典範——最為顯著，那裡的猶太人尤其能夠升上社會與政府的最高地位。事實上，整個穆斯林西班牙最有權勢的人中，有一個名叫伊本—沙普魯特（Hasdai ibn Shaprut）的猶太人，他深受哈里發阿布杜—拉曼三世（Abd al-Rahman III）信任，擔任其大臣達數十年。這也就難怪這個時期寫成的猶太文獻，會說伊斯蘭教是「神的仁慈之舉」。

當然，即便是穆斯林統治的西班牙，也有過一些不寬容與宗教迫害的時期。此外，伊斯蘭律法確實禁止猶太人與基督徒在公共場所公開宣傳其宗教。但是誠如瑪莉亞．梅諾卡（Maria Menocal）所言，這些禁令對基督徒的影響大過猶太人，因為猶太人向來不願傳教與公開呈現他們的宗教儀式。這也許能夠解釋為什麼基督教會逐漸從大部分的伊斯蘭地區消失，而猶太社群卻愈來愈多且繁榮發展。無論如何，就連在伊斯蘭史上最高壓的時期，穆斯林統治下的猶太人都遠比被基督徒統治時享有更好的待遇與更多的權利。穆斯林西班牙在一四九二年被斐迪南二世的基督教軍隊攻下後只過了短短幾個月，西班牙的大部分猶太人就被驅逐出境，這絕非偶然。剩下的猶太人則由宗教法庭處理。

最後且最重要的一點是，古萊札氏族受處決一事往往被表述成反映出穆罕默德與猶太人之間固有的宗教衝突，但實情並非如此。這個理論在伊斯蘭教與猶太教的研究中，有時會被當作一個無可爭辯的信條，其立論基礎是學者相信穆罕默德認為自己的訊息是猶太教與基督教先知傳統的延續，所以他來到麥地那時，完全預期猶太人會承認他是先知。據稱穆罕默德為了幫助猶太人接受他的先知身分而採用一些猶太教的儀式與習俗，藉此讓他的公社跟對方產生連結。但令他意外的是，猶太人不只排斥他，更大力反駁《古蘭經》是神啟的真實性。穆罕默德擔心被猶太人排斥會讓人懷疑他的先知身分，於是他別無選擇，只能激烈地跟他們對抗，把自己的公社和他們區分開來，並且做出彼得斯所說的，「將伊斯蘭教重新塑造成猶太教之外的另一個選擇。」

這個理論有兩個問題。第一，對於穆罕默德特有的宗教與政治敏銳度缺乏認識。先知並不是膜拜自然現象或者對石板鞠躬的無知貝都因人。這名男子在阿拉伯半島的宗教首都生活過將近半個世紀，他在那裡是見多識廣的商人，跟猶太部族與基督徒部族之間都有穩固的經濟與文化聯繫。穆罕默德如果認為自己的先知使命如同瓦特所言，「對猶太人來說就跟對他自己來說一樣清楚無疑」，就是天真得可笑。他只要熟悉猶太教最基本的教義，就知道他們不見得會承認他是猶太人的先知之一。他一定知道猶太人不承認耶穌是先知，又怎麼可能以為他們會承認他？

但這個理論最顯著的問題不在於對穆罕默德的極度低估，而是在於對麥地那的猶太人極度高估。如前所述，麥地那的猶太氏族——他們是阿拉伯歸信者——跟那些異教氏族差異極小，文化上如此，真要說的話連宗教上也是。這個群體的識字率並不特別高。根據阿拉伯文獻的描述，麥地那的猶太氏族講的是一種稱為「拉坦語」（*ratan*）的特有語言，塔巴里說那是波斯語，但實際上應該是一種阿拉伯語和亞蘭語的混合體。沒有證據顯示他們會說或者聽得懂希伯來語。事實上，他們對希伯來典籍的認識很可能僅限於幾部法律書卷、幾本禱文，以及少部分零碎的阿拉伯語《妥拉》譯文——巴倫稱之為一種「斷章取義的口述傳統」。

麥地那的猶太人對猶太教的認識太少，因此有些學者不認為他們是真正的猶太教徒。馬戈琉斯（D. S. Margoliouth）認為麥地那的猶太人頂多只是一群鬆散的一神論者——跟哈尼夫很像——應該稱為「拉曼教徒」（Rahmanist）才對（「拉曼」是阿拉的另一種稱謂）。儘管很多人不同意馬戈琉斯的分析，但還是有一些其他理由令人質疑麥地那猶太氏族對猶太教信仰的認同程度。舉例來說，我們可以思考一下，雷斯納（H. G. Reissener）曾指出公元六世紀時，散居海外的猶太人群體已經一致同意，非以色列人唯有「遵循摩西律法……奉行《塔木德》裡立下的原則」，才可被視為猶太人。照這樣的限制，麥地那的猶太氏族立刻就被排除了，因為他們既不是以色列人，也沒有恪守摩西律法（Mosaic Law），似乎也不太懂《塔木德》（*Talmud*）的內容。此外，麥地那明顯缺乏曾有大量猶太人存在的考古證據，這些證據應該很容易辨識才對。根據里德（Jonathan Reed）的說法，一個遺址裡**必須**有特定的考古指標——例如石頭器皿的殘片、受洗池的遺跡、埋藏的骨罐——才能確認當地曾經有過發展成熟的猶太教認同。就我們所知，麥地那完全沒有出土過這類指標。

自然還是有人持續主張麥地那的猶太氏族具有猶太教認同。例如紐比（Gordon Newby）就認為麥地那的猶太人可能由特殊群體構成，擁有自己的學派與典籍，但是沒有任何考古證據支持這個假設。無論如何，連紐比也承認在文化、倫理、甚至宗教方面，麥地那的猶太人不只跟阿拉伯半島上的其他猶太群體大有不同，還反而與麥地那的異教群體幾乎一模一樣，兩者之間不僅自由互動，還（違背摩西律法）經常通婚。

簡而言之，麥地那的猶太氏族完全不是嚴守宗教規範的群體；倘若馬戈琉斯和其他人說得沒錯，他們可能甚至稱不上猶太人。因此非常令人懷疑他們會就《古蘭經》和《希伯來聖經》的關連跟穆罕默德進行複雜的辯論，畢竟他們看不懂、甚至不曾擁有過《希伯來聖經》。

事實就是穆罕默德說的話和做的事當中，沒有一件是必定會引起麥地那猶太人反對的。如同紐比在《阿拉伯猶太人的歷史》（*A History of the Jews of Arabia*）中所寫的，在七世紀的阿拉伯，伊斯蘭教與猶太教處於「同一個宗教對話空間」，兩者擁有同樣的宗教人物、傳說與軼事，兩者都從類似的角度探討相同的基本問題，兩者的倫理與道德觀也很相近。紐比提出，這兩種信仰的分歧點「在於對共同主題的詮釋方式，而不是兩種互相排斥的世界觀」。以戈伊坦（S. D. Goitein）的話來說，「穆罕默德所講的道，完全沒有與猶太教抵觸之處。」

就連穆罕默德效法偉大的猶太長老、自稱神的先知與使徒，都不見得會讓麥地那的猶太人無法接受。穆罕默德的言行不僅完全符合眾人廣為接受的阿拉伯猶太教神祕主義模式，他甚至不是麥地那唯一做出這類先知宣言的人。麥地那還有一個名叫伊本—薩亞德（Ibn Sayyad）的猶太教神祕主義者暨占卜師，他和穆罕默德一樣穿著先知的斗篷，誦讀神從天上降示的訊息，並且自稱「神的使徒」。值得注意的是，不只是麥地那的大部分猶太氏族接受了伊本—薩亞德的先知宣言，文獻還記載伊本—薩亞德公然承認穆罕默德和他一樣，是使徒與先知。

如果主張穆罕默德和同時代的猶太人之間不存在任何宗教論爭，那也是過分簡化。但這類衝突大部分與政治聯盟及經濟連結有關，很少是針對經文而起的神學辯論。其起因主要是部族合夥關係與免稅市場，而不是宗教熱忱。雖然穆罕默德的傳記作者都喜歡描寫他跟好鬥的成群「拉比」進行神學辯論，說他們「基於嫉妒、憎恨與惡意而對使徒展現敵意，因為神選了一個阿拉伯人來擔任祂的使徒」，但這些故事的語調及敘述風格都跟耶穌和法利賽人（Pharisees）爭辯的故事非常相似，顯示它們是文學上的傳統主題，而不是史實。事實上，數百年來的學者都知道，早期的穆斯林曾刻意把耶穌和穆罕默德連結起來，想讓這兩位先知的使命與訊息產生關連。

我們要記住，在穆罕默德傳記寫成的年代，穆斯林國家的猶太少數族群是伊斯蘭教僅有的神學對手。所以也難怪穆斯林歷史學家與神學家會宣稱自己說的話是出自穆罕默德之口，藉此支撐他們的論點，以對抗那個時代的拉比權威。如果穆罕默德的傳記有揭露任何事，那也是傳記作者的反猶太情緒，不代表先知本人。若想瞭解穆罕默德對他那個時代的猶太人與基督徒的真實看法，就不該看編年史家在他去世數百年後宣稱出自他之口的話語，而是要看他還在世時真主讓他說的那些話。

《古蘭經》這部因神降示而成的神聖經書反覆提醒穆斯林，他們聽到的不是新訊息，而是「證實前經」（12:111）。事實上，《古蘭經》提出了一個前所未有的見解，即**所有**降示的經文都是取自同一本藏在天堂的書，叫作「天經」（*Umm al-Kitab*），或稱「經書之母」（13:39）。這表示根據穆罕默德的理解，在閱讀《妥拉》、《福音書》和《古蘭經》時，必須把它們當成一體連貫的記述，談的是人與神的關係；在這份記述中，一位先知的先知意識透過精神傳遞給下一位：從亞當一路傳到穆罕默德。因此，《古蘭經》建議穆斯林這樣告訴猶太人和基督徒：

> 我們確信真主，確信我們所受的啟示，與易卜拉欣〔亞伯拉罕〕、易司馬儀〔以實瑪利〕、易司哈格〔以撒〕、葉爾孤白〔雅各〕和〔以色列〕各支派所受的啟示，與穆薩〔摩西〕、爾撒〔耶穌〕和眾先知所受賜於他們的主的經典，我們對於他們中的任何一人，都不加以歧視。我們只歸順祂。（3:84）

當然，穆斯林相信《古蘭經》是這一系列經書的最終啟示，如同他們相信穆罕默德是「眾先知的封印」（最後的先知）。但《古蘭經》從未宣告先前的經文無效，它只是要使它們完整。一部經書證實其他經書為真，至少可以說是宗教史上一件很不尋常的事，不過天經這個概念可能顯示了一個更深沉的原則。

《古蘭經》一再暗示，《麥地那憲章》也明確證實，穆罕默德可能認為天經這個概念不只代表猶太人、基督徒和穆斯林擁有一部共同的神聖經書，也代表他們組成了一個共同的神聖溫瑪。在穆罕默德眼中，猶太人和基督徒都是「有經者」（*ahl al-Kitab*），這些精神上的表親相對於阿拉伯的異教徒與多神論者，與他的穆斯林公社敬拜同一個神、閱讀同樣的經文、擁有同樣的道德觀。儘管每個信仰都有自己獨特的宗教群體（自己的溫瑪），但大家也共同形成一個統一的溫瑪；這個不尋常的觀念被班葉（Mohammed Bamyeh）稱為「一神多元主義」。於是《古蘭經》承諾，「信道的人，猶太教徒、拜星教徒（the Sabians）、基督教徒，**凡確信真主和末日，並且行善的人**，將來必定沒有恐懼，也不憂愁」（5:69，粗體為本書所加）。

穆罕默德會為他的公社和猶太人建立連結，正是因為他確信有這麼一個統一的一神溫瑪存在，而不是因為他覺得需要效法猶太氏族，也不是因為想促使猶太人接受他是先知。穆罕默德讓他的公社與麥地那的猶太人結盟，是因為他認為猶太人和基督徒都是他的溫瑪成員。因此他在來到麥地那後，把所有穆斯林的朝拜方向（*qiblah*）定為耶路撒冷——那裡是早已被摧毀的聖殿的所在地，也是海外猶太人禮拜時朝向的地方。他規定他的公社實施強制性齋戒，在猶太曆每年第一個月的第十天（*Ashura*，阿舒拉日）進行，這個日子更廣為人知的名稱是贖罪日（Yom Kippur）。他刻意把穆斯林的集會時間定在禮拜五中午，這樣便能和猶太人的安息日預備作業同時進行，但又不會造成干擾。他採行了許多猶太人的飲食戒律與純淨要求，並且鼓勵追隨者與猶太人通婚，和他自己一樣（5:5-7）。

雖然穆罕默德確實在幾年後把朝拜方向從耶路撒冷改成了麥加，並且把年度齋戒期從贖罪日改到了齋月（《古蘭經》首度被降示的那個月），但這些決定不應被理解成「與猶太人決裂」，而是伊斯蘭教發展成熟，成為一個獨立宗教的過程。儘管做了這些改變，穆罕默德還是鼓勵追隨者在贖罪日齋戒，他自己也從未停止將耶路撒冷尊為聖城；事實上，耶路撒冷是整個穆斯林世界繼麥加與麥地那之後最神聖的城市。此外，先知也保留了他從猶太人那裡吸收來的大部分飲食、潔淨與婚姻限制。在他有生之年，穆罕默德都持續跟阿拉伯的猶太群體進行和平對話——而非神學辯論——正如《古蘭經》對他的命令：「除依最優的方式外，你們不要與信奉天經的人辯論，除非他們中不義的人」（29:46）。穆罕默德樹立的典範對他早期的追隨者必定有長遠的影響：娜比雅．亞伯特（Nabia Abbot）指出，在伊斯蘭教誕生的頭兩個世紀裡，穆斯林經常把《妥拉》與《古蘭經》放在一起閱讀。

穆罕默德一定也瞭解，伊斯蘭教和其他的有經者之間存在著神學上的明顯差異。但他認為這些差異是真主神聖計畫的一部分，畢竟祂大可以創造一個單一的溫瑪，但是卻偏好「每個民族各有一個使者」（10:47）。於是真主給了猶太人《妥拉》，「其中有嚮導和光明」；真主為基督徒派遣耶穌，以「證實在他之前的《討拉特》（《妥拉》）」；最後，真主給了阿拉伯人《古蘭經》，「證實以前的一切天經」。《古蘭經》以這個方式解釋了有經者之間的意識形態差異，指出真主希望讓每個民族擁有各自的「教律和法程」（5:42-48）。

話雖如此，還是有一些神學上的差異被穆罕默德視為是無知與錯誤造成的，無法容忍。其中最主要的就是三位一體的概念。「真主是獨一的主，」《古蘭經》斷言。「真主是萬物所仰賴的。他沒有生產，也沒有被生產」（112:1-3）。

但這個段落和《古蘭經》中許多與之類似的段落，完全不是在譴責基督教**本身**，而是譴責拜占庭帝國的（三一）正教；如前所述，三一正教在阿拉伯半島上既不是唯一、也不是主流的基督教立場。打從傳道之初，穆罕默德就一直尊耶穌為神的使者中最偉大的一位。《古蘭經》轉述了《福音書》的大部分內容，只是略有刪減；這些內容包括耶穌由處女產下（3:47）、他的奇蹟（3:49）、他的救世主身分（3:45），還有關於他會在末日對全人類進行審判的預言（4:159）。

但《古蘭經》無法接受的，是三一正教徒主張耶穌本身就是神的信念。穆罕默德甚至不認為這些基督徒是有經者：「妄言真主確是三位中的一位的人，確已不信道了，」《古蘭經》如此宣告。「除獨一的主宰外，絕無應受崇拜的。」（5:73）。穆罕默德相信，正教基督徒扭曲了耶穌原本的訊息；《古蘭經》主張耶穌從未宣稱自己是神，也從未要人崇拜他（5:116-18），而是命令他的門徒「崇拜真主——我的主，和你們的主」（5:72）。

與此同時，穆罕默德也嚴詞譴責阿拉伯那些「鄙棄易卜拉欣的宗教」（2:130）以及「奉命遵守《討拉特》而不遵守」（62:5）的猶太人。同樣的，這也不是在譴責猶太教。《古蘭經》幾乎提到了《聖經》中的每一位先知（摩西被提及將近一百四十次！），這證實了穆罕默德對偉大猶太長老的敬重與尊崇。穆罕默德譴責的其實是阿拉伯半島——而且是只有阿拉伯半島——那些在信仰上與習俗上都「破壞盟約」（5:13）的猶太人。如果麥地那的猶太氏族顯示了任何跡象，只能說這樣的猶太人有很多。

穆罕默德在《古蘭經》裡的批評並不是針對猶太教與基督教，他認為這兩個宗教跟伊斯蘭教幾乎一模一樣：「我們確信降示我們的經典，和降示你們〔猶太人與基督徒〕的經典，」《古蘭經》說道。「我們所崇拜和你們所崇拜的是同一個神明，我們是歸順祂的」（29:46）。穆罕默德的不滿是針對他在阿拉伯遇見的某些猶太人與基督徒；在他眼中，那些人背棄了他們跟神的盟約，並且違反了《妥拉》與《福音書》中的教誨。這些人是《古蘭經》告誡穆斯林切勿與之結盟的不信道者：「信道的人們啊！在你們之前曾受天經的人，有的以你們的宗教為笑柄，為嬉戲，故你們不要以他們和不信道的人為盟友……你說：『信奉天經的人啊，你們責備我們，只為我們確信真主，確信祂降示我們的經典〔《古蘭經》〕，和祂以前降示的經典〔《妥拉》與《福音書》〕；只為你們大半是犯罪的人。』」（5:57-59）

重點是，當穆罕默德提醒阿拉伯的猶太人「當銘記〔真主〕所賜你們的恩典，並銘記〔真主〕曾使你們超越世人」時（2:47）、當他痛批基督徒背棄信仰和混淆經文的真理時、當他抱怨這兩個群體不再「遵守《討拉特》和《引支勒》（《福音書》）和他們的主所降示他們的其他經典」時（5:66），他只是在追隨眾先知前賢的腳步。換句話說，他就像以賽亞在抨擊自己的猶太同胞是「犯罪的國民、擔著罪孽的百姓、敗壞的兒女」（以賽亞書1:4）；就像施洗者約翰在痛斥自以為「有亞伯拉罕為祖宗」即可免受審判的「毒蛇的種類」（路加福音3:7-8）；就像耶穌在怒罵那些「藉著遺傳，廢了神的誡命」的偽信者（馬太福音15:6）。畢竟，這不正是一位先知應當傳遞的訊息嗎？

接下來幾個世紀的穆斯林經文與律法學者摒棄了猶太人與基督徒皆為溫瑪成員的見解，並將這兩個群體歸為不信道者，一如他們顛倒了穆罕默德為提升女權而進行的許多社會改革，而這並非巧合。

這些學者重新詮釋真主降示，宣稱《古蘭經》並不是補足《妥拉》與《福音書》，而是取而代之，並且呼籲穆斯林把自己和有經者區分開來。這大半是為了讓剛誕生的伊斯蘭教和其他群體有所區別，以便建立自己的宗教自主性，正如早期的基督徒也將猶太人妖魔化成殺死耶穌的凶手，藉此逐漸脫離孕育出他們信仰的猶太習俗與儀式。

然而這些經文學者的行為直接違背了穆罕默德的典範與《古蘭經》的教誨。因為儘管穆罕默德承認不同的有經者群體間存在著神學上的差異，卻從未提倡分割這些信仰。反之，他對那些說「基督教徒毫無憑據」的猶太人、說「猶太教徒毫無憑據」的基督徒（2:113）、宣稱「除猶太教徒和基督教徒外，別的人絕不得入樂園」的這兩個群體（2:111），提出了一個妥協之道。「讓我們共同遵守一種雙方認為公平的信條，」《古蘭經》提議：「我們大家只崇拜真主，不以任何物配祂，除真主外，不以同類為主宰」（3:64）。

過了一千四百年，這個簡單的妥協還是未能克服三個亞伯拉罕信仰之間有時微不足道、卻往往具有約束力的意識形態差異。這真是悲劇。

壕溝之役結束後，穆罕默德穩穩掌控了麥地那。他再次轉向麥加，這回不是以真主使者的身分，

而是以另外一種讓做為鑰匙保管者的古萊須人無法拒絕的身分：朝聖者。

公元六二八年，穆罕默德出人意料地宣布他要前往麥加，到卡巴進行朝聖儀式。這個決定很荒謬，畢竟他正在和麥加人打一場血腥又漫長的戰爭。他不可能認為過去六年一直企圖置他於死地的古萊須人會讓路給他，任他和他的追隨者繞著聖殿走。但穆罕默德沒有退縮。他帶領著一千多個追隨者，越過沙漠前往他誕生的城市，一路上毫無畏懼地高唱朝聖者的頌歌：「我來了，噢，阿拉！我來了！」

穆罕默德和他的追隨者沒有帶武器、穿著朝聖者的服裝，大聲對他們的敵人宣告他們來了，那聲音在麥加聽起來必定彷彿喪鐘。如果這名男子大膽到認為自己可以平安無事地走入聖城，那麼麥加的末日一定就快到了。古萊須人困惑無比，連忙趕在穆罕默德進入麥加之前出去攔下他。他們在城外一個名叫侯代比亞（Hudaybiyyah）的地方與先知會面，並對他提出一份停火協議，最後一次嘗試保住他們對麥加的控制權。但協議的條件嚴重損及穆罕默德的利益，看在穆斯林眼裡必定是個笑話。

《侯代比亞和約》提出，如果穆罕默德立刻離去，並且無條件停止所有劫掠麥加近郊商隊的行動，那麼他就能夠在下一個朝聖季回來，屆時聖殿會暫時清場，讓他和他的追隨者可以不受打擾地進行朝聖儀式。更侮辱人的是，穆罕默德不能以神之使徒的身分簽署這份和約，只能用他公社部族領袖的身分。穆罕默德在漢志地區的地位正急速攀升，因此這份和約十分荒謬；它顯示出來最重要的一點，即是麥加的潰敗已成定局。也許就是因為這樣，當先知竟然接受條款時，他的追隨者才會那麼氣憤，畢竟他們已經感覺到勝利就在前方區區幾公里外。

伍瑪爾——永遠的急性子——幾乎無法自持。他跳起來，走向阿布—巴克爾。「阿布—巴克爾，」他指著穆罕默德問道，「他不是真主的使者嗎？」

「是啊，」阿布—巴克爾回答。

「我們不是穆斯林嗎？」

「是。」

「他們不是多神論者嗎？」

「是。」

聽到這個回覆，伍瑪爾大吼：「那麼我們為何要答應對我們宗教有害的事？」

大概也是這麼想的阿布—巴克爾以唯一一句能帶給他慰藉的話語回答：「我見證他是真主的使者。」

我們很難斷言穆罕默德為什麼會接受《侯代比亞和約》。他也許是希望能重整陣容，等到適當的時機再回來用武力征服麥加。他可能是遵循《古蘭經》的命令，「反抗他們，直到迫害消除，而宗教專為真主；如果他們停戰，那麼，除不義者外，你們絕不要侵犯任何人」(2:193)。不論如何，接受停火協議並等到隔年再回來的決策，成了麥加與麥地那之戰中最具決定性的一刻。因為當麥加的一般民眾看見這個應該要與他們為敵的人與跟著他的那群「宗教狂熱分子」以恭敬虔誠的態度進入他們的城市並繞行卡巴時，就覺得似乎沒什麼理由繼續支持這場戰爭了。事實上，那次朝聖過後一年，也就是公元六三〇年，古萊須人和穆罕默德的部分追隨者發生了一場小衝突。穆罕默德將這場衝突解讀成破壞停火協議，於是再度朝麥加行進，這次帶了一萬人，結果卻發現麥加市民張開雙臂歡迎他。

接受麥加投降後，穆罕默德對大部分的敵人實施特赦，包括曾經與他在戰場上交鋒的那些。儘管根據部族律法，古萊須人如今已是他的奴隸，但穆罕默德宣布麥加的所有居民（包括奴隸）都自由了。只有六名男子和四名女子因為不同的罪行而被處死，沒有人被迫歸信伊斯蘭教，但每個人都必須立下忠誠誓言，宣誓永遠不再對先知宣戰。古萊須部族中最晚立誓的人包括部族的謝赫阿布—蘇斐揚和他的妻子欣德。欣德即使正式歸信了伊斯蘭教，也依然高傲地展現出反抗的態度，幾乎完全不掩飾自己對穆罕默德與他那「鄉巴佬」信仰的厭惡。

這件事處理完畢後，先知便前往卡巴。在堂弟兼女婿阿里的協助下，他掀起聖殿門上那塊厚重的布幔，進入了神聖的內殿。他把神像一一拿到聚集在外頭的人群面前，高舉過頭，然後重重往地上砸去。各種神明和先知的塑像，例如拿著占卜杖的亞伯拉罕雕像，全都被滲滲泉的水沖走了；全部，但有一個例外，那是一尊耶穌與他母親馬利亞的雕像。先知恭敬地用雙手蓋住它並說：「把所有的偶像沖走，除了我雙手之下的這尊。」

最後，穆罕默德搬出了偉大敘利亞神明胡巴爾的雕像。在阿布—蘇斐揚的注視下，先知拔出長劍，將那尊偶像劈成碎片，永遠終結了麥加的異教神明崇拜。胡巴爾雕像的殘片被穆罕默德拿來當作門階，通往神聖化的全新卡巴；這座聖殿從此被尊稱為「真主之屋」，是一個嶄新普世信仰的權力中心，那個信仰就是伊斯蘭教。

第五章 正統之人

穆罕默德的後繼者

會場後方一陣騷動，每個人都回過頭看著穆罕默德從阿伊夏的住處走出來，站到清真寺的中庭裡，週五的祈禱儀式正要開始。人們好一陣子沒有看到他踏出家門了。關於他健康狀況的流言已經在麥地那傳了好幾個星期。他缺席的這段漫長時間裡，週五的禮拜儀式都由阿布—巴克爾帶領，其他聖伴則忙著帶隊遠征、管理政務、發送天課、教導新信徒穆斯林信仰的倫理與儀式。沒有人願意說出大家心裡都在想的那件事：使者快要去世了，也許他已經去世了。

那是公元六三二年。自從穆罕默德勝利地走進麥加、奉唯一真主之名淨化了卡巴以來，已經過了兩年。他那時還是個身強體壯的男子，政治與精神力量都正值顛峰，無疑是阿拉伯地區最舉足輕重的領導者。諷刺的是，這場宗教運動本是企圖恢復阿拉伯過去游牧時代的部族倫理，結果從很多角度而言，它卻給了傳統部族體系最後的致命一擊。不用多久，就只會剩下穆斯林社群、穆斯林社群的敵人（包括拜占庭與薩珊帝國）、依附於穆斯林社群的部族，以及「順民」（基督徒、猶太人與其他受穆斯林社群保護的非穆斯林）。然而，儘管穆罕默德因為擊敗古萊須人而獲得巨大的權力，他卻拒絕用一個穆斯林君主政體來取代麥加的貴族政體。他願意擔任「鑰匙的保管者」，但他不願成為麥加之王。因此，等到一處理完行政事務，也派出軍事與外交使團通知其餘阿拉伯部族阿拉伯半島已有新的政治秩序之後，穆罕默德就做了一件完全出人意料的事：他回到了麥地那。

穆罕默德返回麥地那是為了向「輔士」們致意，因為這些人在其他人都不願意的時候為他提供了避難所與保護。但此舉也是在對整個公社宣告：儘管伊斯蘭教的心臟如今已是麥加，但伊斯蘭教的靈魂卻永遠是麥地那。

來自半島各地的代表團都在麥地那聚集，立下「萬物非主，唯有真主」的誓言（儘管我們會發現，對許多人而言，這份誓言的對象主要是穆罕默德而不是真主）。穆斯林信仰的支柱與穆斯林政府的基礎會在麥地那建立起來、受到討論，而先知也會在麥地那嚥下最後一口氣。

但如今，看見穆罕默德站在清真寺的入口，黝黑的臉因為笑容而現出皺紋，所有關於他健康狀況的焦慮傳聞都煙消雲散。他看上去很瘦，但以他這樣年紀的人來說，卻是出奇地精神抖擻。他過去一直編成辮子的黑色長髮已經稀疏花白。他有點駝背，肩膀下垂。但他的臉還是跟以前一樣容光煥發，雙眼也仍閃耀著真主之光。

當阿布—巴克爾看見穆罕默德扶著朋友的肩膀穿梭於在座的人之間時，他立刻從「敏拜爾」（*minbar*，清真寺內做為講道壇的高起座椅）起身，想讓先知坐上他該坐的位子，也就是會堂的主位。但穆罕默德對老友打手勢，要他繼續坐在那裡主持禮拜。人們繼續祈禱，穆罕默德則找了一個安靜的角落坐下。他用斗篷緊緊包住身體，看著他的公社以他多年前教導他們的方式一同祈禱：動作和聲音都整齊一致。

他沒停留很久。會眾還沒散去，穆罕默德就起身悄悄離開了清真寺，回到阿伊夏的房間，倒在床上。即便是前往清真寺這麼短的一段路都讓他體力不支。他喘不過氣。他呼喚愛妻。

當阿伊夏終於抵達時，穆罕默德已幾乎沒有了意識。她趕緊將房內的人請出去，拉上門簾保護隱私。她坐在丈夫身旁，讓他把頭枕在她腿上，輕柔地撫摸他長長的頭髮，低聲對他說著安撫的話，他的眼皮眨動了幾下，隨即慢慢闔上。

穆罕默德的死訊很快就傳遍麥地那。對大部分人而言，真主的使者會死是怎麼也無法想像的事。例如伍瑪爾就拒絕相信。由於太過悲痛，他立刻就跑到群眾聚集等待消息的清真寺，威脅誰敢說穆罕默德已死就痛打誰。

只能靠阿布—巴克爾來穩住局面了。親眼看過穆罕默德的遺體後，他也來到清真寺。在那裡，他看見伍瑪爾口齒不清地嚷著先知還活著。伍瑪爾大吼著說他只是看起來像是死了而已。他跟摩西一樣被帶到了天堂，不久就會回來。

「別激動，伍瑪爾，」阿布—巴克爾說，站到了清真寺前。「安靜！」

但伍瑪爾不願閉嘴。他語氣堅定地警告那些已經接受穆罕默德死訊的人，說等先知從天堂歸來時，他們就會因為不忠而被砍去手腳。

最後，阿布—巴克爾終於忍無可忍。他對著會眾舉起雙手，用蓋過伍瑪爾的聲音喊道：「人們啊，如果崇拜穆罕默德，穆罕默德已死；如果崇拜真主，真主還活著，而且永遠不死！」

當伍瑪爾聽見這些話，他倒在地上，痛哭流涕。

公社的人面對穆罕默德的死訊會如此焦慮，部分原因是他沒有預先做些什麼好讓他們有個心理準備。他沒有正式宣布該由誰來繼任溫瑪的領導者，甚至連繼任領導者的人該具備哪些特質都沒提過。也許他是在等待一個他始終沒等到的天啟；也許他是想讓溫瑪自行決定該由誰來繼承他的位置。或者，也可能像當時某些人私下說的那樣，先知其實**生前**有任命繼承者，只是穆斯林領導階層已經開始出現自相殘殺的權力鬥爭，所以這個人應得的公社領導者地位始終未能明朗化。

在此同時，穆斯林公社正以任何人都想像不到的速度成長及擴張，非常有可能變得無法管理。穆罕默德之死只讓情況更加複雜，因此有些附屬部族此時開始公然反抗穆斯林的控制，拒絕對麥地那繳交天課（「扎卡特」）。根據這些部族的理解，穆罕默德之死就和任何一位謝赫之死一樣，已經解除了他們的忠誠誓言、終止了他們對溫瑪的義務。

更加令人不安的是，穆罕默德夢想中的那個天啟國家變得太過受歡迎，阿拉伯半島的其他地區都開始複製，各自取各自的本地領導者與本土意識形態。在葉門，有個名叫阿斯瓦德（al-Aswad）的男子宣稱自己從一個他稱為「拉曼」（Rahman，阿拉的稱號之一）的神明那兒得到天啟，建立起獨立於麥加和麥地那的政府。阿拉伯東部則有另一個名叫馬斯拉馬（Maslama，或穆賽拉馬〔Musaylama〕）的男子，他仿效穆罕默德的模式，結果非常成功，已在他宣告為庇護城市的亞瑪瑪（Yamama），集結了數以千計的追隨者。在像艾克爾曼（Dale Eickelman）這樣的當代學者眼中，這些「假先知」突然冒出頭，顯示穆罕默德的宗教運動填補了阿拉伯地區一塊明顯的社會與宗教真空。但對穆斯林而言，他們卻給溫瑪的宗教正當性與政治穩定性帶來嚴重的威脅。

但穆罕默德死後，穆斯林公社面臨的最大挑戰既不是反叛的部族，也不是冒牌先知，而是如何用大半只存在聖伴記憶中的先知言行事蹟，建立起一個穩固的宗教體系。人們往往認為伊斯蘭教在穆罕默德臨終之際就已經完備及完善。但儘管隨著先知嚥下最後一口氣而終結的天啟可能是如此，我們卻不能把公元六三二年的伊斯蘭教想成是一個信仰與習俗統一的系統，因為事實上還差得遠。伊斯蘭教和所有的偉大宗教一樣，也必須經過好幾個世代的神學發展，才能產生戈德齊赫所謂的「伊斯蘭思維之展開、伊斯蘭習俗模態之定型、〔以及〕伊斯蘭制度的建立」。

但這不表示我們所知道的伊斯蘭教真如備受爭議的美國歷史學家萬斯伯（John Wansbrough）所說的那樣，是穆罕默德（如果穆罕默德這個人真的存在過）去世幾百年後才在阿拉伯地區**之外**發源的。萬斯伯和他同事做了很出色的研究，他們追溯伊斯蘭教在七到九世紀阿拉伯與周遭地區猶太—基督（Judeo-Christian）教派環繞的背景下如何發展起來的演進過程。但由於萬斯伯一再誇大非阿拉伯（主要是希伯來）文獻中對早期伊斯蘭教的說法，而且刻意忽視歷史上的穆罕默德（這實在沒必要），導致他的論點比較像是「一場經過偽裝的宗教論戰，目的在於讓伊斯蘭教與先知顯得了無新意」，用薩金特（R. B. Sarjeant）的話來說。

先不談論戰，總之當穆罕默德去世時，伊斯蘭教尚未定型，這點絕對毋庸置疑。在六三二年，《古蘭經》既還沒被寫下也還沒被蒐集起來，更遑論成為聖典了。那些會成為伊斯蘭神學基礎的宗教理想都還只具備最粗糙的形式而已。在這個時間點，對於什麼才是恰當的儀式活動或正確的合法與道德行為，幾乎都沒有什麼規定，也不需要規定。一個人不論有什麼問題，不管有什麼因為內部衝突還是與外界接觸而起的爭議——總之不論是何種困惑，都可以直接去找先知尋求解答。但沒有了穆罕默德來闡明真主的旨意，溫瑪就得擔下這個簡直不可能達成的任務：揣測先知對於某個爭議或問題會怎麼說。

很明顯，第一個最急迫的問題就是要選出一個人來代替穆罕默德領導溫瑪，這個人必須可以在公社面臨眾多內部與外部挑戰時維持它的穩定與完整。不幸的是，這位領導者應該是誰，大家幾乎沒有共識。麥地那的輔士已經初步選出一個自己人當首領：一個早期的麥地那歸信者，名叫薩阿德．伊本—伍巴達（Sa'd ibn Ubayda），是哈茲拉吉部族的謝赫。儘管麥地那人可能認為他們庇護了先知，在溫瑪中理應享有優越地位，但是麥加人，尤其是在麥加仍掌握大權的前古萊須貴族，絕對不可能接受被一個麥地那人統治。某些輔士試著提出折衷之道，也就是選出共同領導者，一位來自麥加、一位來自麥地那，但古萊須人一樣無法接受。

事情很快就變得清楚：若要兼顧維持溫瑪的團結感與某種程度的歷史延續性，唯一的方法就是選一個古萊須人來繼承穆罕默德之位。說得更明確些，必須是六二二年最早隨先知「聖遷」到麥地那的聖伴（遷士）之一。穆罕默德的氏族，也就是如今被稱為「〔先知〕家族之人」（*ahl al-bayt*）的哈須彌氏族，也同意溫瑪只能由古萊須人領導，雖然他們相信先知想必希望繼承人是哈須彌氏族的人。事實上，很多穆斯林堅信，穆罕默德最後一次到麥加朝聖時，已經公開任命他的堂弟兼女婿阿里擔任他的繼承人。根據傳統說法，在返回麥地那的路上，穆罕默德停在一座名叫嘎迪爾呼姆（Ghadir al-

Khumm）的綠洲，宣告：「誰奉我為保護人，就奉阿里為保護人（*mawla*）。」但可能也有數量相當的穆斯林不只否認嘎迪爾呼姆發生過這樣的事，還強烈排斥哈須彌氏族身為「先知家族」的特殊地位。

為了一舉解決所有問題，阿布—巴克爾、伍瑪爾以及一個叫作阿布—伍巴達（Abu Ubayda）的知名聖伴跟一群輔士領導者見面，進行一場傳統的「舒拉」（*shura*），也就是部族會議（事實是，這三個人直接「闖進」了一場輔士們已在進行中的會議）。而且儘管這場歷史會議被許多人拿來大書特書，我們還是不清楚究竟有哪些人參加、發生了什麼事。學者可以確定的只有一點：會議結束時，在伍瑪爾和阿布—伍巴達的驅策下，阿布—巴克爾被選為穆斯林公社的下一任領導者，並且獲得了一個適切但頗為模糊的頭銜——*Khalifat Rasul Allah*，「真主使者的繼承人」，也就是「哈里發」（Caliph）。

阿布—巴克爾的頭銜之所以如此合適，是因為沒有人確知它到底是什麼意思。《古蘭經》把亞當和大衛都稱為真主的哈里發（2:30; 38:26），意思是他們是真主在地上的「代理人」或「代治者」，但人們似乎不是這麼看待阿布—巴克爾的。儘管派翠西亞．克隆和欣德斯（Martin Hinds）有很不一樣的看法，但證據顯示，哈里發這個職位本來不應該擁有重大宗教影響力。當然，維繫穆斯林信仰制度是哈里發的責任，但他在定義宗教習俗這方面卻不是什麼重要角色。換句話說，阿布—巴克爾會取代先知成為溫瑪的領導者，但他不會具有先知的權威。穆罕默德已死，真主使者的地位也隨他而逝。

對阿布—巴克爾和緊接在後的幾任繼位者而言，刻意取個如此模糊的頭銜有很大的好處，因為這樣他們就有機會自行定義這個職位，而他們各自的做法也大異其趣。據阿布—巴克爾的理解，哈里發是個**世俗**職位，跟傳統的部族謝赫非常相似——「同儕之首」，只是還要額外擔任公社的戰爭領袖（卡伊德）與仲裁者（哈卡姆），這兩個職位都是承襲自穆罕默德。然而，即使身為世俗權威，阿布—巴克爾也還是受到很大的限制。跟所有謝赫一樣，他大部分的決策都是透過集體商討完成的，而擔任哈里發的整個任期裡，他也持續從事生意人的活動，偶爾幫鄰居擠擠牛奶，貼補他微薄的收入。阿布—巴克爾似乎認為，他的主要責任是維持溫瑪的團結與穩定，讓他管照之下的穆斯林可以不受打擾地敬拜真主。但由於他的權力僅限於世俗事務，他無法定義一個人究竟該**如何**敬拜真主，因此也就出現一個新的學者階級，叫「烏拉瑪」（*Ulama*），即「有學問之人」，他們自行擔下了引導溫瑪走向正途的責任。

我們會發現，烏拉瑪終究會擬出一套全面的行為準則，旨在管理信徒生活的各個面向。我們不該錯誤地認為這些宗教牧師與神學教育家建構出了一個一體成形的龐大傳統，但烏拉瑪的力量以及他們塑造伊斯蘭信仰與習俗的影響力卻如何也不容小覷。哈里發會換人，哈里發政權做為一種世俗制度的力量也會時消時長，但烏拉瑪的權威與宗教制度的力量只會愈來愈大。

就許多角度而言，阿布—巴克爾都是繼承穆罕默德之位的完美人選。他綽號 *as-Siddiq*，「忠誠之人」的意思，是個非常虔誠、備受敬重的男子，最早歸信伊斯蘭教的人之一，也是穆罕默德最親密的朋友。

穆罕默德久病不起時，星期五的祈禱儀式便是由他接管，在許多人心裡，這件事足以證明先知定會欣然同意由他來繼位。

擔任哈里發時，阿布—巴克爾統合穆斯林社群，開啟了一個軍事強盛、社會和諧的時代，被後來的穆斯林稱為伊斯蘭教的黃金時期。阿布—巴克爾和緊接在他之後的幾位繼承人，也就是被合稱為「正統之人」（*Rashidun*）的前四任哈里發，照料著穆罕默德在漢志地區播下的種子，直到它壯大成一個疆域遼闊的強盛帝國。當溫瑪擴張到北非、印度次大陸與歐洲大片地區時，「正統之人」都努力維持社群的根本，不讓它脫離穆罕默德的原則——為正義而奮鬥、所有信徒一律平等、照顧窮人與弱勢族群。但早期聖伴之間的內部紛爭與持續不斷的權力鬥爭，終究讓社群分裂成互相競爭的派系，並且把哈里發政權變成古代阿拉伯人最唾棄的那種政府形式：絕對君權。

然而，跟大部分聖史一樣，「正統之人」的時代究竟真貌為何，遠遠比傳說所暗示的還要複雜許多。事實上，這所謂的「伊斯蘭教黃金時代」絕對不是什麼宗教和諧、政治和睦的時代。從穆罕默德去世的那一刻起，就出現了好幾十種互相衝突的想法，從如何解釋先知的言行事蹟，到這些言行事蹟該由誰來詮釋，乃至該選擇誰來領導公社，而公社又該以何種方式受到領導。甚至連誰可以、誰不能被視為溫瑪的成員都不清楚，或者真要說起來，連一個人究竟要做什麼才能獲得救贖也沒有定見。

另外也跟所有偉大宗教一樣的是，正是這些因為試圖在神的先知離世之後分辨神的旨意而產生的爭辯、齟齬，有時還出現血腥衝突，造就了穆斯林信仰中美妙多元的各種制度。事實上，把耶穌死後的各種宗教運動稱為「基督教們」可能更恰當——從彼得的救世主猶太教，到保羅在古希臘提倡的救贖宗教，到埃及人的諾斯底主義（Gnosticism），乃至於更加偏向神祕主義的東方基督教運動。同樣的道理，把穆罕默德死後的各種運動稱為「伊斯蘭教們」可能更為恰當（雖然聽起來很不得體）。當然，早期的伊斯蘭教在教義上的分歧程度跟基督教沒得比。但我們還是不能不正視早期穆斯林社群內部的政治與（下一章會討論到的）宗教分歧，畢竟這些分歧對於這個信仰的定義與發展起了至關重要的作用。

首先，阿布—巴克爾被選出來擔任哈里發，絕對不是大家一致同意的事。根據各方說法，只有寥寥幾個地位最高的聖伴出席了那場舒拉。唯一有資格與他爭奪穆斯林公社領導者之位的人甚至是在會議結束之後才得知有這場會議。就在阿布—巴克爾接受忠誠誓言（「貝阿」）的同時，阿里正在為先知清洗遺體，準備下葬。穆罕默德的哈須彌氏族氣炸了，他們堅稱沒有阿里在場，那場舒拉根本無法代表整個溫瑪。同樣的，麥地那的輔士也因為阿里被排除在外而表達了強烈的不滿，因為他們認為阿里和穆罕默德一樣既是麥地那人也是麥加人——換句話說，是他們「自己人」。這兩群人都公然拒絕對這位新的哈里發宣誓效忠。

穆斯林領導階層有許多人認為阿里被排除在外理所當然，尤其是阿布—巴克爾和伍瑪爾，理由是阿里還太年輕，無法領導溫瑪，或者他若繼位，看起來就太像世襲君主制度（*mulk*）：穆斯林學者與歷史學家直到今日都還重複著這樣的論點。沙班（M. A. Shaban）在他的《伊斯蘭史》（*Islamic History*）

第一冊中，宣稱阿里從來都不是第一任哈里發的重要人選，因為阿拉伯人不願意「將重責大任」交付給「未經考驗的年輕人」」。拉曼斯（Henri Lammens）也同意，他引述阿拉伯人對世襲領導權的深惡痛絕，暗示阿里不可能合法地成為穆罕默德的繼位者。因此，大部分學者都同意瓦特的說法，認為阿布—巴克爾是「理所當然的〔唯一〕繼位者人選」。

但這些說法都無法令人滿意。首先，阿里或許年輕——穆罕默德死時他才三十歲——但他絕對不是「未經考驗」的人。身為第一位男性歸信者與伊斯蘭世界最偉大的戰士之一，阿里的精神成熟度與軍事能力都是眾所公認的。在麥地那，阿里是穆罕默德的私人祕書，且曾在好幾場重要戰役中擔任他的掌旗者。穆罕默德不在時，溫瑪經常是交給他管理，而且如同莫門（Moojan Momen）所指出的，他也是唯一可以隨意自由進出先知之家的人。公社成員也都不可能會忘記，為真主淨化卡巴時，先知只讓阿里協助他。

儘管年紀輕，但阿里的資格卻是符合的，證據就在於不是只有哈須彌氏族推舉他繼承哈里發之位。先知的這位堂弟兼女婿得到奧斯部族與哈茲拉吉部族的大多數輔士支持（這兩個敵對部族難得意見一致），以及古萊須部族兩個強大且極具影響力的氏族：阿布杜—夏姆斯（Abd Shams）與阿布杜—馬納夫（Abd Manaf），此外還有不少地位崇高的聖伴。

第二，如麥德隆（Wilferd Madelung）在他不可不讀的著作《穆罕默德的繼承者》（*The Succession to Muhammad*）中所說，貝都因阿拉伯人或許厭惡世襲制，但在古萊須貴族之間，這卻不是什麼罕見之事。事實上，古萊須人經常選擇自己的家族成員來繼承權位，因為如前所述，人們普遍相信高貴的特質會透過血脈傳給下一代。《古蘭經》本身也不斷肯定血緣的重要性（2:177, 215），並且賦予穆罕默德家族（先知家族）在溫瑪內顯赫的地位，頗類似於其他先知家族所享有的地位。

這點至關重要，必須謹記在心。不管對阿里的資格有什麼看法，沒有一個穆斯林可以爭辯這個事實：《聖經》裡有許許多多的先知與族長都是傳位給親人——亞伯拉罕傳給以撒（Issac）和以實瑪利；以撒傳給雅各；摩西傳給亞倫；大衛傳給索羅門；諸如此類。面對這個事實，哈須彌氏族的對手宣稱穆罕默德既為「眾先知的封印」，便不能有繼承人。但由於《古蘭經》極力強調穆罕默德與他的先知前輩們之間的一致性，加上有這麼多傳統說法將阿里之於穆罕默德類比成亞倫之於摩西，因此只因為阿拉伯人討厭世襲領導權就忽視阿里的候選人資格，很難說服人。

事實是，阿里被刻意排除在舒拉之外，造成阿布—巴克爾當選，既不是因為他的年紀，也不是因為阿拉伯人厭惡世襲領導權。阿里之所以被排除，是因為古萊須部族裡那些較大、較有錢的氏族愈來愈擔心，若是讓先知身分與哈里發之位都掌握在同一個氏族——尤其是哈須彌氏族——手中，將巨幅改變溫瑪內的權力平衡。此外，公社內的某些成員（主要是阿布—巴克爾和伍瑪爾）似乎也有點擔心，如果讓世襲領導權長期握在穆罕默德的氏族手中，會模糊先知的宗教權威與哈里發的世俗權威之間的界線。

無論出於什麼正當理由，阿里的擁戴者都不願意善罷甘休，只能由伍瑪爾親自出馬讓他們閉嘴。

伍瑪爾先是用武力打垮了輔士首領薩阿德・伊本—伍巴達，接著又跑到阿里之妻、穆罕默德之女法蒂瑪的住處，威脅要把她家燒個精光，除非她和哈須彌氏族的其他成員接受舒拉的決議。幸好阿布—巴克爾在最後一刻攔下他，但傳遞出來的訊息夠清楚了：溫瑪太過不穩定，阿拉伯的政治局勢太過瞬息萬變，無法容忍這種公開的異議。阿里同意了。為了公社，他和他的整個家族都放棄爭取領導權，並且嚴肅地對阿布—巴克爾宣誓效忠，但這是又花了六個月的時間循循善誘，才總算讓他們這麼做。

穆罕默德的後繼問題掀起一陣狂風駭浪，但在把阿布—巴克爾推向哈里發之位的那些騷動與混亂中，有一個細節不該被忽略。溫瑪的領導權之爭暗示了一件事，那就是所有穆斯林一致堅信，必須取得某種程度的民意認同，一個候選人才算獲得認可。這肯定不是什麼民主過程，因為阿布—巴克爾是由一群特定長老開會決議任命的，不是溫瑪選舉出來的。但聖伴們如此大費周章地想要達到某種無異議的表象，證明阿布—巴克爾的任命若是沒有整個公社同意，就不具有任何意義。因此，成為哈里發時，阿布—巴克爾站在溫瑪前，謙遜地宣告：「看著我，我背負了政府的責任。我不是所有人當中最好的那個人。我需要你們全部的建議與協助。我若做得好，請支持我；我若犯了錯，請開導我……只要我服從真主與先知，就請你們服從我；我若忽視真主與先知的律法，那麼我就無權要求你們服從。」

我們站在優越的角度，穆罕默德的後繼問題或許看起來像是一樁充斥恐嚇與失序的混亂事件：程序上有操縱之嫌，這還是最客氣的說法。但無論如何，這終究是一個程序。從尼羅河到阿姆河（Oxus）乃至更遠處的土地上，像這樣的人民主權試驗是其他地方的人連想都沒想過的，更別說嘗試了。

阿布—巴克爾的統治期很短，只有兩年半，但是非常成功。他擔任哈里發的主要成就，就是針對那些「假先知」與停止繳交天課的部族發動軍事行動。這些部族依循部族本色行事，認為他們宣誓效忠的對象是溫瑪的「謝赫」穆罕默德。所以他們認為穆罕默德一死，他們的誓言就失效了，也就是說，他們不必再繳稅給他的「部族」。阿布—巴克爾看出這些部族的叛離會大幅削弱溫瑪的政治穩定性，並且讓麥地那小小的穆斯林政權在經濟上受到重創，因此他派出軍隊嚴懲那些叛徒。後世稱作「叛教戰爭」（Riddah Wars）的這些行動，向阿拉伯各部族傳遞了一個強而有力的訊息：他們的誓言不是獻給任何會死的謝赫，而是獻給永恆的真主公社，因此撤銷誓言不僅是背叛溫瑪之舉，也是違逆真主之罪。

叛教戰爭代表阿布—巴克爾的苦心，他想維持阿拉伯人的團結統一，將阿拉伯人收攏在伊斯蘭的永恆旗幟與麥地那的中央權威底下，以防止穆罕默德的公社分解回到從前的部族體系。但這些行動不該被誤認成宗教戰爭，因為它們純粹是為了鞏固麥地那的政治利益。然而，叛教戰爭確實造成了一個令人遺憾的後果，那就是永久地將叛教（否定信仰）與叛國（否定哈里發的中央權威）連結起來。

由於宗教忠誠與國民身分在七世紀的阿拉伯幾乎是同義詞，因此叛教與叛國也被視為一模一樣的事。然而，兩者之間的關連在伊斯蘭教裡卻歷久不衰，因此即使到了今日，還是有一些穆斯林抱持這個既沒有根據也不符合《古蘭經》的主張，認為這兩種罪——叛教與叛國——應該得到相同的懲罰：死。正是因為這樣的信念，某些穆斯林國家的宗教學者有權判處叛教者死刑，而任何人只要不同意他們對伊斯蘭的特定解釋方式，在他們眼中就是叛教者。狀況就是這樣，儘管整本《古蘭經》裡沒有任何地方提到叛教者在人間的懲罰方式（《古蘭經》一再堅持，這類懲罰唯有在人死後，才能由真主來進行：3:86-87; 4:137; 5:54; 16:106; 47:25-28; 73:11）。

阿布—巴克爾為後人銘記，還因為他在擔任哈里發時所做的另一個決定。他宣稱自己聽過穆罕默德說，「我們（先知）沒有繼承人。我們留下的一切都當成為天課」，因此這位哈里發取消了阿里與法蒂瑪對穆罕默德財產的繼承權。從此以後，先知的家族便只能靠公社提供的天課吃飯穿衣。由於沒有其他目擊者能證明穆罕默德真的說過這句話，所以這是個很不尋常的決定。但讓這個決定顯得更加有問題的是，阿布—巴克爾非常慷慨地把先知的房子給了先知的遺孀們，供養她們。他甚至把穆罕默德先前在麥地那的一部分財產給了他自己的女兒阿伊夏。

阿布—巴克爾的行動經常被解讀成他想要削弱哈須彌氏族的勢力、剝奪「先知家族」身為穆罕默德親屬的特殊地位。但也有可能阿布—巴克爾供養穆罕默德的眾遺孀、確保她們冰清玉潔，是為了向公社釋放這樣的訊息：阿伊夏以及其餘的「信道者之母」，才是先知真正的繼承人。

阿里對阿布—巴克爾的決定感到十分震驚，但他默默地接受了自己的命運。法蒂瑪則哀慟欲絕。

短短幾個月之內，她就失去了父親、遺產與生活收入。她再也沒跟阿布—巴克爾說過話。不久之後她就去世了，阿里悄悄地在夜裡埋葬了她，也懶得通知哈里發。

學者長久以來都堅稱，阿布—巴克爾決定取消阿里的繼承權、讓穆罕默德的氏族喪失權力，背後一定有其他動機。確實，在他短暫的任期裡，阿布—巴克爾似乎竭盡所能地防止阿里坐上溫瑪的權力之位，這主要是因為他堅信先知身分與哈里發之位也就是宗教權威與世俗權威，不該握在同一個氏族手中，以免兩者混淆不清。但若說阿布—巴克爾和阿里之間沒有任何私人恩怨，那也是騙人的。即便是穆罕默德還在世時，兩個男人之間就常有摩擦，惡名遠播的「項鍊事件」就是一個證據。

故事是這樣的：有一次，去突襲穆斯塔里克氏族（Banu al-Mustaliq）的回程上，阿伊夏被意外留在了一座營地（不管是上戰場還是談條約，她幾乎都會跟穆罕默德一起去）。她悄悄溜出去小解，結果弄丟了一條穆罕默德送給她的項鍊。就在她找項鍊的時候，隊上的人以為她還在轎子裡，於是就離開了。一直到第二天早上才有人發現她不在。正當大夥兒急得團團轉、不知弄丟了穆罕默德的愛妻該怎麼交代時，突然有一隻駱駝走進營地，上面坐著阿伊夏和一個英俊的阿拉伯年輕人，名叫薩夫萬（Safwan ibn al-Mu'attal），是她的兒時玩伴。

薩夫萬無意間在沙漠裡撞見了阿伊夏，而儘管她戴著面紗（希賈布的詩句不久前降示），他還是一眼就認出了她。「妳怎麼會留在這裡？」他問。

阿伊夏沒有回答，因為她不願意違反希賈布。

薩夫萬理解她的困境，但他也不願把穆罕默德的妻子留在沙漠裡。他騎著駱駝上前，伸出手。「上來！」他說。「願真主憐憫妳。」阿伊夏遲疑了一下，騎上了駱駝。兩人奮力追趕商隊，但還是到第二天早上才抵達下一個營地。

穆罕默德戴著面紗的妻子緊緊抓著薩夫萬共騎在一隻駱駝背上的景象在麥地那掀起一波謠言。剛剛聽到這個傳聞時，穆罕默德不確定該如何反應。他不認為阿伊夏和薩夫萬之間有發生什麼事，但這個醜聞開始產生破壞力。他的敵人用這個事件編了一些朗朗上口的下流歌謠。隨著日子過去，他對妻子變得冷淡疏離。他要求她對真主懺悔，好讓這件事可以獲得解決與原諒，結果阿伊夏大發雷霆。「以真主之名，」她說，「我絕對不會為了你說的這件事跟真主懺悔。」她感覺受辱，毫無歉意地衝出穆罕默德的屋子，搬回了娘家。

愛妻的離去讓穆罕默德大受打擊。有一天，他來到眾人面前，一臉沮喪地問：「為什麼有人要用我的家人來傷害我，散播關於他們的不實謠言呢？」

雖然他的顧問大多堅信阿伊夏有罪，但他們還是爭先恐後地讚美她的貞潔。他們宣稱，「我們只知道（你妻子們）的好」。只有阿里依然堅持，不論阿伊夏是否清白，這場醜聞都已經對穆罕默德的名譽造成了很大傷害，足以構成離婚條件了。可以想像，這樣的建議讓阿伊夏的父親阿布─巴克爾大為光火。

最後，穆罕默德獲得一道天啟，為阿伊夏洗刷了通姦的罪名。他喜出望外地衝到妻子身邊，嚷著：

「高興起來吧，阿伊夏！真主降示了妳的清白。」

所有的傳說都證明，阿伊夏是唯一可以任意頂撞穆罕默德的人。她回答：「讚美真主，這都怪你！」她還是挽回了名譽，這件事也被遺忘。但阿伊夏和阿布—巴克爾都始終沒有原諒阿里。

後來阿布—巴克爾沒有跟任何人商議，就決定不召開另一場舒拉，直接指派伍瑪爾為繼任者，兩個男人之間的嫌隙因而擴大。阿布—巴克爾會這麼決定，只有一個合理的解釋：如果召開舒拉，無疑會再次引發關於先知家族權利的爭論。確實，召開舒拉的後果可能就是阿里上任，因為過去兩年來，阿里愈來愈受歡迎。他已經受到一些有勢力的氏族與聖伴支持，而這很有可能導致那些還沒選邊站的氏族為他的候選資格背書。就算如此，古萊須貴族為了維護現狀中的既有利益，也不會讓阿里篤定當選。但如果演變成人緣極佳的阿里與火爆、固執又仇女的伍瑪爾之間的一場競爭，後者也不是一定勝選。為了避免那樣的結果，阿布—巴克爾一概忽視部族傳統與穆斯林先例，親自選出伍瑪爾，雖然新任哈里發也同樣必須受到公社的共同認可。

做為哈里發，伍瑪爾完全是穆罕默德所認為的那個樣子：一個傑出、有活力的領導者。高大結實、頂著光頭的伍瑪爾是個令人畏懼的存在，走在路上「比人高一截，彷彿騎在馬背上」。他本質上是個戰士，將哈里發視為世俗之位，但又額外冠上「信道者的指揮官」（*Amir al-Mu'manin*）這個頭銜，藉此強調他身為戰事領袖的角色。他憑著優秀的戰技，公元六三四年在敘利亞南部擊敗了拜占庭軍隊，並於一年後攻下大馬士革。伍瑪爾解放了在拜占庭統治下飽受壓迫的敘利亞猶太人社群，接著又在他們的協助下，在前往征服偉大薩珊帝國途中，於卡迪西亞（Qadisiyyah）痛宰伊朗軍隊。伍瑪爾的軍隊輕輕鬆鬆就拿下了埃及和利比亞，還有耶路撒冷：這是他軍事行動的終極成就。

但令人驚奇的是，伍瑪爾的外交手腕竟然遠遠超越任何人的想像。這位哈里發看出安撫非阿拉伯人的伊斯蘭歸信者有多重要，因為在他那時代，這些非阿拉伯人的數量就已經開始超越阿拉伯人。因此他一視同仁地將被征服的敵人當成溫瑪的成員，並且努力消除阿拉伯人與非阿拉伯人之間所有的族群差異（但在這個時間點，非阿拉伯人還是必須先依附阿拉伯人，才能改信伊斯蘭教）。他的軍事勝利為麥地那帶來的大量財富被按照比例分配給公社裡的每一個人，包括孩童。伍瑪爾還特地限縮了先前古萊須貴族的權力，並且指派總督（*amir*，「阿米爾」）去管理遠近各地的穆斯林省分，藉此強化他的中央權威。同時他也嚴格指示總督們，必須尊重各省既有的傳統與習俗，不要企圖對當地人原本習慣的管理方式做任何激烈的改變。他重整徵稅系統，給溫瑪帶來了大量財富，並且打造了一支訓練有素的常備軍，駐紮在省分境外，以免打擾當地社群。

伍瑪爾甚至對哈須彌氏族釋出善意，想藉此修補他和阿里之間的裂痕。雖然他拒絕把遺產還給阿里，但他也確實把穆罕默德在麥地那的房地產以捐助的形式交給了穆罕默德的親人管理。他透過和阿里的女兒結婚與哈須彌氏族建立關係，並且經常在重要事務上徵詢阿里的意見，鼓勵阿里參與他的政府。事實上，伍瑪爾做任何事很少不徵詢他身邊那群有權勢的聖伴的意見，這群人時時都在。這也許是因為伍瑪爾明白他的哈里發身分雖獲溫瑪認可，卻不是透過傳統方式取得。因此他亟欲避免在進行判斷的時候顯得專制，還曾有人說他講過這樣的話：「我若是國王，這可是一件可怕的事。」

儘管嘗試對哈須彌氏族示好，但就宗教信條而言，伍瑪爾還是堅持先知身分與哈里發身分不該落在同一氏族手中。事實上，對伍瑪爾來說，承認這個主張並且接受穆罕默德沒有繼承人的說法，已成為忠誠誓言的一部分。伍瑪爾跟阿布—巴克爾一樣，也堅信若是讓哈須彌氏族握有此等權力，將會對穆斯林公社造成危害。不過，他還是無法不顧阿里愈來愈受歡迎這個事實。由於不想犯下和阿布—巴克爾一樣的錯、與哈須彌氏族更加疏遠，伍瑪爾拒絕親自挑選繼承人，而是選擇召開一場傳統的舒拉。

伍瑪爾在垂死之際（他被一個名叫菲魯茲〔Firooz〕的瘋狂波斯奴隸捅了一刀），集合了可以接任哈里發的六大候選人，這回終於把阿里也包括在內，然後給他們三天時間，要他們自行決定他死後要由誰來領導公社。沒過多久，就只剩下兩個人：哈須彌氏族的後代阿里，以及一個不怎麼出色的七旬老翁，名叫伍斯曼（Uthman ibn Affan）。

伍斯曼和穆罕默德的頭號敵人阿布—蘇斐揚與欣德一樣，是出身伍麥亞（Umayyad）氏族的富人，一個徹頭徹尾的古萊須人。儘管他很早就改信了伊斯蘭教，但從沒有展現出任何領袖特質，畢竟他是個商人，不是個戰士。穆罕默德鍾愛伍斯曼，但從不曾指派伍斯曼代他領導突襲行動或軍隊，而出席舒拉的所有男子當中，幾乎有一半的人不只一次做過這樣的事。但正是因為沒經驗又缺乏政治野心，伍斯曼反而成為一個吸引人的選擇。最重要的是，他是可以替代阿里的完美選項：一個謹慎可靠的老人，不會興風作浪。

最後，阿布杜—拉赫曼（Abd al-Rahman）分別問了阿里和伍斯曼兩個問題。儘管拉赫曼是伍斯曼的妹婿，他還是被選為這兩人之間的哈卡姆。第一，他們會遵循《古蘭經》的原則與以穆罕默德為榜樣來執政嗎？兩個人都回答：會。第二個問題卻出人意料。如果當選哈里發，他們會嚴格遵守前兩任哈里發阿布—巴克爾與伍瑪爾所立下的先例嗎？

這樣要求公社的領導者不只前所未見，而且明顯是為了淘汰某個特定的候選人。因為伍斯曼說他當上哈里發後，所有決策都會效法前人榜樣，但阿里卻狠狠瞪了房裡的人一眼，斷然地說：「不會。」他只遵從真主與他自己的判斷。

阿里的答案決定了結果。伍斯曼成為第三任哈里發，並於公元六四四年迅速獲得溫瑪的認可。

在阿里被跳過、阿布—巴克爾獲得支持那時，哈須彌氏族就已經怒火中燒了。但阿布—巴克爾是個備受尊敬的穆斯林，資歷無可挑剔。當阿布—巴克爾忽視阿里、直接任命伍瑪爾為繼任者時，哈須彌氏族也非常生氣。但同樣的，伍瑪爾是個強而有力的領導者，沒有正當管道，他們也只能口頭上表示反對。然而，當伍斯曼擊敗阿里被選為哈里發時，哈須彌氏族就真的忍無可忍了。

對公社裡的許多人而言，整件事非常清楚：讓伍斯曼當上哈里發，是在刻意遷就昔日的古萊須貴族，他們亟欲恢復從前的身分，也就是阿拉伯社會菁英。伍斯曼當選後，伍麥亞貴族便再次掌控了阿拉伯，跟穆罕默德以伊斯蘭之名征服他們之前一模一樣。穆罕默德的氏族自然不會沒意識到向舊仇人的氏族宣誓效忠有多諷刺。更糟糕的是，伍斯曼不但不試著修補公社內愈來愈大的裂痕，反而以明目張膽的任人唯親與拙劣的領導能力導致狀況更加惡化。

首先，伍斯曼把穆斯林領土上的現任總督幾乎全部換成他自己的近親，彷彿想把他氏族的優越地位昭告天下。接著，他開始把手伸進國庫，將大筆錢財分送給自己的親戚。最後也最誇張的是，他背棄傳統，給自己冠上一個前所未聞、匪夷所思的頭銜——哈里發．阿拉：「真主繼承人」，這樣的頭銜是阿布—巴克爾明言摒棄的。對伍斯曼的眾多敵人而言，這個抉擇就是伍斯曼自我膨脹的徵兆。這位哈里發似乎不是把自己視為使者的代理人，而是真主在世間的代表人。

伍斯曼的行為招致了人們的怨恨。不只哈須彌氏族與麥地那的輔士反他，連伍麥亞氏族的某些敵對氏族也一樣——祖赫拉氏族（Banu Zuhra）、瑪赫祖姆氏族，以及阿布杜—夏姆斯氏族，此外還有某些最具影響力的聖伴，包括阿伊夏，甚至還有伍斯曼自己的妹婿阿布杜—拉赫曼，也就是當初在那場舒拉上擔任仲裁者、讓他登上哈里發之位的那個人。等到任期快結束時，伍斯曼已經做了太多輕率的決定，因此連他最重大的成就——也就是《古蘭經》的編纂與封聖——都沒能讓他躲過穆斯林社群的怒火。

穆罕默德還在世時，《古蘭經》從沒有被集結成單冊，事實上是根本沒有被集結成冊過。當先知侃侃宣讀出每一段文字時，就有一群學者勤奮地將它背下。這群學者屬於一個新的階級，由穆罕默德親自指導，人稱「古拉」（*Qurra*），意即《古蘭經》。只有最重要的內容——那些和法律問題有關的——才會被寫下來，主要寫在小塊骨頭、皮革碎片和棕櫚葉的梗上。

先知死後，古拉們就分散到群體中，成為權威性的《古蘭經》老師。但隨著溫瑪迅速成長、第一代《古蘭經》宣讀者去世，各篇經文也開始出現某些變化。這些差異大多無關緊要，反映出伊拉克或是敘利亞抑或埃及穆斯林群體的地方偏好與文化傾向，對《古蘭經》的意義與訊息沒有什麼實質影響。但麥地那的政府對這些差異愈來愈感到緊張，因此展開計畫，想要進行穆罕默德始終沒有費心去做的那件事：創造一部單一版本、經過編纂、整齊一致的《古蘭經》經文。

有些傳統說法宣稱，現存《古蘭經》是阿布—巴克爾擔任哈里發的時候集結成冊的。諾爾迪克（Theodor Noeldeke）就持這樣的看法，儘管連他也承認，阿布—巴克爾編修的版本不具有真正的聖典權威。不過大部分學者都同意，是伍斯曼仗著他「真主繼承人」的身分，在公元六五〇年左右認可了一部具有普遍約束力的《古蘭經》文本。但伍斯曼這麼做，卻再次弄得社群裡的重要成員對他離心，因為他決定把各種不同版本的《古蘭經》統統集中起來，帶到麥地那，放把火燒掉。

這個決定讓伊拉克、敘利亞和埃及的穆斯林領導階層大為光火，不是因為他們覺得自己的《古蘭經》比伍斯曼的更好或更完整（如前所述，那些差異頗為無關緊要），而是因為他們覺得伍斯曼已經逾越了哈里發世俗權威的界線。面對他們的不滿，伍斯曼的應對方式是把任何質疑官方版本權威性的人都貼上不信道者的標籤。

反伍斯曼的情緒在公元六五五年達到頂點。穆斯林領土上到處有人揭竿起義，對抗哈里發麾下那些無能且往往很貪腐的總督。在麥地那，伍斯曼更是受到公然的鄙視。有一次，伍斯曼在清真寺帶領週五的祈禱時，會眾從後方朝他狂扔石頭。有一顆石頭砸中他的額頭，結果他從講道壇上跌落，摔在地上不省人事。最後情況變得實在太糟糕，於是有幾個來自麥加、地位崇高的聖伴聯合起來央求這位哈里發召回他那些貪腐的總督、別再任人唯親，並在整個公社面前懺悔。但伍斯曼自己氏族的成員，尤其是他那位有影響力又對權力十分饑渴的堂弟瑪爾萬（Marwan），卻對他施加壓力，叫他不要擺低姿態，以免顯得軟弱。

伍斯曼在一年之後慘死。當時有一個來自埃及、巴斯拉（Basra）與庫法（Kufa）的龐大代表團來到麥地那，想直接對哈里發抗議。伍斯曼拒絕親自接見代表團，而是派阿里請他們回家，承諾會處理他們的不滿。

接下來的事並不清楚，因為文獻雜亂無章、互相矛盾。總之在回家的路上，埃及代表團攔截到一個使者，此人正要去見伍斯曼在埃及的代理人，身上帶著一封官方信件，要求立即懲罰那些反叛領袖，罪名是不服從。信上蓋有哈里發的封印。代表團大為震怒，調頭返回麥地那，在巴斯拉與庫法反叛者的協助下團團包圍了伍斯曼的家，將這位哈里發困在裡面。

歷史學家大多堅信那封信不是伍斯曼寫的：他或許是個差勁的政治領袖，但他可沒有自殺傾向。他絕對知道反叛領袖不可能毫不抵抗就接受懲罰。某些學者，例如凱塔尼（Leone Caetani），把那封信怪到阿里頭上，說他想除掉伍斯曼，自己坐上哈里發之位，但這個指控毫無根據。這兩個男子之間或許存在著敵意，而阿里可能也還沒放棄角逐哈里發之位的雄心。但事實是，在伍斯曼的整個任期，阿里都忠心耿耿地為伍斯曼效力，是伍斯曼最信任的顧問之一，也竭盡他所有的心力去安撫反叛者。畢竟，一開始說服他們回去的就是阿里。即便在反叛者劍拔弩張地包圍伍斯曼的家時，阿里也依然支持這位哈里發。實際上，當反叛者衝進去時，阿里的長子哈珊還是持續捍衛伍斯曼的少數幾個侍衛之一，他的次子胡笙則在整個圍攻期間冒著生命危險給這位哈里發送水和食物。

大部分學者都同意，真正的罪魁禍首應該是瑪爾萬，伍斯曼自己的圈子裡有很多人也認為那封信是瑪爾萬寫的。反叛者最初來抗議時，瑪爾萬就建議伍斯曼嚴厲處置他們。而伍斯曼之所以不願檢討他那些比較有害的行為，例如把國庫的錢財拿來大量贈予親族，也是受了瑪爾萬的影響。事實上，當聖伴針對伍斯曼這類行為提出批評時，因為伍斯曼任人唯親而獲得最多好處的瑪爾萬抽出了長劍，在先知繼承人面前威脅要殺了溫瑪內這些最受敬重的成員。

不管那封信是誰寫的，埃及、巴斯拉和庫法的反叛者——還包括幾乎麥地那其他每一個人——都認為根據所有舊慣往例，可知伍斯曼是個失敗的領導者，因此他必須自行辭去哈里發之位。某種程度而言，他已經違背了身為溫瑪謝赫的忠誠誓言，而且還違反了阿布—巴克爾的宣言：哈里發若是忽視真主與先知的律法，那他就無權要求大家服從。

但有一小派穆斯林之所以要求伍斯曼退位，並不是因為伍斯曼違背了忠誠誓言，而是因為他們相信只有一個沒有罪孽的人才有資格領導真主的神聖公社。這幫人後來被稱作「哈里哲派」(*Kharijites*，或譯「出走派」)，儘管人數很少，但他們和他們堅決不妥協的信念很快就會在決定穆斯林公社的命運時發揮很大的影響力。

即使幾乎每個人都已經跟他反目，伍斯曼仍拒絕交出大權。根據他的理解，他「真主繼承人」的身分是真主而不是凡人賜予的，因此唯有真主才可以卸除他的領導權。然而，身為虔誠的穆斯林，伍斯曼也拒絕攻擊那些圍剿他的反叛者，希望自己可以在不讓穆斯林濺血的前提下繼續坐在哈里發之位上。因此他命令支持者不要參戰，回家去等待秩序自然恢復。但已經太遲、太遲了。

伍斯曼家門外發生鬥毆，激怒了反叛者，他們衝進哈里發的臥室，發現他正坐在一塊椅墊上閱讀他自己蒐集編纂的《古蘭經》。在聖伴皆視而不見、侍衛也幾乎不制止的情況下，反叛者最後一次要求他退位。被伍斯曼拒絕後，反叛者紛紛拔出長劍，將劍刺入伍斯曼的胸膛。這位哈里發向前倒在翻開的《古蘭經》上，鮮血浸透了金箔頁面。

哈里發被穆斯林同胞殺害一事讓溫瑪陷入了天下大亂的局面。由於反叛者依然控制著麥地那，沒有人清楚接下來會發生什麼事。麥加和麥地那都有不少穆斯林摩拳擦掌地想要逮住機會繼承伍斯曼之位，包括地位最高的兩位麥加聖伴：塔哈（Talha ibn Ubayd Allah）和祖拜爾（Zubayr ibn al-Awwam）；兩人都曾經因為虔誠而特別受到穆罕默德的青睞。

當然，還有阿里。

聽聞伍斯曼的刺殺事件時，阿里正在清真寺內禱告。由於直覺這會引起混亂，他迅速趕回家照顧家人，尤其是要找他的兒子哈珊，因為哈珊當時留了下來設法保護伍斯曼。第二天，當城市勉強平靜下來，阿里又回到清真寺，結果有一大群穆斯林代表在那裡央求他接受忠誠誓言，成為下一任哈里發。阿里追逐哈里發之位已有將近四分之一個世紀。但就在人們將這個職位雙手奉上的時候，他卻拒絕接受。

在那樣的情況下，阿里不願意接受也不令人意外。如果伍斯曼的死亡證明了什麼，那就是想要維持哈里發的權威，某種形式的人民普遍認同還是至關重要。但當時，麥地那被反叛者控制，埃及和伊拉克處於叛亂狀態，麥加呼籲讓哈里發制度恢復到阿布—巴克爾和伍瑪爾統治時的原初構想，伍斯曼所屬的氏族——伍麥亞氏族——則要求立即為哈里發之死展開報復。在這樣的狀態下，要取得人民普遍認可根本是不可能的事。不過，還是有一群數量龐大、可畏的穆斯林，他們多年來對阿里無條件的支持始終未曾消滅。這派人士包括麥地那的輔士、穆罕默德的哈須彌氏族、某些有威望的古萊須氏族、幾位主要聖伴，還有數大群非阿拉伯裔穆斯林（尤其是在巴斯拉與庫法），這些人一起被籠統地稱為「什葉圖阿里」（*Shi'atu Ali*）——「阿里黨」的意思，也就是什葉派（Shi'ah）。

儘管受到這些支持，阿里還是等到他在麥加的政敵（包括塔哈和祖拜爾）都同意對他宣誓效忠，他才終於讓步，接下領導大權。就這樣，先知的堂弟兼女婿阿里．伊本—阿比—塔利布（Ali ibn Abi Talib）終於成為溫瑪的領導者，並堅持宣誓效忠的儀式必須在清真寺內與麥地那公社的全體民眾面前進行。值得注意的是，阿里拒絕冠上哈里發這個頭銜，因為他認為此頭銜已被伍斯曼永遠地玷汙了。取而代之的是，他選擇了伍瑪爾的頭銜——「信道者的指揮官」。

在阿里黨的支持下，阿里頒布特赦令，赦免所有或多或少促成伍斯曼之死的人，麥地那因此恢復了秩序。這是一個寬恕與和解而不是報復的時代。阿里宣告，古老的部族習俗已成過去。他還進一步把幾乎所有擔任總督的伍斯曼親屬都去職，換上夠格的地方領袖，以安撫叛亂地區。但阿里的行動，尤其是赦免反叛者一事，不只讓伍麥亞氏族震怒，還替阿伊夏鋪平了路，讓她可以把伍斯曼遇刺一事的責任推到阿里身上，藉此在麥加召集支持者對抗這位新的哈里發。

阿伊夏並不真的相信伍斯曼之死是阿里害的，而就算她相信，她也不太可能在意這件事。阿伊夏痛恨伍斯曼，也在反伍斯曼之變中扮演了重要角色。事實上，她的兄弟也是哈里發刺殺行動的關鍵人物。但阿伊夏從她父親阿布—巴克爾那裡學到的是：絕對不能讓穆罕默德的氏族掌管哈里發之位，以免溫瑪內的宗教權威與政治權威變得混淆不清；阿伊夏認為可以利用伍斯曼遇害一事，做為要求撤換阿里的手段，以一個在她看來更適任的人取而代之，而最有可能的人選就是她的親密盟友塔哈或祖拜爾。在這兩個男子的協助下，她集結了大批麥加人，騎上駱駝，親自帶領他們去跟阿里的麥地那軍隊作戰。

這場戰役後世稱為「駱駝之戰」(Battle of the Camel)，是伊斯蘭史上的第一場**內戰**（*fitnah*，在往後的一個半世紀裡，還會有很多這樣的戰爭）。從某些方面來說，這場衝突是無可避免的結果，不只是因為阿里與阿伊夏兩派人馬之間綿綿不絕的敵意，還有公社內部一樁持續不斷的爭議，主題是關於哈里發的角色與溫瑪的性質。這樁爭議往往被描繪成一場兩極化的論戰，一方認為哈里發是個純粹世俗的職位，另一方則認為哈里發應該同時具備先知的世俗與宗教權威。但若以這簡單的二分法來看待哈里發一職的性質與作用，就會看不見七、八世紀阿拉伯世界多元化的宗教政治觀。

對大多數穆斯林而言，伊斯蘭教以驚人的速度擴張進入此前被認為牢不可破的拜占庭與薩珊帝國，證明他們受到真主的神聖恩寵。在此同時，與外族和不同治理方式相遇，也迫使這些穆斯林重新檢視主導公社政治結構的那些理念。而儘管大家都同意，溫瑪必須在單一領導人的權威底下才能夠維持團結，但對於這個領導者該由誰來擔任卻依舊沒有共識，對於這位領導者該如何領導大家也幾乎沒有一致的見解。

一方面，有些穆斯林，例如阿伊夏一派，雖然承認建立一個謹遵真主戒律的公社非常重要，但他們還是致力於維持哈里發職位的世俗性質。這一派被稱為「什葉圖伍斯曼」(*Shi'atu Uthman*)，也就是

「伍斯曼黨」，但我們不能忘記，阿伊夏絕對不認為自己是在推行伍斯曼的主張，畢竟她認為伍斯曼破壞了她父親和受她父親提攜的伍瑪爾所建立的哈里發制度。

另一方面，由於伍斯曼當了很久的哈里發，導致伍麥亞氏族產生一種錯覺，認為哈里發一職如今已是他們氏族的世襲財產。正因如此，當伍斯曼死時，他最親近的族人穆阿維亞（Mu'awiyah），也就是大馬士革的總督、伍麥亞氏族的年輕子弟，決定不顧麥地那發生的事件，逕自展開接掌哈里發政權的計畫。從某些角度而言，這個叫作「什葉圖穆阿維亞」（*Shi'atu Mu'awiyah*）的派系，代表的是部族領導階層的傳統理想，雖然穆阿維亞本身似乎企圖帶領溫瑪朝成為偉大的拜占庭和薩珊帝國邁進。當時還沒有人呼籲建立一個穆斯林王國，但有一點倒是愈來愈清楚：彼時溫瑪已經太過龐大富有，不可能靠著穆罕默德在麥地那建立的「新型部族」體系來維持團結。

光譜的另一端是阿里黨，他們不計社會或政治後果，致力於保存穆罕默德對溫瑪的原初構想。儘管這個群體中確實有些派別認為哈里發一職應該涵蓋穆罕默德的宗教權威，但如若認為此一觀點在當時就已是什葉派的確定立場，而非後來才形成，那就錯了。在這個階段，什葉派和公社內的其他穆斯林（後來被稱為遜尼派或「正統」派）之間還沒有什麼顯著的宗教見解差異。阿里黨只是一個政治派別，堅持應該由穆罕默德的氏族來接替穆罕默德治理公社。

然而，阿里黨內也有一個小派系抱持更極端的看法，認為溫瑪是個由神建立的機構，只能由公社內最虔誠的那個人來治理，而此人的部族、血統、世系都無關緊要。這個派系最後被稱為「哈里哲派」，前面已經提過，他們主張殺害伍斯曼一事是正當的，理由為伍斯曼違背了真主的命令、摒棄了先知的典範，因此不配再當哈里發。由於哈里哲派強調哈里發必須擁有宗教權威，他們經常被視為最早的穆斯林神權政治者。但這是一個難以控制的小集團，幾乎其他每一個爭奪穆斯林公社控制權的派系都排斥他們激進的神權政治觀。

不過，哈里哲派在伊斯蘭史上之所以如此重要，是因為他們是最早有意識地想要定義出穆斯林特有身分認同的一群人。這個集團非常執著於確立究竟誰可以、誰又不可以被視為穆斯林。根據哈里哲派的說法，任何人只要違反《古蘭經》裡的任何戒律，或以任何方式違逆先知穆罕默德的典範，就該被視為「卡菲爾」（*kafir*），也就是不信道者，應當立即被逐出溫瑪。

這個集團儘管很小，但他們視溫瑪為蒙受神恩、受神啟發的真主公社、主張唯有成為溫瑪的一員才能獲得救贖，卻對穆斯林思維造成了長遠的影響。他們把所有的穆斯林分成兩種人：「天國子民」，這也是哈里哲派的自稱，還有「地獄子民」，也就是其他所有的人。就這個角度而言，我們可以視哈里哲派為最早的穆斯林「極端主義者」，而雖然這個集團本身只存在幾個世紀，但它嚴格的教條卻被後世極端主義者所採用，以便讓他們的反政府行動具有宗教認可，不論這個政府是不是穆斯林政府。

最後一點：一定要明白，七世紀阿拉伯的穆斯林，不管他們對哈里發的性質與作用抱持何種看法，他們之中沒有任何一個人會認同我們現代人對世俗與宗教所做的區分。例如，伍斯曼黨和哈里哲派之間的主要哲學差異並不在於是否該讓宗教涉入國事，而是在於宗教該涉入到什麼程度。因此，儘管阿里黨、伍斯曼黨、穆阿維亞黨和哈里哲派主要都是**政治**派別，但這四個集團也全都被人以較具宗教色彩的詞彙*din*（宗教）來稱呼，例如*din Ali*（「阿里教」）、*din Uthman*（「伍斯曼教」）……等等。

在這場關於哈里發性質與作用的辯論裡，我們很難確定阿里的立場，因為我們很快就會看出：他從來都沒有機會完全掌權。從阿里繼承伍斯曼之位以後所做的決定來判斷，他似乎明顯認同哈里哲派的看法，認為溫瑪是個受神啟發而形成的公社，既不能再奉行穆阿維亞黨的帝國理念，也不能再像伍斯曼黨所設想的那樣，奉行阿布—巴克爾與伍瑪爾的新型部族體系先例。至於阿里是否認為哈里發一職應該完全承接穆罕默德的宗教權威，則是另外一回事。

阿里絕對不是哈里哲派。但他深深覺得自己跟先知之間有某種連結，畢竟他們一生相知。這兩個男子像親兄弟一樣在同一個屋簷下長大，而不論是小時候還是成年期，阿里都很少離開穆罕默德身畔。所以阿里若是認為，憑他和穆罕默德的關係，他已兼備領導真主神聖公社走上先知指出道路所必需的宗教與政治特質，這是可以理解的。但這不代表阿里真的像他的追隨者最後宣稱的那樣，認為是真主指定要他去延續穆罕默德的先知職務，也不代表他認為哈里發就該是個宗教職位。

阿里想把哈里發重新塑造成一個以宗教虔誠（若非宗教權威）為重的職位，但由於四周全是爾虞我詐的政治操作，他的這份企圖似乎從一開始就注定失敗。然而，阿里還是努力讓溫瑪在先知家族的大旗底下團結起來，並且謹遵穆罕默德的平等主義原則。因此，當他的部隊在駱駝之戰迅速擊潰阿伊夏的軍隊後（塔哈和祖拜爾戰死、阿伊夏則中了一箭傷得很重），阿里沒有像阿布—巴克爾在叛教戰爭之後那樣懲罰叛軍，而是訓斥了阿伊夏和她的人馬一頓，然後寬恕他們，讓他們平安返回麥加。

終於平定了麥加和麥地那後，阿里將他的哈里發政權轉移到位於今日伊拉克的庫法，以便盯緊穆阿維亞。身為阿布—蘇斐揚的兒子與伍斯曼的堂弟，穆阿維亞煽動自己古萊須親族的舊部族情懷，藉以召集軍隊來對抗阿里，為伍斯曼之死復仇。公元六五七年，阿里和他的庫法軍隊在一個名叫西芬（Siffin）的地點和穆阿維亞與他的敘利亞軍隊交鋒。經過一場漫長血腥的戰役，當阿里的軍隊勝利在望，穆阿維亞察覺失敗在即，於是命令軍隊將一本本《古蘭經》掛在矛尖高高舉起：這個信號表示他想投降，接受仲裁。

阿里軍隊裡的大多數人，尤其是截至目前都還效忠他的哈里哲派，都央求阿里忽視敵軍的這個動作，繼續作戰，直到叛軍因為他們的反叛行為受足懲罰為止。但雖然阿里覺得穆阿維亞是在耍詐，他還是拒絕忽視真主的命令：「如果（敵人）停戰，那麼，除不義者外，你們絕不要侵犯任何人」（2:193）。阿里命令軍隊放下武器，接受穆阿維亞的投降，然後去請了一個哈卡姆過來仲裁他倆之間的紛爭。

這是個致命的決定。緊接在西芬之役後的那場仲裁判定，伍斯曼死得並不公道，理當施加懲罰：這個決定似乎正當化了穆阿維亞的反叛之舉，至少從表面上看來是如此。然而，更加不祥的是下面這件事：哈里哲派認為阿里選擇接受仲裁而不是以真主之公義來懲罰這些叛軍，是嚴重的罪過，應當被逐出神聖的公社。哈里哲派在仲裁都還沒開始時，就高喊著「唯有真主的審判才算審判」，憤怒地將阿里遺棄在戰場上。

阿里幾乎沒時間消化這場仲裁的衝擊。西芬之役後，他不情願地被迫派遣軍隊去處置脫黨的哈里哲派。才剛制伏哈里哲派（過程不像打仗而比較像是屠殺），他就必須再次把注意力放回穆阿維亞身上，因為在那冗長的仲裁程序裡，穆阿維亞已成功重整旗鼓、攻下埃及，並於公元六六〇年在耶路撒冷自封為哈里發。阿里則在軍隊分散各地、支持者意識形態分歧的情況下，努力集結剩下的勢力，準備在隔年對穆阿維亞與敘利亞叛軍發動最後決戰。

戰爭開打的前一天早晨，阿里進入庫法的清真寺祈禱。他在那裡遇見了哈里哲派的伊本—穆詹（Abd al-Rahman ibn'Amr ibn Muljam），此人擠過清真寺內的擁擠人潮，嚷著：「審判是真主的事，阿里，不是你的事。」

伊本—穆詹拔出一把有毒的劍，往阿里頭上砍去。雖然他只受到皮肉傷，但毒藥發揮了作用。兩天後，阿里就去世了，而哈須彌氏族的夢想——讓真主的神聖公社在先知家族的單一旗幟下維持團結——也隨著他逝去。

在遇刺前幾年的一場布道演講裡，阿里說，「品德高尚之人將獲得認可，因為眾人會說他的好話，真主也必定使他得到他人讚美。」這些話很有先見之明，因為阿里雖死，卻沒有被遺忘。對世界各地的數百萬什葉派人士而言，阿里依舊是穆斯林虔誠之心的典範：是一道光，照亮著通向真主的正途。套用沙里亞蒂的話，他是「最棒的演說家……最棒的敬拜者……最棒的信徒」。

阿里的這種英雄形象，深植於某些人心中，他們認為阿里是穆罕默德唯一的繼承者，他不是第四任哈里發，他的身分更特別，**更有分量**。

什葉派說，阿里是第一任「伊瑪目」（*Imam*）：真主在世間的證明。

◎◎◎

阿諾德爵士（Sir Thomas Arnold）寫道：哈里發制度「是在沒有任何先見的情況下形成」。這個制度並不是那幾位「正統哈里發」刻意發展出來的，而是溫瑪從一個漢志地區的小小公社成長為一個從西非亞特拉斯山脈（Atlas Mountains）一路延伸到印度次大陸東緣的遼闊帝國時，一路上遭遇的各種狀況所塑造出來的產物。因此，難怪針對哈里發職權與溫瑪性質的不同見解，最終會撕裂穆斯林公社，永遠粉碎了維持團結和諧的任何希望，也就是粉碎了穆罕默德當初為追隨者所展望的未來。也難怪伊斯蘭教的前四位領導者有三位被穆斯林同胞所殺，但我們必須承認，謀殺伍斯曼的叛軍與刺殺阿里的哈里哲派最關注的事都不是保護公社不受外敵傷害，而是維護他們個人理想中的穆罕默德公社。今日繼承他們精神的聖戰（吉哈德）主義分子也是這樣。

阿里死後，穆阿維亞便得以完全掌控所有的穆斯林領土。他把首都從庫法遷到大馬士革，建立了伍麥亞王朝，完成了把哈里發變成國王、把溫瑪變成帝國的轉型。穆阿維亞的阿拉伯王朝十分短命，只從六六一年維持到七五〇年。它最後被阿拔斯王朝取代。阿拔斯家族是在非阿拉伯歸信者（大部分是波斯人）的協助下崛起，當時非阿拉伯歸信者的人數已遠遠超越阿拉伯菁英。阿拔斯家族自稱是穆罕默德的叔叔阿拔斯（al-Abbas）的後裔，他們把首都遷到巴格達、把伍麥亞家族趕盡殺絕，藉此號召什葉派的支持。但什葉派最後還是拒絕承認阿拔斯家族所宣稱的正當性，因而遭到新哈里發的無情迫害。

阿拔斯王朝的哈里發雖然繼續以世俗國王的身分治國，但對於宗教事務，他們卻遠比伍麥亞王朝的哈里發涉入更深。我們會發現，阿拔斯王朝的第七任哈里發馬蒙（al-Ma'mun，八三三年歿），甚至針對那些神學理念和他不同的烏拉瑪發動了一場為時短暫且終告失敗的宗教審查，企圖藉此強迫他的穆斯林子民奉行帝國正統信仰。

阿拔斯王朝雖然一路綿延到十一世紀，但後來的阿拔斯哈里發都只是有名無實的傀儡，在穆斯林領土上沒有直接發號施令的權力。連他們的首都巴格達都掌握在布伊家族（Buyids）手中，這個家族由幾個伊朗的什葉派貴族家庭共同組成，從九三二年到一〇六二年，所有的國事都由他們處理，但他們還是讓阿拔斯家族的哈里發留在沒有實權的王位上。同時，開羅的法蒂瑪家族（Fatimids，九〇九—一一七一）則以對手之姿和巴格達分庭抗禮，他們也是什葉派，自稱是阿里之妻、穆罕默德之女法蒂瑪的後代，從突尼西亞到巴勒斯坦的一切事務都受他們的政治管轄。而伍麥亞家族的僅存血脈阿布杜—拉曼則逃過了敘利亞屠殺事件，在西班牙建立起自己的王朝，這個王朝不只維持到十五世紀，還成為穆斯林—猶太人—基督徒交往關係的典範。

波斯的布伊家族首領最後被自己的土耳其奴隸護衛取代，後者建立了伽色尼王朝（Ghaznavid，九七七—一一八六），取得伊朗東北部、阿富汗與印度北部的宗主權；以及建立了塞爾柱王朝（Saljuq，一〇三八—一一九四），統治範圍為上述區域以東的大部分土地。土耳其人以傭兵的身分滲透各個伊斯蘭蘇丹國，多年以後，他們成功地再次統一了大部分的穆斯林領土，建立了唯一的哈里發政權：鄂圖曼（奧斯曼）土耳其帝國——也就是定都伊斯坦堡的遜尼派王朝，從一四五三年統治到一九二四年鄂圖曼帝國解體、哈里發政權終止。

現在已經沒有哈里發這種職位了。隨著現代民族國家在中東興起，穆斯林也一直力圖調和自己的雙重身分：既是獨立主權國家的公民，也是一個統一世界公社的成員。有些人主張應該恢復哈里發政權，象徵穆斯林的團結，其中一些人的態度還頗為激烈。引用巴基斯坦社會政治運動「伊斯蘭協會」（the Islamic Association）創辦人莫度迪（Mawlana Mawdudi）的話來說，這些穆斯林認為伊斯蘭教的理想和民族主義「是截然對立的」。也因此，莫度迪和許多人都覺得，唯一具正當性的伊斯蘭國家應該是個世界國家，「種族與民族偏見的鎖鍊在這裡都會被解開」。

二十世紀發生了一場轉變。歷史上關於哈里發職權與溫瑪性質的爭執，已經變成對另一個問題的爭論：該如何把穆罕默德劃定輪廓、「正統之人」發揚光大的伊斯蘭宗教與社會原則，跟制憲主義和民主權利等現代理想結合在一起。不過，這場當代辯論仍深陷於那些關於宗教與政治權威的老問題裡，在伊斯蘭教誕生的頭幾個世紀中，溫瑪努力想解決的同樣也是這些難題。

因此，一九三四年，現代派改革者阿布杜—拉濟克（Ali Abd ar-Raziq，一八八八—一九六六）在他的《伊斯蘭與治理的基礎》（*Islam and the Bases fo Government*）一書中提出埃及應該政教分離。他劃出一條清楚的界線，認為先知的權威應該僅限於身為真主使者的宗教職責，而哈里發政權則純粹擔負世俗職責，只是一種世俗制度，所有的穆斯林都可以任意質疑、反對、甚至反抗。阿布杜—拉濟克說，伊斯蘭教的普世性只能以伊斯蘭教的宗教與道德原則為基礎，跟個別國家的政治秩序完全無關。

若干年後，埃及學者與運動分子庫特布（Sayyid Qutb，一九〇六—一九六六）反駁阿杜布—拉濟克的論點，堅稱穆罕默德在麥地那的職位同時囊括了宗教與政治權威，因此伊斯蘭教算是一個整體，其「神學信仰本質上與客觀上都〔不可能〕和世俗生活切割」。所以，一個國家唯有同時照顧公民的物質與道德需求，才算是具正當性的伊斯蘭國家。

一九七〇年代，阿亞圖拉何梅尼以一種明顯屬於什葉派的方式詮釋庫特布的論點，控制住一場已經發生的社會革命，這場革命要反抗的是有美國當後盾的伊朗專制君主制。何梅尼同時喚起國內占多數什葉派人士的歷史情感與不滿群眾對民主的期望，主張唯有一個至高無上的宗教權威，才能「用和先知一樣的方式管理人民的社會與政治事務」。

這三位思想家都企圖以某種方式讓四分五裂、遍布全世界的穆斯林社群恢復某種程度的團結。但由於既沒有一個中央的政治權威（例如一位哈里發），也沒有一個中央的宗教權威（例如一位教皇），現代世界裡唯一能夠勉強讓穆斯林社群團結起來的，就只有由伊斯蘭教學者烏拉瑪組成的宗教機構。

綜觀伊斯蘭史，穆斯林王朝改朝換代，穆斯林國王來來去去，伊斯蘭國會選了又解散，唯有烏拉瑪能夠連結舊日傳統，因而成功保住了他們自願承擔的穆斯林社會領導者的角色。因此，過去十四個世紀以來，我們所知道的伊斯蘭教，幾乎是獨由極小一群古板且往往十分因循守舊的男人定義的，他們認為自己屹立不搖地支撐著伊斯蘭教的宗教、社會與政治基礎，不論結果是好是壞。他們獲得此種權威的方式，以及他們如何運用權威，可能是伊斯蘭教故事裡最重要的一章。

第六章 伊斯蘭教是一門學問

伊斯蘭神學與律法的發展

那場審查以一個簡單的問題開場：「《古蘭經》是真主創造出來的，還是說，它不是由真主創造，而是跟真主永恆共存？」

年輕的阿拔斯家族哈里發穆塔辛（al-Mu'tasim，八四二年歿）坐在他鑲滿寶石、閃閃發光的黃金寶座上，漠然地看著「真主的學者」——也就是烏拉瑪們——戴著手銬腳鐐，一個一個被拖到他面前回答審問官的問題。如果承認《古蘭經》是真主**創造**之物（這是所謂「理性主義者」的主要神學觀點），就可以重獲自由，回家繼續教書。但如果仍堅稱《古蘭經》是**非創造**的（所謂「傳統主義者」的觀點），就會被毒打一頓、扔進大牢。

烏拉瑪一個接一個受到傳喚，過程持續好幾個鐘頭，穆塔辛全程不發一語地坐在那兒，聽著他幾乎完全不懂的神學論點。他覺得很無聊，而且看得出來十分不自在。對他而言，《古蘭經》是否由真主創造根本無關緊要。他是個軍事指揮官，不是學者。帝國各地都有叛亂要平定、有戰爭得打贏。但他卻得坐在這裡，左右都是身穿腥紅色袍子的維齊爾（vazier，這些大臣本身是神學家、不是軍人），他要指揮的不是一支軍隊，而是他哥哥（阿拔斯家族第七任哈里發馬蒙）逼得他不得不進行的一場審問。

「諸位，請團結一致，可以的話，也請為我美言，」穆塔辛還記得哥哥彌留之際的喃喃低語。「如果你們知道我曾犯下的惡行，請不要提起，因為你們說了我就會被帶走，（並且受到審判）。」

你的惡行說都說不完，穆塔辛想著，此時又有另一個宗教學者被帶走，準備接受酷刑。儘管如此，總是謹遵本分、忠於家人的穆塔辛還是保持沉默，任由下一個學者被拖到他面前。就當作是為了哥哥的不朽靈魂著想吧。

這回是個皮膚黝黑的老人，穿戴著粗糙的白色頭巾和髒兮兮的腰布。他長長的鬍子用指甲花染黑，染料暈上了他的臉頰和胸膛。他臉上有瘀青，眼眶也被打黑。他已經受過嚴刑拷打，而且不只一次。他和其他人一樣戴著手銬腳鐐。但他還是昂然挺立，毫不畏懼地面對這位哈里發。他來過這裡很多次，對著前任哈里發馬蒙捍衛他對《古蘭經》的看法。但這是他第一次站在馬蒙的繼承者面前。

這位飽經風霜的老人被迫坐下，同時他的名字也被報出來給法庭內的人知道。結果穆塔辛心中一凜，因為此人竟然就是伊本─罕百里（Ahmad ibn Hanbal）：極受歡迎的神學學者、傳統主義罕百里學派的創始人。他從寶座上站起來，憤怒地指著主審官伊本─阿比─杜阿德（Ibn Abi Du'ad，又是一個他哥哥逼他接受的人），大吼：「你不是聲稱伊本─罕百里是個年輕人嗎？這不是個中年謝赫嗎？」

審問官努力讓穆塔辛冷靜下來，解釋說被告已經被馬蒙審問過很多次了，而且馬蒙看在被告地位崇高的份上，也給過他很多機會重新思考他對《古蘭經》性質的論點。但他斷然拒絕所有說服他妥協的嘗試，堅持主張他的異端論點：真主的話語《古蘭經》，跟真主是一體的。

穆塔辛氣得無力爭辯，只好再次坐下，讓審問官開始提問。「艾哈邁德．伊本─罕百里，」伊本─阿比─杜阿德開口，「你認為《古蘭經》是不是創造出來的？」

哈里發傾身向前，瞪著這個老人，等著他回答。但伊本─罕百里卻和之前的無數次一樣，忽視審問官的問題，帶著一抹淺笑答道：「我見證萬物非主，唯有真主。」

穆塔辛洩氣地往寶座上一靠，低聲咒罵哥哥，而伊本—罕百里則被拖了出去，吊在兩根竿子之間鞭打。

馬蒙能當上哈里發，是因為他圍攻巴格達（阿拔斯哈里發政權的首都）、殺死了同父異母的兄弟阿敏（al-Amin）。但由於這對兄弟的父親，也就是惡名昭彰的拉希德（Harun al-Rashid，八〇九年歿），任命他倆為共同哈里發，因此馬蒙不得不宣稱自己有神的認可，以合理化這場根本不具正當性的篡位行動。馬蒙宣告：是真主要他接掌哈里發之位，而真主的旨意必須服從。

當然，這全都不是新鮮事，自相殘殺的暴力衝突是歷代穆斯林王朝的一貫特徵，而大多數篡位者想正當化自己的統治權，都只能聲稱自己擁有神的某種背書。阿拔斯帝國的歷任統治者都自稱是真主的代理人，並以此做為他們篡位並將伍麥亞家族趕盡殺絕的藉口。但馬蒙和前人不同的地方在於，他似乎是打從心底相信真主將哈里發之位交給了他，他能夠帶領穆斯林社群，往他認為正確的對伊斯蘭教的詮釋靠攏。

「我是秉承正道的領袖，」他在一封寫給軍隊的信中宣告，除了要大家知道巴格達有了新的政治與宗教秩序，還要他們絕對服從他神授的領導權。

這是個令人錯愕的說法。自從穆阿維亞把哈里發制變成君主制以來，關於哈里發宗教權威的問題或多或少已經有了答案：國事由哈里發掌管，伊斯蘭教學者烏拉瑪則負責引導信徒走在信奉真主的正途上。當然也有一些哈里發對溫瑪社群在宗教上施加影響力。但從來沒有人膽敢自封為某種「穆斯林教皇」，要求公社在宗教上絕對服從他。然而，向來認為自己主要身分是宗教學者、其次才是政治領袖的馬蒙，想做的正是這樣的事。

馬蒙從小接受宗教學的正規教育，也是聲名遠揚的伊斯蘭律法與神學專家，尤其通曉理性主義傳統（這個後面會再多談）。當上哈里發後，環繞在他身邊的全是氣味相投的烏拉瑪，他經常跟他們討論神的屬性、自由意志的問題，以及最重要的：《古蘭經》的性質。馬蒙認為《古蘭經》是真主創造之物——完全獨立於真主的本質之外。

在當時和之前，馬蒙對《古蘭經》的看法是烏拉瑪之中少數人的意見，大多數神職人員認為《古蘭經》是和真主永恆共存的。然而，這位哈里發在他在位的最後一年，卻宣告從此以後，所有的宗教老師與學者都必須認同這個教義：《古蘭經》是真主創造出來的。不認同的話，就不許再教書。

同樣的，儘管哈里發對宗教議題施加影響力並不是什麼新鮮事，這卻是第一次有哈里發自命為宗教權威的唯一仲裁者。馬蒙企圖「重構〔哈里發的〕正當性」——布利葉（Richard Bulliet）這個說法很準確；假使馬蒙當初成功了，結果會如何，我們無從得知。很有可能今日的伊斯蘭教會是一種截然不同的宗教。哈里發制可能會變成一種教皇制；宗教權威可能會集於國家之手，並因此發展出一個正統的穆斯林教會。

但馬蒙並沒有成功。事實上，幾年之後，在穆塔辛的兒子穆塔瓦基勒（al-Mutawakkil，八六一年歿）統治期間，宗教法庭就被廢除，大家也清楚，哈里發將再也不會如此毫不掩飾地涉入宗教事務。實際上，穆塔瓦基勒讓神學的擺錘盪向傳統主義派那一邊，重重賞賜了這個學派的烏拉瑪，而在他繼位之前深受朝廷喜愛的理性主義派則受到迫害。等到卡迪爾哈里發（Caliph al-Qadir，一〇三一年歿）在位時，絕大多數的傳統主義派烏拉瑪（尤其是深具影響力的罕百里學派），已經在同一個信條底下集結起來。

擺脫國家的約束之後，烏拉瑪就一路扶搖直上，成為溫瑪內不容質疑的宗教權威。他們不只利用這樣的權威將他們的律法與神學見解制度化，發展成不同的思想學派，還制定了一套具有全面約束力的行為規範，稱為「沙里亞」（*Shariah*），徹底將伊斯蘭從宗教轉型為一種包羅一切的生活方式：唯有烏拉瑪才有權定義它。就像九世紀的法律學者、馬立克律法學派（Maliki school of law）的創立者馬立克（Malik ibn Anas）曾說的：「這個宗教是一門學問，所以學習的時候一定要認真。」

當塑造聖史的那些神話與儀式，轉變成權威性的**正統信仰**（對神話的正確詮釋）與**正統實踐**（對儀式的正確詮釋），宗教就成為制度，但往往會有偏重正統信仰或正統實踐其中之一的情況。基督教

也許是「正統信仰」型宗教的至高典範，因為一個人是不是忠誠的基督徒，主要是看他的**信仰**——透過信條傳達。光譜的另一端是猶太教，它本質上是一種「正統實踐」型的宗教，一個人是不是虔誠的猶太教徒，主要是看他的**行為**——透過律法傳達。並不是說信仰在猶太教裡不重要，也不是說行為在基督教裡不重要。只是這兩個宗教中，猶太教遠遠比基督教更加重視正統行為。

伊斯蘭教跟猶太教一樣，主要是一個強調正統實踐的宗教，因此史密斯（Wilfred Cantwell Smith）曾提議把「遜尼」（*Sunni*）這個字翻譯成「正統實踐」而不是「正統信仰」。然而，由於烏拉瑪一直傾向於把伊斯蘭實踐視為伊斯蘭神學的展現，因此正統實踐和正統信仰在伊斯蘭教裡是密不可分的，也就是說，神學的問題（*kalam*，「卡蘭」）跟律法的問題（*fiqh*，「費格赫」）無法切割開來看。

因為這個緣故，烏拉瑪經常把純粹的神學思辨視為無足輕重的言談（*kalam* 的意思就是「說話」或「演講」，而穆斯林神學家則經常被貶稱為 *ahl al-kalam*，也就是「喋喋不休的人」之意）。在伊斯蘭教擴張之初，尤其是溫瑪社群在語言與文化上變得愈來愈分散而多樣化之時，烏拉瑪最關切的並不是關於真主屬性的神學辯論（但這最終還是成為學者們激烈爭論的議題），而是要將某些特定行為正式化，以便透過儀式來傳達信仰。他們的終極目標是要制定出嚴格的準則，來確認究竟誰是穆斯林、誰不是穆斯林。他們努力的成果就是今日大家所說的**伊斯蘭教五大支柱**（五功）。

這五大支柱構成了穆斯林信仰主要的儀式活動。然而，如雷納德（John Renard）所指出的，這些支柱的目的並不是要「把一個遍布全球多元群體的精神生活簡化成一堆宗教性的繁文縟節」。這五大支柱應該做為伊斯蘭教的**隱喻**。五大支柱不只總結了成為溫瑪一員的必要條件，也總結了身為穆斯林的意義。

跟普遍觀感不同的是，五大支柱並不是壓迫性的義務——恰恰相反。這些都是非常務實的儀式，信徒只需完成自己有辦法進行的部分就好。五大支柱也不只是表面功夫。在任何穆斯林儀式裡，至關重要的因素只有一個，那就是信仰者的意願，信仰者必須先自覺地宣告他的意願，儀式才能開始。最後，五大支柱應該是「行為的總結」，而根據阿布—瑞達（Mohamed A. Abu Ridah）的說法，五大支柱不只是「言語與肢體行為，最重要的，還有心智與道德行為。進行的時候，必須遵守某些條件，諸如立下意願，內外在都必須純潔，不可心不在焉，內心要謙遜溫順，在信徒的靈魂內創造出真正的生命，充滿宗教虔誠與靈性。」

除了主要支柱，也就是「舍西德」，又稱「清真言」（最後會討論到），其他基本上都是群體活動。事實上，五大支柱的主要目的就是協助信徒透過行動清楚展現自己是穆斯林社群的成員。古代哈里哲派理想中的溫瑪是個蒙受神恩、受神啟發的社群，救贖也需透過溫瑪才能實現，而這個理想現已成為全世界絕大多數穆斯林的標準（正統）信條。他們沒有一個中央集權的宗教權威，也沒有教會或標準化的宗教階級系統，他們視公社為穆斯林信仰的核心。

簡單來說，公社就是伊斯蘭教的教會：套句華特經常為人引用的話，公社是「價值的載體」。溫瑪授予信徒意義與目的，他的民族、族群、種族與性別認同，永遠比不上他在穆斯林全球公社的成員身分那麼重要：這個公社不受任何時空界線的限制。因此，當一個人在齋戒月齋戒或參與週五的祈禱時，他知道所有的穆斯林——從穆罕默德開始布道之初到今日，以及在世界的各個角落——會在一模一樣的時間以一模一樣的方式齋戒禱告。

第一個支柱是「撒拉特」（*salat*，儀式性禱告，禮功），是穆罕默德在麥加制定的第一種穆斯林特有禮拜儀式。伊斯蘭教的祈禱方式有兩種：「都阿」（*du'a*），這是信徒與真主之間個別的、非正式的對話；還有「撒拉特」，一種儀式化、義務性的禱告方式，每天要進行五次：日出、中午、下午、日落、晚上。「撒拉特」的意思是「低頭、彎腰或伸展」，由一系列瑜珈動作組成，包括端立、鞠躬、起立、坐下、轉向東方和西方、五體投地，必須按照一定的順序重複（稱為「拉卡阿」，*raka'ah*），一邊還要誦念《古蘭經》裡的特定經文。

和所有穆斯林儀式一樣，在撒拉特開始之前，一定要先宣告禱告的意願，而且穆斯林一定要面向麥加，也就是禱告的方向（稱為「奇卜拉」，*qiblah*）。儘管撒拉特也可以獨自進行，做為一種淨化靈魂的方式，但它原本應該是一種凝聚溫瑪的群體活動。因為這個緣故，撒拉特最好是在集會地點進行。事實上，有一場撒拉特——也就是星期五中午那場（撒拉特主麻日，*salat al-jum'a*）——非得在清真寺內跟大家一起進行不可。雖然每天禱告五次似乎是很大的負擔，但病人、旅人，或是任何基於正當理由而無法進行儀式的人，都可以暫停這項義務。而且有心的話，錯過的撒拉特也隨時可以補行。

第二支柱也是穆罕默德在麥加推行宗教運動的前幾年制定的：繳付天課（課功），或稱「扎卡特」。前面已經解釋過，扎卡特是以稅金形式繳付公社的天課，接著再發送給窮人，確保他們受到照顧與保護。這不是一種自願奉獻，而是宗教義務。「扎卡特」字面上的意思就是「淨化」，要所有的穆斯林不忘他們對溫瑪的社會與經濟責任。當然，只有繳得起的人才必須繳付扎卡特，繳不起的人會收到扎卡特。

當溫瑪發展成帝國後，扎卡特從一種義務性的救濟金捐獻，轉變成所有穆斯林都必須繳付的國稅（之前已經提過，基督徒和猶太人等非穆斯林繳的是一種完全不同的「保護稅」，叫「人丁稅」）。在哈里發政權的鼎盛期，扎卡特經常被用來資助軍隊——這種做法讓穆斯林公社裡的許多人大為憤怒。哈里發時期結束、現代民族國家興起之後，有愈來愈多穆斯林政府自願負責收取及發放扎卡特。事實上，扎卡特雖然跟一般國稅刻意區分開來，但它在幾個穆斯林國家都已經是強制性的，包括巴基斯坦、利比亞、葉門和沙烏地阿拉伯，沙國更是對個人及企業都徵收扎卡特。不過，大多數穆斯林還是維持傳統做法，以個人身分將扎卡特繳交給當地清真寺或宗教機構，然後這些機構再把資金發放給社群內最有需要的成員。

第三支柱是長達一個月的穆斯林齋戒期（阿拉伯語叫 *sawm*，「索姆」，齋功），這個月就稱為齋戒月（Ramadan）。這個穆斯林儀式是遷到麥地那之後才明確制定的。由於齋戒的概念在貝都因人的經驗中是一種全然陌生的東西（在沙漠氣候裡自願不吃不喝相當荒謬），因此這個儀式無疑是穆罕默德從阿拉伯猶太人那裡學來的。《古蘭經》也承認：「齋戒已成為你們的定制，**猶如它曾為前人的定制一樣**」(2: 183，粗體為作者所加）。塔巴里也指出，第一場穆斯林齋戒剛好就在贖罪日（Yom Kippur），當時穆罕默德特地命令追隨者和猶太人一起齋戒，以紀念他們的出埃及之行。後來的齋戒才改到齋戒月，也就是穆斯林認為真主第一次降示《古蘭經》給穆罕默德的那個月。

齋戒月期間，任何人在日出之後、日落之前都不得飲食或有性行為。同樣的，這種齋戒儀式背後的主要目的也是要群體凝聚起來。它能提醒大家，同伴中有人貧窮困苦，一整年都沒東西吃。因為這個緣故，《古蘭經》要求毋須進行齋戒的穆斯林——老人、病人、孕婦、哺乳的人、旅人、做粗活的人——要餵食挨餓者（2:184）。雖然齋戒一整個月聽起來好像很可怕，但齋戒月其實既是精神內省的時候，也是歡樂慶祝的時節。在這一個月裡，每一個漫長的夜晚開始時，親朋好友、街坊鄰里都聚在一起開齋，而齋戒月的最後一夜，也就是「開齋節」(*Eid al-Fitr*)，則是整個伊斯蘭世界最盛大慶祝的節日。

第四支柱也許最有名，就是一年一度的麥加「哈吉」朝覲（朝功）。如果可以的話，所有的穆斯林一生當中至少都要去過一次麥加，參加卡巴的神聖儀式。準確來說，卡巴儀式任何時候都能進行，名為「副朝」，或「溫拉」(*umra*)。但朝覲本身只在陰曆的最後一個月舉行，這時聖城會整個脹大，以容納大群的朝聖者。用十二世紀西班牙知名學者與詩人伊本—朱貝爾（Ibn Jubayr）的話來說，就像「母親的子宮神奇地為孩子騰出空間」。

跟他們的異教對應者一樣，穆斯林朝聖者前往麥加是為了體驗卡巴的改造之效。但跟其他宗教聖殿不同的是，穆斯林的卡巴不是諸神的居所。反之，它是唯一真神活生生存在的象徵。我們必須瞭解，卡巴沒有什麼建築上的重要性。它就是個方塊（建築物最簡單的形狀），罩著黑布（沒有顏色），邊緣寫著真主的話語。它不是傳統的神殿。它不再具有任何本質上的神聖性，因為它已經被拆除又重建了好幾次。雖然被稱為「真主之屋」，但卡巴裡除了幾本《古蘭經》和一些古老的遺物之外，什麼也沒有。但儘管簡單至此，卡巴和它的相關儀式卻可以讓人對「真主的獨一性」進行集體冥思（這個概念後面會再詳談）。

當朝覲者跨過大清真寺神聖的門檻，朝覲就開始了。這道門檻環繞著卡巴，把聖地與俗地區隔開來。朝見聖殿之前，朝覲者必須先脫去普通衣物，穿上神聖的服裝——男人是兩片無縫的白布，女人則是類似的素面衣物——來代表他們的身心已處於純潔狀態（稱為「依蘭」，*ibram*）。男人要剃頭、修鬍子、剪指甲，女人則要剪下幾綹頭髮。

達到這個神聖化的狀態後，朝覲者就會宣告自己即將進行儀式，接著便展開「塔瓦夫」：繞著聖殿走七圈，這至今依然是麥加朝覲的主要儀式。雖然在世界的每個角落——從撒哈拉以南非洲最偏遠的地方到富裕的芝加哥郊區——穆斯林祈禱時都要面朝卡巴，但當他們聚集在麥加時，卡巴就成了世界的中軸，因此**每一個**方向都是祈禱的方向。也許可以說，敬拜者會不由自主地繞著聖殿走，就是因為在聖殿前祈禱時，會產生離心力。

繞完之後，朝聖者將接著進行一系列儀式，據說是穆罕默德生前最後一年制定的。這些儀式包括在薩法（Safah）和馬爾瓦（Marwah）這兩座山丘之間來回奔跑，以紀念夏甲尋水；前往阿拉法特山（亞當和夏娃被逐出伊甸園之後的避難所、穆罕默德最後一次布道的地點）；用石頭砸米納（Mina）的三根柱子，因為它們代表惡魔；最後則是宰殺綿羊、牛或小羊獻祭，為朝覲畫下句點（這時再把肉分送給窮人）。儀式完成後，朝聖者便脫去朝覲衣，以「哈芝」（*Hajji*）的身分重返俗世。下次要再穿上這些衣服，就是當作壽衣穿的時候了。

朝覲是伊斯蘭教裡至高無上的群體大事。這是唯一一場男女不必分開參加的大型穆斯林儀式。在那個神聖化的狀態下，每個朝聖者都穿著一模一樣的服裝，此時便不再有任何位階、階級或地位之分，也沒有性別、沒有族群或種族身分之別：除了穆斯林這個身分之外，沒有其他身分可言。當麥康（Malcolm X）去朝聖時，他寫道：「在此之前，我從來不曾看過所有膚色的人一齊展現出真誠的同胞情誼。」他指的就是這種群體精神。

這四項儀式——集體禱告、繳付天課、齋戒月、哈吉朝覲——讓穆斯林信仰有了意義，也讓穆斯林社群團結。但你也可以說，這四個儀式的主要作用都在於呈現第五個最重要的支柱（唯一講求信念而非行動的支柱）：「舍西德」（念功），也就是念誦清真言。每一個歸信者在成為穆斯林之前，都必須先經過這道儀式。

「萬物非主，唯有真主；穆罕默德是主使者。」

這句看似簡單的話不僅是伊斯蘭教所有信仰條文的基礎，它也可說是伊斯蘭神學的總結。這是因為念誦清真言代表信徒承認一個極度複雜的神學信條，名為「塔維德」（*tawhid*，認主獨一）。

認主獨一對伊斯蘭神學（卡蘭）的發展實在太重要，因此「卡蘭之學」（*'ilm al-kalam*）就是「塔維德之學」（*'ilm al-tawhid*）的同義詞。但塔維德字面上雖然是「認一」的意思，它所暗示的卻不只是一神論。沒錯，真主只有一個，但那只是開始而已。塔維德也意指真主是唯一的。真主是獨一的：不可分割，絕對獨特，而且完全無以名狀。神不論是本質上還是屬性上，都無與倫比。

「沒有任何東西像祂，」神祕主義學者噶札里（Abu Hamid al-Ghazali，一〇五八—一一一一）在他的《宗教科學之復甦》（*Revival of the Religious Sciences*）中寫道，「而祂也不像任何東西。」《古蘭經》一再提醒信徒，真主是「崇高的」；真主是「尊大的」。當穆斯林高喊*Allahu Akbar*（字面意思就是「真主至大！」），他們的意思不是真主比什麼東西偉大，而是真主就是**至大**。

顯然，人類只能用人的語言、人的符號和隱喻來談論真主。因此，就古典哲學的角度而言，你可以說真主的屬性就是「善」或「存在」的展現，但前提是你必須承認這些詞彙用在真主身上都毫無意義，因為真主既不是物質、也不是偶然。事實上，塔維德暗示真主超越任何描述方式，也超越任何人的理解。「祂是你無法想像的，」埃及神學家塔哈威（al-Tahawi，九三三年歿）強調，「而你就算理解，也無法懂祂。」換句話說，真主是「絕對他者」：借用奧圖（Rudolph Otto）的名言，祂是「令人戰慄的奧祕」(*Mysterium Tremendum*)。

由於塔維德堅稱真主獨一,因此有一群名為蘇非派(*Sufis*)的穆斯林神祕主義者提出沒有任何事物能夠脫離真主而存在。根據蘇非派大師伊本—阿拉比(Ibn al-Arabi)的說法,唯一真實存在的只有真主:真主是**唯**一實體。對噶札里而言,真主是*al-Awwal*:「至先,即空前的」,也是*al-Akhir*:「至終,即絕後的。」我們必須瞭解,噶札里並不是針對真主的存在進行本體論或目的論的陳述,因為真主既不是阿奎那(Thomas Aquinas)所說的「第一因」,也不是亞里斯多德所說的「原動者」。真主是**唯**一因;真主就是運動本身。

如果說塔維德是伊斯蘭教的基礎,那麼它的對立面——「謝克」(*shirk*)——就是伊斯蘭教最嚴重的罪,有些穆斯林認為它不可饒恕(見《古蘭經》2:116)。用最簡單的方式來說,「謝克」就是以物配主。但和塔維德一樣,謝克也不是這麼簡單的一個概念。多神論顯然是謝克,但以任何方式混淆真主的獨一性也是謝克。對穆斯林而言,三位一體的概念是謝克,因為真主只能是一位。而企圖給真主加上人類的特質,將真主擬人化,繼而限制或約束真主的支配權,也可以算是謝克。但謝克也可以定義成在信奉真主的正途上製造阻礙,不論是貪婪,或酒精,或驕傲,或虛假的敬神之心,或其他任何讓信徒遠離真主的嚴重罪孽。

塔維德最終暗示的是,要承認宇宙是個「獨一的整體」(引用沙里亞蒂的話),不可分割成「今世與來世、自然與超自然、實質與意義、靈魂與肉體」。換言之,真主跟世界之間的關係就如同「光和發光的燈」。只有一個真主；一個宇宙。一個真主。

一個真主。

以「真主的獨一性」做為伊斯蘭教所有教義討論的出發點，顯然會造成一些神學問題。例如，如果真主絕對無所不能，那麼真主是否也要為邪惡負責？人類是不是有選擇對錯的自由意志，還是說，我們會獲得救贖還是受到詛咒，全都是命定的？我們又該如何詮釋真主的屬性——真主的知識、真主的力量，還有《古蘭經》所記載的真主的話語？真主的話語是否跟真主**並存**，還是說這些話語也像自然和宇宙一樣，是真主創造出來的？不論答案為何，是不是都必定危害到「神聖的一元」（Divine Unity）？

考慮到伊斯蘭早期宗教與政治之間的關係，也難怪這些明顯屬於神學範疇的問題可能引發重大的政治後果。例如，伍麥亞家族的哈里發都亟欲利用真主擁有決定權這個主張，來合理化他們對溫瑪社群的絕對權威。畢竟，如果伍麥亞家族是真主選出來的代理人，那麼他們所有的行為實際上就是神的旨意。知名神學家巴斯拉（Hasan al-Basra，六四二—七二八）就採用了這個想法，宣稱即便是個惡毒的哈里發，大家也必須服從他，因為是真主讓他坐上王位的。

然而，巴斯拉並不相信命定說：他對哈里發一職的論述反映的是他的政治寂靜主義（political quietism）與反哈里哲派的立場，不是他的神學觀點。人們經常把巴斯拉跟卡達里學派（Qadarite school）相提並論，他和這個學派一樣，認為真主對事件的預知能力不見得就是命定主義：真主也許知道一個人會做什麼，但這不表示真主**強迫**他這麼做。有些卡達里學派的神學家甚至更進一步，說真主必須等到事情發生了才會知道我們的行動，可以理解這樣的概念冒犯了那些傳統主義傾向的神學家，他們認為塔維德認主獨一信條就是必須相信真主擁有決定權。他們說，如果造物主和受造物是一體的，那麼人類要如何違逆真主的旨意？

但「命定主義者」自己也分成了兩派，一派和激進的賈卜里耶派（Jabriyyah）一樣，認為所有的人類行為（包括救贖）都是真主預定好的，另一派則跟前面提到的法律學者伊本—罕百里（七八〇—八五五）的追隨者一樣，承認真主對人類的事務握有絕對的支配權，但仍堅持人類在面對真主預先決定好的命運時，應自行決定要採取正面還是負面的反應。

到了第九、第十世紀，這場關於命定主義與自由意志的辯論已經大致分成了兩大思想派系：所謂的「理性主義觀點」，最有代表性的就是穆爾太齊賴學派（Mu’tazilite），還有「傳統主義觀點」，以阿夏里派（Ash’arite）為主。穆爾太齊賴學派的理性主義烏拉瑪堅稱真主基本上雖然無以名狀，但無論如何不會超出人類理智的框架。穆爾太齊賴學派挑戰宗教真理只能透過天啟來獲得的概念，提出這樣的信條：所有的神學論點都必須遵守理性思考的原則。對這些理性主義者而言，即使是對《古蘭經》與先知傳統（*Sunna*，「訓那」或「聖行」）的解釋，都必須服從人類理性。阿布杜—賈巴爾（Abd al-Jabbar，一〇二四年歿）是他那個時代最有影響力的穆爾太齊賴學派神學家，他說，真主話語的「真實性」不能單以天啟為基礎，因為那樣就變成了循環推理（circular reasoning）。

西班牙哲學家與醫生伊本—魯世德（Ibn Rushd，一一二六—九八）將賈巴爾的概念推到極至，提出「兩個真理」知識論，把宗教和哲學擺在對立位置。根據伊本—魯世德的說法，宗教透過容易辨認的符號與象徵，為大眾簡化了真理，但教條的形成與僵固解釋，會無可避免地造成教義矛盾與理性失調。反之，哲學**本身**就是真理，哲學的目的只在於透過人類理性能力來傳達真實。

由於執著於阿布拉哈莫夫（Binyamin Abrahamov）所謂的「理性全面壓倒啟示」，穆爾太齊賴學派被現代學者視為伊斯蘭教最早的思辨神學家。而阿夏里學派的傳統主義派烏拉瑪所奮力反對的，也正是這種對人類理性至上的強調。

阿夏里學派認為，人類理性固然重要，但無論如何地位必須低於《古蘭經》和先知傳統。如果宗教知識真如穆爾太齊賴學派堅稱的那樣，只能透過理性思辨獲得，也就不需要什麼先知和天啟了；結果就是出現一堆混亂的神學歧異，這將導致人類聽從自己的意志，而非遵從真主的意志。阿夏里學派認為理性是不穩定且變化多端的，但先知與經文傳統卻是穩定不變的——尤其當這些傳統是由傳統主義派烏拉瑪給予定義。

至於自由意志的問題，理性主義神學家採納並擴充了人類完全可以自由選擇行善或行惡的觀點，也就是說，救贖的責任是直接掌握在信徒手中。畢竟，真主若真的如此不公正，讓有些人信道、有些人不信道，然後再獎賞這些、懲罰那些，真主就太不理性了。很多傳統主義者反對這個論點，理由是它似乎強迫真主以一種理性的（也就是像人類的）方式行事。根據阿夏里學派的說法，這就是謝克大罪。身為全能的萬物創造者，真主必定創造了「正義與邪惡、少的和多的、外面的和裡面的、甜的和苦的、受喜愛的和被討厭的」——這是罕百里的信條，也無疑是所有的伊斯蘭思想學派中最具影響力的信條。

理性主義派和傳統主義派神學家在解釋真主的屬性時，歧異就更大了。兩者都相信真主是永恆唯一的，兩者也都不甚情願地承認，《古蘭經》裡有一些對真主的擬人化描述。然而。大多數理性主義者把這些描述解釋成純屬比喻手法，只是為了增添詩意，但大多數傳統主義者排斥對天啟的所有象徵性解釋，堅稱《古蘭經》裡提到的真主的手和臉雖然不該被想成人手或人臉的樣子，但卻還是必須按照字面意思去解讀。

阿夏里學派創立者阿夏里（Abu'l Hasan al-Ash'ari，八七三—九三五）堅持，真主是有臉的，因為《古蘭經》這麼說（「主的真容亙古常存」，55: 27），而我們沒資格質疑如何這樣、為何這樣。事實上，阿夏里學派對宗教教義進行僵硬的解釋時，常會用一種方法來回應從中產生的不合理性與內在矛盾，那就是他們研發出的一套名叫「比拉凱法」（*bila kayfa*）的公式，粗略的翻譯就是「別問為什麼」。

這套公式令理性主義者驚駭，尤其是像伊本—西納（Ibn Sina，西方人稱他為Avicenna，九八〇—一〇三七）這樣的學者。他們認為真主的特質——真主的知識話語等等——只是「指標」而已，反映的只是人類心智對真主的理解，而不是真主本身。理性主義者堅稱，真主的屬性不可能跟真主永恆並存，只能是創造物。穆爾太齊賴學派創立者瓦西勒（Wasil ibn Ata，七四八年歿）認為，聲稱真主的屬性是永恆的，無異於聲稱有超過一個以上的永恆存在。

傳統主義派烏拉瑪拒絕接受瓦西勒的論述，他們反駁說真主的屬性或許是獨立的，但它們存在於真主的本質之內，所以也是永恆的。「祂的屬性是永恆的，」傳統主義的哈納菲律法學派（現代穆斯林世界最大的律法學派）創立者阿布—哈納菲（Abu Hanifah）堅稱，「誰說它們是創造出來或衍生出來的……就是不信道者」。

當然，談論真主的屬性與真主的本質之間的關係時，理性主義者和傳統主義者心裡想的都是這個特別重要的屬性：真主的話語，也就是《古蘭經》。

❂❂❂

伍瑪爾歸信伊斯蘭教，有一段神奇的故事。由於對自己的異教祖先和部族傳統非常驕傲，伍瑪爾原本強力抨擊穆罕默德和他的追隨者。事實上，伍瑪爾還一度計劃殺了穆罕默德，以終結他帶領的顛覆性運動。但就在他去找先知的途中，有個朋友告訴他，說他自己的親妹妹也接受了這個新宗教，此時正在家裡跟一個信徒聚會。一怒之下，伍瑪爾拔出劍衝到她家，決意要殺了她，因為她背叛了他們的家族與部族。但他還來不及進去，就聽到屋內傳出朗誦《古蘭經》神聖話語的聲音。經文的力量與優雅讓他瞬間定住。他拋下劍。

「這段話是多麼的美好高尚啊！」他大聲說著，熱淚盈眶。大數的掃羅（Saul of Tarsus）因為看見耶穌警告他停止迫害基督徒的異象而瞎了眼睛，伍瑪爾也一樣，因為真主的介入而徹底改變：不是因為他看見真主，而是因為他**聽見了**真主。

我們都知道，人類體驗「神蹟」的媒介可以因為時空的不同而南轅北轍。例如在摩西的時代，人們主要是經由魔法體驗神蹟。摩西為了證明自己是先知，只好把一根手杖變成蛇，或者以更壯觀的方式，把紅海分開。到了耶穌的時代，神蹟大部分已經轉移到醫學這方面，驅魔也涵蓋在內。使徒們或許相信耶穌就是預言中的彌賽亞，但猶地亞（Judea）的其他人無疑都認為他只是另一個江湖郎中，因此耶穌幾乎不論走到哪裡，都不斷被要求證明他的先知身分——不是靠施法術，而是靠治癒病人與瘸子。

在穆罕默德的時代，體驗神蹟的主要媒介不是魔法也不是醫術，而是語言。以口述傳統為主流的社會，例如穆罕默德的社會，經常將語言視為具有神祕力量的東西。吟唱奧德賽漂泊之旅的古希臘吟遊詩人和誦唱《羅摩衍那》（*Ramayana*）神聖詩句的印度詩人不只是單純的說故事者而已，他們還是諸神的發言人。美國原住民薩滿每逢新年講述部族的創世神話時，他的話語不只喚起過去，也塑造著未來。沒有文字紀錄的社群通常相信，世界不斷透過他們的神話與儀式被重新創造。在這些社會，詩人和吟遊者往往也是祭司和薩滿，而詩歌是以藝術的方式操縱一般語言，被認為具有傳達重要真相所必需的神聖權威。

在前伊斯蘭時期的阿拉伯尤其如此，詩人在社會上的地位特別崇高。塞爾斯（Michael Sells）在《沙漠形跡》（*Desert Tracings*）一書中寫道，每當朝聖季開始，古麥加最優秀的詩人會把他們的作品用金線繡在用昂貴埃及布料製成的旗幟上，掛在卡巴上，不是因為他們的詩歌屬於宗教性質（這些詩歌寫的通常是詩人的駱駝有多美、多高貴！），而是因為詩歌具有一種內在力量，會自然而然令人聯想到神性。卡辛之所以透過詩來呈現他們的占卜預言，也同樣是基於這種語言的內在神性：你根本無法想像諸神會以任何其他方式說話。

很明顯，不懂阿拉伯語的人很難領會《古蘭經》語言中的精妙之處。但也許只要知道《古蘭經》被廣泛視為阿拉伯語的最高詩歌境界就夠了。事實上，《古蘭經》把漢志地區的成語和方言整理成一套系統，基本上算是創造了阿拉伯文。《古蘭經》這部文獻，不只是伊斯蘭宗教的基礎，還是阿拉伯文文法的起源。《古蘭經》之於阿拉伯文，就像荷馬之於希臘文、喬叟之於英文：是一張快照，將一種不斷演化的語言永遠地凍結在時間裡。

套用克雷格（Kenneth Cragg）的話，《古蘭經》是「阿拉伯的無上大事」，而大多數穆斯林也視《古蘭經》為穆罕默德的唯一神蹟。跟之前的先知一樣，穆罕默德也不斷被催促要藉由奇蹟來證明他的神聖使命。但每次受到這種挑戰，他都堅稱自己只是個使者，他能夠行使的唯一神蹟就是他的訊息。其他先知的奇蹟都只限於某一個時代，但用十二世紀神祕主義者達亞（Nadjm ad-Din Razi Daya，一一七七—一二五六）的話來說，穆罕默德的奇蹟，也就是《古蘭經》，卻會「存留至世界末日」。

達亞迎合了伊斯蘭教的一個基本信念：不論就內容還是形式而言，《古蘭經》都是世界任何其他宗教或世俗著作所望塵莫及的。穆罕默德自己也經常挑戰與他同時代的異教詩人，要他們拿出能媲美《古蘭經》的作品：「如果你們對於我降給我的僕人的經典懷疑的話，那麼，就照樣做出一章〔經文〕。倘若你們不能夠——你們是一定不能夠的——那麼就提防火獄吧！它的燃料是人和石頭」（2:23-24，也可見16:101）。

雖然「經書之母」的概念代表《古蘭經》和其他聖書精神相連，但《妥拉》和《福音書》是由個別篇章組成、由很多不同作者在幾百年間寫成，描述歷史上各種與神邂逅的經驗。《古蘭經》則不一樣，它被視為直接的啟示（*tanzil*，頒降），也就是真主直接透過穆罕默德之口說出來的話，穆罕默德只是個被動的導管而已。用純粹的文學語言來說，《古蘭經》是真主的戲劇獨白。它不描述真主和人的溝通，因為它**就是**真主和人的溝通。而如果塔維德信條禁止針對「神聖的一元」進行任何分割，那麼《古蘭經》就不只是真主的話語，它**就是**真主。

這正是傳統主義派烏拉瑪的主張。如果真主為永恆，那真主的屬性同樣永恆，因為它們跟真主的本體不可分割。這樣一來，《古蘭經》做為真主的話語，當然就是永恆的非創造之物。理性主義派烏拉瑪則認為這樣的觀點不合理，會產生一些無解的神學問題（真主說的是阿拉伯語嗎？難道每本《古蘭經》都是真主的一個複製品？）。反之，理性主義派認為真主的話語**反映**了真主，但本身並不是真主。

某些烏拉瑪，例如哈納菲，想要解決理性主義派和傳統主義派之爭，因此提出「我們念的《古蘭經》是創造出來的，我們寫下的《古蘭經》是創造出來的，我們背誦的《古蘭經》也是創造出來的，但《古蘭經》（本身）卻不是創造出來的。」伊本—庫拉卜（Ibn Kullab，八五五年歿）表示同意，他說傳統主義者把真主的話語視為「真主的一部分」並沒有錯，但這是在話語還沒化為實體字詞的情況下。伊本—哈茲姆（Ibn Hazm，九九四—一〇六四）進一步完善了伊本—庫拉卜的觀點，他提出有一部「降示前的」《古蘭經》存在（就像「經書之母」這個概念所暗示的那樣），「這本書的內容……就和（實體）《古蘭經》的內容一樣。」然而，深具影響力的伊本—罕百里又再次鞏固了傳統主義的信條，堅稱穆斯林在實體《古蘭經》的封面與封底之間讀到的東西——每一個字詞——本身就是真主的實際話語：是永恆的、非創造的。

理性主義派與傳統主義派烏拉瑪之間的辯論持續了幾百年，兩派勢力你消我長，直到十三世紀末，傳統主義派論點才成為遜尼派伊斯蘭教的主流觀點，這某種程度上也是對馬蒙那場災難性宗教審查的回應。理性主義者大多被斥為異端，他們的理論在所有律法與神學的主要學派裡也逐漸失去影響力，只有什葉學派除外（下一章會再討論）。而儘管關於《古蘭經》特性的辯論一直持續到今天，但傳統主義派解經法的影響力已經在伊斯蘭教裡促成了一些神學與律法的奇特發展。

例如，由於認為真主的話語是永恆的、非創造的，因此穆斯林普遍堅信《古蘭經》不能翻譯成其他語言。把《古蘭經》翻譯成任何別的語言，會抹除掉真主的直接話語，使真主的話語變成是對《古蘭經》的一種解釋，而不是《古蘭經》本身。當伊斯蘭教從阿拉伯半島傳到世界其他地方，每一個歸信者——不論是阿拉伯人、波斯人、歐洲人、非洲人還是印度人——都必須學習阿拉伯文，以便閱讀伊斯蘭教的神聖經典。即使到了今日，任何文化、任何族群的穆斯林不管懂不懂阿拉伯文，也還是必須以阿拉伯文誦念《古蘭經》。《古蘭經》所傳遞的訊息是穆斯林實踐正確生活方式的必要指導，但擁有名為「巴拉卡」(*baraka*)這種精神力量的，是《古蘭經》的文字本身——也就是獨一真主的直接語言。

要體驗巴拉卡有許多種方式，但其中最鮮明的，莫過於伊斯蘭教超群出眾的書法傳統。書法已經成為穆斯林世界的至高藝術表現，這有一部分是因為語言在伊斯蘭教中地位優越，一部分則是因為伊斯蘭教厭惡偶像崇拜，所以也厭惡圖像藝術。但伊斯蘭教的書法還不只是一種藝術形式而已，也是永恆的《古蘭經》——真主活生生存在世上的象徵——的視覺呈現。

《古蘭經》的文字被刻印在清真寺、墳墓和祈禱毯上，目的是為將這些東西神聖化。《古蘭經》文字也被印在杯、碗、檯燈等日常物件上，這樣當你用一個飾有真主話語的盤子吃飯，或點亮一盞刻有《古蘭經》經文的檯燈時，你就可以吃下巴拉卡，或是被巴拉卡照亮。前伊斯蘭時期的詩句被認為帶有神的權威，而同樣的，《古蘭經》的文字也具有護身符的作用，傳遞著神的力量。所以難怪卡巴被淨化、重新獻給真主之後，原本掛在聖殿上的異教詩歌就被全部扯下，換成《古蘭經》的經文，這一圈金色帶狀文字，至今仍環抱著聖殿。

穆斯林體驗巴拉卡的另一種方式是背誦《古蘭經》，這可以說是一門藝術，但更像是一門學問。如同葛拉漢（William Graham）所指出的，早期的穆斯林公社無疑將《古蘭經》視為一種口述經典，應該在群體面前大聲朗讀，而不是自己靜靜地默讀。不要忘了，「古蘭」（Quran）這個字本身就是「誦讀」的意思，也正因如此，許多段落的開頭都是*qul*這個命令，就是「說」的意思。

早期的「古拉」，也就是《古蘭經》誦讀者，為了記憶並保存神聖的經文，最後發明出一套背誦《古蘭經》用的技術學問，名叫「塔吉威德」（*tajwid*，誦讀學）。裡面有嚴格的規範，告訴你在誦經的過程什麼時候能停、什麼時候不能停，什麼時候拜倒、什麼時候起身，什麼時候呼吸、什麼時候暫停呼吸，哪些子音要強調、每個母音要拉多長。由於伊斯蘭教害怕破壞了經文的神聖性，向來不喜歡在敬拜的時候使用音樂，因此絕對不能把經文當成歌來唱。不過，即興旋律卻是受到鼓勵的，而有些現代的《古蘭經》朗誦家也展現出非凡的音樂造詣。他們誦起經來很像在開搖滾演唱會，鼓勵數以千計吵吵鬧鬧的聽眾對著臺上的表演者喊出他們的反應——不論是正面的還是負面的。

但把這些誦經會稱作「演唱會」或「演出」也不太對。誦經會是精神聚會，朗誦家把真主話語的巴拉卡傳遞給本質上是宗教會眾的一群人。因為《古蘭經》雖然是真主的戲劇獨白，但朗讀出來時，它就奇蹟似地變成了一場造物主與受造物之間的對話，在這場對話中，真主是真實在場的。

關於《古蘭經》的永恆性，傳統主義派在論述上最重要的開展呈現在《古蘭經》的解經學裡。打從一開始，穆斯林想解釋《古蘭經》的意義與訊息時就遭遇到超乎尋常的困難。做為真主的直接語言，

《古蘭經》被記錄下來時就沒有任何解釋或評注，不太管時間順序，也幾乎沒有敘事。為了輔助注解工作，早期的烏拉瑪把天啟按照不同時期分成了兩部分——在麥加降示的以及在麥地那降示的——據此創造出一個粗略的時序，有助於讓他們的經文解釋更加清楚易懂。

但對新手而言，《古蘭經》的組織方式還是很令人困惑。伍斯曼蒐集的經文總共分成一一四章，叫「蘇拉」(*Surah*)，每一章都含有數量不一的節，稱「阿亞」(*ayah*)。除了少數例外，每一章的開頭都是「巴斯馬拉」(*Basmallah*)：「奉至仁至慈的真主之名」。或許為了強調《古蘭經》是直接啟示，蘇拉的排序方式既不是按照時間也不是按照主題，而是從最長的篇章排到最短的，唯一的例外是最重要的第一章，「法諦海」(*Surah al-Fatiha*)：〈開端〉。

要解釋《古蘭經》，有兩種不同的方法。第一種叫「塔夫西爾」(*tafsir*)，主要是在闡明經文的字面意義，第二種叫「塔威爾」(*ta'wil*)，著重於《古蘭經》內隱的奧義。塔夫西爾回答的是背景與時序的問題，為穆斯林提供一個易於理解的框架，告訴他們該如何正直地生活。塔威爾則探究經文隱藏的訊息，由於性質神祕，只有少數人能懂。雖然這兩者都被視為可行的方法，但塔夫西爾和塔威爾之間卻存在著一種緊張關係，而這只是其中一個無法避免的結果，因為你想解釋的是一部永恆的、非創造出來的聖典，但它終究牢牢地扎根在一個特定的歷史背景中。

理性主義者無法接受《古蘭經》不是創造出來的，因此對他們而言，合理的解經法一定要把天啟的時間性考慮進去。因為這個緣故，理性主義者強調人類理性優先，不只在判斷《古蘭經》的本質時該如此，還有在判斷它的意義時，以及最重要的，它的歷史脈絡時，也都應該如此。對傳統主義者而言，由於《古蘭經》是永恆的、非創造的，因此解經的時候，談歷史背景或原始用意都毫無意義。《古蘭經》從來就沒變過、也永遠不會變，因此它的解釋也不該改變。

可以想像，傳統主義派論點對《古蘭經》的解經法造成了深遠的影響。首先，它讓正統烏拉瑪成為唯一有權解經的人，而此時的《古蘭經》也已被廣泛視為一份固定不變的文本，揭示真主的聖意。第二，由於永恆的、非創造的《古蘭經》不可能被視為穆罕默德社會的產物，所以解經時，完全不必考慮歷史背景。適合第七世紀穆罕默德公社的東西，一定也適合往後的所有穆斯林社群，不論狀況條件如何。但隨著天啟逐漸從穆斯林公社的道德指導原則轉變成伊斯蘭神聖律法「沙里亞」的主要法源，這種認為《古蘭經》固定不變的看法也變得愈來愈有問題。

被沙赫特（Joseph Schacht）稱為「伊斯蘭教核心」的沙里亞，是烏拉瑪發展出來的。一切行為在伊斯蘭教裡是好是壞，應該受到獎賞還是懲罰，都是以沙里亞為判斷基礎。說得更明確些，沙里亞把行為分成了五類：

1. 義務行為，做了有獎勵，不做會受罰；
2. 自願行為，做了可能有獎勵，不做也不會受罰；
3. 無關緊要的中性行為；
4. 被視為不當、但做了不見得會受罰的行為；
5. 受到禁止、做了一定會受罰的行為。

劃分出這五個類別是為了證明伊斯蘭教關注的事無所不包，不只要禁止罪惡，還要積極提倡美德。做為一套涵蓋全面、指導所有穆斯林如何生活的準則，沙里亞分成了兩類：關於宗教義務的規範，包括膜拜的正確方式，以及純屬法律層面的規範（雖然這兩者經常重疊）。不論是哪一種，沙里亞規範的都只是一個人的外在行為，跟內在精神沒什麼關係。因此，相信伊斯蘭教神祕傳統的信徒（蘇非派）通常只把沙里亞視為正義的起始點。他們說，真正的信仰必須進一步超越法律。

沙里亞的道德條款透過「費格赫」（伊斯蘭法學）獲得實踐，而費格赫的首要法源依據就是《古蘭經》。但問題是，《古蘭經》並不是一本法律書。雖然裡頭有大約八十個節直接談到法律議題——例如遺產繼承和女性地位之類的事，此外還有少數幾種罰則，但《古蘭經》完全無意建立一套法律系統來規範群體的外在行為，像《妥拉》之於猶太人那樣。因此，處理《古蘭經》中沒有提及的無數法律問題時，烏拉瑪便轉而參考先知傳統，也就是聖行傳統（訓那）。

聖行傳統由數以千計的的故事（聖訓）匯集而成，敘述穆罕默德以及最早那些聖伴的言行。第三章裡已經提過，這些聖訓一代傳過一代，變得愈來愈隱晦失真，於是一陣子之後，幾乎每一種法律或宗教見解——不管多激進、多古怪——都有辦法搬出先知的權威來予以合法化。到了第九世紀，狀況已經變得太失控，因此有一群法律學者跳出來，他們各自努力，試圖把可信度最高的聖訓編纂成權威性的合集，其中最受推崇的是布哈里（Muhammad al-Bukhari，八七〇年歿）和伊本—哈賈吉（Muslim ibn al-Hajaj，八七五年歿）的聖訓錄。

在這些聖訓錄裡，判斷聖訓真偽的主要根據是「傳述鏈」，每一條聖訓通常都附有自己的傳述鏈。如果一條聖訓的傳述鏈可以追溯到一個早期且可靠的來源，那麼它就是「完善的」，可以受到認證。如果不行，那它就會被視為「薄弱的」，不予採用。但這個方法有個很大的問題，那就是在第九世紀（也就是這些聖訓錄完成）之前，一條聖訓是否廣為傳播，完全不是取決於它的傳述鏈是否恰當完整。沙赫特對沙里亞的發展做了很全面的研究，結果發現許多廣受認可的聖訓的傳述鏈都經過添油加醋，好讓它們看起來比較可信。因此沙赫特隨口說出了這句一針見血的格言：「傳述鏈愈完美，就表示這是愈晚的傳統。」

但以先知的言行傳統做為主要法源，還有一個更大的障礙。儘管像布哈里與伊本—哈賈吉這樣的學者努力檢視每一條聖訓、尋找正確傳遞的跡證，但事實是，他們的方法完全不講求政治或宗教客觀性。可信的傳統之所以被視為可信，大部分都不是因為它們的傳述鏈特別強而有力，而是因為它們反映了社群多數人的信念與習俗。換言之，聖訓被蒐集成冊，發展成聖行傳統，主要是為了正當化那些早已被大多數烏拉瑪廣泛接受的信仰與習俗、消除那些不被接受的，藉此創造出某種正統伊斯蘭信仰和正統伊斯蘭行為。雖然某些聖訓確實具有可信的歷史基礎，可以追溯到先知和他最早的聖伴身上，但事實是，聖行傳統反映的主要是九世紀烏拉瑪的見解，而不是七世紀的溫瑪社群。畢竟，引用伯基（Jonathan Berkey）的話，「決定聖行傳統內容的不是穆罕默德本身，而是人們對他的記憶。」

不論可不可靠，當伊斯蘭擴張成帝國時，單靠聖行傳統遠遠不足以處理各式各樣的法律問題。想解決《古蘭經》和聖行傳統裡沒有明白討論到的議題，就必須開發其他的法源。其中最重要的法源之一就是運用類比論證（analogical argument），或稱「格雅斯」（*qiyas*），面對新的、陌生的法律困境時，烏拉瑪可以在他們的社群以及穆罕默德的公社之間尋求類比。當然，類比終究是有極限的，而且說到底，以傳統主義為主流的法學學派都不願意讓理性顯得比啟示重要。所以儘管在沙里亞的發展過程裡，格雅斯一直是個重要的工具，但烏拉瑪最後還是變得比較仰賴第四個法源：「伊智馬」（*ijma*），也就是「司法共識」。

先知曾說過：「我的公社絕對不會一致贊同錯誤的事，」於是烏拉瑪便仗著這句話，主張某個特定時代的法律學者針對某個特定議題所達成的共識可以構成有效的法律決定，就算這些決定似乎違反《古蘭經》的指示也沒關係（把通姦者用石頭砸死就是一例）。跟聖行傳統一樣，伊智馬也是為了在穆斯林社群中創造某種正統觀念而特地發展出來的。但更重要的是，伊智馬鞏固了烏拉瑪的權威：只有他們可以決定什麼才是可以接受的穆斯林行為與信仰。事實上，各個律法學派得以形成，主要就是運用了伊智馬。

不幸的是，當這些學派成為穆斯林世界穩固的制度時，他們的法律判決也變得屹立不搖，於是到最後，某一代學者的共識就變成後世也必須遵守的規定，烏拉瑪也因此變得愈來愈不想研發能夠解決當代問題的創新方案，反而愈來愈關切在伊斯蘭教中被貶稱為「塔格利德」（*taqlid*）的東西——也就是對司法先例的盲從。

還有另外一個重要法源不得不提。在沙里亞的形成階段，人們普遍認為，如果有個議題是《古蘭經》或聖行傳統都沒有提及，類比論證和司法共識也解決不了時，就可以由一位符合資格的法律學者獨立運用自己的法學推理發布一份判決書，或稱「法特瓦」（*fatwa*），而社群要接受它還是拒絕它都可以。這種方式叫「伊智提哈德」（*ijtihad*），原本是個重要無比的法源，但到了十世紀末，在各大法學院都居主導地位的傳統主義派烏拉瑪，開始阻止人們以它做為一種合法解經工具。這個行動被稱為「關閉伊智提哈德之門」。有些人認為只要不明顯抵觸天啟，那麼宗教真理是可以透過人類理智找到的，所以對他們而言，這是一場很大的挫敗（雖然是暫時的）。

到了十一世紀初，原本只是志趣相投的烏拉瑪之間的臨時集會具體化為法律制度，握有神律的約束性權威。現代的遜尼派分成四大學派。莎菲懿學派（Shafii School）是東南亞的主流，以莎菲懿（Muhammad ash-Shafii，八二〇年歿）的原則為基礎，認為聖行傳統是最重要的法源。馬立克學派主要流行於西非，創始人是馬立克（七九五年歿），他的見解幾乎都是以麥地那的傳統為基礎。阿布—哈納菲（七六七年歿）創立的哈納菲學派（Hanafi School）流行於大半個中亞地區與印度次大陸，以詮釋的廣度而言，是最大、最多元的法律傳統。最後，伊本—罕百里（八五五年歿）的罕百里學派是所有律法學派中最偏向傳統主義的，零星分布於中東地區，但在沙烏地阿拉伯和阿富汗之類超級保守的國家卻是主流。除了這些之外，還有賈法爾（Ja'far as-Sadiq，七六五年歿）創立的什葉律法學派，下一章會再討論。

這些學派的烏拉瑪鞏固了自己的權威，只有他們能夠決定什麼才是伊斯蘭教可以接受的行為，也只有他們能夠解釋什麼才是伊斯蘭教可以接受的信仰。當這些思想學派逐漸轉型成法律制度後，它們在發展初期的多元思想與意見自由特徵卻退步成僵化的形式主義、對先例的嚴格遵從，以及對獨立思考幾乎全面性的扼殺，於是在十二世紀時，就有像噶札里（本身也是個傳統主義者）這樣的穆斯林思想家開始譴責烏拉瑪的這項說法：「任何人只要不懂〔烏拉瑪〕所認可的神學形式、不懂他們引用證據而寫下的神聖律法，就是不信道者。」我們會發現，九百年前噶札里對烏拉瑪所表達的不滿，一直到今天都還適用。

到了現代，關於個人宗教義務的問題進入了政治領域，所以當公共討論涉及到正確行為與正確信仰時，烏拉瑪左右一切的能力又更上層樓。他們甚至在中東的政治發展中扮演更加積極主動的角色，藉此成功拓展了受眾群。在某些穆斯林國家，包括伊朗、蘇丹、沙烏地阿拉伯和奈及利亞，烏拉瑪握有直接的政治與法律控制權，而在其他大部分國家，他們則透過宗教命令、法律裁決，以及最重要的——他們對伊斯蘭宗教學校（或稱「馬德拉薩」，*madrassa*）的管理權，間接影響了國家的社會與政治領域。一代又一代的年輕穆斯林在伊斯蘭學校受訓，往往都被灌輸了復興傳統主義正統的觀念，尤其認為《古蘭經》該以固定的、字面上的方式來解釋，而沙里亞則是神聖的、不可能出錯的。最近有一位巴基斯坦教師與學者這麼說：

> 伊斯蘭律法的形成方式和傳統法律不一樣。它不必像所有人為的法律一樣，必須經歷相同的評估過程。伊斯蘭律法不是從寥寥幾條規定逐漸擴充而來的，不是隨著文化的進程與時間的流逝從粗略的概念精煉而來的。而它也沒有跟著伊斯蘭社群一起發源成長。

但事實上，沙里亞**正是**如此發展出來的：「隨著時間的流逝與文化的進程，從粗略的概念逐漸精煉而來。」這個過程不只受當地的文化習俗影響，也受猶太法典《塔木德》和羅馬法律影響。除了《古蘭經》之外，伊斯蘭律法的每一個法源都是出自人而非神之手。早期的法學派明白這點，因此這些學派代表的只是存在於穆斯林社群內的思想流派。這些學派用以構成自身法學傳統的法源（尤其是伊智馬），都給予了思想演變的空間。因為這個緣故，烏拉瑪的見解——不論是理性主義還是傳統主義——不斷地在適應當時的情況，而律法本身也一直按照需要，受到重新解釋與重新應用。

但不管怎樣，不論是哪個學派所做的法律決定，對個別的穆斯林而言都不具約束力。事實上，在進入現代之前，信徒經常隨心所欲地轉換學派，也沒有任何條文明白禁止一個穆斯林在某些議題上選擇接受馬立克學派的教義、在其他議題上選擇接受哈納菲學派的教義。所以，把這麼明顯屬於人為、如此清楚受到無常的人類偏見所影響的東西視為不可能出錯、無法更改、沒有彈性、一定要遵守的神聖律法，根本就不合理。

就算只是對沙里亞的發展進行最初步的分析，也足以證明法律和天啟都是「和伊斯蘭社群一起」成長的。《古蘭經》本身就清楚顯示，儘管它的訊息是永恆的，但它卻是為了因應非常特殊的歷史狀況而降示的。穆罕默德的公社演變時，啟示就隨著公社的需求改變。事實上，在穆罕默德管掌權的二十二年裡，《古蘭經》幾乎時時都在變，有時會根據某一節經文降示的時空背景而劇烈改變，無論是在麥加或是在麥地那，在穆罕默德少壯之際或垂暮之年。

這些變化偶爾會在經文裡造成看似重大的矛盾。例如，《古蘭經》原本對飲酒和賭博採取某種算是中立的態度，說這兩件事「都包含著大罪，對於世人都有許多利益，而其罪過比利益還大」(2:219)。幾年之後，又有另一節經文降示，雖然還是沒有禁止喝酒賭博，但卻勸導信徒不要賭博、「在酒醉的時候不要禮拜」(4:43)。但又過了一陣子，《古蘭經》就明白禁止喝酒和賭博了，稱之為「惡魔的行為」，並且說它們跟最大的罪孽——偶像崇拜——有關（5:90）。如此一來，先前那些勸阻但不禁止飲酒賭博的經文似乎就被後來的另一節經文給廢除了，因為後來的經文非常清楚地禁止了這兩件事。

《古蘭經》學者把這種一節經文被另一節經文廢除的狀況稱為「納斯赫」(*naskh*),說它證明了真主選擇一個階段一個階段地引導穆罕默德進行重要的社會改革,好讓溫瑪可以逐漸適應新的道德風氣。但假如納斯赫有證明什麼,那也只是證明了就算真主不變,天啟也絕對是變了,而且理直氣壯:「凡是我所廢除的,或使人忘記的啟示,我必以更好的或同樣的啟示代替它。難道你不知道真主對於萬事是全能的嗎?」(2:106,也可參見16:101)。

先知自己有時也會公然終止或廢除較早的經文,認為它們已經被較新的經文取代。這是因為穆罕默德不認為《古蘭經》是一份固定不變的啟示,而這可能也是他始終懶得授權把它編纂成一部經典的原因。對穆罕默德而言,《古蘭經》是一部活的經書,有意識地隨著溫瑪演變,時時都在做調整,以因應發展中公社的特殊需求。事實上,穆罕默德去世沒多久,人們就發展出一套完整的解經學,叫「古蘭經降示背景」(*asbab al-nuzul*),以判斷某個特定章節降示時的特定歷史條件。透過追溯啟示的變化,早期的《古蘭經》解經者得以製作出一份有用的經文編年表。而這份編年表再清楚也不過地指出真主像個慈愛的家長般栽培著溫瑪,一個階段一個階段地引導它,並在有需要的時候做些改變,從六一〇年的第一則啟示開始,到六三二年的最後一則為止。

當然,穆罕默德死後,也就不再有啟示。但這不表示溫瑪不再演變。反之,現在的穆斯林群體——有將近十五億人——跟穆罕默德遺留在七世紀阿拉伯的小小信仰公社幾乎沒有任何共同點。啟示也許是結束了,但《古蘭經》仍是一部活的文獻,也必須被當成活的文獻來看待。認為解釋《古蘭經》

時完全不該考慮歷史背景——適用於穆罕默德公社的東西也必定適用於往後所有的穆斯林群體——完全是個站不住腳的論點，不論從哪個角度看都是如此。

然而，傳統主義的傳承者還是成功打壓了大部分提倡改革的批評者，就算這些批評者是和他們平起平坐的人。一九九〇年代，開羅大學的穆斯林教授阿布—札伊德（Nasr Hamid Abu Zayd）說《古蘭經》雖由真主降示，但它卻是七世紀阿拉伯的文化產物，結果被埃及名校艾資哈爾大學（al-Azhar University）占多數的保守派烏拉瑪貼上異教徒的標籤，還強迫他跟他的穆斯林妻子離婚（結果夫妻倆一起逃離埃及）。知名的蘇丹法律改革者塔赫（Mahmoud Mohamed Taha，一九〇九—八五）說，在麥加和麥地那降示的《古蘭經》內容之所以會如此大異其趣，是因為它們針對的是非常特定的歷史受眾，所以也應該用這種角度詮釋，結果他遭到處決。

我們會發現，關於《古蘭經》與沙里亞的性質與作用的這場辯論根本沒有結束。事實上，許多當代穆斯林學者，例如索魯許（Abdolkarim Soroush）、拉馬丹（Tariq Ramadan）、安納伊（Abdullahi An-Na'im）、瓦度德（Amina Wadoud）、法德（Khaled Abou El Fadl），都在積極呼籲穆斯林社群重新開啟伊智提哈德之門，恢復《古蘭經》的理性注釋。然而，傳統主義派的主流地位還是持續給現代伊斯蘭世界法律與社會的發展與進步帶來破壞性的後果。

問題是，傳統主義者把沙里亞視為一套真主降示的神聖法律，不需要人類解釋也不需要歷史脈絡，這樣的觀點根本不可能符合現代立憲國家的需求，更遑論民主與人權的最低標準。然而，把沙里亞視為一部固定的、無關歷史的法典，這樣的看法雖然完全錯誤，卻不是傳統主義派論點的主要謬誤所在。我們已經知道，沙里亞的發展有它清晰的歷史脈絡，隨著特定的歷史條件演變，也跟世界各地所有文化的所有法典一樣，一樣深受社會、政治與經濟等因素影響，這是毋庸置疑的事。任何持反對意見的人不是對伊斯蘭的歷史完全無知，就是單純有妄想症。不，傳統主義者的主要謬誤還在於以下這個無法容忍的異端信念：一套法律傳統明明就是人為的，不斷在改變，建立在五、六個律法學派嚴重互相矛盾的解釋之上，而每個學派又各自倚賴南轅北轍的文本與史料，但你卻必須把這樣一套法律傳統視為神聖的、具有神性的。這樣的信念只有一個詞可以形容：「謝克」（混淆真主獨一性的大罪）。

沙里亞絕對不具神性，也不可能以任何方式被當成固定不變、不可能出錯的。如果說，因為沙里亞的首要法源是《古蘭經》，所以應當具有神性，那麼只要意識到《古蘭經》和《妥拉》不同，不是一部法律書，這個說法就不攻自破了。《古蘭經》是真主對人類直接的自我降示。沒錯，它確實包含了一個道德框架，教導穆斯林如何神聖正直地生活。但它從來都不具有法典的作用，所以學者在建構沙里亞的時候，才必須如此倚重《古蘭經》之外的法源，例如「伊智馬」（共識）、「格雅斯」（類比）、「伊斯提斯拉」（*istislah*，公眾利益）以及「伊智提哈德」（獨立進行的法律推理）——**本質上**，這些全都跟人類的判斷與歷史背景密不可分。說《古蘭經》是神聖的，所以沙里亞也是神聖的，就好比說水和酒是同樣的東西，因為酒的主要成分是水。

因此，如果想把沙里亞納入法律系統，現代伊斯蘭國家只有三種選擇。可以完全採用傳統主義者對沙里亞的解釋，既不嘗試讓它現代化，也不配合當代的法律與社會常態來調整它，例如沙烏地阿拉伯和塔利班政權底下的阿富汗就是如此。或是可以接受傳統主義派對沙里亞的觀點，說它是民法的合法法源，但除了關於家庭、離婚或繼承等最明顯的案例之外，完全不予採用，埃及和巴基斯坦就是這樣。或者，也可以嘗試透過一套全面的改革方法，將沙里亞的傳統價值與立憲主義及法治等現代原則融為一體，同時考慮它的歷史背景和它在人類手中的演進。除了伊拉克發展迅速的民主實驗之外，目前只有一個伊斯蘭國家認真考慮最後這個選項。

三十多年來，伊朗伊斯蘭共和國一直努力讓人民主權與神聖主權達到和解，企圖建立一個伊斯蘭國家，提倡多元主義、自由主義與人權，但同時又以明確的伊斯蘭道德框架為基礎。這是一場艱難、猛烈、至今尚未成功的奮鬥，而且一再脫軌，一方面是因為外力干擾，一方面則是因為自己國內的宗教與政治官員腐敗無能。伊朗的實驗最後能否成功，目前還無法斷言。不過，自從先知穆罕默德嘗試在麥地那建立一種新型社會以來，就不再有人嘗試過比這意義更重大的國族建構實驗。

當然，伊朗是個特例。伊朗的伊斯蘭理想明顯屬於什葉派，而從他們最初想把哈里發之位交還給先知家族的那場政治運動開始，到後來崛起成為伊斯蘭教中擁有自己獨特信仰與習俗的宗教派別，什葉派做事的方式向來很不一樣。

第七章

殉道者的足跡

從什葉主義到何梅尼主義

在伊斯蘭曆法希吉拉六十一年穆哈蘭姆月（Muharram）的第十天早晨（也就是公元六八〇年十月十日），先知穆罕默德的孫子胡笙・伊本—阿里（Husayn ibn Ali），也就是阿里黨實質上的領袖，最後一次踏出帳篷，越過遼闊乾枯的卡爾巴拉（Karbala）平原望著包圍他營地的敘利亞大軍。這些是伍麥亞家族哈里發雅季德一世（Yazid I）的人馬，幾週前從大馬士革發兵，奉命在胡笙等人抵達庫法之前攔截他們，因為庫法人正醞釀要叛變，等著胡笙到來。

敘利亞軍隊在卡爾巴拉圍剿了胡笙十天。一開始，他們想靠騎兵攻破營地。但胡笙預測到這場襲擊，因此把帳篷搭在一群山丘附近，保護好後方。接著他在營地的三個方向挖了一道半圓形的壕溝，在裡頭裝滿木柴，點火燃燒。胡笙把人馬集結在這圈半月狀的火牆中央，命令他們以整齊緊密的隊形跪著，長矛指向外側，這樣當敵軍的馬匹靠近時，火焰就會迫使他們擠進陷阱的入口。

這個簡單的策略讓胡笙勢單力薄的軍隊得以抵抗哈里發的三萬大軍長達六天之久。但到了第七天，敘利亞軍就改變了戰術。他們不再試圖衝進營地，而是改變戰線，擋在幼發拉底河的河岸上，截斷了胡笙的水源。

這時候不用再作戰了。哈里發的士兵高高坐在穿戴著盔甲的戰馬背上，卻不對胡笙發動攻擊。他們的劍收在鞘內，弓箭背在肩上。

胡笙的營地已經斷水三天。那些還沒死的人，現正緩緩地、痛苦地渴死。地面上屍橫遍野，包括胡笙十八歲的兒子阿里・阿克巴（Ali Akbar）和他十四歲的姪子卡西姆（Qasim）——他哥哥哈珊的兒子。當初和胡笙一起從麥地那出發、想到庫法召集軍隊對抗雅季德的七十二名同伴中，只有女人和幾個孩子活了下來，另外還有一個男人：胡笙唯一還活著的兒子阿利（Ali），但他正躺在女人的帳篷裡，垂死掙扎。其他所有人都就地埋葬，身體包在裹屍布裡，頭朝向麥加。清風吹拂著他們的淺掘墳墓，把腐敗的惡臭吹過平原。

孤立無援、筋疲力盡、身負重傷的胡笙在帳篷入口不支倒地：有一支箭的箭頭在他手臂上埋得很深，他的臉頰還被一支飛鏢射中。他口乾舌燥，因為失血過多而頭暈目眩。他擦掉眼睛周圍的汗水，低下頭，試圖忽略隔壁帳篷裡傳來的女人哭聲：他們剛剛埋葬了他還在襁褓中的幼子。當胡笙抱著孩子爬上山坡去乞求敘利亞軍隊給點水時，一支箭射入了孩子的脖子。她們的痛苦對他造成的傷害比任何箭都深，但也堅定了他的決心。如今已經沒什麼事好做了，只能完成他從麥地那出發時想要完成的任務。他集中所有殘存的力氣，才終於從地上爬起。他必須站起來對抗哈里發的不公與暴政，即使這意味著得犧牲自己的性命——尤其這意味著得犧牲自己的性命。

他站起身，將血淋淋的手舉向天空，開始禱告：「我們為真主而活，也必將回歸真主。」

胡笙一手拿著《古蘭經》、一手拿著劍，騎上他的駿馬，駕馬迎向距離他只有幾百公尺遠的敵陣。他俐落地朝馬腹上一踢，隨即勇猛地衝向敵人，左右揮舞著長劍，一邊喊著：「看見法蒂瑪的兒子是怎麼作戰的嗎？看見阿里的兒子是怎麼作戰的嗎？看見哈須彌氏族在挨餓受渴了三天之後是怎麼作戰的嗎？」

敘利亞騎兵一個接一個被他砍死，直到他們的將軍胥姆爾（Shimr）命令軍隊重整陣容，從四面八方包圍胡笙。有人用長矛把他從馬背上打了下來。他遭馬匹踐踏，抱著頭倒在地上，痛苦地扭動著。胡笙的妹妹札依娜卜（Zainab）從帳篷裡衝出來，想幫他一把。但胡笙喊著要她留在原地。「回帳篷去，妹妹！」他大嚷，「我已經沒救了。」

最後，胥姆爾命令敘利亞騎兵收手。士兵圍捕營地裡的倖存者時，將軍跳下馬，站在遍體鱗傷、倒地不起的胡笙旁邊。「懺悔吧，」胥姆爾說，「該送你上路了。」

胡笙翻過身去，直視著他的處決者。「噢慈悲的真主啊，請赦免我祖父的子民的罪孽，」他呼喊道，「並慷慨地賜予我為眾人代禱的寶貴鑰匙……」

先知的孫子還來不及祈禱完，胥姆爾就高高舉起長劍，迅速往下一揮，俐落地砍下了胡笙的腦袋。他把胡笙的頭顱掛在長矛上帶回大馬士革，準備用金色的盤子盛著，當作禮物獻給伍麥亞家族的哈里發。

阿里在六六一年被殺後，庫法的阿里黨殘存成員選了他的長子哈珊繼承哈里發之位。但庫法是個分裂孤立的城市，阿里的支持者寥寥無幾、散落各地。由於穆阿維亞已經在耶路撒冷自命為哈里發，大馬士革的霸權也在穆斯林土地上繼續擴張，哈珊的盟友根本不可能跟敘利亞軍隊爭奪穆斯林社群的控制權。

但儘管人數稀少，阿里黨卻還是個很有影響力的派系，尤其是在原本受薩珊王朝統治的伊朗人之間。因為在他們眼中，先知家族是阿拉伯民族至上的伍麥亞家族以外的替代選項。阿里黨對麥加人和麥地那人也頗具影響力，這兩個地方的人對先知的記憶猶新，所以不論政治立場如何，都會不由自主地在他的孫子哈珊和胡笙臉上看見穆罕默德的神韻。因此當哈珊跟穆阿維亞求和、協議暫時停火時，穆阿維亞很快就接受了。

為避免哈須彌氏族和伍麥亞氏族之間的另一場內戰，這兩個男子簽訂了一份協議，將領導權交給穆阿維亞。但雙方也同意，穆阿維亞死後，哈里發之位就算不一定會明確交還給穆罕默德家族，也至少將由穆斯林公社的集體意志來決定。這項協議讓兩個男子都受惠。它讓哈珊有機會重整阿里黨的陣容，不怕被敘利亞軍隊消滅，也讓穆阿維亞取得了他從開始追逐哈里發之位以來就一直在追求的正當性。

大馬士革做為穆斯林首都的地位既已穩固，穆阿維亞便展開一連串的改革，旨在強化與集中他身為哈里發的權威。他利用敘利亞正規軍的壓倒性力量，統合了分散在穆斯林領土各個屯駐地的軍隊。接著又強迫此前從來不認為自己是溫瑪一分子的游牧部族遷移到遙遠的鄉村定居，藉此拓展了帝國的勢力範圍。就連最遙遠的穆斯林省分，他都重新指派他的親屬前去擔任阿米爾——其中有很多是先前被阿里革去職位的人——以維持自己跟這些地方的聯繫。但他也嚴格監督他們，以杜絕在他的堂哥伍斯曼統治期間屢見不鮮的貪汙腐敗與混亂失序。為了保住職位，穆阿維亞的阿米爾兢兢業業地徵收稅金、上繳到大馬士革，哈里發再用這些錢來打造一座阿拉伯部族從前完全想像不到的壯麗首都。

雖然穆阿維亞採用了伍斯曼帶有宗教色彩的頭銜——「哈里發．阿拉」，而且砸了很多錢在宗教學者和《古蘭經》朗誦家的機構上，但他也為伍麥亞家族立下先例，不再直接干預烏拉瑪的神學與律法爭議。不過，穆阿維亞也和他的老祖宗古賽伊一樣，看出卡巴有助讓政權取得宗教合法性。因此他從哈須彌氏族手中買下了這座麥加聖殿的照管權，為朝聖者提供住處和飲水。

穆阿維亞以大馬士革為中心進行統治，以一支機動性強、紀律嚴明的軍隊鞏固自己哈里發的地位（更別提他還有一支強大的艦隊，替他征服了遠至西西里島的領土），進而成功地把阿拉伯世界各個不同區域都收歸旗下，開啟了穆斯林領土的大擴張時代。但雖然穆阿維亞在作風上與行為上，都非常努力地想把自己塑造成一個無所不能的部族謝赫，而不是一個穆斯林國王的樣子，他集權專制的統治手法卻無疑是在刻意仿效拜占庭和薩珊等帝國。因此，將哈里發制完全轉型成君主制之後，穆阿維亞做了任何國王都會做的事：把他的兒子雅季德（Yazid）立為繼承人。

由於雅季德在卡爾巴拉對先知的家族幾乎是趕盡殺絕，也難怪傳統說法對他都沒什麼好評價。這位穆阿維亞的繼承人一直被描寫成一個沉迷女色、放蕩行事的酒鬼，相較於管理國事，他還更喜歡跟他的寵物猴子玩。雖然把這位新哈里發說成這樣也許有點不公平，但事實是，打從繼位的那一刻起，雅季德的名聲就已經決定了。因為他一繼位，就代表統一於真主下的公社確定終結，而第一個穆斯林帝國（也是阿拉伯帝國），則毫無疑問地開啟了。

這就是庫法起而反抗的原因。庫法是個屯駐地，滿是被解放的奴隸與非阿拉伯裔的穆斯林士兵（主要是伊朗人），阿里在他短暫而動盪的哈里發任期內曾以庫法為首都，因此這裡也就成了反伍麥亞情緒的聚集地。這種反對情緒充分反映在阿里黨的異質組成上，因為除了痛恨伍麥亞氏族、相信只有先知的家族能讓伊斯蘭教恢復原本的正義、虔誠與平等主義理想之外，這些人實在沒有什麼共同點。

前面已經提過，阿里黨原本希望由阿里和法蒂瑪的長子哈珊來擔任他們的新領袖。但哈珊在六六九年去世後（他的同伴認為他是被毒死的），他們的期望就落到了阿里的次子胡笙身上。胡笙不像哥哥那樣討厭政治與鬥爭，他是個天生的領袖，能讓追隨者對他死心塌地。哈珊死後，阿里黨就再三催促胡笙，要他立刻起來反抗穆阿維亞，就算要他們肝腦塗地也在所不惜。但胡笙拒絕破壞他哥哥和哈里發達成的協議。

他在麥地那耐心等待了十一年，一邊教書、布道、守護家族的遺產，一邊等著哈里發去世。十一年來，他都忍受著屈辱，必須聽人公開咒罵他的父親阿里，因為穆阿維亞規定帝國境內的每一個布道者都得這麼做。穆阿維亞終於在六八〇年去世，而沒過多久，庫法的人就傳來一個訊息，央求胡笙到他們的城市去，帶領他們反抗暴君的兒子。

雖然胡笙等這個消息已經等了好多年，但他還是有所遲疑，因為他太瞭解庫法人有多善變、不團結，他不想把自己的命運交到他們手中。他也看出，集結一票心懷不滿的伊拉克人來對抗哈里發的敘利亞軍隊是徒勞無功的事。但同時他又無法忽略自己身為先知孫子的職責：必須起而反抗在他看來已經壓迫到他所屬群體的非法統治者。

雅季德也看出胡笙是個威脅，於是命令胡笙去晉見他在麥地那的阿米爾瓦里德（Walid），宣誓效忠大馬士革。這時，胡笙就別無選擇了。但當胡笙去見瓦里德和他的助手瑪爾萬的時候（就是當年替伍斯曼出了一大堆餿主意、幾年後還會竄奪伍麥亞家族哈里發之位的那個瑪爾萬），他採取拖延策略，宣稱自己既然是穆罕默德氏族的代表，就應該在公開場合宣誓效忠，更能展現對哈里發的忠心。瓦里德表示同意，讓他離去。但瑪爾萬可沒被騙。

「如果讓胡笙離開，你就永遠抓不到他了，」他告訴瓦里德。「要不叫他現在就宣誓效忠，要不就把他殺了。」

瓦里德還來不及按照瑪爾萬的建議行事，胡笙就匆匆召集了族人，帶著一小群支持者朝庫法出發。他終究沒能抵達庫法。

發現胡笙想要興兵反抗的計畫後，雅季德就派兵前往庫法，逮捕並處決反叛領袖，確保庫法的人民知道任何為胡笙召集支持者的行動都會被迅速而無情地敉平。這個威脅發揮了效用。早在胡笙和他的追隨者在庫法南方不過幾公里處的卡爾巴拉被攔截之前，起義就已經被平定了。胡笙料得沒錯：庫法人拋下了他，任他自生自滅。然而，即便獲知起義失敗的消息，即便已經被那些要求他前來領導的人拋棄，胡笙還是繼續朝庫法與死亡邁進。

卡爾巴拉事件撼動了穆斯林世界。屠殺過後，雅季德的軍隊刻意帶著倖存者在庫法遊街示眾，包括胡笙僅存的兒子阿利（他已經虛弱到得綁在駱駝背上），以此警告胡笙的支持者。當胡笙的腦袋被展示出來時，庫法人大聲哀嚎、捶胸頓足，咒罵自己背叛了先知家族。但就連那些極力反對哈須彌氏族領導的派系，也對哈里發的示威之舉感到驚駭。人們說，這畢竟是真主使者的家人啊，怎麼可以讓他們挨餓受渴，然後像牲畜一樣屠殺呢？

帝國境內幾乎立刻叛亂四起。哈里哲派的殘存派系怒斥雅季德為異教徒，接著自立政權，一個位在伊朗、一個位在阿拉伯半島。在庫法，人們以伊本—哈納菲亞（Muhammad ibn al-Hanafiyyah，阿里之子，但不是法蒂瑪所生）之名發動了一場短暫但血腥的叛亂，為卡爾巴拉的屠殺事件復仇。在麥加，伊本—祖拜爾（Abd Allah ibn al-Zubayr，也就是先前那位跟塔哈與阿伊夏一起在駱駝之戰中對抗阿里的祖拜爾的兒子）則召集了一支軍隊，自命為「信道者的指揮官」。輔士也火速效法伊本—祖拜爾，宣告脫離大馬士革獨立，並在麥地那選出自己的領導者。

面對這些叛亂，雅季德的處理方式是讓他的大軍傾巢而出。在他的命令下，敘利亞軍隊包圍了麥加和麥地那，還準備了巨大的投石機，不分青紅皂白地對居民投擲火球。在麥加，火勢迅速蔓延到卡巴，將聖殿燃燒殆盡。火災終於結束時，兩座聖城都成了廢墟。麥地那立刻投降，對雅季德宣誓效忠。但還要再等十年，伍麥亞家族才在阿布杜—馬立克（Abd al-Malik）哈里發的統治下一舉擊敗伊本—祖拜爾的軍隊，恢復在大馬士革的絕對統治權。

伍麥亞王朝的哈里發不知道的是，在此同時，帝國境內正悄悄發生一場重要得多的革命：這場革命爭取的不是政治權力，而是對穆斯林信仰本質的主控權。卡爾巴拉事件過後四年，也就是公元六八四年，有一小群自稱「拓瓦班」（*tawwabun*，「懺悔者」）的庫法人在大屠殺發生的地點聚集。他們把臉塗黑、把衣服扯破，哀悼著胡笙一家之死。這是一場低調的非正式聚會，不只是為了向胡笙致敬，也是一種悔過之舉，因為他們當年沒有援助胡笙對抗伍麥亞家族的軍隊。懺悔者聚集在卡爾巴拉是為了公開承認他們的罪過，而集體哀悼則是他們贖罪的方式。

雖然在大部分的美索不達米亞宗教裡，包括祆教、猶太教、基督教和摩尼教，用哀悼的方式來懺悔自己的罪孽是很常見的習俗，但在伊斯蘭教裡，這卻是前所未見的現象。事實上，在後來形成的那個新宗教傳統中，懺悔者在卡爾巴拉的集體哀悼行為是最早有文字記載的儀式。簡而言之，卡爾巴拉事件的相關記憶慢慢地把阿里黨從一個旨在將公社領導權交回先知家族手中的政治派別，變成伊斯蘭教裡一個完全獨立的宗教派別：**什葉派**。這個宗派是建立在正直信道者的理想之上，他們追隨著卡爾巴拉殉道者的腳步，寧願犧牲自己，也要爭取正義、對抗壓迫。

在宗教史上，卡爾巴拉懺悔者的行為之所以與眾不同，是因為這些行為讓我們得以一窺儀式（而

非神話）如何塑造信仰。探討什葉派的發展時，一定要將這個重點謹記在心。如同霍姆（Heinz Halm）所指出的，促成什葉派的誕生不是「服膺教義的信仰宣言」，而是「舉行儀式的過程」，這些儀式都是以卡爾巴拉神話為中心發展出來的。一直等到這些儀式在幾百年後被正式化之後，什葉派神學家為了替這個早已發生的新宗教運動奠定神學基礎，才重新檢視與詮釋它們。

卡爾巴拉成了什葉派的伊甸園。在這裡，人類的原罪並不是違抗上帝，而是背叛真主的道德原則。一如早期的基督徒在面對耶穌的慘死時，把釘十字架重新解釋成一種有意識的、永恆的、自我犧牲的選擇，什葉派的人也宣稱胡笙的殉道是個有意識的、永恆的決定。什葉派說，早在胡笙還沒出生前，卡爾巴拉事件就已經透過神蹟被揭示給亞當、諾亞、亞伯拉罕、摩西、耶穌、穆罕默德、阿里和法蒂瑪知道。他們指出，胡笙知道自己無法推翻哈里發，但他還是選擇前往庫法，想為自己的原則與往後的世世代代犧牲自己。胡笙領悟到，光靠武力並無法恢復由穆罕默德家族統治一個團結公社的景象，因此計劃了「一場基於穆斯林公社意識的徹底革命」——引用賈福里（Husain Jafri）的說法。知名什葉派神學家阿布杜勒—阿濟茲（Shah Abdul Aziz）認為事實上胡笙的自我犧牲，其實是亞伯拉罕差點犧牲自己長子以實瑪利的故事的合理結局——那場犧牲並不是被撤銷，而是被**延後**了：胡笙在卡爾巴拉事件中自願履行了它。因此什葉派認為，胡笙的殉道之舉完滿了始自亞伯拉罕、由穆罕默德再揭示給阿拉伯人的宗教。

什葉派以卡爾巴拉事件解釋方式為基礎，發展出一種透過犧牲來贖罪的獨特伊斯蘭神學，這在正統（或遜尼派）伊斯蘭教裡是非常陌生的。「為胡笙流下一滴淚，就能洗去上百個罪，」什葉派這麼說。這個概念叫「阿札」（*'aza*），「哀悼」的意思，在八世紀中葉什葉派權威人士把儀式正式化後有了完備的表達形式，且直到今日都是什葉派信仰主要典儀的組成部分。

每年，在穆哈蘭姆月的前十天，什葉派都透過哀悼集會來紀念胡笙的殉道，這些活動又在第十天（「阿舒拉節」，Ashura）達到高潮。會有名叫「札基爾」（*zakir*）的宗教專家朗誦殉道者的故事，人們還會拿著穆罕默德家族的神聖遺物在街坊間哀悼遊行。但穆哈蘭姆月典禮中，最著名的儀式可能是什葉派的受難劇（*ta'ziyeh*，「塔吉葉」），劇中鉅細靡遺地重現卡爾巴拉事件，此外還有送葬般的遊行隊伍（*matam*，「馬塔姆」），參與者會以一種有節奏、幾乎像在誦經的方式捶打胸口以示懺悔，或是用鍊條鞭打自己的背部，同時高喊哈珊和胡笙的名字，直到街上全是他們的鮮血。

但撇開表面不談，什葉派的鞭笞儀式跟某些基督教派的類似儀式並沒有什麼共同點。這種鞭笞儀式並不是出於虔誠而自殘的個人行為。這種儀式也跟印度教某些禁欲教派的自我犧牲儀式不同，因為對那些教派而言，痛楚是轉移意識的一種方式。幾乎每一個穆哈蘭姆月典禮的客觀觀察者都寫過，馬塔姆無意造成身體上的疼痛：這個行動訴求的是集體親眼見證，而不是一種懲罰罪孽的手段。能夠帶來救贖的不是痛楚，而是自願為胡笙流下的鮮血與眼淚。因為這個緣故，在許多大城市，由於宗教與政治官員都不贊同什葉派的自殘遊行，因此已經有人發起一場積極的運動，讓行動捐血車跟在遊行者後面，想用安全的、有人監督的捐血活動來取代自我鞭笞的儀式。

對什葉派人士而言，穆哈蘭姆月的儀式代表一種道德抉擇，這些儀式是一種公開的宣言。借用一位參與者的話來說：「假如我們當年在卡爾巴拉，我們一定會和〔胡笙〕並肩作戰，揮灑熱血，跟著他一起死。」或許同樣重要的是，這些儀式也具有宣教的作用。另一位參與者這麼對皮諾特（David Pinault）解釋：「我們進行馬塔姆不只是為了紀念胡笙，我們也用這種方式告訴大家，我們是什葉派。」

大部分遜尼派的人都將這些儀式性的虔誠表現斥為「比達」（*bid'a*），也就是「宗教創新」的意思，遜尼派的所有學派都大力反對這樣的創新。但真正讓遜尼派惱怒的並不是穆哈蘭姆月參與者的行為，而是這些儀式所暗示的事：根據十六世紀《古蘭經》學者卡西菲（al-Kashifi）的說法，「任何人只要為胡笙哭泣，或陪著那些為胡笙哭泣的人一起哀悼」，就能獲得天堂的獎賞。這就是什葉派和遜尼派之間的最大歧異。什葉派認為，想獲得救贖，必須透過穆罕默德、他的女婿阿里、他的孫子哈珊與胡笙，以及先知其他正統繼承人——**伊瑪目**——的代禱；伊瑪目不只會在審判日擔任人類的代禱者，也是神聖天啟永遠的執行者。

伊瑪目這個字具有多重意義。在遜尼派伊斯蘭教裡，伊瑪目只是站在清真寺前帶領會眾禱告的人。什葉派雖然有時也會用這個字來指他們的宗教領袖，但他們認為伊瑪目的人數是「固定」的，至於這個數字是多少，則視什葉派內的不同學派而定。在他們眼裡，伊瑪目身為先知的正統繼承人，還背負著守護並保存穆罕默德神聖訊息的責任。伊瑪目和哈里發不同，哈里發（至少理論上）是由穆斯林社群共同推舉出來的政治領袖，但伊瑪目代表的是先知穆罕默德的精神權威，由真主選定且生而注定。遜尼派的哈里發只能自稱是穆罕默德在人間的代治者，但什葉派的伊瑪目雖然沒有任何實質的政治權力，卻天生具有先知活生生的靈魂，因此被認為擁有一種精神權威，凌駕於任何世俗統治者之上。

根據知名什葉派神學家塔巴塔巴伊（Allamah Tabataba'i）的說法，伊瑪目的存在至關重要，因為必須有人為人類闡明神聖訊息的意義——而且光是闡明還不夠，還要保存與更新才行。由於人類無法自行認識真主，伊瑪目便成為每個時代、每個社會的必要角色。所以，除了繼承穆罕默德世俗權威的那一群「固定的」伊瑪目之外，還必須有一位「始終存在」或「預先存在」的伊瑪目才行，此人身為天啟的永恆守護者，是「真主在人間的證據」。因此，第一位伊瑪目既不是穆罕默德也不是阿里，而是亞當。儘管伊瑪目與先知的職責偶爾會存在於同一個人身上，但這兩種身分的不同之處主要在於意識層面。什葉派說，先知是經由神意逐漸意識到真主永恆訊息的人，這個訊息永遠籠罩著萬物，像一片我們無法逃離的神聖蒼穹。伊瑪目則負責為世人解釋這個訊息，因為凡人既不具備識別這個訊息所需的先知意識，也不具備理解它的理性能力。換言之，先知負責**傳遞**真主的訊息，伊瑪目則負責將訊息**翻譯**給人類知道。

根據什葉派的說法，先知與伊瑪目之間的這層關係在整部先知史上都能看到。亞伯拉罕或許從上帝那兒收到了聖約，但履行它的卻是他的伊瑪目——以撒和以實瑪利。摩西也許揭示了神聖的法典，但將它帶往承諾之地的卻是亞倫。耶穌或許傳播救贖，但建立教會的卻是彼得。同樣的，穆罕默德

「眾先知的封印」——或許對阿拉伯人揭示了真主的訊息，但執行訊息的責任卻是落在他的正統繼承人阿里身上。因此什葉派的信仰宣言是：

「萬物非主，唯有真主。穆罕默德是主的使者，阿里是主的執行者（*wali*，「瓦利」）。」

身為執行真主神意的人，伊瑪目也和先知一樣，是不可能犯錯且高潔無罪的，因為如一位什葉派神學家所言，「罪孽會摧毀真主召喚的有效性。」什葉派因而發展出以下觀點：伊瑪目並不像一般人是用塵土，而是用永恆之光創造出來的。此外，人們認為伊瑪目保存著一份祕傳知識，前一任伊瑪目會透過某種神祕的意識轉移，將它傳給下一位伊瑪目。這份祕傳知識包括如何守護密藏書籍，例如《法蒂瑪之書》（*The Book of Fatima*），這本書描述了加百列在穆罕默德死後對法蒂瑪降示的事。同時，伊瑪目也知道真主的祕密名字，也只有他們具備所需的精神引導，可以揭示穆斯林信仰的內在真理。

正是這種精神引導賦予了伊瑪目解釋《古蘭經》的專屬權。什葉派認為，《古蘭經》裡包含了兩種不同的訊息，是為兩種不同的受眾準備的。《古蘭經》顯現於外的訊息（*zahir*，「札希爾」）清楚明白，所有穆斯林都可以透過前一章提過的「塔夫西爾」（傳統的《古蘭經》解經法）取得。但只有伊瑪目可以正確地運用「塔威爾」（揭發《古蘭經》背後的奧義）來找出《古蘭經》隱藏於內的訊息（*batin*，「巴丁」）。雖然遜尼派伊斯蘭教裡也有塔夫西爾與塔威爾之分，但什葉派認為，由於天啟的來源超出了人類的理解範圍，因此**整本**《古蘭經》都是只有伊瑪目才能闡明的符號與隱喻，因為只有他們的精神夠完美。用第八位伊瑪目里達（Ali ar-Rida）的話來說，唯有能將《古蘭經》的內隱經文和外顯經文對應起來的人，才有資格「引導眾人走上正道」。

什葉派將塔威爾解經法擺在第一位，對早期的什葉派人士而言有很大的好處，因為他們亟欲找出可以把他們獨特的信仰與習俗正當化的經文出處，好建立起自身與穆罕默德之間的關係。當然，這是所有想跟自己母教連上關係的宗派運動的常用策略。例如，早期的基督徒其實只是相信彌賽亞已經到來的猶太教徒，他們翻遍《希伯來聖經》，找出暗指耶穌的地方，以便將他們的宗派跟猶太教連上關係，並讓他們的彌賽亞符合《希伯來聖經》裡多不勝數且往往互相矛盾的救世預言。同樣的，什葉派也翻遍《古蘭經》，結果發現只要透過塔威爾解經法進行正確的解讀，裡頭其實有大量的經句都在暗暗傳達關於伊瑪目的永恆真理。可以看看下面這段《古蘭經》經文，又叫「光之頌」：

真主是天地的光明，
祂的光明像一座燈檯，那座燈檯上有一盞明燈，
那盞明燈在一個玻璃罩裡，那個玻璃罩彷佛一顆燦爛的明星，
用吉祥的橄欖油燃著那盞明燈；
它不是東方的，也不是西方的，
它的油，即使沒有點火也幾乎發光——光上加光——
真主引導祂所意欲者走向祂的光明。

真主為眾人設了許多比喻，真主是全知萬事的。

（24:35，馬堅譯本）

根據第六位伊瑪目賈法爾的說法，這些精雕細琢的語句隱藏著一個真主傳給什葉派的訊息。賈法爾說，真主的光其實就是穆罕默德，光存放在玻璃罩裡，指的其實是就是穆罕默德傳給伊瑪目阿里的先知知識，因為阿里「既不是〔東方的〕猶太教徒，也不是〔西方的〕基督徒」。而就像神聖的油沒有點火也熠熠生輝，神聖的知識也從伊瑪目口中流洩而出，「即便開口的不是穆罕默德。」

「光上加光！」《古蘭經》這麼說。

「從伊瑪目到伊瑪目！」賈法爾這麼回答。

繼穆罕默德之後，第一位「固定的」伊瑪目顯然是阿里，接著則分別是他的兒子哈珊與胡笙。第四位伊瑪目是胡笙在卡爾巴拉事件後唯一倖存的兒子阿利（又名宰因．阿巴丁，Zayn al-Abadin），他在大馬士革被囚禁了幾年之後，終於得以返回麥地那。阿利．宰因．阿巴丁之位在公元七一二年由他的兒子巴齊爾（Muhammad al-Baqir，卡爾巴拉事件發生時只有四歲）繼承，但什葉派中有一小群人拒絕承認巴齊爾是第五位伊瑪目，選擇追隨阿巴丁的另一個兒子，柴德（Zayd ash-Shahid）。這個派系正式脫離了什葉派的主體，成為柴德派（Zaydis）。

什葉派大多數人都接受了巴齊爾，接著巴齊爾又傳位給兒子賈法爾。身為第六位、同時也是最有影響力的一位伊瑪目，賈法爾將卡爾巴拉的儀式正式化，並建立了什葉派主要法學派的原則。這個學派叫賈法里學派（Jafari），跟遜尼法學派有所不同：首先，賈法里學派承認的是另外一套不同的聖訓，裡面涵蓋了穆罕默德以及伊瑪目們的故事，第二則是賈法里學派熱烈擁抱「伊智提哈德」（獨立進行法學推理），把它當作什葉派法學的主要法源之一。

有很多年時間，關於「穆智臺希德」（*mujtahid*，運用伊智提哈德的人）究竟能不能單憑理性推測來進行權威性的法律決策，什葉派內部也意見紛歧。例如，阿克巴里學派（Akhbari）就完全拒絕使用伊智提哈德，要求烏拉瑪只能以先知與伊瑪目的傳統做為法律決策的基礎。但阿克巴里學派的競爭對手烏蘇里學派（Usuli）卻大力支持在伊斯蘭法學的形成過程裡使用伊智提哈德，並因此成為什葉派的主流學派。直到今日，什葉派的法律依然維持這樣的信念：「凡是理性要求之事，必定也是宗教要求之事」，引用當代什葉派法學者莫達雷西（Hossein Modarressi）的話。

如今什葉派世界的穆智臺希德已經多不勝數，而只有學識最頂尖、擁有最多門徒的學者可以繼續行使伊智提哈德。階級最高的穆智臺希德叫「阿亞圖拉」（*ayatollah*，「真主的象徵」之意），他們的門徒都必須服從他們的抉擇。今日位高權重的阿亞圖拉寥寥無幾——主要都在伊朗和伊拉克，但他們在什葉派世界的宗教與政治權威是非常驚人的。我們會發現，正是這種權威讓阿亞圖拉何梅尼得以操控社會、政治與經濟力量，在一九七九年發起伊朗革命。

賈法爾於七五七年去世，據稱是被毒死的，但每一位伊瑪目只要不是被遜尼派官員公然殺害，就會有人說他是被毒殺的。賈法爾去世前就已經任命長子伊斯瑪儀（Ismail）為第七任伊瑪目。但伊斯瑪儀卻比父親早死，因此改由次子穆沙（Musa al-Kazim）取而代之。雖然什葉派大多數人都同意穆沙是受到真主引導的社群領導者，但還是有些人對這明顯的「換人」一事感到困擾。他們問：伊瑪目不是神授的職位嗎？賈法爾身為不可能犯錯的伊瑪目，怎麼可能選出錯的繼位者呢？最後，在神學壓力的迫使下，這個派系只好辯稱伊斯瑪儀其實沒有死，只是跑去一個屬靈的世界「隱遁」了，而他會在末日歸來，那時他將不再是伊瑪目伊斯瑪儀，而是在伊斯蘭教中名為「馬赫迪」（*Mahdi*）的救世主。

伊斯瑪儀的追隨者稱為「伊斯瑪儀派」（Ismailis），又叫「七伊瑪目派」（因為他們認為馬赫迪到來前只有七位伊瑪目），但他們並不是最早提出「穆斯林救世主」這個概念的人。**馬赫迪**一詞原本是「蒙受真主引導者」之意，從伊斯蘭時代開啟之初就不時被當作一種尊稱使用，例如穆罕默德就曾被稱為「馬赫迪」，阿里和他的兩個兒子哈珊與胡笙也是。卡爾巴拉屠殺事件後，伊本—祖拜爾和伊本—哈納菲亞在反抗伍麥亞王朝的過程裡也都曾被稱為馬赫迪，雖然他們最後都沒有成功。然而，伊斯瑪儀派卻是第一個把馬赫迪這個概念當成主要信條的伊斯蘭宗派。儘管如此，還是必須等到什葉派最大派系（稱為「十二伊瑪目派」，因為他們一路追隨穆沙的血脈到第十二、也就是最後一位伊瑪目）也接受了馬赫迪信條，一套以「隱遁的伊瑪目」為中心、專屬於伊斯蘭教的末世論才真正發展出來；這位「隱遁的伊瑪目」離開俗世、進入了一個至高無上的境界，等著在審判日歸來，恢復人間的秩序。

由於《古蘭經》裡沒有提及馬赫迪，穆斯林只好在聖訓裡尋找關於「隱遁的伊瑪目」再次歸來的訊息。不令人意外的是，隨著地理位置與政治立場不同，這些傳統說法也大異其趣。例如在敘利亞，伍麥亞王族掌握了宗教與內政事務，所以聖訓就堅稱馬赫迪會是古萊須家族的人。但在什葉派的權力中心庫法，聖訓則堅稱馬赫迪會是穆罕默德和他女婿阿里的直系後裔，而他重返人間的第一項任務，當然就是為卡爾巴拉的屠殺事件復仇。有些傳統說法預言，馬赫迪到來之前會有徵兆出現，例如內戰、假先知、地震，以及伊斯蘭律法的廢止。根據十四世紀歷史學家與哲學家伊本—赫勒敦（Ibn Khaldun）的說法，馬赫迪會走在耶穌的正前方，再不然就是兩位救世主一起降臨人間，合力殺死敵基督。

就在馬赫迪信條開始成為什葉派的主流時，遜尼派的宗教學者則愈來愈迴避這個議題。遜尼法學派公開批評對馬赫迪的信仰，企圖壓抑這種神學觀念，因為它正快速成為一種會破壞政治秩序的東西。遜尼派也確實很有理由擔心。阿拔斯王朝之所以能推翻伍麥亞王朝，有一部分是因為他們迎合了什葉派對救世主的期待。事實上，阿拔斯王朝的第一位統治者給自己冠了個救世主的頭銜：「薩法赫」（*as-Saffah*，「慷慨者」之意）。他被稱為「哈須彌的馬赫迪」（Mahdi of the Hashimis）。阿拔斯王朝的第二任哈里發則自稱「曼蘇爾」（*al-Mansur*，馬赫迪的另一種說法，也代表救世主），而第三任則直接自稱「馬赫迪」，清楚地把自己跟預言中的復興者畫上等號。

伊瑪目穆沙之後就是第八位伊瑪目里達（Rida），他擔任伊瑪目的時候，剛好就是著名的阿拔斯領導者拉希德擔任哈里發的時候。伊瑪目里達在公元八一七年去世，職位由他兒子塔齊繼承（Muhammad Taqi），有時又被稱為伊瑪目賈瓦德（Imam Jawad）。到了這個時候，由於害怕伊瑪目會成為政治對手，阿拔斯王朝哈里發（本身也是什葉派）對什葉派伊瑪目的敵意已經強烈無比。因此第十位與第十一位伊瑪目——分別是伊瑪目哈迪（Imam Hadi）與伊瑪目阿斯卡里（Imam Askari）——在擔任伊瑪目的整個期間，幾乎都被關在阿拔斯家族的監牢裡。當第十二位、也是最後一位伊瑪目伊本—哈桑（Muhammad ibn Hasan）於公元八六八年在薩馬拉（Samara）誕生時，什葉派認為最好是把他偷偷送走，不讓他曝光。於是，人稱伊瑪目馬赫迪（Imam Mahdi）的第十二位伊瑪目進入隱遁狀態（*ghayba*），什葉派十二伊瑪目派的人預期他會在末日帶著和平與正義重返人間。

由於人間已經不再有伊瑪目，什葉派進入了一段漫長的政治寂靜主義與「謹慎偽裝」時期，稱為「塔基亞」（*taqiyyah*）。此外因為直接行使政治權力免不了會侵奪馬赫迪的神授權威，所以在伊瑪目歸來之前，所有的政府都被視為不正當的。所以，什葉派烏拉瑪的角色被降格成只是馬赫迪的代理人，也就是伊朗學者薩切地納（Abdulaziz Sachedina）口中的「活的傳述鏈」：由人組成的傳遞鍊，可以追溯到「隱遁的伊瑪目」身上。

這不代表沒有什葉派的政府出現。在一五〇一年，有個名叫伊斯梅爾（Ismail）的十六歲總督征服了伊朗，自立為王，是薩非帝國（Safavid Empire）的第一位「沙赫」（*Shah*，國王之意）。伊斯梅爾將十二伊瑪目派的什葉伊斯蘭教立為正式的伊朗國教，並且發動一場殘酷的吉哈德，討伐自己國內與鄰國鄂圖曼帝國的遜尼派。幾年後，這場吉哈德被鄂圖曼帝國蘇丹薩立姆一世（Salim I）給終結了，但儘管這場敗仗遏止了伊斯梅爾對鄂圖曼領土的侵略，伊朗本身卻是永遠地改變了。

面對那些堅持只要「隱遁的伊瑪目」仍缺席，什葉派國家就不具有正當性的主張，沙赫伊斯梅爾完全不為所動。反之，他直接自稱是人們等待已久的馬赫迪，並在登基的時候大膽地高喊：「我就是真主，真主，真主！」

伊斯梅爾的薩非王朝在十八世紀結束。之後，十二伊瑪目什葉派雖然依舊是伊朗的「國教」，但他們很快就重返原本的政治寂靜主義，鼓勵阿亞圖拉再次經營「塔基亞」意識形態，不要直接干涉政務，十九世紀取代薩非王朝的卡扎爾王朝（Qajar Dynasty）是如此，二十世紀取代卡扎爾王朝的巴列維王朝（Pahlavi Dynasty）也是如此。

這一切都在阿亞圖拉何梅尼手中改變。

◈◈◈

一九七九年二月一個寒冷的早晨，數十萬伊朗人湧上德黑蘭街頭，慶祝伊朗最後一位沙赫穆罕默德・雷薩・巴列維（Muhammad Reza Pahlavi）漫長高壓統治期的結束。那天的群眾裡有民主派、學者、受過西方教育的知識分子、自由派與保守派的神職人員、市集商人、女性主義者、共產主義者、社會主義者、馬克思主義者、穆斯林、基督徒、猶太教徒、男人、女人、小孩——大家都有志一同地唾棄這個由美國撐腰的專制政權，這麼多年來，它讓無數伊朗人的生活苦不堪言。

群眾高高舉起拳頭，喊著：「沙赫去死！」、「暴政必亡！」城裡到處都有憤怒的年輕男子聚在一起焚燒美國國旗、反覆高喊反帝國主義的口號，抗議那個在二十多年前撲滅伊朗第一場民主革命的超級強權。那場革命發生在一九五三年，同樣也是在知識分子、神職人員與市集商販不可思議的結合之下成功推翻了伊朗的君主政體，只是幾個月後，這個政權又在美國中情局（CIA）的扶植下強行復辟。

「美國去死！」他們大喊，這是對德黑蘭美國大使館的一個警告：不論代價為何，他們都別想阻撓**現在這場**革命。

那天還有另外一群比較奇特的遊行者，成員大多是蓄著鬍子的男子和頭戴黑紗的女子，他們在街上高喊著殉道者哈珊與胡笙的名字，呼喚著審判日到了：馬赫迪來了。這個喧鬧的團體幾乎每個人都拿著一張肖像或海報，上面是在過去短短幾年間成為伊朗反帝國主義意見領袖的那位嚴肅憂鬱的神職人員：阿亞圖拉何梅尼。

何梅尼於一九〇二年出生在一個備受敬重的什葉派神職人員家庭，並在納傑夫（Najaf）和庫姆（Qom）的神學名校修習律法和神學。他在什葉派極為複雜的神職階級系統裡步步高升，年僅三十二歲就成為值得世人欽慕的穆智臺希德，不久更成為阿亞圖拉。和大多數伊朗人一樣，何梅尼也責怪伊朗軟弱的君主，讓國家「這一天當英國的奴隸，下一天又當美國的奴隸」。然而，儘管他的同僚（其他阿亞圖拉）大多堅持維持傳統的政治寂靜主義，何梅尼卻肆無忌憚地挾自己的道德權威涉入國家的社會政治操作。他毫不留情地譴責沙赫，一再呼籲廢除君主制度，結果於一九六四年被逮捕放逐。

十五年後，也就是一九七九年，何梅尼以勝利之姿重返伊朗，決意帶領國家進入一個新時代——群眾裡幾乎沒有人預料到會是這樣一個時代。事實上，放逐歸來之後不到一年，何梅尼就流放並處決了他的政治與宗教對手——也就是讓這場革命得以成功的同一群男男女女——並且將臨時政府改頭換面成他個人理想中的伊斯蘭國家：只有他一個人握有決定一切的無上權力，不論是在內政上、法律上還是宗教上。

但在那個二月的早晨，還沒有人稱何梅尼為「法基赫」（*Faqih*）——「法學家」的意思。成為剛建立的伊朗伊斯蘭共和國的至高領袖之後，何梅尼最終給自己冠上了這個頭銜。但在那個時候，何梅尼還沒有透露他進行絕對神權統治的計畫。但是，除了「真主、古蘭經、何梅尼」的呼聲，以及把這位年老的阿亞圖拉稱為「我們生命之光」的標語牌之外，何梅尼還有另一個頭銜在群眾之間流竄，像個藏不住的祕密。人們悄悄耳語，說何梅尼就是馬赫迪；他已返回伊朗，要將伊斯蘭教恢復到最初的完美狀態。

創造出伊朗伊斯蘭共和國的這種宗教政治哲學，正確來說應該叫「何梅尼主義」（Khomeinism）。**何梅尼主義**之所以能夠成功，原因實在太多、太複雜，無法在此一一詳述。從很多方面來看，一九七九年的伊朗革命是先前兩場民眾革命帶來的必然結果。這兩場革命分別是一九〇五至一一年的憲政革命與一九五三年的民族革命，兩者都被想要繼續控制伊朗自然資源的外國政府給鎮壓了（第一場主要是俄國人，但英國人也有份；第二場則是美國，如前所述）。到了一九七〇年代晚期，大部分伊朗人都已經受夠了伊朗君主穆罕默德·雷薩·巴列維腐敗無能的政府，因此爆發另一場革命是在所難免的事。

由於人民幾乎完全無法參與政治（沙赫已經消滅了國家的政黨體系並廢除了憲法），草率的經濟計畫造成史無前例的通貨膨脹，急速而無用的軍事化發展，加上人們普遍喪失國家與宗教認同感，伊朗從神職人員、知識分子、商人階級，到幾乎每一個社會政治組織——從共產主義者到女性主義者——都放下了意識形態上的差異，共同投入這場反帝國主義的民族主義革命，對抗一個腐敗的君王。不論革命後的文宣是怎麼說的，總之這絕對不是由阿亞圖拉何梅尼個人為了建立一個伊斯蘭神權國家而下令發起的一場單一性質的革命。反之，反對沙赫的聲浪有好幾十種，有時還互相衝突。何梅尼的聲音（姑且不論好壞）只是其中最大聲的而已。

身兼政治人物與宗教領袖，何梅尼的過人之處是他看出在這個受到什葉派信仰與文化洗禮的國家裡，唯有什葉伊斯蘭教的符號與隱喻才能做為一種共通語言，用來動員群眾。於是，何梅尼在企圖將伊朗轉型成他個人理想中的神權國家時，開始借助歷史上最好的案例：五百年前自稱馬赫迪、建立了第一個什葉派政權的薩非王朝統治者——伊斯梅爾。

當然，何梅尼從未將自己比擬成神，也從未明目張膽要求冠上馬赫迪這個頭銜——如果這麼做，等於是政治自殺。反之，何梅尼有意識地擁戴馬赫迪的救世主魅力，然後讓追隨者自己下結論。跟先前所有的馬赫迪一樣，何梅尼也自稱是伊瑪目穆沙的後裔，並欣然接受了「伊瑪目」這個具有救世主色彩的頭銜。他故意攻打海珊的伊拉克，展開長達八年的可怕戰爭（一九八〇至八八），為胡笙和他的家人在卡爾巴拉的屠殺事件復仇，雖然這樣的復仇行動是馬赫迪的專屬權利。事實上，那成千上萬被送到戰爭前線擔任人肉掃雷機的伊朗兒童，脖子上都掛著「天堂之鑰」，頭上則綁著印有「卡爾巴拉」字樣的帶子，好提醒他們自己不是在進行一場國土之戰，而是在追隨殉道者的腳步。

何梅尼在自己與馬赫迪之間建立起各種連結，其中意圖最露骨的就是他的「法基赫的監護」（*Valayat-e Faqih*）學說：「法學家治國」。這個學說把民權與神權統合於一個單一政府之下，其特徵會在第十章詳加討論。現在我們只要先瞭解它的基本架構，以及它在何梅尼的政治與宗教意識形態中所扮演的角色就好。

何梅尼主張，馬赫迪不在時，真主的指引只能來自「隱遁的伊瑪目」的人間代表：也就是阿亞圖拉。何梅尼不是第一個提出這種說法的什葉派神學家，因為在二十世紀初，一些有政治野心的神職人員就已經提過同樣的想法，例如努里（Fazlollah Nuri，何梅尼意識形態的英雄之一）和阿亞圖拉卡沙尼（Kashani）。但相較於傳統的什葉派學說，「法基赫的監護」提出了兩個令人詫異的修改。首先，它堅持把絕對的權威集中在一位神職人員手中，而不是分散給所有符合資格的神職人員。第二，它堅稱至高神職人員身為馬赫迪的代理人，權威就等同於「隱遁的伊瑪目」。換言之，何梅尼的引導就像穆罕默德和十二伊瑪目的引導一樣，是不可能出錯且是受神啟迪的。

「當一位公正而有學問的穆智臺希德（符合資格的法學者）站出來建立並組織政府時，他在社會事務中所享有的權力，將完全比照先知，」何梅尼在他具有重大歷史意義的政治論著《伊斯蘭治理》（*Islamic Government*）中寫道。

這是個驚人的說法，也是什葉伊斯蘭教中一項激進的宗教革新。長久以來，什葉派相信只有從屬靈領域隱遁歸來的馬赫迪可以領導他們，但何梅尼駁斥了這個說法，堅稱神職人員有責任為馬赫迪建立並管理國家，藉此開啟救世主的時代。「法基赫的監護」提出，當「隱遁的伊瑪目」不在時，法基赫——至高法學者與國家「最有學識的神職人員」——必須「扛起責任，完成本該由伊瑪目執行的所有任務與所有事務」。而由於法基赫是馬赫迪在人間的代表，他也握有「跟最高貴的使者同樣的權力」，且可以要求人民絕對服從。

伊朗大多數的阿亞圖拉——包括何梅尼的上級，阿亞圖拉波魯哲迪（Boroujerdi）與沙里亞特馬達里（Shariatmadari）——都反對何梅尼的「法基赫的監護」信條，這也顯示什葉派伊斯蘭教的宗教與政治思維十分多元。他們認為，現代世界穆斯林神職人員的責任是要保持伊斯蘭國家的精神特質，不是直接掌管國事。但何梅尼之所以如此有魅力，是因為他能夠用當代民粹主義辭藻來傳達他的神學理念。他把傳統的什葉派意識形態用不同的方式表達，變成是在呼籲受壓迫的大眾揭竿起義，就這樣拉攏了伊朗深具影響力的共產主義與馬克思主義黨派。他也在演講中不斷提及伊朗神話般的過去，但又刻意隱瞞他政治哲學中的細節，藉此吸引世俗民族主義者。「我們的意思不是說政府一定要由法基赫掌管，」他宣稱，「我們的意思是，為了國家的利益，政府的管理方式必須符合真主的律法。」

當其他的阿亞圖拉反對「法基赫的監護」，認為它只是把一種形式的暴政換成另一種形式時，何梅尼堅持不退讓。何梅尼主張，法基赫畢竟不只是世俗領袖，他還是「隱遁的伊瑪目」的繼承人。既然如此，他就不只是神授正義的施行者，他**就是**神授正義。事實上，根據何梅尼的說法，法基赫「的『正義』不僅限於社會正義，他的正義更嚴苛、涵蓋範圍更廣，只要吐一個謊，他就會喪失他正義的品質」。

等到他的同僚在威逼下緘默，伊朗占多數的什葉派也起而行動之後，何梅尼就可以恣意控制臨時政府了。在大半伊朗人還不知道自己究竟接受了什麼東西的時候，他已利用他的人民授權，把自己的神學信念注入政治領域，將伊朗變成伊斯蘭共和國，並自命為國家的第一位法基赫：伊朗至高無上的世俗與宗教權威。

三十年後，何梅尼的「法學家治國」（或稱「法學家的監護」）理論再次受到挑戰，而且反對者不只是伊朗一些最資深的宗教人物，例如大阿亞圖拉魯哈尼（Mir Mohammad Ruhani）、塔巴塔巴伊—庫米（Sayed Tabatabai-Qomi）、桑內（Yusuf Sanei）與蒙塔澤里（Hussein Ali Montazeri），最後這一位在二〇一〇年去世前曾說出這樣的名言：「連先知穆罕默德都不握有絕對的法學家監護權。」在伊朗宗教首府庫姆進修的新一代年輕神學生，也同樣提出質疑。這些未來的宗教領袖從未接觸過傳統的（也就是何梅尼主義出現前的）什葉派伊斯蘭教。但他們卻十分清楚，法學家治國並沒有帶來阿亞圖拉何梅尼承諾中的「完美國家」。此外，他們也看出伊朗政治化的什葉主義可能已經無可挽回地破壞了大多數伊朗人對宗教、尤其是對伊斯蘭教的觀感——伊朗有七〇％的人口年齡都不滿三十歲，所以對革命前的伊朗毫無記憶。

然而，何梅尼主義受到最重大的挑戰是來自伊朗國外，也就是鄰國伊拉克。二〇〇二年美國主導的戰爭是以推翻海珊為目的，但卻有個意料之外的效應：解放了伊拉克聖城納傑夫的另一個什葉派主要學派。在出生於伊朗的大阿亞圖拉西斯塔尼（Ali al-Sistani）的領導下，納傑夫學派提倡用一種較傳統、較不沾染政治的方式來詮釋什葉派伊斯蘭教。許多人認為西斯塔尼是當今世上最資深的阿亞圖拉。擺脫了海珊的殘暴壓迫之後，納傑夫的影響力開始越過邊界進入伊朗。西斯塔尼的門徒湧進庫姆的神學院，同時納傑夫本身也持續招收來自伊朗的一個個學生，他們渴望研究另一種沒有被何梅尼的政治哲學汙染的什葉派神學理論。

也許還要再過幾代，什葉主義才能重返何梅尼主義前的解釋方式，什葉派烏拉瑪也才能重拾他們做為什葉派道德權威而非政治權威的角色。但這場反轉看起來無可避免。畢竟，什葉主義是個以公開辯論與理性對話為基礎的宗教。在它將近一千四百年的歷史上，從來沒有任何一個什葉派神職人員可以無條件地壓倒另一位學識相當的什葉派神職人員。也從來不曾有任何神職人員握有解釋信仰意義的專權。什葉派信徒向來可以自由選擇要追隨哪位神職人員，這就是什葉主義發展成一個如此兼容並蓄的美妙信仰的部分原因。也是因為這樣，伊朗國內外才會有這麼多什葉派教徒不再將伊朗伊斯蘭共和國視為伊斯蘭國家的典範，而是將它視為腐化的代表（但這個論點要留到另一個章節再討論）。

阿亞圖拉何梅尼在一九八九年去世。雖然他已是個虛弱多病的八十七歲老人，他的死訊還是震驚國內。舉行葬禮時，他的遺體在街上被人團團包圍，身上的壽衣則被撕成碎片、由哀悼者帶回去當作聖物。伊朗甚至有人拒絕相信「伊瑪目」會死。有些人堅稱他沒死，只是隱遁了而已，會再回來的。

然而，早在他以救世主之姿在伊朗崛起之前，何梅尼曾是伊斯蘭教偉大神祕主義者——也就是蘇非行者——的虔誠追隨者。事實上，當他還是個理想化的大學生時，年輕的何梅尼偷偷在筆記本裡寫滿了熱情得嚇人的詩句，描述他如何渴望與真主結合，就像與戀人結合那般。

「噢，我好想喝一杯吾愛親手倒的酒，」何梅尼寫道，「這個祕密我能對誰透露？我的哀傷要如何傾吐？我一輩子都渴望一瞥吾愛的容顏。我就像一隻繞著火焰飛舞的蛾，一個在火裡燃燒的野芸香籽莢。瞧瞧我這髒汙的斗篷和這偽善的祈禱毯。我有朝一日能否在酒館門前將它們片片撕碎？」

對一個未來的阿亞圖拉而言，這樣的語句或許令人詫異。但對熟悉蘇非派基本思想的人而言，卻不是那麼陌生。蘇非派是伊斯蘭教的另一個主要分枝。對蘇非派而言，伊斯蘭既不是律法也不是神學，既不是信條也不是儀式。根據蘇非主義，伊斯蘭只是一種手段，信徒透過它摧毀自我，好跟天地萬物的創造者合而為一。

第八章

讓祈禱毯染上紅酒

蘇非派作風

這是萊拉和瑪吉努的傳說。

很久以前，有個俊美絕倫的男孩誕生在一位高貴的謝赫家中。他被取名為凱伊斯（Kais），而隨著他日漸長大，所有人都看得出他有朝一日定會成為家族與部族之光。打從還很小的時候，他的知識、勤奮、學習能力和口才就遠遠超越所有同儕。他每次開口都妙語如珠，而當他微笑時，他的臉頰就像迎向陽光的紫羅蘭色鬱金香。

有一天，凱伊斯遇到一個女孩，長得美麗無比，讓他內心頓時充滿一種他無法理解的渴望。她名叫萊拉（Layla），「夜晚」的意思，而她也恰如其名，既黑暗又光亮。她的眼睛如同羚羊，嘴唇彷彿兩片溼潤的玫瑰花瓣。

萊拉也對凱伊斯產生一種自己無法理解的情愫。兩個孩子深陷情網無法自拔，但由於太過年少，他們根本不知道愛情是什麼。愛情彷彿一個斟酒的人，不斷將他們心中的酒杯裝滿，他們則毫不懷疑地喝下，不明緣由地酩酊大醉。

凱伊斯和萊拉都隱藏自己的感受。他們在市集的巷弄間走來走去，可以暗地眉目傳情、一起傻笑，但又離得夠遠，不會引起閒話。但這樣的祕密終究紙包不住火。只要有一句耳語傳出，就足以翻天覆地。「凱伊斯和萊拉戀愛了！」有人在街上說。

萊拉的部族氣炸了。她父親不再讓她上學，也禁止她離開帳篷。她的兄弟們則發誓，只要凱伊斯靠近，他們絕對把他抓起來。但你是沒辦法阻止嗥叫中的獵犬遠離新月的。

由於見不到心愛的人，凱伊斯彷彿失了神，在店鋪與店鋪、帳篷與帳篷之間到處遊蕩。不管走到哪裡，他都歌頌萊拉的美貌，不論遇到什麼人，他都讚揚她的美德。與萊拉分開愈久，他的愛情就愈是被瘋狂取代。因此不久人們就開始在街上對他指指點點，說：「瘋子來了！『瑪吉努』來了！」

凱伊斯是瘋了沒錯。但何謂瘋狂？被愛情的火焰吞噬就是瘋狂嗎？飛蛾撲火，是否也是瘋狂？如果是的話，那麼沒錯，凱伊斯是瘋了。凱伊斯成了「瑪吉努」（Majnun）。

衣衫襤褸、精神失常的瑪吉努離開了城市，漫無目的地在漢志地區的荒山野嶺間流浪，為見不到的愛人創作哀怨的歌賦。他沒有家、沒有部族，是幸福之地的放逐者。善與惡、對與錯，對他而言都不再有任何意義。他是個戀愛的人，他只知道愛情。他拋下理智，自我放逐地生活在沙漠裡，蓬頭垢面、鶉衣百結。

瘋狂的瑪吉努來到卡巴。他從朝聖者之間擠過去，衝向聖殿，用力拍打門板，嚷著：「神啊，讓我的愛情壯大吧！讓它趨於完美、永垂不朽。讓我痛飲愛的泉水，直到不再乾渴。我僅存的只有愛，我的存在是愛，我也只想如此！」

朝聖者大驚失色。他們看著他撲倒在地，把塵土往自己頭上灑，咒罵自己的激情不夠強大。

瑪吉努的行為讓家族與部族蒙羞，但他自己卻一點也不覺得羞恥。當他聽說萊拉被許配給一個名叫伊本—薩拉姆（Ibn Salam）的巨富時，他完全失去了理智。他扯掉衣服，全身赤裸地在荒野中爬行，像一頭野獸。他跟沙漠動物一起睡在深谷中，吃野生植物、喝雨水。他的愛情讓他出了名。遠近各地的人都跑來找他，有時會在他身邊坐上好幾個鐘頭，聽他講述愛人萊拉的事。

有一天，當他懶懶地對著一群聽得津津有味的聽眾朗誦他的詩句時，有一張紙片被風吹來，落在了他的腿上。紙上寫了兩個名字：「萊拉」和「瑪吉努」。在群眾的注視下，瑪吉努把紙片撕成了兩半。寫有「萊拉」的那一半被他揉成一團丟掉，寫有他自己名字的另一半則被他留了下來。

「這是什麼意思？」有人問。

「你難道沒發現，一個名字好過兩個名字嗎？」瑪吉努回答。「你若知道愛情的真相，就會明白當你刮開戀愛之人的表面，就會找到他愛的人。」

「但為什麼丟掉萊拉的名字，而不是丟掉你自己的名字？」另一個人問道。

瑪吉努瞪著那個男人。「名字只是個空殼，別無其他。殼裡面隱藏的東西才有價值。我是殼，萊拉是裡面的珍珠；我是面紗，她是面紗底下的臉龐。」

群眾雖然不明白他這些話的意思，卻對他語中的甜蜜感到驚奇。

在此同時，萊拉受困於部族的軟禁，還被迫嫁給一個她不愛的男人，陷入了寂寞的黑暗中。她承受的痛苦跟瑪吉努一樣強烈，卻沒有他的自由。她也想跟沙漠的動物一起生活，也想站在山巔上大聲宣告她對瑪吉努的愛。但她卻被囚禁在自己的帳篷裡與自己的心中。有天早上，當一個流浪商人帶來瑪吉努的消息時，她感覺自己就像風中的一根蘆葦，空洞而沒有重量。

「沒有妳的光芒，」這位老人告訴她，「瑪吉努的靈魂就像冬夜裡的海洋，飽受風暴之苦。他像著了魔一樣，在山邊遊蕩，又吼又叫。但他口中始終只喊著一個名字：『萊拉』。」

「都是我的錯，」萊拉哭喊著，不斷咒罵自己。「是我在我的愛人心裡點起熊熊火焰，害他灰飛煙滅。」絕望之下，她取下耳環上的寶石，將它們遞給這位老商人。「這些給你。現在去找瑪吉努，把他帶來這裡。我只想見他一面，看看他的臉，沐浴在他的容光中一會兒。」

老人同意了。他在沙漠裡找了瑪吉努好幾天。終於找到瑪吉努時，他轉述了萊拉的信息。「你難道不能暫時打破離世而居的誓言，過來看看她滿是淚痕的臉，只要一下子就好？」他央求道。

「還真是沒有人懂我，」瑪吉努心想。「他們難道沒有發覺，他們對幸福的定義和我不一樣？他們難道不明白，他們的願望可以在此生達成，但我渴望的卻是一種全然不同的東西，只要我還活在這個凡塵俗世，就不可能實現？」

但瑪吉努無法抗拒見愛人一面的機會。他披上一件斗篷，跟著商人來到一片棕櫚樹林，躲在那裡等老人去把萊拉帶過來。

當商人牽著萊拉的手帶她到樹林去見瑪吉努時，她全身都在顫抖。來到距離愛人只有不到二十步遠的地方時，她忽然僵住。老人拉拉她的手臂，但萊拉無法移動。

「高貴的先生，」她央求道，「不要再前進了。我現在已經覺得自己像是一根正在燃燒的蠟燭，要是再往火源靠近一步，我會被燒盡的。」

於是老人留下她，去找瑪吉努。他把這位臉色慘白、目光呆滯的少年從棕櫚樹林裡拉出來，暴露在月光下，對他指出萊拉。瑪吉努踉蹌向前。星光透過棕櫚樹的葉隙灑落。黑暗中有人動作，接著在無垠的蒼穹底下，萊拉和瑪吉努突然就面對面了。

只是那麼一秒鐘的事：兩人紅了臉。戀人呆呆地看著對方，因愛情的酒而心醉。然而，儘管此時已經近得可以觸及彼此，他們卻明白，這種酒只能在天堂品嘗。瑪吉努吸了一口氣，嘆了一口氣，發出一聲嗚咽，隨即轉身從樹林跑回沙漠，像一道影子般消失在黑夜裡。

幾年的時間過去。棕櫚樹上的葉子失去了色彩。花朵哀傷地卸下了花瓣。就在鄉間景致轉黃、花園也緩緩枯萎的時候，萊拉也跟著凋零了。她眼中的光芒逐漸黯淡，吐出最後一口氣時，她喚的是戀人的名字。

聽聞心上人的死訊後，瑪吉努奔回家鄉，在她墳前的塵土上痛苦地打滾。他躺在地上，讓身體緊貼著地面，彷彿在祈禱，但他乾裂的嘴唇只說得出一個名字：「萊拉」。最後，他終於從痛苦與渴望中解脫。他的靈魂脫離肉身而去。瑪吉努已死。

有人說瑪吉努的屍體在萊拉的墳上躺了好幾個月，也有人說是好幾年。沒有人敢靠近，因為這座墳墓日日夜夜都有沙漠的野獸看守著。連在墳墓上空盤旋的禿鷹都不去碰瑪吉努。最後他的遺體只剩下塵土和骨頭。到了這個時候，動物才留下主人，再次遁入荒野。

等動物離開、瑪吉努的骨灰也被風吹走之後，有人為萊拉的墳墓立了一個新的墓碑。碑上寫著：

此墳中躺著一對戀人
在死亡的黑暗中永遠結合。
分離時忠貞不二，愛情永誌不渝：
願他倆在天堂得以同屋而居。

尼可森（Reynold Nicholson）很久以前就觀察到，**蘇非主義**——也就是伊斯蘭教複雜無比、極度多元的神祕主義傳統——基本上是無法定義的。連「蘇非」（*Sufi*）這個字都無法幫助我們歸類這個運動。*tasawwuf* 的意思是「身為蘇非行者的狀態」，但這個詞不具任何特別意義，指的八成只是第一代蘇非行者用來表現貧窮與出世而穿著的粗糙羊毛衣物「蘇夫」（*suf*）。事實上，若是做為形容詞，*Sufi* 這個字是可以和 *darvish* 或 *faqir* 互相替換的，都是「行乞的」或「貧窮」的意思。有人認為 *Sufi* 源自阿拉伯文的 *safwe* 或 *suffa*，分別是「被選中的人」和「純潔」的意思，但根據語源學，這兩種說法都無法成立。也有人說 *Sufi* 是希臘文 *sophia* 的錯誤寫法，意思是「智慧」。這也不太可能，雖然這兩個字在象徵意義上有某種誘人聯想的關係。因為如果依照亞里斯多德的說法，把 *sophia* 理解成「對終極事物的認識」，那麼它跟 *Sufi* 一詞就很有關係，但這層關係並不是語言學上的。

做為一場宗教運動，蘇非主義的特色就是集合各種哲學與宗教潮流的大雜燴，它彷彿是個大熔爐，人們往裡頭倒了基督教隱修制度與印度教禁欲主義，灑上些許佛教和密宗思想，加一點伊斯蘭諾斯底主義與新柏拉圖主義，最後再添上一些什葉派、摩尼教和中亞薩滿教的元素。它受到的影響力如此五花八門，或許會讓學者分析起來倍感挫折，但這也顯示出蘇非派最初大概是如何形成的。

最早的蘇非行者是關係鬆散、行動高度自由的個人，他們在穆斯林帝國境內到處旅行，尋求親近真主的方式。隨著這些「流浪德爾威什」（darvish，苦行僧）愈來愈多，人們開始在巴格達和呼羅珊（Khurasan）等交通重地建立起暫時的客棧，讓這些托缽者可以聚集在一起，分享自己在精神旅程上的心得。到了十一世紀——大約就在阿拔斯王朝因為什葉派的異端行為而對什葉派教徒積極展開迫害的時候——這些客棧已經成為永久機構，跟修道院很像，其中少數幾間還逐漸演變成神祕主義的高等學校，或稱「教團」（*Order*）。

每個蘇非派教團都以一位精神導師為中心，此人已永久脫離溫瑪社群，踏上追求自我淨化與內在啟迪的旅程。這些蘇非派大師——在阿拉伯語中叫「謝赫」（*Shaykh*）、在波斯語中叫「辟爾」（*Pir*），兩者都是「老先生」的意思——本身也是更早之前的傳奇大師的弟子，他們蒐集大師們沒有系統化的教誨，以便再傳給新一代門徒。每個門徒在達到某種精神上的成熟之後，就必須再把師父的教誨傳授給自己的弟子，依此類推。所以我們很容易就能理解為什麼蘇非主義會像一份大雜燴食譜，其中的材料都是長時間下來從各種不同的來源蒐集到的。當然，如蘇非派大師哈耶里（Fadhlalla Haeri）所言：「光是蒐集食譜跟實際烹調食用，差別是很大的。」

和什葉主義一樣，蘇非主義最初也是一場反動，對抗穆斯林王朝的帝國伊斯蘭教和伊斯蘭「正統」

知識階層（也就是烏拉瑪）僵化的形式主義。什葉主義和蘇非主義都積極運用塔威爾解經法來找出《古蘭經》的隱藏意涵，都把精神活動集中於敬拜先知穆罕默德，也都發展出對聖賢人物的個人崇拜——不論是伊瑪目還是辟爾。

但什葉派和蘇非派雖然處於同樣的精神空間，也絕對有互相影響，蘇非主義卻呈現出一種伊斯蘭教中罕見的反知識傾向，只崇尚神祕主義和虔誠主義。此外，蘇非派對政治權力不感興趣，這是他們和什葉派的另一個不同點。雖然蘇非派的辟爾最後終究是進入了政治圈，尤其是在印度次大陸，但他們原本是迴避所有世俗權力的，也完全不涉入穆斯林社群在形成階段時無所不在的政治與神學內鬥。反之，蘇非派追求禁欲主義，他們遠離溫瑪社群及其帶來的種種世俗羈絆，過著簡單貧窮的生活。「如果沒辦法改變君王，」蘇非派說，「那就改變你自己。」

蘇非派的儀式與習俗追求的是消滅自我。雖然這個目標或許是所有神祕主義運動的共同點，但蘇非主義和傳統的神祕主義理想之間卻有幾個很重要的不同。首先，伊斯蘭教中存在著一種嚴格的反修道院思想，而且這種思想滲入信徒的各個生活層面。簡單來說，伊斯蘭教是一種群體宗教。它痛恨徹底隱居的個人主義。你可以說，穆斯林棄絕溫瑪社群就像羅馬天主教徒否認使徒教會：兩者都是刻意脫離他們救贖的來源。但儘管大多數蘇非派大師都脫離社會，他們卻不是僧侶；而他們的弟子都是在現實世界生活工作的工匠、藥師和商人。蘇菲謝赫哈耶里寫道：真正的蘇非行者「不會把內在和外在切割開來」，因為你「一旦開始淨化內在自我，最後就一定會關心外在與社會」。

第二，《古蘭經》無疑很輕蔑獨身狀態（神祕主義的另一項共同傳統），認為它違反了真主「多子多孫」的命令。天啟當中有一大部分在講述如何強化並維繫家庭。在伊斯蘭教中，家庭被視為溫瑪社群的模型與萬物的縮影。事實上，《古蘭經》不斷指出，對父母忠誠就等於對真主忠誠（2:83; 4:36; 6:151; 31:14）。所以，儘管蘇非派有幾個知名的獨身者——例如著名的「巴斯拉的拉比雅」（Rabia of Basra），雖然長得美若天仙，卻拒絕了所有追求者，以便全心服侍真主——但獨身狀態始終沒有成為蘇非主義的普遍現象。

蘇非主義與傳統宗教神祕主義之間最重大的差別或許是：後者通常始終跟它的「母教」脫不了關係，但蘇非主義雖然源自伊斯蘭教，卻主張若要直接認識真主，就必須把這個母教當成一個不得不脫去的殼。換句話說，正規的伊斯蘭教是蘇非主義的序曲，不是它的主旋律。伊斯蘭教和所有宗教一樣，只能**指引**人類找到真主，但蘇非主義的目標是把人類**推向**真主。

這不表示蘇非主義完全摒棄伊斯蘭教和它的宗教與法律要求。雖然什葉派和遜尼派偶爾會怒控他們不是穆斯林，但蘇非派確實是穆斯林沒錯。他們像穆斯林一樣祈禱。他們像穆斯林一樣膜拜。他們使用穆斯林的符號和隱喻，也遵守穆斯林的教條和儀式。用耶路撒冷里法伊教團（Rifa'i Order）備受敬重的蘇非謝赫沙德悉里（Muhammad ash-Shadhili）的話來說，「你若想遵循……先知的腳步，你就必定是真正的穆斯林……願意將一切奉獻給真主，做祂的奴僕。」

話雖如此，蘇非派認為，想要真正地認識真主，所有的正統、所有的傳統教導，以及法律、神學和五大支柱加起來也還是不夠。就算是蘇非派視為真主直接話語的《古蘭經》，也無法讓人瞭解真主的本質。有位蘇非派大師曾說：既然寫情書的愛人在場，又何必花時間去閱讀情書？（這情書指的就是《古蘭經》）。

所有的旅程必有起點，而蘇非行者之路全都起始自伊斯蘭的「外殼」。當蘇非行者從一個階段進入另一個階段，邁向「消滅自我」並與神結合的過程中，他必須逐步蛻去那個外殼，因為正如瑪吉努所言：「藏在外殼底下的東西才有價值。」蘇非派相信，在受到啟發之人的靈魂裡，理性與神學、信條與儀式、法律與戒律，全都必須替換成這項至高無上的美德：愛。

自古以來，大多數穆斯林都對蘇非主義心存疑忌，而這也不令人意外。蘇非派主張人類理性無法參透神性，認為這樣的知識只能透過對最終事實的直覺感應來獲得，這自然是讓宗教權威怒不可遏。讓情況雪上加霜的是，蘇非派還摒棄伊斯蘭律法「沙里亞」，認為沒辦法用它來追尋內在世界的祕密知識。前面已經提過，伊斯蘭律法關注的是信仰的外顯（「札希爾」）特質：是可以量化的，也是可以管制的。但內隱（「巴丁」）特質卻沒辦法，這對宗教權威來說是個很大的威脅。更糟糕的是，脫離穆斯林社群的蘇非行者似乎創造了自己的溫瑪，由辟爾取代烏拉瑪，成為唯一的宗教權威。

蘇非主義摒棄僵化的沙里亞和它的傳統解釋方式，積極吸收各式各樣的地方信仰與習俗，因而在穆斯林帝國內那些不是由多數阿拉伯人主導的地區變得大受歡迎。在印度，蘇非主義結合了反種姓制度的穆斯林價值觀與傳統的印度宗教活動（例如控制呼吸、打坐、冥想），結果像野火一樣迅速蔓延。

在中亞，有一群波斯的蘇非行者發展出一套全新的經文教規，特色是內含大量豐富的詩歌與蘇非文學，且跟《古蘭經》不一樣，是由方言寫成的，很快就傳遍了帝國各地。

這裡對蘇非主義源頭的簡短描述或許可以說明這場運動是如何興起與擴張的，但完全沒有解釋什麼是蘇非主義。也沒辦法解釋。這是因為蘇非主義這個宗教運動只能被描述，無法被定義。

看看下面這則寓言。原作者是蘇非派最偉大的詩人魯米（Jalal ad-Din Rumi，一二七三年歿），轉述者則是沙阿（Idris Shah），「薩達納的大謝赫」（Grand Shaykh of Sardana）：

有一個波斯人、一個土耳其人、一個阿拉伯人和一個希臘人要前往遠方。旅途上，他們開始爭論要如何花用一枚他們共有的硬幣。四個人都想吃東西，但波斯人想買「安古爾」（*angur*），土耳其人想買「烏祖姆」（*uzum*），阿拉伯人想買「伊納布」（*inab*），希臘人想買「斯塔菲」（*stafil*）。每個人都堅持要買自己想要的東西，愈吵愈厲害。

有個路過的語言學家聽見他們的爭執。「把錢給我吧，」他說。「我會讓你們每個人都滿意。」語言學家拿了錢幣，到附近的商店買了四小串葡萄。他回到這四個人身邊，給了他們每人一串。

「這就是我的**安古爾**！」波斯人嚷道。

「但這就是我說的**烏祖母**，」土耳其人回答。

「你買了我要的**伊納布**，」阿拉伯人說。

「不！在我的語言裡，這叫**斯塔菲**，」希臘人說。

突然間，這些人意識到他們要的其實是一樣的東西，只是他們不知道如何對其他人表達。這四個旅人代表人類，追尋著一種無法定義、各自以不同方式表達的內在精神需求。那位語言學家就是蘇非行者，他啟發人類，讓他們知道他們追求的東西（宗教）雖然有許多不同的名字，實際上卻是同一種東西。然而，語言學家只能為他們買來葡萄，別無其他——這是這則寓言最重要的面向。他無法提供葡萄酒，也就是葡萄的**精華**。換言之，你沒辦法把終極真相的奧祕告知人類，因為這樣的知識是沒辦法分享的，只能透過一場消滅自我的艱苦內在旅程去體驗。如同傑出伊朗詩人「設拉子的薩迪」（Saadi of Shiraz）所寫的：

我是個做夢的啞子，
人們則是聾子。
我無法說話，
他們則無法聽見。

什麼是蘇非主義？蘇非主義就是瑪吉努對萊拉的愛。根據蘇非派大師哈爾基（Halki）的說法，蘇非主義是「拍打著海岸、短暫地反射陽光的無數浪濤——全都來自同一片大海」。「蘇非主義宗師」伊本—朱納伊德（Ibn Junayd，九一〇年歿）則說，蘇非主義是「採納所有較高等的特質，拋下所有較低等的特質」。蘇非行者「不是基督徒、不是猶太教徒、不是穆斯林」，魯米寫道，蘇非不屬於「任何宗教或文化體系……不是來自東方也不是來自西方，不是出自海洋也不是出自地面，不是自然的也不是空靈的，根本不是由元素組成……不存在這一世或下一世」。根據伊珊・凱瑟（Ishan Kaiser）的描述，蘇非是「拜火者的神殿，祆教僧侶的祭司，盤腿冥想的婆羅門的內在事實，藝術家的畫筆與顏料」。

蘇非主義無酒即醉，無飯即飽，是披著樸素斗篷的君王、廢墟內的寶藏，它之於伊斯蘭教，就如同心臟之於人類：是至關重要的中心，**精華之所在**。引用瑪吉努的話，蘇非主義是「貝殼中的珍珠，面紗底下的臉龐」。蘇非主義是深藏在穆斯林信仰最深處的神祕奧義，只有鑽入這樣的深處，才有可能瞭解這個謎樣的教派。

在十世紀巴格達的一個春日早晨，忙碌擾攘但管理嚴謹的市集起了一陣騷動。有個衣衫襤褸、名叫哈拉智（Husayn ibn Mansur al-Hallaj，最早也最知名的蘇非派大師之一）的男子衝到擁擠的廣場上，扯開嗓門大嚷：*Ana al-Haqq*！「我就是真理！」他這樣說的意思是，「我就是真主！」

管理市集的官員氣炸了。他們立刻就逮捕了哈拉智，把他交給烏拉瑪審判。巴格達的烏拉瑪早就對這個飽受爭議的蘇非派大師十分熟悉。哈拉智出生於伊朗南部一個祭司（祆教僧侶）家族，本是祆教徒，但很小的時候就改信了伊斯蘭教，並且搬到阿拔斯王朝的首都巴格達。他是傳奇蘇非派大師圖斯塔利（Tustari，八九六年歿）早期的門徒之一，後來成為一位深具魅力的布道者，以神蹟和驚世之語出名。哈拉智被門徒稱為「滋養者」，他宣稱「哈吉」朝覲是一場**內在**的朝覲，只要是內心純潔的人，在任何地方都能進行，此說讓他開始聲名狼藉，當然也讓宗教權威人士氣憤不已。令烏拉瑪更加不滿的是，哈拉智的教誨很大一部分集中在耶穌的言行事蹟上，視耶穌為「隱藏的蘇非行者」。因為這些說法，烏拉瑪譴責他是瘋子與「祕密基督徒」。但哈拉智之所以會是史上最出名（雖然不是唯一）的蘇非派殉道者，是因為他宣稱自己已經跟神合而為一，這樣的異端邪說是當局無法容忍的。

被監禁的八年期間，哈拉智有很多機會可以公開收回自己說的話，但他都拒絕了。最後，阿拔斯王朝哈里發穆克塔迪爾（al-Muqtadir）在宗教權威人士的施壓下判處他死刑。為了展現他的異端邪說有多嚴重，哈里發對哈拉智施予酷刑，鞭打他、重傷他、將他釘上十字架；他死後還被砍頭肢解、焚屍揚灰，骨灰撒進底格里斯河裡。

哈拉智那些話的意思是什麼？他是真的自稱為真主嗎？如果是的話，那麼既然伊斯蘭教是一個堅持一神論、強烈反傳統的宗教，我們又如何能夠把蘇非主義視為它的一個正統派系？

很多知名的蘇非行者都強力譴責哈拉智。噶札里也許是伊斯蘭史上最重要的穆斯林神祕主義者，在他十一世紀的巨作《快樂的鍊金術》（*The Alchemy of Happiness*）中，他稱哈拉智為「愚昧的多嘴者」，說他死了「對追求真正的宗教志業更有好處」。噶札里並沒有批評哈拉智宣稱自己已經在精神上達到與真主合而為一的階段、也就是他的本質已與神的本質融為一體。噶札里和其他人反對的，是哈拉智將之昭告天下的舉動，因為這本該是個祕密。

噶札里終其一生都力求讓伊斯蘭神祕主義跟伊斯蘭正教和諧並存（令人難以置信的是，他既是個蘇非行者也是個持傳統主義觀點的阿夏里派人士），他比任何人都清楚，這樣的祕密知識必須一步一步緩緩揭示。就像「小孩並不真的瞭解大人的造詣」，一個不識字的大人也「無法瞭解一個飽學之士的成就」，所以即使是飽學之士，也無法瞭解「得道聖人的經驗」，噶札里在《宗教科學之復甦》（*Revival of the Religious Sciences*）中這麼寫道。

哈拉智的罪過並不是說出這種褻瀆神聖的驚世之語，而是他竟然如此魯莽地將它洩露給那些根本不可能明白他意思的人。蘇非派的教諭絕對不能透露給那些還沒準備好或靈魂不夠成熟的人。胡吉威里（al-Hujwiri，一〇七五年歿）認為，門外漢太容易「誤解〔蘇非行者的〕用意，然後予以駁斥，但他們駁斥的卻不是蘇非行者真正的意思，而是他們自己建構出來的概念」。連哈拉智也承認，他是經過了一場內向反省的漫長旅程之後，才有了與真主合而為一的體驗。「祢的靈魂一**點**一**點地**和我的靈魂混和在一起，」他在他的《詩篇》（*Diwan*）中這樣描寫真主，「透過一次又一次的重逢與遺棄。如今我已是祢。祢的存在就是我的存在，也是我的意志。」

想瞭解哈拉智的這場內在旅程最後走到了哪裡，就必須回頭看看他是從哪裡出發的：那條漫長艱苦的內在精神反省旅程上的第一站。這條路被蘇非派稱為「塔里卡」（*tariqah*）：道乘，或「大道」。道乘是一趟神祕的旅程，引導蘇非行者脫離宗教的外在真實，貼近神的真實——也就是**唯一的**真實。跟所有旅程一樣，道乘也有終點，但我們不能把它想像成一條筆直的路，通往一個固定的目的地，而是必須把它想像成一座雄偉的山，真主就藏在山巔。當然，通往山巔的路有很多條——有些比較好，有些比較差。但由於每一條路最後都是通往同一個目的地，你選哪條路走都沒關係。要緊的是你必須走在一條路上，不斷向上前進——每次只走戰戰兢兢、如履薄冰的一步——認真徹底地走過道乘上特定的「居所與驛站」，每一站都是一次無法言喻的精神演化經驗，直到終於抵達旅途終點：得道的那一刻，真實的面紗被揭去，自我被消除，本我則完全被真主吞噬。

要描述蘇非之路與門徒在消滅自我的路上必須經歷的各個階段，最有名的寓言莫過於十二世紀伊朗香水師與鍊金術士阿塔爾（Farid ad-Din Attar，一二三〇年歿）的作品。在阿塔爾的史詩巨作《群鳥聚會》（*The Conference of the Birds*）中，世界各地的鳥在戴勝鳥（hoopoe，一種神話中的鳥）身邊聚集，因為牠經由抽籤被選中，要帶領大家去晉見西牟鳥（*Simurgh*）：鳥中之王。但踏上旅途前，群鳥必須先宣誓絕對服從戴勝鳥，承諾：

不論牠在大道上下達什麼命令
我們都要心甘情願地服從。

戴勝鳥解釋，這樣的誓言有其必要性，因為旅途艱險，時時必須面對肉體與情感上的困境，而只有牠認得「大道」。因此，不論牠提出什麼要求，大家都必須毫不質疑地追隨。

想見到西牟鳥，群鳥必須越過七座險惡的山谷，每一座都代表道乘上的一站。第一座是追尋之谷，群鳥必須在這裡「放棄俗世」並懺悔自己的罪孽。之後是愛之谷，每一隻鳥到了這裡都會被拋進火海，「直到整個存有都起火燃燒」。接下來是神祕之谷，到了這裡，每一隻鳥都必須踏上不同的路，因為「路徑太多，各有所適／朝聖者必須走適合自己的那一條」。在淡漠之谷，「所有對意義的堅持與渴求都會消失」，而在結合之谷，大家融合為一：「是多元的結合／並非牢籠於單一性的結合。」

抵達第六座山谷困惑之谷時，疲倦迷惑的群鳥衝破了傳統二元論的屏障，突然直面自身存有的虛空。「我什麼都無法確定了，」牠們迷亂地哭著。

我懷疑自己的疑慮，懷疑本身就是懷疑
我愛，但究竟我為誰嘆息？
不是穆斯林，但也不是異教徒；我究竟是誰？

最後，在旅程的終點，群鳥來到了空無之谷。此時，已經剝除自我的牠們「披上代表遺忘的斗篷」，被宇宙的靈魂吞噬。唯有將這七座山谷全部走過，並學會「摧毀『自我』的高山」、「為愛捨棄智性」，群鳥才得以繼續前往西牟鳥的寶座。

一開始跟著戴勝鳥踏上旅程的鳥有幾千隻，但抵達終點的只有三十隻。這三十隻鳥帶著「絕望的心、破爛無力的翅膀」被領去晉見西牟鳥。但終於看見牠時，牠們卻驚詫地發現眼前所見並不是預期中的鳥中之王，而是**牠們自己**。「西牟」在波斯語中就是「三十隻鳥」的意思。而群鳥就是在這裡，在道乘的終點，正視了這個事實：儘管牠們曾經「掙扎、流浪、走了很遠很遠的路」，但「牠們追尋的就是自己」、「牠們就是自己」。「我是你們眼前的鏡子，」西牟鳥說。「凡來此親見我光華者將看見／他們自己，他們自身獨一無二的真實。」

阿塔爾是個蘇非派大師，透過他的詩作與教導發展出「靈魂鍊金術」的概念：靈魂就像可變的卑金屬，必須先除掉當中的雜質，才能將它恢復到原本純淨無瑕——也可以說是黃金似的——狀態。跟大多數蘇非行者一樣，阿塔爾認為世人的靈魂都是真主訊息的容器。同時他也相信，每一個人都擁有不同程度的感受力，視他在道乘上的位置而定。

在道乘上的前幾站（絕大多數人都處於這個位置），唯一的真實還是「納夫」（*nafs*），也就是本我、自我、心靈、「我」——你想怎麼定義這個「個人自我中心傾向的總和」都行。當門徒在道乘上前進時，他會遇上「魯哈」（*ruh*），即「宇宙之靈」。《古蘭經》稱魯哈為「真主的氣息」，吹進阿丹（亞當）體內、給他帶來生命（15:29）。從這個角度而言，魯哈就等同於那個浸透萬物的靈魂，神聖、永恆、賦予生命——魯哈本身就是萬物的本質。魯哈是純粹的存有（Pure Being）。它就是印度教徒口中的「普拉納」（*prana*）、道教徒所說的「氣」。它是宇宙背後的靈力，當基督教神祕主義者談及聖靈時，指的就是這個。

根據傳統的蘇非派教義，魯哈（真主的靈魂）永遠都在跟納夫（自我）爭奪人心——「卡爾布」（*qalb*）。人心並不是情緒的所在地（在大多數穆斯林文化中，情緒是存在腸子裡），而是人類生命至關重要的中心——引用柏克哈特（Titus Burckhardt）的話，是「一種超越個體形式的精髓所在之處」。說得白話些，卡爾布就相當於西方人對靈魂的傳統概念，是智性背後的動力。

雖然道乘上究竟有幾個站，不同的傳統有不同的說法（例如阿塔爾的教團認為有七個），但蘇非派都非常堅持，非得一步一步來才行。魯米寫道：「在喝下第五杯之前，你必定得先喝下前四杯，每一杯都很甘美。」此外，完成每一個階段，都必須有一位辟爾在旁嚴格指導，也唯有本身已經完成旅程的人，才有資格引導其他人上路。「若沒有一位完美的大師陪同，萬萬不可自行闖過這些驛站，」蘇非派的偉大詩人哈菲茲（Hafiz）這麼警告。「那裡一片黑暗。當心迷途的危險！」

辟爾是「崇高的鍊金藥」，能把「求道者心中的銅轉變成純金，淨化他們的存有」，這是引用蘇非派學者努爾巴許（Javad Nurbakhsh）的話。和戴勝鳥一樣，辟爾也要求門徒絕對服從，門徒會以「貝阿」的形式對他宣誓效忠，就像傳統上宣誓效忠部族謝赫或哈里發那樣。但辟爾享有的權威卻遠遠大過任何謝赫或哈里發，因為他是「真主的朋友」。辟爾不只是精神導師，他也是「真主用以看待世界的眼睛」。很多蘇非派詩歌都稱辟爾為「宇宙的極點」，或「庫特卜」（*qutb*）：宇宙精神能量的轉軸。著名的土耳其蘇非派教團「旋轉的苦行僧」（Whirling Darvishes）生動地呈現了這個概念，他們會進行一種靈性的、令人神迷的舞蹈，門徒一邊自轉、一邊繞著辟爾旋轉，有時一轉就是好幾個小時。此舉是在模仿宇宙的運動，而辟爾就是他們假想宇宙的中心點。

身為完成道乘的人，蘇非派辟爾被尊為聖者。他們的逝世紀念日是神聖的節日（稱為「烏爾」，*ur*，波斯語「婚禮」的意思，因為一旦死亡離世，辟爾就終於跟神結合了）。他們的墳墓是朝聖地點，對那些不可能進行「哈吉」朝覲的貧窮穆斯林而言更是如此。膜拜者會在那裡聚集，提出自己的誓言與願望，並央求代禱。辟爾的精神力量——他的「巴拉卡」——實在太過強大，因此只要碰觸他的墳墓，病人就能痊癒、不孕者就能懷孕。和蘇非派的大多數活動一樣，這些墳墓對世人完全一視同仁，不分性別、種族，甚至是信仰。尤其在印度次大陸，基督徒、錫克教徒（Skih）、印度教徒和穆斯林以幾乎同等的人數比例聚集在蘇非聖人的陵墓內，是很常見的事。

辟爾憑藉著純粹的精神魅力吸收門徒，將蘇非派稱為「埃爾凡」（*erfan*）的神祕知識傳授給他們。「埃爾凡」就像希臘文的「諾西斯」（*gnosis*），指的是一種更高境界的智慧，你可以透過它感知到終極真相。然而，埃爾凡是一種非智性、非理性的領會，引用歐維西教團（Oveyssi Order）第四十二任辟爾安格哈（Shah Angha）的話，它只能「透過自我戒律與淨化來達成，沒必要動用邏輯方法」。由於人的智性無法參透真主的奧祕，因此蘇非派認為，唯有用愛取代智性，才能真正理解宇宙的特質和人類在宇宙中的位置。

蘇非派門徒必須將許多原則融入生活，其中最重要的莫過於愛的原則。蘇非主義的基礎就是愛。它是最能完美傳達蘇非主義的語言，也是理解蘇非主義理念的唯一途徑。愛的經驗是蘇非道乘上最共通的一站，因為能讓人認識真主的就是愛——不是神學，更絕對不是法律。

根據蘇非派的說法，真主的本質——真主的**本體**——就是愛。愛是萬物的媒介。蘇非主義不接受萬物是從「無中生有」的概念，因為在什麼都還沒有的時候，就已經有愛了：也就是說，真主在一種統一的原始狀態中愛著祂自己。必須等到真主想把這份愛傳遞給「他者」時，祂才根據自己的形象創造出人類。那麼，人類就是真主的展現；是真主透過愛的客體化。當蘇非行者談到他們對真主的愛時，他們指的不是「阿加皮」(*agape*，精神之愛）這種傳統的基督教概念。恰恰相反。這是一種激情的、毫無保留的、羞辱的、否定自我的愛。如同瑪吉努對萊拉的愛，蘇非派的愛就是要無條件地臣服於愛人，完全不顧自身福祉。這種程度的愛就是要完全摧毀自我，事實上，這正是它的目的。根據阿塔爾的說法，愛就是消滅自我、淨化靈魂的那把火，而戀愛的人就是那個「迸出火花燃燒」的人……

他面容發燙，瘋狂渴求，

毫不矜持，樂意讓幾百個世界陷入火海燃燒殆盡，

他不懂何謂信仰、也不知何謂褻瀆，

他沒時間懷疑、也沒時間肯定，

對他而言，善惡都是一樣的，
他非善非惡，而是一把熊熊的火焰。

和大多數神祕主義者一樣，蘇非行者也力求消除膜拜者與被膜拜者之間的二分法。目標是要在人與神之間創造一種無法切割的結合。在蘇非主義中，這樣的結合最常透過極為生動露骨的性意象來表現。所以哈菲茲這麼描寫真主：「祢的髮香充實了我的生命；祢唇的甜美無可比擬。」

蘇非主義最引人入勝的某些性意象出現在「巴斯拉的拉比雅」（七一七—八〇一）的文稿中，這位人物先前已經提過。拉比雅從小失去雙親，後來成了主人的奴隸與性財產。但她一直渴望體驗跟真主的神祕結合，有時會連續好幾個星期都不睡覺，只顧著齋戒、禱告、冥想宇宙的運動。有一次，拉比雅在夜裡進行冥想時，她的主人第一次注意到有個刺眼的光圈在她頭頂上閃耀，照亮了整間屋子。他嚇得魂飛魄散，立刻就恢復了拉比雅的自由之身，讓她到沙漠裡去尋道。拉比雅在荒漠裡達到了「法納」（*fana*），也就是「無我」的境界，成為第一位（但不是唯一一個）女性蘇非大師：備受敬重的學者巴斯拉坦承，在這位女子面前，連他都覺得自己處於精神破產的狀態。

和她的基督教對應者「亞維拉的德蘭」（Teresa of Avila）一樣，拉比雅的詩句也洩露出她跟真主的接觸有多麼親密：

祢是我的氣息，
我的希望，
我的伴侶，
我的渴望，
我豐饒的財富。
沒有祢——我的生命、我的愛——
我絕不可能走過這麼多數不盡的國家……
我四處尋找祢的愛——
接著我就突然被祢的愛填滿。
噢，我心之主人啊，
我胸中明亮的渴望之眼，
只要我還活著，
我就不可能逃出祢的掌心。
只要祢對我滿意，吾愛，
我便心滿意足。

這種對愛人的強烈渴望時常出現在拉比雅的詩句中，它透露了蘇非派愛情觀的一個重要面向。最重要的是，這份愛必須維持在**未完成**的狀態，就像瑪吉努在棕櫚樹林裡的領會。畢竟，如同阿塔爾群鳥在前去晉見西牟鳥的旅途上所領悟到的，當你踏上旅途時，你不能預期自己會走完它，因為只有極少數人能抵達最後終點、與真主結合。因為這個緣故，蘇非行者經常被比擬成坐在洞房中等待的新娘，「抱枕上撒滿了玫瑰花瓣」，渴望著新郎到來，即使她知道他也許永遠不會來。然而新娘還是繼續等待，她會一直等下去，「為愛而死」，為愛痛苦，不斷呼喊：「來吧！來吧！」直到她不再是個獨立的個體，只是一個愛著愛人的戀愛之人，與愛人完美地合而為一。哈拉智這麼描寫他與神結合的經驗：

我就是我所愛的祂，祂也是我所愛的我。
我們共享一個身體的兩個靈，
你若見到我，就是見到祂；
你若見到祂，就是見到我倆。

這麼說來，如果單戀——那種完全不求回報的愛——才是完美的愛，那麼對蘇非行者而言，完美的戀人與愛情的典範就是「易卜劣廝」（*Iblis*），也就是撒旦。他原本是天使，「走在敬拜的道乘上侍奉上帝」，卻因為拒絕對阿丹（亞當）低頭而被真主從身邊驅逐。魯米在他的《易卜劣廝的道歉》（*Apology of Iblis*）中說明，他之所以拒絕服從真主指示，是因為他「愛著神，而不是因為不願意服從」。畢竟，「一切嫉妒都源自愛，害怕別人成為愛人的伴侶。」

儘管被打入地獄，再也見不到真主的臉，易卜劣厮依舊渴望著他的摯愛，曾經「為我推動搖籃」、「在我年幼時為我尋覓奶水」的摯愛。他會永遠苦苦思念著真主，在地獄深處呼喊：「我是祂的伴侶，祂的伴侶，祂的伴侶！」

如果把撒旦美化成這樣令大多數穆斯林感到驚駭，那麼大家一定要記得：這就是重點。如同阿塔爾所說的：「愛不懂何謂信仰，也不知何謂褻瀆。」人類為了定義正確的道德與宗教行為而建構了二元論，但唯有衝破這種傳統二元論的面紗，才能達到「法納」的無我境界。對蘇非行者而言，沒有二元，只有一元。沒有正義與邪惡、光明與黑暗，只有真主。這個概念不該跟印度教的「摩耶」（*maya*，幻影）或佛教的「舜若多」（*sunyata*，空性）相混淆。對蘇非行者而言，真實既不是空、也不是幻影，真實就是真主。《古蘭經》說：「無論你們轉向哪一方，安拉都在那裡。安拉是無所不包，無所不知的。」（2:115）。而由於塔維德信條堅持真主獨一，那麼真實必定也是獨一的，蘇非派說。

原子、太陽、星系、宇宙，
都只是名字、形象與形狀。
事實上它們是一體的，而且是唯一的。

在傳統西方哲學裡，這種徹底的一元概念常被稱為**一元論**：認為世間萬物儘管五花八門，卻都可以簡化成一個單一的「東西」，不論在空間上、時間上、本質上或屬性上皆然。但蘇非派這種徹底的一元觀或許要叫作「阿哈迪亞」（*ahadiyyah*，「獨一」的意思）比較恰當，因為這才能強調這種一元思想蘊含的一神信仰特質：「阿哈德」（*al-Ahad*，獨一的主）是真主的九十九個美麗名字中最重要的第一個。

讓蘇非行者揚棄傳統二元論的，正是這種一神信仰一元論。不是因為他們想逃避道德上的正確行為，而是因為他們只接受「獨一的存在」：也就是「神聖的一元」。無可否認，這種概念會讓人對蘇非主義的真正教義產生很多誤解，尤其是牽涉到所謂「蘇非派醉鬼」（Drunken Sufis）的行徑時。他們明目張膽地違反伊斯蘭律法，以公然喝酒、賭博、沉迷女色為手段，克服宗教的外在面向。不過，蘇非派通常是透過隱喻來闡明傳統二元性不存在。而最常用的隱喻就是酒醉和女色，兩者已經成為蘇非派詩歌中的主要象徵符號，用來表現這種消滅自我、令人心醉的愛。

「今夜，我將飲下一百桶酒，」海亞姆（Omar Khayyam）在他的傑作《魯拜集》（*Rubaiyat*）裡寫道，「我將拋下一切理性與宗教，占有酒的處女之身。」海亞姆筆下的酒是靈性之酒，代表「世界之主的恩典」，而蘇非行者則要揚棄宗教虔誠與道德行為的傳統理想，逃離「理性與智性的複雜網羅」，才能在心中裝滿那醉人的醇酒，也就是真主的愛。哈菲茲說：「虔誠之心與正直之舉都跟忘形境界無關；讓你的祈禱毯沾上紅酒吧！」

一旦揭下傳統二元論的面紗，消滅了自我，讓魯哈（宇宙之靈）得以吸收卡爾布（人心），門徒就達到了法納（無我）。如前所述，法納的最佳翻譯是「神迷的自我消滅狀態」。這就是道乘的終點，在這裡，萬物為神聖一元的真理被揭示，蘇非行者意識到「小溪、大河、水滴、海洋、泡沫，全都異口同聲地說：我們是水，是水」（引用安格哈的話）。

透過徹底的自我消滅行動，蘇非行者卸下自己的特質與屬性，完全融入了真主的特質與屬性。他不會**變成**真主，遜尼派和什葉派穆斯林經常誤解法納是這個意思；更確切地說，蘇非行者是完全**沉浸**在真主裡，也就是造物主與受造物合為了一體。把這種神聖一元概念表達得最好的，是偉大的神祕主義者與學者伊本—阿拉比（一一六五—一二四〇）。他把傳統的穆斯林信仰宣言（清真言）從「萬物非主，唯有真主」改成了「除了真主的存在別無其他存在；除了真主的真實別無其他真實」。

伊本—阿拉比學派對蘇非主義的發展影響之大，可以用一整章來討論。根據這個學派的想法，人類和宇宙是宇宙之靈（University Spirit）的兩個創造物，彼此獨立但又緊緊相繫，就像兩面互相映照的鏡子。伊本—阿拉比運用塔威爾解經法，重新解釋了《古蘭經》裡真主「從一個靈魂」（4:1）創造出人類這句話，認為它的意思是指宇宙本身為「單一的存在」。對阿拉比而言，人類是「偉大宇宙之書的濃縮版」，而用尼可森的話來說，「完全實現自己與神在本質上同一」的那少數幾個人，就會變成阿拉比口中的「完人」（Perfect Man），或稱「全人」（Universal Man）。

所謂完人的意思是，對這個人而言，他的個體性只是一種外在形式，而他的內在真實和宇宙本身是一致的。用阿拉比最傑出的門徒吉利（Abdul Karim al-Jili）的話來說，完人是「真主的複製品」：像一面鏡子般完美反映神的屬性，也是讓真主得以顯現的媒介。

雖然蘇非派認為所有的先知、使者、伊瑪目和辟爾都是完人的代表，但對蘇非行者而言，這種獨特存在的完美典範就是先知穆罕默德。在真主的正途上尋求指引時，所有的穆斯林都以先知為楷模。但對蘇非行者而言，穆罕默德還不只是《古蘭經》所稱的「優良模範」而已（33:21）。穆罕默德是太初之光：是真主最早創造出來的受造物。

「穆罕默德之光」（*nur Muhammad*）這個概念顯示蘇非主義受到諾斯底派很大的影響。簡單來說，蘇非行者對穆罕默德的理解，跟很多諾斯底派基督徒對耶穌的理解一樣：是一道永恆的「光」（*logos*）。所以，穆罕默德就像〈約翰福音〉裡的耶穌，是「光照在黑暗裡，黑暗卻不接受光」（約翰福音1:5）；或如同〈多馬福音〉裡所說，是「萬物之上的光」。

然而，和諾斯底主義〈約翰福音〉與〈多馬福音〉裡的耶穌不同的是，穆罕默德不該被理解成「神的化身」。「真主是天地的光明，」《古蘭經》如此讚嘆（24:35），而如同噶札里在他的《光龕》（*Niche of Lights*）裡所主張的，這表示「穆罕默德之光」實際上只是真主之光的**反射**。確實，蘇非主義經常把真主和穆罕默德之間的關係比喻成太陽和月亮，後者只是反射前者的光。太陽發出能量，它是有**創造力**的。月亮則傳達美感，它是有**回應力**的。因此，根據伊那亞（Inayat Khan）的說法，「傳遞〔真主〕訊息的人，傳遞的是真主的知識，不是他自己的知識……如同月亮散發的不是自己的光。」就是因為對穆罕默德抱持這種獨特的看法，蘇非行者不只稱先知為「拉蘇阿拉」（真主的使者），還稱他為「迪克爾阿拉」（*Dhikr Allah*）：「對真主的讚念」，不過「迪克爾」一詞在蘇非主義中有許多意義。

可想而知，蘇非派的信念經常讓信奉者遭受宗教權威慘痛的迫害，有時手法還很殘暴，因為他們反律法、反制度的理念讓宗教權威十分困擾。蘇非行者在清真寺內很不受歡迎，所以不得不發展出自己的儀式與習俗，協助他們破除個人與神之間的藩籬。由於「迪克爾」是讚念真主的身體行動，也就成了所有蘇非行者最核心的儀式活動，不過迪克爾的實際形式與作用會隨著教團不同而大異其趣。

迪克爾儀式最常見的形式是「有聲的迪克爾」（vocal dhikr），透過卡蒂里教團（Qadiri Order）的儀式而流行起來，主要出現在敘利亞、土耳其、中亞和非洲某些地區。卡蒂里教團很可能是蘇非派最早受到正式認可的塔里卡（道乘）修行教團，他們的迪克爾活動主要是以有節奏且不斷重複的方式誦念清真言或其他宗教語句。他們，經常搭配費力的呼吸練習以及頭部與軀幹的快速動作（門徒通常圍成一圈而坐），然後愈念愈快，直到語句變成沒有意義的單音節氣音，聽起來自然像是阿拉伯語的「乎！」（*hu*），也就是「祂」，真主的意思。在這種讚念真主的身體行動中，門徒不斷重複呼求真主的名字，藉此慢慢脫去自我，以便能穿上真主的屬性。卡蒂里教團的人宣稱，透過這樣的方式，「讚念者就成為被讚念者」。

除了卡蒂里教團的「有聲的迪克爾」之外，還有所謂「無聲的迪克爾」，由納克許班迪教團（Order

of the Naqshbandi）推行。納克許班迪被視為蘇非派最傳統的教團，主要成員是一些政治上很活躍的虔敬主義者，他們將自己的繼承系譜上溯到阿布─巴克爾，始終嚴格遵守沙里亞。納克許班迪教團的蘇非主義屬於傳統主義派，驅使他們揚棄音樂與舞蹈，偏好較為嚴肅的儀式活動，例如無聲的迪克爾：透過冥想在內心重複默念神的名字，而不是集體大聲呼喊。

無聲的迪克爾並不完全等同於像是小乘佛教裡的冥想儀式。然而，納克許班迪和其他少數幾個強調冥思的蘇非派教團確實會進行一種叫「費克赫」（*fikr*）的儀式，奈頓（Ian Richard Netton）準確地將之翻譯成「確立神性的沉思」。但無論如何，納克許班迪教團和卡蒂里教團一樣，不管進行費克赫還是迪克爾儀式，都只有一個目標：與真主結合。

但並非所有的迪克爾儀式都跟誦經有關，不論是有聲還是無聲的。事實上，迪克爾儀式最廣為人知的形式是土耳其梅夫拉維教團（Mevlevi Order）的精神舞蹈。梅夫拉維教團由魯米所創，就是一般人所熟知的「旋轉的苦行僧」。有些蘇非行者以書法藝術做為某種形式的迪克爾儀式。而在高加索地區，蘇非主義承襲了古代印歐民族的許多薩滿傳統，這裡的迪克爾儀式著重的不是誦經或冥思，而是肉體上的痛苦，靠這樣的方式來震撼門徒，使之進入神迷的狀態。例如馬其頓的里法伊教團就以公開自殘的行為出名，門徒會在彷彿被催眠的狀態下拿著尖釘往自己身上刺。摩洛哥的某些地區還有一些蘇非行者會以需要耗費極大力氣與意志的行動來進行迪克爾，目的是要讓自己脫離物質世界的虛假真實。

迪克爾儀式還有另外一種常見的形式，使用此一形式的主要是印度次大陸的契斯特教團（Chisti Order）。契斯特教團擅長在他們的靈性操練中使用音樂。他們「對真主的讚念」透過充滿喜樂的靈性音樂會獲得最完美的呈現，這種音樂叫「薩馬」（*sama'*），羅倫斯（Bruce Lawrence）形容薩馬音樂是「戀愛之人與被愛之神間的激情對話」。

當然，傳統的伊斯蘭膜拜儀式通常不鼓勵音樂和舞蹈，但這兩者在印度次大陸歷史悠久，而蘇非主義之所以能在印度迅速傳播，部分原因就是它能夠毫無困難地把音樂和舞蹈融入膜拜儀式中。事實上，早期的契斯特傳道人常會吹著笛子或敲鑼打鼓地進城，先吸引群眾注意之後再開始講述蘇非派大師的故事。所以，薩馬音樂不僅是契斯特教團體驗超感官世界的一種方式，也是一種珍貴的傳道工具。而把薩馬音樂運用在政治集會也不是什麼稀奇的事。事實上，雖然蘇非派教團大多傾向政治寂靜主義，但印度的蘇非主義卻不一樣，向來都跟國家的社會與政治操作關係密切。尤其在蒙兀兒帝國時期（一五二六—一八五八），有一小群蘇非行者靠著為帝國提供精神上的富足與道德上的正當性，換取到巨大的政治影響力。

這些「政治蘇非行者」當中最有影響力的或許是十八世紀的作家與哲學家瓦利—烏拉（Shah Wali Allah，一七六二年歿）。瓦利—烏拉是傳統主義派納克許班迪教團的狂熱信徒，在著作與演講中都力求消滅蘇非主義中的「外來」影響（例如新柏拉圖主義、波斯神祕主義、印度吠檀多主義〔Vedantism〕），以將它回復到他眼中較古老、未受竄改的伊斯蘭神祕主義形式，這種形式跟持傳統主義觀點的遜尼派正教是密不可分的。然而，瓦利─烏拉更想做的，是在國家的社會面與經濟面重申伊斯蘭教的基本價值，而不是單純地淨化蘇非主義。因此，他的神學政治意識形態對後來的穆斯林神學家與哲學家有非常深遠的影響，儘管詮釋方式各有不同。

一方面，瓦利─烏拉對伊斯蘭學問復興的重視，以及他進步的社會經濟理論，都影響了伊斯蘭現代主義者。例如賽義德．阿赫梅德．汗就展開了他的阿里格爾運動（Aligarh movement），這是個知識分子協會，不僅致力於在印度建立一套歐式教育體系，也鼓勵穆斯林跟英國殖民者合作，當時英國人才剛開始以更積極的方式參與印度次大陸的政治事務。

另一方面，瓦利─烏拉對正統的重視也在印度激發了幾場所謂的「清教」運動，其中最出名的就是迪歐班迪學派（Deobandi School）。這個學派的學生在阿拉伯文中叫 *taliban*（塔利班），他們積極反對英國人占領印度，而學派中的普什圖族（Pashtun）成員則最終控制了阿富汗，以強迫該國接受他們激進的正統神學政治哲學（但這個故事得留到另一個章節再討論）。

由於印度的殖民經驗十分慘烈，所以瓦利─烏拉的神學政治觀點中，是哪一個願景最為成功地擄獲了印度飽受壓迫的穆斯林居民的想像力，應該非常明顯。在中東和北非受到殖民統治的地區，不論是主張現代主義的聲浪，還是融合歐洲殖民者啟蒙運動理念的聲音，都被一種更強大、更激烈的聲音給掩蓋：要擁護傳統、反抗令人難以忍受的帝國主義枷鎖。於是，在一個已經淪為大英帝國專屬財產的國家裡，新生代的印度穆斯林不再抱持蘇非派的普遍想法：「如果世界不認同你，你就認同世界。」反之，他們偏好偉大神祕主義詩人與哲學家伊克巴爾（Muhammad Iqbal，一八七七—一九三八，卡蒂里教團門徒、瓦利—烏拉的擁護者）提出的版本：「如果世界不認同你，**就起而反抗！**」

第九章

東方的覺醒

對殖民主義的回應

關於在印度拉合爾（Lahore）造反的「西帕依」（Sepoy，孟加拉士兵）的命運，駐阿木里查（Amritsar）的地區行政長官古柏（Frederick Cooper）在一八五七年八月一日對倫敦的外交部發送了這樣的報告：

七月三十日，第二十六本土步兵團有大約四百名西帕依逃離了米安米爾（Mianmir）的戰俘營，先前奉陛下之命，我們把他們集中在那裡，沒收他們的槍械，以杜絕他們加入德里穆罕默德教叛黨的任何可能性。這些西帕依已力衰又饑餓，我們迅即追趕他們到拉維河（Ravi）岸邊，其中有大約一百五十人被射殺，或是被逼入河中溺斃。倖存者抱著浮木漂到了對岸，在那裡聚集起來，像一群野鳥般等著被捕。倘使他們試圖逃脫，一場血戰將勢所難免。不過天意並非如此。事實上，一切自然的、人為的以及意外的條件都結合起來，決定了他們的命運。

當時，夕陽閃耀著金光。這幫必死之人雙手合十蜂擁走下河岸，迎向我們的船隻，長長的影子落在閃亮的河面上。有四、五十個人絕望地衝進河裡，而就在索瓦（sowar，印度騎兵）準備對這些泳者的頭部開槍時，他們接獲了不開槍的命令。叛軍出奇地配合。他們顯然不知從哪裡冒出一個瘋狂的想法，認為自己可以在好好休息一陣之後接受軍法審判。因此，他們順從地任人將他們銬起，像奴隸一樣塞進我們的船艙裡。

到了午夜，當一輪明月從雲層間露出、倒映在數不清的水潭和溪流中時，我們已經捕獲了二八二名孟加拉叛軍。到了早上，一群錫克教徒帶來了大量的繩索。但由於樹木稀少，繩子並沒有派上用場。還有一個更大的問題，就是如何應付那些信奉穆罕默德教的虔誠士兵，因為他們絕對不可能默默看著信仰同宗教的造反者接受正義的制裁。幸運的是，八月一日剛好是穆罕默德教的古爾邦節（Bukra Eid）。於是我們有了一個很好的藉口放穆罕默德教的騎兵返鄉慶祝，這樣我們這些基督徒就不必因為他們在場而感到尷尬，可以在忠心的錫克教徒協助下，拿他們的教友來進行一場不一樣的獻祭儀式。

還有最後一個難題，跟衛生有關。但我們再次交上好運：在距離警察局不到一百碼的地方剛好有一座乾涸的深井，可以讓我們輕鬆處理這些變節士兵的屍體。

天剛亮，我們就把俘虜以每十人為一組綁在一起帶出牢房。這些西帕依以為自己即將受審，而那些沒理由的抱怨也即將受到傾聽，因此出奇地溫順。但當早晨寂靜的空氣裡開始響起槍聲，他們突然發覺自己將要步上什麼樣的可怕命運時，就變得又驚又怒。

處決一路進行到我們的一個人昏厥為止（他是我們行刑隊上年紀最大的），這時我們才稍微休息一下。射殺了大約二三七名穆罕默德教徒之後，政務官員被告知，其餘的囚犯似乎不願意從堡壘中出來。等待行刑的時候，他們都被暫時關在那裡。由於擔心他們會衝出來反抗，我們做好準備，防堵他們逃跑。堡壘被團團包圍，接著打開門，結果目瞪口呆！四十五具屍體被拖出來，不是死於驚嚇、疲累、操勞、炎熱，就是死於半窒息。這些死人還有他們被處決的同袍全都由村裡的清潔工丟進了井裡。就這樣，叛逃發生後的四十八小時之內，整個二十六兵團就被搜捕到案並處置完畢。

如果你喜歡解讀徵兆，我們會為你指出昂然孤立在德里基督教堂頂上閃閃發光的金色十字架：雖然底部的那個球體早已被城裡造反的異教徒射得傷痕累累，十字架卻完好如初。十字架象徵性地戰勝了一個分崩離析的地球！為了基督教，全能的神以明顯而奇妙的方式介入了，跟祂比起來，我們英國士兵的智慧與英勇根本不值一提！

這場事件被當時的英國人稱為「印度西帕依兵變」（Sepoy Mutiny），但如今公認的名稱已是「一八五七年印度民族起義」。它之所以發生，有幾個理由。觸發這場起義的歷史背景相當清楚。在完全壟斷印度市場的東印度公司支持下，大英帝國從十八世紀中葉就一直是印度的實質統治者，但必須等到蒙兀兒帝國的最後一任皇帝巴哈杜爾沙二世（Bahadur Shah II）在一八五七年被迫退位之後，英國才算直接掌控了印度。那時，英國輕輕鬆鬆就壓制住虛弱無力的印度人，可以恣意掠奪印度次大陸的豐富資源。

為了讓歐洲的工業得以延續，殖民地被倉促地推上現代化之路。歐洲人的各種理念，包括世俗主義、多元主義、個人自由、人權，以及（少得多的）民主概念——也就是歐洲花了幾百年時間才發展出來的啟蒙時代美好遺產——全被強行加諸在殖民地上，而且完全沒有試著用本地人能夠認同或理解的方式來表達。唯有可以提高產量時，他們才會分享西方科技。他們不是開發舊城市，而是建造新城市。成本低廉的進口商品摧毀了大部分的當地工業，本土市場別無選擇，只能專注於滿足殖民強權的經濟需求。

土地遭到掠奪、獨立性遭到壓制、地方經濟遭到摧毀之後，被殖民者會得到一項回報：「文明」的禮物。事實上，歐洲人在他們占領的每一塊土地上，都把殖民計畫包裝成「文明任務」。戴比爾斯（De Bears）鑽石公司的創辦人羅德斯（Cecil Rhodes）一度堪稱現代南非實質上的獨裁統治者，他曾說過這樣的名言：「我們不列顛人是世界第一民族，我們在地球上占領的土地愈多，對人類而言愈好。」

這所謂的文明任務就算是立意良善，也有許多問題。其一就是它經常被刻意擺在「基督教化任務」的大傘底下。而基督教化任務的主要目標，套用馬德拉斯（Madras）總督特里維廉爵士（Sir Charles Trevelyan）的話，「就是要讓當地人改信基督教」。在印度，基督教福音傳教士身居政府最高位，英國軍隊中的每個軍階也都有他們的身影。一八五八年之前，印度次大陸的所有政府權力幾乎都握在東印度公司手中，而東印度公司的總監格蘭特（Charles Grant）本身就是個活躍的基督教傳教士。他跟大部分英國同胞一樣，深信是上帝要英國來支配印度，好帶領它走出異教的黑暗、迎向基督的光明。印度次大陸的學校有將近一半是由像格蘭特這樣的傳教者經營。他們接受大英帝國的鉅額補助，灌輸當地人基督教思想。

不是所有的殖民者都贊成英國的傳教行動。一八四二年到一八四四年的印度總督艾倫伯勒（Lord

Ellenborough）就不斷警告同胞，大英帝國提倡基督教福音主義不只有害帝國安全，還可能導致民怨、甚至是公開的反抗。但即便是艾倫伯勒，也定會同意特里維廉的話：特里維廉主張，印度宗教「有太多嚴重的不道德與有形的荒謬，一旦暴露在歐洲的科學之光底下，就會立刻不攻自破」。

英國人堅信基督教的古老敵人迫切地需要文明。這樣的想法讓印度穆斯林產生了一種自卑感和恐懼感，很多人都認為自己的信仰與文化受到了攻擊。因此，儘管印度各州被併吞、地主被驅逐、印度農民的困境被忽視、貪得無厭的東印度公司提出嚴苛的收益政策在印度引起了巨大的憤怒和怨恨，但說到最後，引燃起義之火的，卻是迪斯雷利（Benjamin Disraeli）所說的「傳教任務與政府權力之結合」。

事實是，發動一八五七年印度民族起義的士兵不只憤怒殖民政策將他們土地上的自然資源搜刮一空，他們也深信英國軍隊想逼迫他們和他們的家人改信基督教——而事實的確是如此。光是他們的指揮官公然對整個軍營傳福音就已經夠明白了，而當他們發現他們的彈藥筒是用牛油和豬油來潤滑時，他們最大的恐懼更是獲得印證，因為牛油和豬油對印度教徒和穆斯林而言都是不潔之物。有一小群士兵採取非暴力反抗的行動，拒絕使用那些彈藥筒。結果他們的英國長官卻給他們套上枷鎖，關進軍事監獄。印度軍隊中的其他人——大約十五萬士兵——認為這樣的反應再次顯示了殖民者的心態，於是發動兵變。

他們很快就控制了德里，並擁立被迫退位的蒙兀兒帝國皇帝巴哈杜爾沙為領導人。這位八十幾歲的皇帝對全國發布了一紙文字宣言，呼籲印度教徒和穆斯林協助他「解放並保護如今在殖民統治下哀嚎的貧窮無助者」。宣言傳遍了印度的每個角落，結果沒過多久，這場印度西帕依軍事叛變，就擴大成一場印度教徒和穆斯林攜手合作的平民起義。

英國人的應對方式殘酷而毫不留情。為了敉平叛亂，儘管有點不甘願，他們還是不得不動員在殖民地擁有的全副武力。印度全境皆有民眾集體被捕，示威者不論老少都在街上遭到毆打。大部分的主要城市慘遭蹂躪。在阿拉哈巴德（Allahabad），英軍不分青紅皂白、見人就殺，把成堆的屍體留在街上腐爛。他們洗劫勒克瑙（Locknow），幾乎把德里夷為平地。第十四本土步兵團有大約五百名印度西帕依士兵在傑赫勒姆（Jhelam）被屠殺。在貝那拉斯（Benares），支持起義的平民被吊死在樹上。一座座村莊被劫略一空，然後放火燒毀。經過還不到兩年的燒殺擄掠，殖民者就再次完全控制住局面。叛亂平定、東印度公司也解散之後，這片印度次大陸的直接治理權便落入英國女王手中，如今她已能驕傲地宣稱，「大英帝國是日不落國」。

英國以如此殘暴的手段奪回印度的殖民控制權，永遠地粉碎了英國人在道德上高人一等的假象。對大多數穆斯林而言，歐洲人在中東的文明任務已經原形畢露：是一種透過殘暴的軍事力量取得政治與經濟優勢的意識形態。英國人嘴上鼓吹個不停的啟蒙時代理念，已經再也無法跟殖民政府高壓的帝國主義政策切割。簡言之，印度成為荒腔走板的殖民主義試驗的範例。

即使如此，還是有許多穆斯林知識分子深信：想挽救穆斯林文明在歐洲帝國主義面前的迅速衰敗，唯一的方法就是採納歐洲的價值觀，例如法治與追求科學進步。這群人被認為是現代主義者，而他們當中改革行動最具代表性的或許是賽義德·阿赫梅德·汗爵士。

賽義德生於一個蒙兀兒貴族家庭，忠心追隨之前提過的印度新神祕主義者瓦利—烏拉，但到了十九世紀中葉，他就開始遠離這種帶有清教徒色彩的意識形態，這種意識形態已經在印度引發了幾場反印度教、反錫克教的叛亂。印度民族起義期間，賽義德爵士在東印度公司擔任管理人，親眼目睹了英國人施加在德里反叛民眾身上的可怕報復行為。雖然他並沒有因此改變對大英帝國的效忠之心（他的爵士身分就暗示了這點），但他還是對起義失敗後印度穆斯林的悲慘處境深感痛心。讓賽義德爵士尤其憂心的是，英國當局將這場叛變描述成「穆罕默德教徒為了對抗英國勢力而籌劃已久的一場陰謀」——引用英國在印度的重要傳教士杜夫（Alexander Duff）的話。這種看法讓穆斯林社群成為政府報復的主要標靶。

為了破除這樣的誤解，賽義德爵士出版了他最著名的作品：《印度民族起義之因》（*The Causes of the Indian Revolt*），力圖對英國讀者解釋一八五七年事件背後的種種原因。他說，這不是一場預謀的反叛。這是對社會與經濟不公的不滿結合在一起所造成的自然結果。話雖如此，賽義德爵士也承認，印度民族起義的核心存在著一種普遍想法，認為英國人執意要眾人改信基督教、想逼迫他們採納歐式作風。賽義德爵士說，這絕對是個荒謬的想法。儘管鐵證如山，他還是拒絕相信女王統治印度的目的就是要讓印度人改信基督教。不過，賽義德爵士也坦承，光是**認為**殖民計畫是一場基督教對抗印度宗教的戰爭，就足以讓群眾起而反抗了。

賽義德爵士既是虔誠的印度穆斯林，也是忠心的大英帝國子民，他自告奮勇地接下這項挑戰，要在兩個文明之間搭起橋梁，將雙方的文化、信仰與價值觀解釋給對方聽。他認為問題就在於印度人「不瞭解我們身為政府的子民，政府可以給我們什麼權利，我們對政府又有什麼義務」。只要以本地人能懂的語言把英國的目標與理想解釋給他們聽，印度人便將成為「群體之福而非害群之馬」。

一八七七年，賽義德成立了阿里格爾學校，主要目標為透過現代歐洲教育恢復伊斯蘭教的榮光。賽義德爵士堅信，如果他能用歐洲理性主義與科學思維之光來啟發傳統的穆斯林信仰與習俗，就會促成一場本土的伊斯蘭啟蒙運動，將穆斯林世界推向二十世紀。阿里格爾學校教導學生掙脫烏拉瑪的枷鎖以及他們對伊斯蘭教條的盲從（「塔格利德」），因為穆斯林在現代世界面臨的問題，沒有一個能用他們過時的神學理論來解決。伊斯蘭教復興的唯一希望就是讓沙里亞現代化，而達成這點的唯一方式就是讓既無能又不合時宜的烏拉瑪從此放手。

「我認可的原始伊斯蘭教，」賽義德爵士說，「〔並不是〕布道者塑造出來的那個宗教。」

賽義德爵士的喀什米爾門徒奇拉格．阿里（一八四四—九五年）以再簡明不過的方式概述了他導師的司法改革主張。伊斯蘭教被歐洲人形容成「本質僵化、無法改變」，奇拉格．阿里對此十分憤怒。人們認為伊斯蘭法律與習俗「以一套特定的誡律為根本，無法擴充、無法刪減、也無法隨著不同的狀況修改」，但這樣的概念卻是烏拉瑪為了維護自己對穆斯林的控制權而虛構出來的，奇拉格．阿里說。他認為沙里亞不能被視為一種民事法典，因為伊斯蘭教中唯一具正當性的律法是《古蘭經》，而《古蘭經》「既不干涉政治議題，也沒有立下特定的行為準則」。更確切地說，《古蘭經》只教人「某些宗教教義以及某些道德通則」。奇拉格．阿里認為伊斯蘭律法根本就是烏拉瑪幻想出來的東西，據此認定伊斯蘭律法「無法修正、無法改變」是很荒謬的事。

可以想像，面對那些說他們既無能又不合時宜的指控，烏拉瑪的回應並不友善。他們利用自己對群眾的影響力，跟現代主義者展望的新伊斯蘭教認同展開激烈對抗。當然，自印度民族起義之後，要把歐洲的啟蒙時代理念跟其中蘊含的帝國主義色彩切割開來就變得愈來愈難，這點對現代主義者的訴求十分不利。但最讓烏拉瑪擔憂的是，現代主義者要求把沙里亞完全從公民的生活中抽離。一些宗教學者（例如伊斯蘭協會創辦人莫度迪）反駁阿里格爾學派的說法，堅稱伊斯蘭教**規定**「真主的誡律理當成為人們生活的誡律」，而不是把宗教跟公民生活區分開來。

諷刺的是，儘管莫度迪本身是個狂熱的反民族主義者，他的想法卻為世界第一個「伊斯蘭國家」——巴基斯坦——的建國過程提供了意識形態的基礎。不過，想瞭解印度的穆斯林社群如何在不到一百年的時間內從印度民族起義的悲慘餘波中站起，進而成功建立自己的獨立家園，我們就必須暫時繞道埃及：在這裡，另一群穆斯林改革者即將喚起一場東方的覺醒，掀起的波瀾將會傳遍整個伊斯蘭世界。

❂❂❂

引用威爾許（William Welch）的話，十九世紀末的埃及已經成為大英帝國「帝國之輪裡一道至關重要的輪輻」。英國在毫無異議中以毫不遮掩的方式全面控制了印度的民政，但埃及和印度不同，埃及在完全沒有實權的總督（viceroy，或稱「赫迪夫」，*khedive*）的世襲統治之下，還得以維持一種獨立的假象。雖然埃及原則上仍忠於鄂圖曼帝國，但在十九世紀，埃及總督其實形同大英帝國的臣民。若是沒有殖民長官的同意，他們根本無權進行任何政治或經濟決策。為了換取似乎用之不竭的貸款（但根本不可能償還），歷代總督逐漸陷入對國事冷感的狀態，揮霍無度、對政治漠不關心。

在此同時，埃及也充斥著外來勞工、有錢的投資者與英國中產階級，大家都摩拳擦掌地想在這個沒有什麼官僚障礙、升遷機會無窮無盡的國家裡分到一杯羹。為了容納迅速湧入的歐洲人，在遠離本土人口的開羅郊外，一整座一整座的城市拔地而起。這些外國人很快就接管了埃及的主要出口貿易：棉花。他們建造港口、鐵路、水壩，全都是為了方便殖民者控制埃及的經濟。他們的終極成就——蘇伊士運河——建成之後，埃及便再也無法逃離成為英國最有價值殖民地的命運了。

為了進行這些龐大的工程，政府提高了稅金，但原本的稅金一般的開羅人就已經負擔不起了，更何況是擴大中的農民階層（*fellaheen*）——他們因為地方產業被摧毀而被迫湧進城市。更糟糕的是，總督還不得不給予外國菁英不合理的特權，例如除了地產稅之外一概免稅，而且擁有不必在埃及法庭受審的豁免權。

當然，埃及這種不公不義的情況引起了廣大的反殖民情緒與間歇性的暴動，結果兩者都被英國人拿來當作嚴加管理人民的進一步理由。所導致的後果是，埃及政府欠了歐洲貸款方一屁股債，而權利受到剝奪的人民則絕望地尋求一種共同的認同感，以便讓大家團結起來對抗殖民主義的威脅。到了二十世紀中葉，埃及的條件已經成熟，可以接受當時正在印度成形的現代主義訊息了。而給他們帶來這個訊息的，是這個人稱「東方喚醒者」的男子——阿富汗尼（Jamal ad-Din al-Afghani，一八三八—九七）。

雖然擁有這樣的姓氏，但阿富汗尼其實並不是阿富汗人。他的優秀翻譯員妮琪．凱迪（Nikki Keddie）證實，阿富汗尼是在伊朗出生長大，接受的是傳統的什葉派伊斯蘭學問教育。至於他為什麼決定一會兒假扮來自阿富汗的遜尼派穆斯林，一會兒假扮來自伊斯坦堡的土耳其人，我們很難斷言。不過既然瓦利—烏拉廣受歡迎的清教運動已經傳遍穆斯林世界的各個角落，阿富汗尼也許認為隱藏自己的什葉派身分是一種權宜之計，可以讓他把自己的改革派理念傳播得更廣。

阿富汗尼十七歲時離開伊朗，到印度去學習所謂的西方科學，以彌補他所受的宗教教育之不足。時值一八五六年。印度次大陸有將近三分之二受大英帝國直接管轄。東印度公司及其諸多關係企業的經濟政策，促使英國得以兼併原本屬於當地人的大片土地。地方統治者被迫退位，農民微薄的收入也被剝奪。舉國上下，反抗情緒正在醞釀。

一開始，阿富汗尼似乎不怎麼在乎周遭正在發生的重大事件。最早為他寫傳記的作家安胡利（Salim al-Anhuri）指出，他太專注於學業，根本無暇關心印度人的困境。但是隔年，當印度人的委屈終於以公然反抗的形式爆發時，阿富汗尼突然覺得自己應該採取行動。這位年輕人受到很大的創傷，不只因為英國人用如此殘暴的手段奪回控制權，也因為他們道貌岸然，一邊宣導那些崇高的啟蒙價值，一邊又殘忍地打壓印度人對自由解放與國家主權的懇求。他在印度次大陸的經驗，使他終其一生都痛恨英國人，一心只想讓穆斯林世界掙脫歐洲殖民主義的枷鎖，認為殖民主義是伊斯蘭教面臨的最大威脅。

但阿富汗尼很少用宗教術語談論伊斯蘭教。或許他對伊斯蘭政治思想最大的貢獻，就是堅稱伊斯蘭教在擺脫掉那些純宗教牽絆後，可以做為一種社會政治意識形態，讓整個穆斯林世界團結起來對抗帝國主義。對阿富汗尼而言，伊斯蘭教遠遠不只是律法與神學，它還是一種文明。事實上，它是一種更高等的文明，因為他認為西方世界的智識基礎其實是引借自伊斯蘭教。像社會平等主義、人民主權，以及對知識的追求與保存等理念，根本不是源自基督教歐洲，而是源自溫瑪社群。民意大於政府的概念是由穆罕默德革命性的公社所首創，也是穆罕默德的公社首開先例地消除了人與人之間的族群隔閡，並賦予婦女和小孩史無前例的權利和特權。

阿富汗尼同意賽義德的說法，認為伊斯蘭文明的衰亡要歸咎於烏拉瑪。他們自命為伊斯蘭的守護者，過分壓抑了獨立思想與科學進步，以致當歐洲在啟蒙時代覺醒時，穆斯林世界卻還在中世紀裡掙扎不前。阿富汗尼把烏拉瑪比作「一根非常微小的燭芯，頂著一道非常微小的火焰，既無法照亮四周，也無法為他人帶來光明」。烏拉瑪禁止人們針對律法的極限與經文的意義進行理性對話，使他們成為伊斯蘭教真正的敵人。

但阿富汗尼完全不是阿里格爾學派的人。事實上，他認為賽義德如此汲汲營營地效法歐洲理念，根本就是受殖民強權利用的工具。阿富汗尼認為，歐洲文明勝過伊斯蘭文明的地方就只有科技發展與經濟實力。伊斯蘭教若要恢復往昔的榮光，就必須在穆斯林世界開發這兩項專長。但要在穆斯林世界達成永久的社會、政治與經濟改革，唯一之道是讓最初造就穆斯林公社的那些不朽的伊斯蘭價值與時並進。賽義德只會要求穆斯林模仿歐洲，但那是在浪費時間。

阿富汗尼提出的政治意識形態迅速發展，並且在他擔任鄂圖曼帝國教育委員會的終身委員時進一步受到鞏固。他在那裡結識了一群熱情的土耳其改革者，人稱「鄂圖曼青年」（Young Ottoman）。為首的是幾個作家與學者，其中最有名的就是優秀的詩人兼劇作家凱馬爾（Namik Kemal，一八四〇—一八八八）。在他們的領導下，鄂圖曼青年以融合西方民主理念與傳統伊斯蘭原則為基礎，發展出一套頗具吸引力的改革事項。結果演變成一項超國家主義計畫（supernationalist project），通常被稱為**泛伊斯蘭主義**（Pan-Islamism），其主要目標就是鼓勵穆斯林跨越文化、派系與國家的界線團結起來，擁戴一個中央集權的哈里發（顯然會是一位土耳其哈里發）——換句話說，就是要重現溫瑪社群。

阿富汗尼熱烈擁抱鄂圖曼青年的哲學，尤其贊成他們呼籲大家復興團結的穆斯林公社，以對抗歐洲帝國主義——不論你是什葉派還是蘇非派，在公社內都一視同仁。一八七一年，由於十分看好泛伊斯蘭主義，阿富汗尼信心滿滿地來到了開羅——不論是當時還是此時，開羅都是穆斯林世界的文化首府。他表面上是要教授哲學、邏輯與神學，實際上卻是要把自己的現代主義願景植入埃及的政治風景。他在埃及和一位名叫穆罕默德・阿布都（Muhammad Abdu，一八四五—一九五〇）的狂熱年輕學子結為好友，而阿布都後來成為埃及最有影響力的穆斯林改革代言人。

阿布都是農村子弟，生於尼羅河三角洲上的一座小村落，從小非常虔誠，十二歲就已經背下整本《古蘭經》。他屬於蘇非派的沙德悉里教團（Shadhili Order），還是個年少的門徒時，他在伊斯蘭學問上的研究成績就已出類拔萃，因此被送到開羅的艾資哈爾大學繼續深造。但儘管信仰虔誠、天資過人，阿布都還是立刻跟艾資哈爾大學烏拉瑪僵化的教育方法與傳統主義教學內容產生衝突。同時，歐洲人提出的崇高原則如此明顯地與他們的殖民主義計畫相互矛盾，也對他產生衝擊。

「我們埃及人，」他寫道，「曾經相信英國人的自由主義與英國人的同情心。但我們已經不再相信，因為事實勝於雄辯。我們看得很清楚：你們的自由只給你們自己，而你們對我們的同情心，就像野狼面對自己打算吃掉的綿羊。」

阿布都對埃及的宗教與政治領袖感到幻滅，於是成為阿富汗尼的忠實弟子，並在他的輔導下出版了一些書籍與論文，提倡重拾「薩拉夫」（*salafs*，「虔誠的先民」，他們在麥地那建立了第一個穆斯林公社）確立的純正價值觀。阿布都稱自己為「新穆爾太齊賴學派」，呼籲重新開啟「伊智提哈德」（獨立推理）之門。他認為，要讓穆斯林重拾力量，唯一的途徑就是讓伊斯蘭教掙脫烏拉瑪的鐵腕控制與他們對沙里亞的傳統主義解釋方式。和賽義德爵士一樣，阿布都也認為所有由人制定的法源——訓那

（先知傳統）、伊智馬（共識）、格雅斯（類比），諸如此類——全都必須接受理性論述。就連神聖的《古蘭經》，也必須重新開放給穆斯林社會的所有派系進行解釋、質問與辯論。阿布都主張，穆斯林研究神聖的天啟並不需要烏拉瑪引導，他們必須能夠不受羈絆地自行體驗《古蘭經》。

阿布都雖然不認為伊斯蘭教有必要把宗教理想從世俗範疇中區隔開來，但他斷然反對把世俗權力交到神職人員手中，因為他認定他們完全沒資格領導穆斯林社群進入新世紀。而當務之急是要重新解釋傳統的伊斯蘭理想，把現代的民主原則以一般穆斯林能夠輕鬆理解的語言表述。因此，阿布都將「舒拉」（部族會議）重新定義成代議民主；把「伊智馬」（共識）重新定義成人民主權；把「貝阿」（效忠誓言）重新定義成普遍選舉。根據這個看法，溫瑪就是國家，統治者就是哈里發，他唯一的作用就是促進社群福祉以保護社群成員。

阿富汗尼和阿布都共同發起了「薩拉菲」（*Salafiyyah*）運動，是埃及版的現代主義計畫。阿富汗尼去世後，阿布都和他的密友兼傳記作者拉希德·里達（Rashid Rida，一八六五—一九三五）攜手合作，把薩拉菲的改革主義事項推上埃及政治的最前線。然而，儘管在整個埃及地區愈來愈受歡迎，但做為阿布都改革計畫核心的泛伊斯蘭主義理想，還是極度難以實踐。

泛伊斯蘭主義的問題在於：從一開始，穆斯林信仰在精神上與知識上就十分多樣，所以要跨越派系的隔閡達到宗教上的團結，是極難達成的願景。尤其在伊斯蘭清教運動興起之後更是如此，因為運動的目的就是要消滅伊斯蘭教的文化革新。除此之外，中東各地強大的世俗民族主義團體都認為，薩拉菲運動背後的宗教意識形態跟他們眼中的主要現代化目標並不相容：政治獨立、經濟繁榮、軍事力量。諷刺的是，這些世俗民族主義者很多都是受阿富汗尼的伊斯蘭自由主義所啟發。事實上，埃及最有影響力的民族主義者扎格盧勒（Sa'd Zaghlul，一八五九—一九二七），便是以阿布都門徒的身分開啟他的事業。

但即使扎格盧勒和他的民族主義同志接受了薩拉菲運動「使伊斯蘭成為文明」的願景，他們卻不認為可以透過宗教團結來擊敗帝國主義。他們說，只要看看烏拉瑪之間那些小鼻子小眼睛的爭執，就知道泛伊斯蘭計畫是不可行的。反之，這群民族主義者希望透過一場世俗的反抗運動來對抗歐洲殖民主義，以種族團結這個比較務實的目標取代薩拉菲運動的宗教團結抱負：換句話說，就是**泛阿拉伯主義**（Pan-Arabism）。

就實際面而言，泛阿拉伯主義被認為比泛伊斯蘭主義更易於實踐。它的其中一位主要提倡者胡斯里（Sati al-Husri，一八八〇—一九六八）說，「宗教是個人和神之間的事，但祖國卻是我們大家的事。」不過，泛阿拉伯主義者還是認為他們的運動兼具政治和宗教性質，因為在他們看來，伊斯蘭教和它的阿拉伯根源是不可切割的。用民族主義思想家巴札茲（Abd al-Rahman al-Bazzaz）的話來說，「穆斯林史上最輝煌的一章〔也是〕阿拉伯史上的一章」。所以，即使泛阿拉伯主義者同意泛伊斯蘭主義者的說法，認同穆斯林必須重拾最早的麥地那公社的價值觀，他們卻定義那個公社獨屬於阿拉伯人。他們宣稱，唯有透過阿拉伯人的團結才能實現穆斯林的團結，而泛阿拉伯主義則被看作「實踐泛伊斯蘭主義之前必須採行的實際步驟」。

當然，泛阿拉伯主義者也很難定義他們所說的阿拉伯團結究竟是什麼。雖然主張種族團結，但單一阿拉伯族群這種東西就是不存在。舉個例子，埃及的阿拉伯人跟伊拉克的阿拉伯人幾乎沒什麼共同點。這兩個國家說的甚至不是同一種阿拉伯方言。無論如何，儘管溫瑪源自阿拉伯，但事實上，在二十世紀初，全世界的穆斯林人口只有極小的一部分是阿拉伯人——只有二〇%。面對這樣的障礙，有些民族主義者企圖讓自己跟祖國的古老文化連上關係。例如，埃及的民族主義者幻想出一份法老的遺贈，伊拉克的民族主義者則力圖重拾他們的美索不達米亞傳統。

阿拉伯民族主義者在第一次世界大戰後得到了一劑意料之外的強心針，當時鄂圖曼帝國在凱末爾（Kemal Ataturk）的手中瓦解。哈里發政權雖然權力日漸衰弱，但將近十五個世紀以來，它都象徵著溫瑪的精神團結。如今，它突然被一個極度世俗、極度民族主義的土耳其共和制取代。帝國被戰勝國（尤其是英國）切割成各自獨立的半自治國家。英國逮住機會，切斷了埃及跟土耳其之間的所有關係，自詡為埃及唯一的保護者。總督被立為埃及之王，但他仍只是殖民者手中的傀儡。

既然哈里發政權不復存在，埃及也牢牢掌握在英國人手中，泛伊斯蘭主義便不再是個可以用來讓穆斯林團結的意識形態。而儘管泛阿拉伯主義因此成了反殖民主義僅存的主要聲音，它也不再能夠奢望跨越國界。穆斯林被迫將自己視為國家的公民，而不是一個社群的成員。既然泛伊斯蘭主義衰微、泛阿拉伯主義已是無力的政治勢力，也只能由新一代穆斯林來重新喚醒埃及追求自由與獨立的抱負，以及中東各地穆斯林對掙脫殖民主義與西方帝國主義枷鎖的渴望。而領導他們的，是極具魅力的年輕社會主義者——班納（Hasan al-Banna，一九〇六—四九）。

班納於一九二三年來到開羅，攻讀更高的教育學位。由於深受噶札里的神祕主義教導所影響，班納年少時就加入了蘇非派的哈薩菲教團（Hasafiyyah Order），想投身於保存及更新他的信仰與文化傳統。後來，身為一位求知若渴、天資聰穎的大學生，班納拜讀了阿富汗尼和阿布都的作品，並且和他們一樣認為穆斯林文明之所以衰亡，不只是因為外力影響，也是因為埃及人未能奉行穆罕默德在麥地那倡導的伊斯蘭教最初信條。

在開羅，班納震驚於這座城市的墮落與猖獗的世俗主義。伊斯蘭教對於平等主義與社會正義的傳統理念，早已被埃及貪得無厭的政治與宗教菁英掃到一邊去，他們大多急切地跟英國殖民者串謀，以換取財富和地位。所有的政府管道都握在外國人手中，埃及的經濟也被外國人壟斷。開羅已經成為一個不折不扣的種族隔離州：極少數富可敵國的有錢歐洲人跟西化的埃及人形成封閉的小圈子，統治著數百萬在他們的土地上耕作、為他們照顧地產的赤貧農民。

班納對埃及艾資哈爾大學的烏拉瑪提出呼籲，卻發現他們就像現代主義者說的那樣無能又不合時宜。但他還是堅信，現代主義者企圖採用他稱為「西方民族國家文明之基礎的社會原則」，其實是入了歧途。班納也不接受泛阿拉伯主義這個民族主義意識形態，因為他認為民族主義就是剛剛結束的那場血腥戰爭的主要導火線。說到最後，班納的結論是，穆斯林要能獨立與壯大的唯一途徑，是讓現代生活與伊斯蘭價值獲得和解——他稱這樣的過程為「社會之伊斯蘭化」。

一九二八年，班納帶著他的伊斯蘭化願景，來到蘇伊士運河附近的一個小村落伊斯梅利亞（Ismailiyyah），投入第一份教職。如果說，蘇伊士運河是殖民體系在埃及最輝煌的成就，那伊斯梅利亞適可呈現出阿拉伯人在那個體系下沉淪得有多深。這個地區充斥著外國士兵與平民工作者，他們住在門禁森嚴的豪華社區裡，俯瞰著當地居民髒亂破敗的街區。路標全是英文，咖啡館和餐廳實施隔離，公共空間到處都有「阿拉伯人禁止進入」的警告標語。

班納非常憤怒：這個地區為大英帝國創造了如此巨大的財富，但當地居民卻承受了這樣的不公不義與羞辱。他開始在公園、餐廳、咖啡店和人們家裡傳播伊斯蘭化的訊息。年輕人和受剝奪者，所有那些覺得自己被無能政府與無力宗教領袖背叛的人，全都對班納和他簡單的訊息趨之若鶩：「伊斯蘭就是答案」。雖然一開始只是個不正式的草根組織，努力想透過社會福利改變人們的生活，但到了最後，卻正式發展成全世界第一場伊斯蘭社會運動。

「我們是同為伊斯蘭服務的弟兄，」班納在團體的第一場正式聚會上宣告，當時的他只有二十二歲。「所以，我們是**穆斯林兄弟**。」

穆斯林兄弟會（Muslim Brothers）在伊斯蘭世界造成的影響，怎麼說都不會太誇大。班納的伊斯蘭化計畫很快就傳到了敘利亞、約旦、阿爾及利亞、突尼西亞、巴勒斯坦、蘇丹、伊朗和葉門。事實證明，以傳達穆斯林委屈的效果而言，伊斯蘭社會主義遠遠比泛伊斯蘭主義或泛阿拉伯主義成功太多了。穆斯林兄弟會積極處理其他人都不願意面對的問題。例如，基督教在中東的傳教活動增加、錫安主義在巴勒斯坦興起、穆斯林族群的貧窮與政治劣勢，以及阿拉伯君主的奢侈與獨裁，都是穆斯林兄弟會經常談論的主題。

也許班納這場運動最重要的面向，就是它表現出一種首次出現的現代企圖，想要把伊斯蘭描繪成一種無所不包的宗教、政治、社會、經濟與文化系統。根據班納的看法，伊斯蘭代表的是一種普世意識形態，比世上曾有過的其他任何社會組織體系都優越。就這個意義而言，它一定要有個伊斯蘭政府——一個能夠適當地處理社會問題的政府。但班納並不認為讓目前的埃及政治體系接受這樣的意識形態是他的責任。穆斯林兄弟會是個社會主義組織，不是一個政黨：他們最關切的是要讓大家心向真主，以緩解人類的苦難，不是要發起政治革命。班納從小就是蘇非派，堅信唯有透過改造個人，才可以改造國家。

班納不關心政治的態度，卻還是沒能讓他躲開政府的怒火。一九四九年，在埃及總督的命令下，班納被刺身亡，這無疑也是受到殖民統治者的慫恿。但此舉雖然消滅了穆斯林兄弟會領導者的聲音，卻讓兄弟會本身更加堅強，到了一九五〇年代便成為埃及最大的反對黨，成員有將近五十萬。也因此，已經在埃及軍隊中醞釀反叛多年的反殖民主義、反帝國主義人士，自然不可能不知道他們的存在。

一九五二年七月二十三日，一群心有不平的軍事領袖自稱「自由軍官」（Free Officer Corps），對無能的埃及君主發動政變，單方面宣告脫離殖民者的控制。下令發動這場政變的是武裝部隊的領導人，納吉布將軍（Muhammad Naguib）。但埃及每一個人都知道，這場叛變背後的主力是納吉布的左右手，納塞中校（Gamal Abd al-Nasser）。

一開始，穆斯林兄弟會積極支持自由軍官，主要是因為納塞承諾在後革命時代的埃及實踐他們的社會主義目標。兄弟會的領導人說自由軍官是一場「受真主祝福的運動」，並在政變的餘波中協助維持所有大城市的秩序與安全。納塞則以到班納墳前謙遜致意做為回報，甚至邀請穆斯林兄弟會加入新國會，但他們害怕會破壞班納不參與政治的原則，因此拒絕了。

但隨著納塞在埃及逐步實踐他的民族主義目標，他獨裁的統治手段便開始和穆斯林兄弟會倡導的平等主義價值發生衝突。一九五三年一月，為了鞏固自己對政府的控制權，納塞把所有的政黨和政治組織統統列為非法，只有穆斯林兄弟會除外，因為他若想受人民擁戴，穆斯林兄弟會的支持依舊至關重要。然而隔年，納塞在亞歷山卓演講時遭人開槍，這終於讓他逮到一個機會，可以解散穆斯林兄弟會。納塞宣稱這場行刺是兄弟會的陰謀，於是查禁了穆斯林兄弟會，會員遭到逮捕囚禁，領導者則被施予酷刑然後處決。

在納塞時代埃及陰冷殘酷的監牢裡，穆斯林兄弟會的意識形態也開始出現分歧。對許多成員而言，下面這件事清楚得讓人痛苦：想透過改變人心來改變社會的社會主義夢想已然幻滅。這些兄弟會成員認為，班納的伊斯蘭化計畫無法靠爭取社會福利之類的行動來實現。如果他們從納塞那裡學到了什麼，那就是這樣的崇高理想只能靠武力實踐。後殖民時期的埃及需要用一種新的眼光來看待伊斯蘭教和它在現代世界所扮演的角色，而將為大家提供這種新眼光的人，當時正在開羅的黑牢裡受苦煎熬。

庫特布（一九〇六—六六）是詩人、小說家、記者、評論家與社運人士，後來更是成為伊斯蘭激進主義之父。他生於上埃及，跟班納一樣在動盪的一九二〇年代搬到開羅。在教育部待了短暫的一段時間後，庫特布於一九四八年前往美國研究美國的教育體系。結果他發現美國極度崇尚個人自由，卻「毫無人類的同情心與責任感……只有在法律強制的狀況下除外」。他極度憎惡美國的「物質主義態度」與「邪惡又狂熱的種族歧視」，認為這兩者都是西方人非要把「宗教跟日常生活分開」的結果。西方文化霸權在中東與北非的開發中國家急速擴張，也讓庫特布驚恐，與庫特布同時代的伊朗社會評論家艾哈邁德（Jalal Al-e Ahmad）稱這樣的現象為*Gharbzadeghi*，也就是「被西方毒化」的意思。

一九五〇年返回開羅時，庫特布加入了穆斯林兄弟會，因為他看出兄弟會熱情致力於建立一個社會主義伊斯蘭政體。他很快就爬上高位，成為兄弟會文宣部的領導者。一九五二年的革命過後，納塞邀請庫特布加入他的政府，但庫特布不答應，寧願跟兄弟會一起繼續進行社會運動。這個抉擇給他帶來了悽慘的後果。有人企圖行刺納塞的事件發生後，庫特布也成為被逮捕、刑求、最後被扔進大牢遭人遺忘的無數穆斯林兄弟之一。

庫特布在與世隔絕的牢房裡得到一個啟示。「光靠布道是不夠的，」他在他的革命宣言《里程碑》

（*Milestones*）裡這麼寫道。這份宣言於一九六四年（他被釋放的那年）發表。「單單只靠布道，並無法使那些竄奪阿拉的權力、欺壓阿拉子民的人放棄他們的權力。」

庫特布提出一個讓穆斯林震驚的說法：大家其實還生活在「賈希利亞」——伊斯蘭教興起前的「蒙昧時代」——之中，真主最偉大的屬性之一，也就是統治權，已經被一些墮落腐敗的人據為己有。庫特布同意班納的看法，認為唯有主張伊斯蘭是一種優越而完整的社會、政治與經濟體系，才能處理社會的不公不義。然而和班納不同的是，庫特布認為這個過程應該要是一場猝發的革命性事件，只能透過建立一個伊斯蘭國家來促成。他在《里程碑》中主張，「要在地上建立真主的王國，並且消滅人類的王國，就必須把權力從篡位的人類手中奪回，交還給真主。」

根據庫特布的看法，伊斯蘭國家將不需要統治者，至少不是像總統或國王這種中央化的行政機構。唯一的統治者就是真主；唯一的法律就是沙里亞。庫特布這種政治化伊斯蘭教的激進願景完全改變了中東的面貌，促成了一種新的意識形態興起，叫作**伊斯蘭主義**（Islamism）。

伊斯蘭主義不該與泛伊斯蘭主義相混淆。泛伊斯蘭主義是一種超國家主義理論，要所有的穆斯林在一位哈里發的統治下團結起來。伊斯蘭主義則是一種民族主義意識形態，目標是建立一個伊斯蘭國家，國內的社會政治秩序將以一種純屬伊斯蘭的道德框架為基礎。伊斯蘭主義者主張，伊斯蘭教是一種全面的意識形態，信徒生活的所有面向都該以此為準則。庫特布寫道，伊斯蘭教最根本的關懷是「把地上的國度和天上的國度融合成一套系統」。要實踐這個系統，主要條件就是必須在公共領域採納並實施沙里亞。穆斯林世界必須揚棄西方世俗價值，因為伊斯蘭教不允許它的神學信念「在本質上或是目標上跟世俗生活與習俗切割」。所以，所有世俗政府——包括由納塞這樣的阿拉伯人掌控的政府——都必須由一個可成功運轉、可負起道德責任的伊斯蘭國家取代，就算要動用武力也在所不惜。

一九六五年，也就是出獄一年之後，庫特布因為發表了《里程碑》而再度被捕，並且因為叛國罪被吊死。在此同時，穆斯林兄弟會那些成功逃離納塞魔掌的激進成員則躲到了唯一願意對他們敞開雙臂的地方：沙烏地阿拉伯。這個國家即將發生一場經濟爆炸，它國內那群粗獷的部族領袖也將隨之搖身變成全世界最富有的人。沙烏地阿拉伯王國是由一位無足輕重的部族謝赫和一個幾乎不識字的宗教狂熱分子透過一場不正式的結盟關係建立的，對像這樣子的一個國家來說，這可是個驚人的成就。

十八世紀初，大約就是歐洲開始注意到地中海對岸還有大量的自然資源等著被開採的時候，伊斯蘭教誕生茁壯的那片聖地，落到了鄂圖曼帝國手中，對麥加有名義上的宗主權，儘管哈里發允許麥加的謝里夫（Sharif）——先知穆罕默德的後裔、哈須彌氏族的繼承人——治理阿拉伯居民。然而，鄂圖曼帝國的影響力和謝里夫的控制權，都沒有超出阿拉伯西部（漢志地區）太遠。阿拉伯東部遼闊偏遠的沙漠地區叫「內志」（*Najd*），地景嚴峻荒蕪，宗教與文化發展也一樣停滯不前。此地自治部族眾多，他們不效忠任何人，只忠於自己。其中有一個無足輕重的小氏族，由一位野心勃勃的謝赫領導，他名叫伊本─沙烏地（Muhammad Ibn Saud，一七六五年歿）。

伊本─沙烏地完全稱不上有錢，但在他家族建立的小小綠洲城鎮達利亞（Dariyah），大部分的耕地皆歸他所有。身為謝赫，鎮上的水井和主要貿易路線都掌握在他一個人手中。雖然擁有一個小型的商隊網絡，但由於範圍局限在綠洲內，他的經濟也嚴重受限。儘管如此，伊本─沙烏地仍是個驕傲又講求排場的人，跟他的阿拉伯老祖宗如出一轍，他也極盡所能地守護著家人與氏族。所以，當一個名叫阿布杜─瓦哈比（Muhammad ibn Abd al-Wahhab，一七〇三─一七六六）的流浪布道者來到他的綠洲尋求庇護時，他立刻抓住這個機會與他結盟，此舉不只會改善他的經濟狀況，還會提升他的軍事力量。

阿布杜─瓦哈比誕生於內志地區沙漠裡一個虔誠的穆斯林家庭，從小就展現出宗教熱忱。他父親看出他在古蘭經學上的天分，於是送他到麥地那去跟瓦利─烏拉的門徒一起進修，當時瓦利─烏拉才剛發起對抗印度蘇非主義的運動。阿布杜─瓦哈比深受瓦利─烏拉的清教徒式意識形態影響。然而，原本他只是對他眼中的那些伊斯蘭教雜質感到憤怒，而一直要等到他離開麥地那前往巴斯拉，並透過各種地方差異親身體驗到什葉派與蘇非派豐富的多樣性之後，他的怒火才轉變成一種狂熱的執著，想要除掉伊斯蘭教中的「迷信創新」，將伊斯蘭教恢復到原本阿拉伯式的純淨狀態。回到阿拉伯半島後，他發起了一場激烈的改革運動，以推動他激進的清教主義伊斯蘭教派，也就是大家知道的「瓦哈比派」（*Wahhabism*）。但這個教派的人更喜歡自稱「穆瓦希敦」（Muwahiddun），「一元論者」的意思。

事實上，瓦哈比派的教義就只是一種過度簡化的塔維德（認主獨一）概念。當瓦哈比派的人宣言「萬物非主，唯有真主」時，他們的意思是真主必須是唯一的宗教膜拜對象，任何敬拜舉動只要牽涉到其他任何實體（不管是什麼），統統要視為謝克（混淆真主的獨一性）。對阿布杜─瓦哈比而言，這些就包括了對辟爾的敬重、伊瑪目的代禱、大多數的宗教慶典，以及所有以先知穆罕默德為中心的禮拜。當伊斯蘭教從阿拉伯半島的部族勢力範圍蔓延而出，被中東、中亞、歐洲、印度和非洲的各種文化吸收時，許多習俗也悄悄滲入，例如蘇非派的迪克爾（讚念真主）和什葉派的馬塔姆（紀念胡笙殉道的自殘儀式）。而瓦哈比派就想禁止這些儀式。更確切地說，阿布杜─瓦哈比要求嚴格執行沙里亞，不得有任何外來的影響與解釋。如同阿富汗尼、阿布都與泛伊斯蘭主義者，還有扎格盧勒、胡斯里與泛阿拉伯主義者，以及班納、穆斯林兄弟會與伊斯蘭社會主義者，還有庫特布、莫度迪和激進派伊斯蘭主義者，阿布杜─瓦哈比也呼籲大家恢復穆罕默德在阿拉伯建立的穆斯林公社的原始樣貌。但阿布杜─瓦哈比對那個原始公社的想法卻是陳舊又排他主義的，而任何穆斯林只要不認同他的想法──尤其是蘇非派和什葉派──都會被處死。

阿加爾（Hamid Algar）指出，瓦哈比主義出現的時機要不是如此獨特，它無疑也會「隱沒於歷史中，只是一場小而短暫的宗派運動」。在一個以唯靈論與主智論為主要基礎的宗教裡，這場運動不僅在精神上與智慧上的表現都無足稱道，它甚至沒有被大多數遜尼派穆斯林視為真正的正統。不過瓦哈比主義有兩項明顯的優勢，可以確保它成為自一千年前「懺悔者」首度聚集在卡爾巴拉以降最重要的伊斯蘭宗派運動。首先，它有幸誕生於阿拉伯半島的神聖土地上，因為在這裡，它可以擁有宗教復古主義的強大遺贈。第二，它有一位熱情積極的贊助者，此人認為可以利用它簡單的理念取得前所未有的權力，控制整個阿拉伯半島。那位贊助者就是伊本─沙烏地。

伊本─沙烏地和阿布杜─瓦哈比之間的結盟實況，已染上濃厚的傳說色彩。這兩個人初遇時，阿布杜─瓦哈比和他的門徒正在阿拉伯半島到處亂竄，摧毀墳墓、砍倒聖樹，任何穆斯林只要拒絕接受他們那種抱持嚴格清教主義的伊斯蘭教，就會慘遭他們殺害。他們在一座綠洲借宿，後來卻被趕了出去（阿布杜─瓦哈比公開將一位婦女用石頭砸死之後，驚駭的村民就要求他離開），於是他們前往達利亞綠洲，求見那裡的謝赫伊本─沙烏地。結果伊本─沙烏地欣然同意為阿布杜─瓦哈比和他的聖戰士提供無條件的保護。

「這座綠洲是你們的，」伊本─沙烏地承諾，「不要害怕敵人。」

阿布杜─瓦哈比提出一個不尋常的要求。「我要你對我發誓，」他說，「你會對那些不信道者（非瓦哈比派的穆斯林）發動吉哈德。如此，你就能成為穆斯林社群的領導者，我則會成為宗教事務的領導者。」

伊本─沙烏地同意了。這場結盟不只會改變伊斯蘭教的歷史，還會改變世界的地理政治平衡。阿布杜─瓦哈比的聖戰士衝入漢志地區，征服了麥加和麥地那，趕走了謝里夫。一旦在聖城鞏固了勢力，他們就開始摧毀先知穆罕默德和聖伴的墳墓，包括穆罕默德和家人的出生地等朝聖遺址。他們把先知在麥地那的清真寺內的財寶洗劫一空，並把除了《古蘭經》之外的每一本書統統燒掉。他們禁止音樂和鮮花出現在聖城，也把吸菸與喝咖啡列為非法。他們強迫男人蓄鬍子、女人戴面紗隔離，違反者死。

瓦哈比派刻意把他們的運動和穆斯林世界最早的極端主義者哈里哲派相提並論，而他們也和那些狂熱的前人一樣，把炮口朝內，對準他們眼中穆斯林社群的缺陷。穩穩掌控了阿拉伯地區後，他們就開始北伐，把他們的訊息傳給蘇非派和什葉派異教徒。一八〇二年的阿舒拉節這天，他們翻過卡爾巴拉的城牆，趁著大家舉行穆哈蘭姆月的慶典時屠殺了兩千名什葉派信徒。他們怒不可遏地搗毀了阿里、胡笙和伊瑪目們的墳塚，還特別拿先知的女兒法蒂瑪的墳墓來洩憤。拿下卡爾巴拉之後，瓦哈比派轉而北上，朝美索不達米亞與鄂圖曼帝國的中心前進。這時候，哈里發才注意到他們。

一八一八年，埃及總督穆罕默德．阿里（Muhammad Ali，一七六九—一八四九）在鄂圖曼哈里發的要求下派了全副武裝的大軍進入阿拉伯半島。埃及軍隊輕輕鬆鬆就壓制住裝備不良又缺乏訓練的瓦哈比派。麥加和麥地那再次回到謝里夫手中，瓦哈比派則被強制送回內志地區。等到埃及軍隊撤離時，沙烏地人已經學到了一個珍貴的教訓：他們不可能自己擊敗鄂圖曼帝國。他們需要一個比瓦哈比派強大得多的盟友。

這樣的機會在一九一五年出現，當時英國人和沙烏地人簽訂了友好盟約。英國人亟欲控制波斯灣，於是鼓勵沙烏地人再次從鄂圖曼帝國手中奪下阿拉伯半島。為了協助他們起義，英國人定期提供他們武器與資金。在伊本—沙烏地的繼承人阿布杜—阿濟茲（Abd al-Aziz，一八八〇—一九五三）的指揮下，計畫奏效了。在第一次世界大戰結束之際，也就是鄂圖曼帝國亡國、哈里發政權消滅之時，伊本——沙烏地一系再度征服了麥加和麥地那，也再度驅逐了謝里夫。公開處決了四萬人並又一次強制全體人民接受瓦哈比主義之後，阿布杜——阿濟茲將阿拉伯半島重新命名為「沙烏地阿拉伯王國」。內志地區的這個原始部族和他們的清教主義盟友已然成為「聖殿的管理者」，也是「鑰匙的保管者」。

幾乎是緊接著發生，穆罕默德獲得天啟的這片神聖土地奇蹟似地噴出了真主的另一份禮物：石油，讓沙烏地這個小小氏族突然有了掌控世界經濟的大權。這下他們覺得，為了回報真主的這項恩賜，自己有責任把清教主義學說傳遍全世界，徹底淨除穆斯林信仰中的宗教與族群多樣性。

穆斯林兄弟會來到沙烏地阿拉伯的時機剛剛好。沙烏地阿拉伯王國是唯一一個烏拉瑪還沒失去社會控制權的穆斯林國家。更確切地說，沙烏地阿拉伯既是個絕對極權的國家，也奉行嚴格的瓦哈比主義。這裡沒有現代主義者跟傳統主義者之間的辯論；這裡根本沒有任何辯論。民族主義、泛阿拉伯主義、泛伊斯蘭主義、伊斯蘭社會主義——這些充滿活力又有影響力的運動在沙烏地王國都發不出什麼聲音。這裡只容得下一種教義：瓦哈比派的教義，也只能有一種意識形態：伊斯蘭清教主義。任何偏離都受到猛烈的打壓。

因此，也難怪沙烏地國王會認為納塞的世俗民族主義直接威脅到他們的生活方式。納塞將蘇伊士運河國有化，公然反抗西方國家，此舉幾乎讓他成為傳奇人物，不只在穆斯林世界如此，在大部分第三世界國家也是如此。在中東，納塞象徵著泛阿拉伯主義尚存的最後一息。他的阿拉伯社會主義願景在埃及雖然氣數已盡，卻被許多穆斯林視為「西方之毒」蔓延的唯一解藥。由於個人魅力太過強大，對異己的殘暴打壓也太過成功，到了一九六〇年代，埃及社會不管是哪個圈子，皆已無人敢挑戰他的權威。

為了壓制納塞在穆斯林世界日漸高張的影響力，沙烏地國王敞開雙臂歡迎那些激進化的穆斯林兄弟——不只是被埃及流放的那些，還有來自敘利亞和伊拉克等世俗阿拉伯國家的。沙烏地人為穆斯林兄弟提供了一切所需的金錢、支持與保護，讓他們反抗祖國的世俗民族主義。但穆斯林兄弟在沙烏地阿拉伯不只是找到了庇護而已。他們還找到了瓦哈比主義，而擁抱瓦哈比主義的並不只有他們。數以十萬計的貧窮勞工開始從穆斯林世界的各個角落湧進沙烏地阿拉伯，到油田工作。等到他們返回故鄉時，都已被徹底灌輸了沙烏地的狂熱信仰。

若想拿到政府補助與政府合約，以沙烏地人的模式信教是個先決條件。沙烏地人支付給各種穆斯林慈善組織的鉅額款項，以及他們建立的基金會、清真寺、大學，還有他們蓋的小學，全部跟瓦哈比主義密不可分——事實上，沙烏地人所做的一切都是如此。一九六二年，他們的傳教行動隨著穆斯林世界聯盟（Muslim World League）的成立而開始起飛，主要目標就是要把瓦哈比派意識形態傳播到世界其他地方。事實上，這是一場新的伊斯蘭擴張，唯一的差別是這些部族戰士不必離開阿拉伯半島就能征服他們的鄰居，因為他們的鄰居自己就會上門。身為「鑰匙的保管者」，沙烏地人控制了麥加「哈吉」朝覲。穆斯林大多為此感到惱火，在他們眼中，沙烏地人就只是一幫粗俗無知的清教徒而已。沙烏地人砸了數十億美元在朝聖慶典上，想讓它變得更盛大、更現代化，以確保參與人數能夠達到最高。如今，每年都有將近三百萬穆斯林湧進光禿禿的麥加谷地。

從穆斯林世界聯盟成立以來，瓦哈比主義簡單、明確與絕對的道德規範逐步滲透到穆斯林世界的每個角落。由於沙烏地人積極傳教，瓦哈比派的教義深深影響了穆斯林兄弟會、莫度迪的伊斯蘭協會、巴勒斯坦的哈馬斯組織與伊斯蘭吉哈德組織（Islamic Jihad）的宗教政治意識形態，而這些還只是略舉一二而已。沙烏地人成為一種新的泛伊斯蘭主義的提倡者：以嚴厲、不容妥協、極端的「伊斯蘭基本教義主義」（Islamic fundamentalism）意識形態為基礎。在決定伊斯蘭國家的未來時，伊斯蘭基本教義主義已是一個強而有力的聲音。

當然，基本教義主義的問題在於它本身就是一種反動運動，不可能一直跟權力綁在一起。沙烏地王國打從一開始就發現了這點。當時，突然發了大財的阿布杜—阿濟茲開始運用他剛到手的財富，著手打造國王該有的生活。沒多久，沙烏地阿拉伯就充斥著從西方世界買來的現代科技。從沙漠中抽取石油的複雜程序需要有上百名外國人在場——大部分是英美人士，他們把一種陌生卻誘人的物質主義文化帶到了阿拉伯。阿布杜—阿濟茲跟大英帝國親密無間，甚至被英國女王封為騎士。簡而言之，國王也被西方毒化了，也就是說，他背棄了當初扶植他登上大位的瓦哈比戰士——此時他們已被冠以「伊赫萬」（*Ikhwan*）之名，「兄弟」的意思（勿與穆斯林兄弟混淆）。

一九二九年，由於對沙烏地宮廷的貪婪腐敗感到憤怒，伊赫萬在薩巴（al-Salba）發動了一場叛變。

他們要求國王揚棄物質主義，並把那些外國異教徒從神聖的土地上趕出去。結果阿布杜－阿濟茲派了一支軍隊到薩巴，把伊赫萬全部殺光。

然而，沙烏地阿拉伯很快就發現了全世界不久後也會學到的一件事。那就是在所有的宗教傳統中，基本教義主義是根本不可能壓抑的。你愈是打壓它，它就愈強大。用殘暴手法對抗它，它的追隨者就增加。殺掉他們的領袖，他們就成了殉道英雄。用專制統治回應，它就成為僅有的反對聲音。想控制它，它就反咬你一口。想安撫它，它就會奪過控制權。

當蘇聯在一九七九年進軍阿富汗時，沙烏地政府看出這是個機會，可以擺脫他們栽培了將近一個世紀的聖戰士，就算只是暫時的也好。在美國的經濟與軍事支持下，加上巴基斯坦三軍情報局的戰術訓練，沙烏地人開始以穩定的速度輸送激進派伊斯蘭好戰分子（一般稱之為「穆加哈丁」，*Mujahadin*，意思是「進行吉哈德的人」）從沙烏地阿拉伯穿越中東進入阿富汗，讓他們去對抗沒有信仰的共產黨。此舉的用意，借用美國總統卡特的國家安全顧問布里辛斯基（Zbigniew Brzezinski）的名言，是要「給蘇聯嘗嘗打越戰的滋味」，讓蘇聯軍隊在敵人的地盤上陷入一場打不贏也結束不了的戰爭。在這場對抗蘇聯的「大博弈」（Great Game）中，美國視穆加哈丁為重要盟友，事實上還曾經稱這些好戰分子為「自由鬥士」。雷根總統甚至拿他們跟美國的開國元勛相提並論。

當時完全沒有人想到，這群臨時雜湊的國際鬥士隊伍居然真的可以擊敗蘇聯。穆加哈丁不只把蘇聯軍隊逐出阿富汗，他們還拋下他們的民族主義（其實是**伊斯蘭主義**）理想，共同組成了一個擁有相同目標的團結群體，在伊斯蘭世界掀起了一種新的**跨國界**戰鬥運動，稱為「伊斯蘭聖戰（吉哈德）主義」（*Jihadism*）。

聖戰（吉哈德）主義者和伊斯蘭主義者不同。伊斯蘭主義者仍執著於透過政治參與或激進的革命來建立伊斯蘭國家，但聖戰（吉哈德）主義者夢想中的未來根本沒有任何國家存在，不論那是不是伊斯蘭國家。聖戰（吉哈德）主義者想創造這樣一個世界：那些使溫瑪分裂成不同國家的邊境和界線，都將永遠消失。他們的夢想是要消除世界各地穆斯林在文化、民族與國籍上的隔閡，再次讓溫瑪團結起來，成為一個全球性的公社，就像先知穆罕默德計劃的那樣。

在某種意義上，聖戰（吉哈德）主義只是泛伊斯蘭主義的一次復甦。泛伊斯蘭主義是一個現已廢棄的想法，以實現全世界穆斯林信徒之間的宗教團結為目標。但聖戰（吉哈德）主義者傳播的伊斯蘭教派屬於超級保守派，融合了薩拉菲行動主義與瓦哈比清教主義，再加上激進的吉哈德解釋方式，認為應該把吉哈德當作一種攻擊型武器，要靠吉哈德來主導世界。聖戰（吉哈德）主義者採取不折不扣的哈里哲派作風，把所有的穆斯林分成了兩類：「天國子民」（他們自己）以及「地獄子民」（其他所有人）。任何人對經文的解釋方式與對沙里亞的服從程度只要不符合聖戰（吉哈德）主義者的模式，就會被歸到後面那一類——都是叛教者與異教徒，必須被逐出真主的神聖公社。

聖戰（吉哈德）主義者第一次躍上國際舞臺是在一九九〇年，也就是伊拉克入侵科威特之後。由於沙烏地政府決定請美國部隊進入沙烏地王國打擊伊拉克軍隊，因此有一小群聖戰（吉哈德）主義者跟沙烏地王族決裂，說他們腐敗墮落，把穆斯林群體的利益出賣給外國強權。這個小團體的首腦是個名叫奧薩瑪・賓拉登的沙烏地流放者，以及一個叫薩瓦里（Ayman al-Zawahiri）的埃及異議人士（原本也是穆斯林兄弟會成員）。他們組成了一個叫作「蓋達」（al-Quaeda，「基地」或「基本」之意）的組織，並且在十年後將炮口從阿拉伯與穆斯林世界的腐敗領導者——也就是聖戰（吉哈德）主義者口中的「近處敵人」——身上移開，轉而瞄準「遠方敵人」，也就是僅存的超級強權：美國。

九一一攻擊事件讓聖戰（吉哈德）主義直接成了美國的標靶。美國不僅發動了所謂的反恐戰爭，還派遣數十萬美國軍事與民事人員進入中東國家——從阿富汗到伊拉克與更遠之地。他們的任務不只是要搜出並摧毀聖戰（吉哈德）主義者的小組，還要把整個中東改造成一個更現代、更溫和、更民主的地區。就第一點而言，美國和他們的盟友獲得了某種程度的成功。做為一個國際恐怖組織，蓋達組織受到了重創。不僅創立者被殺，領導階層四處逃亡，普通士兵也幾乎被消滅殆盡。他們或許還有一點殘存的能力，可以控制全球各地聖戰（吉哈德）主義分子的行動，但他們享有的資源已經大大不如九一一事件之前。蓋達組織的血腥行動與屠殺婦孺之舉不只沒有鼓舞全球穆斯林起而反抗西方世界，還讓壓倒性的絕大多數穆斯林不分階級、年齡、派系、國家，共同唾棄這個組織和他們的意識形態。

至於第二個目標，也就是讓中東民主化，美國和盟友的成績就難看了。事實上，他們用笨拙又偽善的方式在這個地區推銷民主，再加上美國的民主化任務中還充斥著會造成宗教對立的「文明衝突」

說辭，因此世界各地的穆斯林只是更加普遍地相信美國已經成為中東地區的新殖民勢力，其真正的意圖既不是要讓伊斯蘭世界民主化也不是要讓它文明化，而是要使它基督教化。

然而，儘管在中東推行民主的行動如此失敗，有一點卻不會改變：唯有透過真正的民主改革，才能削弱聖戰（吉哈德）主義的號召力、遏止穆斯林好戰主義的潮流。橫掃中東與北非地區的民主運動浪潮已經顯示，這個地區想要和平繁榮，就必須創造出貨真價實、土生土長的本地民主社會。事實上，這才是伊斯蘭真正的未來希望所在。

第十章

朝麥地那前進

追尋伊斯蘭民主

「奉至仁至慈的真主之名」。當我們的飛機在德黑蘭梅赫拉巴德（Mehrabad）機場停妥時，伊朗航空的機長這麼廣播。我周圍的人紛紛不安地騷動起來。女人坐直身子，整整頭巾，確定腳踝跟手腕都沒露出來。她們的丈夫則揉著惺忪的睡眼，開始收拾孩子們扔在走道上的東西。

我擡頭尋找我從倫敦登機開始就一直在仔細觀察的那兩、三張面孔。他們是機上較年輕的單身乘客，男女都有，年紀和我一樣在三十歲上下。他們穿著不合身的衣服，看起來很像是在二手商店買的——難看的長袖襯衫、顏色黯淡的鬆垮長褲、沒有裝飾的頭巾——全都為了盡可能看起來低調不顯眼。這點我很清楚，因為我自己也是這樣穿的。和他們四目交接時，我可以看出他們眼神中的焦慮，因為我體內也流竄著同樣的焦慮感。這是一種恐懼和興奮的混和體。我們之中有很多人還小的時候就因為革命而被迫離去，這是我們第一次重新踏上祖國的土地。

為了對一九八〇年代早期逃到歐美的廣大伊朗離散子民示好，伊朗政府試驗性地對所有移居國外的人頒布了一項特赦令，宣告他們可以返回伊朗探親——每年一次、每次以三個月為限，不必擔心被拘留或被強迫服完兵役。大家立刻有了回應。成千上萬的伊朗年輕人開始湧入伊朗。其中有些人從沒去過伊朗，只聽父母說過一些充滿鄉愁的故事。有些人則和我一樣，在伊朗出生，但在還沒有能力自己做決定的時候就被悄悄帶走了。

我們下了飛機，進入熱氣蒸騰的清晨。天還沒亮，但機場已經人潮洶湧，有來自巴黎、米蘭、柏林、洛杉磯的班機。海關處已經聚集了一大群吵吵鬧鬧的人，完全不像在排隊的樣子。有嬰兒在尖叫。

空氣中飄蕩著讓人難以忍受的汗臭和煙味。我受到四面八方的推擠。突然間記憶湧現，我想起好多年前的同樣這座機場：我和家人手勾著手從驚慌失措的人潮中擠過，大家都急著在邊境關閉、飛機禁飛之前離開伊朗。我記得母親對我大喊：「拉緊妹妹！」她聲音中那種快要窒息般的驚恐至今猶在耳畔，母親彷彿在警告我，如果放掉妹妹的手，妹妹就會被拋在這兒。我緊緊掐住妹妹的手指，抓得她大哭起來，然後我粗暴地把她拖到閘口，一路又踢又踹地要別人閃開。

過了二十年，又過了漫長得令人窒息的四個鐘頭後，我終於來到了護照檢驗口。我把證件從玻璃上的一道縫隙放進去，交給一個戴著破眼鏡、蓄著小鬍子的年輕人。他心不在焉地翻閱我的護照，我則準備用我演練多時的答案來解釋我是誰、來這裡做什麼。

「你是從哪裡出發的？」他疲倦地問。

「美國，」我回答。

他變得僵硬，擡頭看我的臉。我看得出來我們年紀相仿，但他由於眼神疲憊、鬍子沒刮，看起來比我蒼老了許多。他是革命的孩子，而我則是個難民——一個叛教者。同樣一段歷史，我這輩子都從遠遠的地方研究，但他這輩子都活在其中。我突然感到難以承受。當他跟所有海關人員一樣，提出「你到過哪裡？」的例行問題時，我幾乎無法直視他。

就在阿亞圖拉何梅尼返回伊朗的那一天，我牽起四歲妹妹的手，不顧母親要我們別出門的警告，離開了我們在德黑蘭市中心的公寓，跑到街上參加慶祝活動。我們已經好幾天沒出過門了。沙赫（國王）被放逐、阿亞圖拉返國之前的那幾週，日子非常不平靜。學校停課，大部分的電視臺和廣播電臺都被關閉，我們寧靜的社區也變得空蕩蕩。因此那個二月的早晨，當我們望向窗外，看到街上一片歡欣鼓舞時，我們怎麼也不願意待在家裡。

我和妹妹在一個塑膠罐裡裝了滿滿的菓珍，從媽媽的櫥櫃裡偷拿了兩串紙杯，溜出去參加狂歡。我們把紙杯一個一個裝滿，分送給群眾。陌生人停下腳步，抱起我們、親吻我們的臉頰。有人從窗戶撒下大把大把的糖果。到處都有人在奏樂跳舞。我根本不清楚我們在慶祝什麼，但我也不在乎。我被當下的氣氛擄獲，對每個人嘴上掛著的奇怪詞彙感到著迷——這些詞我以前就聽過了，但依舊覺得神祕而不解：自由！解放！民主！

幾個月後，這些詞彙所代表的承諾似乎即將兌現：伊朗臨時政府為這個剛剛建立、頂著「伊朗伊斯蘭共和國」美麗頭銜的國家草擬了一部憲法。在何梅尼的引導下，這份憲法融合了第三世界的反帝國主義情結、艾哈邁德和沙里亞蒂等傳奇伊朗思想家的社會經濟理論、班納和庫特布的宗教政治哲學，以及傳統的什葉派民粹主義。這部憲法的基本條文承諾性別平等、宗教多元、社會正義、言論自由，以及和平集會的權利——也就是當初革命爭取的所有那些崇高原則——同時也確認了這個新共和國的伊斯蘭特質。

某種程度上，這部伊朗的新憲法跟伊朗在一九〇五年第一場反帝國主義革命之後所寫的憲法並沒有什麼顯著的不同，只是這部新憲法似乎預設了**兩個**政府的存在。第一個是人民主權的代表，有一個公民選出來的行政首長，領導一個高度集權化的國家，還有一個負責制定、討論法律的國會，以及一個獨立的司法機構，負責解釋這些法律。第二個則是真主主權的代表，只有一個人：阿亞圖拉何梅尼。

流亡伊拉克和法國期間，何梅尼一直在偷偷撰寫的正是「法基赫的監護」（法學家治國）。理論上，法基赫（至高領袖）是國內最有學問的宗教權威，主要作用在於確保國家維持應有的伊斯蘭特質。然而，在伊朗有權有勢的神學機構的權謀算計之下，法基赫從象徵性的道德權威變成國家的至高政治權威。憲法賦予了法基赫權力，可以任命司法院長，可以統帥三軍，可以開除總統，還可以否決所有國會制定的法律。法基赫的監護原本是要讓人民主權和神的主權獲得和解，結果卻是瞬間為絕對神權統治的制度化鋪好了道路。

可是，伊朗人太過欣喜於自己剛獲得的獨立，加上空氣中瀰漫著各種陰謀論，說美國中情局和德黑蘭的美國大使館企圖讓沙赫復辟（像一九五三年那樣），因此他們也變得盲目，以至於看不出這部新憲法有多可怕。儘管臨時政府提出警告，與何梅尼競爭的阿亞圖拉，尤其是阿亞圖拉沙里亞特馬達里也大力反對，這份草案還是在一場全民公投中以超過九八%的得票率通過了。（阿亞圖拉沙里亞特馬達里最後被何梅尼剝奪了宗教資歷，儘管什葉派法律幾百年來都禁止這種行為。）

等到大多數伊朗人意識到自己把票投給了什麼時，海珊已經在美國的鼓勵下，拿著從美國疾管局與美國典型培養物保藏中心（公司總部在維吉尼亞）取得的化學與生物材料，對伊朗本土發動了攻擊。

一旦發生戰爭，所有的反對聲浪都會基於國家安全被消音，而一年前激勵大家發動革命的那個夢想也被這樣的現實取代：一個獨裁國家，執政的神職人員握有不容置疑的宗教與政治權威，卻無能到了極點。

美國政府在兩伊戰爭期間支持海珊是為了遏止伊朗革命蔓延，但此舉帶來一種更糟糕的效應，就是遏止伊朗**進化**。必須等到戰爭在一九八八年結束、何梅尼也在隔年去世之後，十年前促成伊朗革命的那些民主理想才在新一代伊朗人手中復甦。以他們的年紀，他們不記得沙赫的暴政，卻知道自己父母當年努力爭取的東西並不是眼下的這套體系。正是因為這份不滿，有一小群伊朗的學者、政治人物、社運人士與神學家起而發動一場改革運動，不是為了把國家「世俗化」，而是想讓國家重新聚焦在真正的伊斯蘭價值上，例如多元主義、社會正義、人權，以及最重要的：民主。用伊朗政治哲學家索魯許的話來說，「我們不再宣稱一個真正的宗教政府也可以是民主的，我們現在要說：它不可能不民主」。

一九九〇年代，改革派神職人員哈塔米（Muhammad Khatami）當選總統，這場運動受到激勵，而能夠以伊斯蘭特有道德框架為基礎建立本土民主制度的假設也變得具體。這樣的願景振奮了數十萬伊朗年輕人，哈塔米的改革議程則給了他們勇氣，一九九九年這些年輕人開始湧上街頭爭取更多的權利，包括和平集會與新聞自由，這就是世人後來所說的「德黑蘭之春」（Tehran Spring）。

看到伊朗如此令人敬畏的人民力量（畢竟最初促成伊斯蘭共和國誕生的就是人民力量），伊朗政府十分害怕，加上他們認為這場改革運動直接威脅到國家存亡，於是出動全部的兵力來對付年輕的抗議者。在革命衛隊（Revolutionary Guard）的命令下，伊朗的準軍事部隊（可怕的「巴斯基」，*Basij*）殘暴鎮壓了街頭與大學校園內的人民示威，這也從此成為伊朗常見的景象，而改革派社運人士與哈塔米的政治盟友則一個接一個被噤聲、逮捕與殺害。到了二〇〇五年阿赫瑪迪內賈德（Mahmoud Ahmadinejad）當選總統之後，伊朗政府內的保守派勢力再次崛起。全球各地的分析師紛紛宣告，伊朗的改革運動已死。

但外面的人其實不明白，改革派的訊息既沒有消失，也沒有轉入地下。反之，它廣為傳播，而且進入了政治主流，當二十一世紀的第一個十年接近尾聲時，幾乎所有的伊朗人不分政治與宗教立場，都已採信如下改革運動主張：一九七九年促成伊朗伊斯蘭共和國誕生的那場民主試驗受到了破壞，必須再次修正。二〇〇九年，儘管選舉舞弊之說甚囂塵上，阿赫瑪迪內賈德卻還是在這場飽受爭議的選舉中連任成功，於是學生、知識分子、商人和宗教領袖又一次一同走上街頭（三十年前推翻沙赫的也是這樣的組合），這回的共同旗號就是後來大家所知的「綠色運動」（Green Movement），此次上街頭不只是為了抗議選舉不公，也是為了對抗伊斯蘭共和國的內在本質。而雖然這場最新的挑戰遭遇伊朗政府的殘暴回應，讓國家陷入停擺的人民示威似乎暫時被壓下，但政府的舉動只是讓廣大伊朗人民更加堅信：就目前這種情況而言，伊斯蘭共和國既不伊斯蘭，也不是共和國。

伊朗先前的民主嘗試都遭外國人破壞——一九〇五到一九一一年是英國人和俄國人、一九五三年則是美國人，因為徹底壓抑該地區人民的民主夢想對他們有利。一九七九年的革命則被伊朗自己的神職機構劫持：它運用本身的道德權威，在剛建立的國家裡獨攬大權。一九九〇年代的改革運動也被政府鎮壓，這個政府極度害怕自己的人民，且亟欲保住自己的政治權力。綠色運動想爭取更多的人權，結果被一個愈來愈軍事化的政府鎮壓，因為這個政府把自己的存續看得比其他任何東西都重要。然而，這百餘年來，伊朗始終想建立一個真正的本土民主制度，可以在公共領域給宗教一席之地，但又不會破壞民意。這樣的追求一直延續到今日。事實上，世界各地正在複製這樣的追求，從伊拉克與巴基斯坦到土耳其和印尼，從突尼西亞與埃及到塞內加爾和孟加拉。

在殖民主義結束、伊斯蘭國家建立後的這半個世紀裡，伊斯蘭教就一直被用來正當化或推翻政府、促進共和主義或捍衛獨裁主義，也被用來合理化君主制、專制政治、寡頭政治、神學政治，滋養恐怖主義、宗派主義與敵意。這個問題依舊沒有答案：如今，我們能否運用伊斯蘭在中東與其他地區建立起一套真正的自由民主制度呢？現代的伊斯蘭國家能否讓理性與天啟獲得和解，以先知穆罕默德十四個世紀前在麥地那建立的道德理想為基礎，創造出一個民主社會？

非但可行，而且不得不行。事實上，在許多穆斯林占多數的國家，人們已經這樣做了。但這個過程只能以伊斯蘭價值與習俗為基礎。從歐洲失敗的「文明任務」與美國慘烈的「民主輸出」中，我們可以學到的最大教訓是：真正的民主只能從內部培育，以一般人熟悉的意識形態為基礎，並以本地人能夠理解並欣然接受的語言來表述。在穆斯林占多數的國家裡，民主若要發揮效用、風行草偃，就必須讓信仰與政府之間時而產生衝突的關係達到平衡，畢竟如我們所見，這類衝突已成幾百年來伊斯蘭政治文化的標誌。

有些西方人說這種民主制度根本不可能實現，說伊斯蘭教本質上就和民主對立，說穆斯林族群沒辦法讓民主價值與伊斯蘭價值和諧相容。這樣的看法不僅和伊斯蘭歷史相抵觸（更別提眼前可見的事實了），還與無數的調查報告意見相悖：這些調查顯示，伊斯蘭世界絕大多數人都渴望民主，認為民主是「最好的政府形式」。事實上，皮尤調查中心（Pew）二〇〇六年的一份民調發現，雖然西方大眾大多認為民主「是一種西式作風，在大部分穆斯林國家都行不通」，但在這份調查中，每一個穆斯林占多數的國家，否定這種看法的人不是占相對多數就是占大多數，並呼籲立即無條件地在他們生活的社會建立民主制度。因此，想創建一個真正的伊斯蘭民主制度，最大的阻礙似乎不只是抱持傳統主義的烏拉瑪或聖戰（吉哈德）主義恐怖分子。或許更有破壞力的是某些西方人士，他們固執地拒絕承認下面這點：民主制度若要長久存續，就絕對不能從外面引進。

第二次世界大戰結束後，英國雖然戰勝，財務上卻是元氣大傷。由於已經負擔不起他們在印度的殖民大業，也不再能夠合理化他們的意識形態，英國終於成全了印度追求已久的獨立之夢，儘管印度是他們帝國主義野心最偉大的象徵——是日漸萎縮的帝國皇冠上那顆最耀眼的寶石。一九四七年八月十四日，印度歷經幾百年的殖民統治宣告結束。特里維廉爵士預言，這個日子會是「英國慈善之舉最驕傲的紀念日」，印度「獲贈〔英國的〕學術與政治機構」，將成為殖民主義最偉大勝利的代表。但在這一天，印度次大陸上躁動的群眾卻因為宗教的不同而以激烈的方式分裂了，一方是以印度教徒為主的印度，一方則是以穆斯林為主的巴基斯坦。

就許多角度而言，印度分裂是三個世紀以來英國分治政策下的必然結果。印度民族起義事件顯示，英國人認為壓抑民族主義情緒最好的方法就是不把當地人視為印度人，而且把他們分成穆斯林、印度教徒、錫克教徒、基督徒……等。分類與區隔殖民地人民，是一種維繫殖民控制權的常用手法，殖民地的民族邊界都是任意劃分的，根本沒去考慮當地居民的族群、文化或宗教組成。法國人花了很大的力氣在阿爾及利亞製造階級之分，比利時人在盧安達推動部族派系主義，英國人在伊拉克挑撥教派分裂，全是為了盡可能壓制民族主義傾向、阻止大家團結起來爭取獨立，結果徒勞無功。這也就難怪當殖民者終於被逐出這些加工過的國家之後，他們留下的不只是經濟與政治亂象，還有嚴重分裂的族群，幾乎沒有什麼共同的基礎可以建立起一份國族認同。

印度分裂並不只是穆斯林和印度教徒內鬥的結果。而這也不是單一事件。印尼數不清的分裂運動、摩洛哥和阿爾及利亞之間血腥的國界之爭、蘇丹北部阿拉伯人和南部黑人之間長達五十年的內戰、巴勒斯坦的分裂與後來的暴力循環、伊拉克敵對的族群派系、盧安達胡圖族對圖西族將近百萬人的大屠殺，全都有相當大的程度是去殖民化過程的結果，而這裡還只是略舉數例而已。

英國拋下印度後，大部分的經濟、社會與政治權力便落到占人口絕大多數的印度教徒手中，因此，被英國人深具說服力的民主辭藻教育過的穆斯林少數族群得到這個結論：想要實現自治，唯一可行的辦法就是透過穆斯林的自決。於是，伊斯蘭國家誕生了。

然而，除了對自決的呼籲之外，關於伊斯蘭教在國家裡究竟該扮演什麼角色，印度的穆斯林社群卻沒有什麼共識。對巴基斯坦國父真納（Muhammad Ali Jinnah）而言，伊斯蘭教只是一項共同的傳統，可以讓印度各色各樣的穆斯林族群團結起來，形成統一的國家。真納看待伊斯蘭教的方式就像甘地看待印度教——是一種能讓人團結起來的文化象徵，不是一種宗教政治意識形態。對巴基斯坦的意識形態煽動者莫度迪而言，國家則只是實踐伊斯蘭律法的工具。莫度迪認為伊斯蘭教與世俗民族主義是對立的，並且相信巴基斯坦將會是建立一個穆斯林世界國家的第一步。巴基斯坦的最大政黨「穆斯林聯盟」主張，伊斯蘭國家必須獲得公民的授權，但巴基斯坦最大的伊斯蘭組織「伊斯蘭協會」卻予以反駁，說唯有把主權完全交到真主手中，這個國家才稱得上是伊斯蘭國家。

在印度次大陸分裂之後隨之而來的混亂血腥餘波中，大約有一千七百萬人越過破碎的邊境，兩個方向都有——是史上最大規模的人類遷徙。真納和莫度迪的伊斯蘭國家願景都沒有成真。巴基斯坦雖然草擬了一部憲法，計劃選出國會來制定法律，並設立司法單位來決定這些法律是否符合伊斯蘭原則，但這個政府很快就在軍事統帥阿尤布．汗（Ayub Khan）手中變成了軍事獨裁。這場軍事統治一直持續到一九七二年，那一年布托（Zulfikar Ali Bhutto）憑著伊斯蘭社會主義政綱，成為印巴分裂以來巴基斯坦第一位自由選舉出來的平民統治者。但布托的社會主義改革雖然廣受人民支持，卻被巴基斯坦穆斯林神職人員中的極端分子斥為「不伊斯蘭」，於是齊亞哈克（Zia al-Haq）將軍逮住機會，發動了另一場軍事政變。在宗教權威的協助下，齊亞哈克推動了一個十分勉強的伊斯蘭化程序，讓伊斯蘭教同時成為公共道德法與民法。齊亞哈克於一九八八年去世後，新一波的選舉促成了班娜姬．布托與夏立夫（Nawaz Sharif）的改革派政府誕生，兩人提倡的都是一種較為自由的伊斯蘭理想，以疏導巴基斯坦被殘暴的基本教義主義統治近十年的挫折感。但在一九九九年，巴基斯坦軍事將領穆沙拉夫（Pervez Musharraf）指控當選政府貪汙，再度強行實施軍事獨裁。又經過十年的軍事統治後，穆沙拉夫被迫允許流放在外的班娜姬．布托和夏立夫返回巴基斯坦，並於二〇〇八年在壓力下辭去總統職位。班娜姬．布托在回國數月之後遇刺身亡，由她的丈夫扎爾達里（Ali Asif Zardari）接任總統。但巴基斯坦西北邊境省（又稱開伯爾—普什圖省，Khyber Pashtunkhwa）的伊斯蘭好戰分子一心想把巴基斯坦變成一個受他們控制的「塔利班化」國家，在他們的攻擊之下，扎爾達里脆弱的政權多次受到考驗。

這一切發生在短短六十年之內。

巴基斯坦的經驗提醒了我們，伊斯蘭國家絕對不是個僵化單一的概念。事實上，中東有許多國家都可以稱作伊斯蘭國家，但它們彼此之間並沒有什麼共同點。敘利亞是個阿拉伯獨裁國家，統治者的任免要看全權在握的軍隊臉色。約旦和摩洛哥是易變不穩定的王國，兩國年輕的君主猶猶豫豫地朝民主化邁進了幾小步，但並沒有放棄自己的絕對統治權。伊朗是個威權國家，由一個腐敗的神職寡頭集團統治，致力於消滅任何民主改革的企圖。沙烏地阿拉伯是持基本教義主義的神權政體，堅稱他們唯一的憲法就是《古蘭經》，唯一的法律就是沙里亞。然而，所有這些國家不只全都認為自己是麥地那理想的實現，還全都互相鄙視，認為其他國家褻瀆了那個理想。

但如果真的要憑藉麥地那的理想來定義伊斯蘭國家的性質與作用，那麼其實只能說，伊斯蘭國家是溫瑪社群的民族主義呈現。從最基本的層面來看，伊斯蘭國家就是這樣一種國家：其價值觀的決定、行為的規範與法律的構成，都受到國內占多數穆斯林人口的道德觀與價值觀影響。同時，少數人的信仰也受到保障，而且擁有完全的社會與政治參與權，就和當年的麥地那一樣。天啟會視溫瑪的需求而定，因此同樣的，所有的法律與道德事項也該由伊斯蘭國家的公民決定。因為，如同阿布─巴克爾在繼承穆罕默德之位時所說，穆斯林效忠的對象不是總統、首相、祭司、國王或任何凡塵的權威人物，而是公社與真主。只要先知穆罕默德將近十四個世紀前在麥地那建立、正統哈里發們以各自的方式努力維繫的那些標準都有達到，那麼伊斯蘭國家是什麼形式，其實無關緊要。

所以，民主有何不可？

代議民主或許是現代世界最成功的社會與政治實驗。但這場實驗一直在演變。這年頭，大家往往認為美國的民主制度是全世界民主制度的典範，在某些方面而言，這麼說也沒錯。民主的種子雖是在古希臘播下的，但卻是到了美國才萌芽、開枝散葉，展現最大的潛力。但也正因如此，美式民主只有在美國才可能實行，因為它和美國的傳統與價值是不可分割的。

美國小布希（George W. Bush）總統的「民主輸出」計畫完全忽略了這個基本事實，而他還信誓旦旦地說，此計畫今後將成為美國與中東關係的基石。小布希的中東民主擴散計畫在美國國內外都遭到嘲笑，批評者說這只是個在中東地區持續發動戰爭的藉口。而中東人民也絕對不會看不出來，中東大多數的獨裁者——埃及、約旦、沙烏地阿拉伯、摩洛哥——也都碰巧是美國最親密的盟友，他們花了數十年說服美國相信，他們的獨裁政權只要受到一絲絲的削弱，國家就會立刻落入激進派伊斯蘭主義者手中。這是種似是而非的說法，被聯合國稱為「勒索的正當理由」。無論如何，小布希的民主大話說得天花亂墜，但他的決心很快就被看出虛偽不實，因為當黎巴嫩、埃及和巴勒斯坦的選舉結果不符合美國期望時，民主輸出計畫就完全終止了。

不過，當人們針對美國在中東的真正意圖爭論不休時，有個事實卻被忽略：在每一個接受民調的穆斯林國家，絕大多數人都告訴民調者，他們希望看見自己的國家更加民主化。中東的一波民主熱潮讓許許多多人重燃希望，他們已經在獨裁社會裡活了一輩子，如今很期待能對自身政治命運有一點點發言權，就算是以最有限的方式也好。伊朗的綠色運動引燃了導火線，參與者運用像推特、臉書和YouTube之類的新社交媒體科技來突破政府的媒體壟斷，讓全世界看見他們對自由解放的渴望。伊朗引燃的火花很快就傳遍整個中東地區。在突尼西亞，年輕的抗議者受夠了參政權與經濟機會的匱乏，於是利用同樣的社交媒體工具並走上街頭，逼得該國統治已久的獨裁者不得不逃往國外。自由之火接著延燒到阿爾及利亞和葉門，而最讓人始料未及的也許是，它還燒到了埃及：上萬名埃及年輕人湧上開羅、蘇伊士和吉薩（Giza）街頭，要求終結穆巴拉克（Hosni Mubarak）長達三十年的統治。這個獨裁者花了大約六百億美元的美國資金，打造出中東地區最殘暴、最高壓的政權之一。而這把火還在燒，威脅著同地區的其他獨裁政權——摩洛哥、約旦、沙烏地阿拉伯、利比亞、敘利亞。這些政權盡皆無法再抵擋這個簡單的想法：所有地方的所有民族，不分宗教、不分文化，都必須能夠自行決定該由誰來為他們發言、由誰來為他們而戰、由誰來領導他們。

事實是：全世界有超過十億的穆斯林，絕大多數都欣然接受民主的基本原則。在穆斯林世界的改革主義者和現代主義者努力之下，穆斯林大部分已經會挪用民主的語言，把一些伊斯蘭的傳統概念轉化成民主概念，例如「舒拉」（諮商）是人民代表，「伊智馬」（共識）是政治參與，「貝阿」（效忠）是普遍選舉，依此類推。你只要觀察伊斯蘭世界各處民運人士發起的大規模示威，就能看出立憲主義、政府責任、多元主義和人權之類的理念已廣為全球各地的穆斯林所接受，即使大多數統治者拒絕實踐它們。

然而，有一個純屬西方的概念是大家不見得能夠接受的。那就是宗教與國家應該完全分離；民主社會必須以世俗主義為基礎。從七世紀阿拉伯的信仰翻轉，到二十世紀伊斯蘭國家的誕生，伊斯蘭教向來不甘於只是宗教。當先知穆罕默德於一千四百年前在麥地那創立了第一個伊斯蘭政體時，他特意為一套全面的生活準則奠定基礎，旨在滿足人民的社會、精神與物質需求，同時又能夠符合真主的旨意。簡言之，伊斯蘭教不只是一種信仰，它還是一種**身分認同**。所有的宗教都是如此。民調顯示，美國大約有七〇%的人口認為自己是基督徒。這不表示每十個美國人當中就有七個會在週日上教堂，每十個美國人當中就有七個讀《新約》，或者每十個美國人當中就有七個除了知道耶穌誕生在馬槽裡、被釘死在十字架上之外，還對基督教有任何其他的認識。不，認為自己是基督徒的絕大多數美國人發出的是一份身分認同宣言，不是一份信仰宣言。同樣的，絕大多數的猶太教徒、佛教徒、印度教徒、耆那教徒……等，也是如此。宗教向來不只是信仰與習俗的問題。宗教主要是一種視角，一種存有模式。宗教涵蓋了一個人的文化、政治、世界觀。伊斯蘭教尤其如此，和所有偉大宗教一樣，塑造它的不只是形上學關懷，還有它本身的社會、文化、精神與政治背景。

這不是在暗示伊斯蘭教拒絕讓「清真寺與國家」分離。反之，世上少有幾個穆斯林占多數的國家允許神職人員握有管理政府的直接權力。那些企圖讓神職人員享有此等直接權力的國家——蘇丹、奈及利亞、阿富汗、伊朗——全都慘烈失敗，無一例外。不過，相較於西方國家，穆斯林國家在宗教問題上的公私領域之分確實是模糊許多。這有一部分是因為伊斯蘭教源自部族文化，且孕育它的主要是中東與北非的公社社會，因此它傾向於摒棄激進的個人主義，重視群體需求大過個人權利。不論原因為何，幾乎所有穆斯林國家的人民都一再提出，他們希望伊斯蘭教的價值觀與道德觀能對國家政治發揮某種程度的影響力，這是個基本且無法避免的事實。而既然一個國家必須能夠反映它的社會，才有資格被視為民主國家，那如果這個社會是建立在某一套特定的價值觀之上，它的政府不也應該如此嗎？

必須承認，自從九一一事件之後，只要提出這樣的問題，人們就一定會立刻想起塔利班政權下的阿富汗。事實上，阿富汗婦女的形象——包裹著波卡罩袍（*burqah*）、屈從於一群無知仇女主義者的古怪念頭——已然成為一種象徵，象徵伊斯蘭式統治這個概念中一切落伍邪惡的東西。而這類形象並不容易被政治哲學取代。

由於伊斯蘭教太常被用來合理化高壓極權政府的殘暴政策，例如阿富汗的塔利班、沙烏地阿拉伯的瓦哈比派、伊朗的法基赫，所以「伊斯蘭民主」這個詞會在西方引起這般懷疑，也不令人意外。歐美一些聲望卓著的學者直接否定了這個概念，認為民主的原則跟伊斯蘭的基本價值觀根本不可能和解。當政治人物說要把民主引進中東時，他們指的都是美國的世俗民主，不是本土的伊斯蘭民主。而中東的獨裁政權似乎也永不厭於告訴全世界，他們殘暴的反民主政策是合理的，因為「基本教義派」只給了他們兩種選擇：專制政體或神權政體。從他們的角度來看，民主的問題在於：如果給予人民選擇的權利，他們可能會選擇反對政府。

暫且先不管這些和其他多不勝數的中東獨裁政權當初在創造這所謂的基本教義派時所扮演的角色，關於伊斯蘭民主這個概念，西方世界現正存在著一種簡直太過哲學的爭議論點：那就是，現代民主制度不能有任何**既定**的道德框架；一個真正的民主社會必定是建立在世俗主義之上。然而，這種論點的問題在於：它不只沒看出許多現代民主制度其實都是建立在固有的道德基礎之上，更重要的是，它也沒有區分**世俗主義**和**世俗化**之間的不同。

如同新教神學家考克斯（Harvey Cox）指出的，世俗化（secularization）是「把某些責任從神職人員身上轉移到政治權威身上」的過程，而世俗主義（secularism）則是一種意識形態，基本上是要把宗教從公共生活中完全驅逐。世俗化比較像是一種歷史演進，在這個過程裡，社會逐漸掙脫「宗教控制與封閉的抽象世界觀」。但世俗主義本身就是一種封閉的抽象世界觀，根據考克斯的說法，「其作用很像是一種新的宗教」。

土耳其是個世俗主義國家，外顯的宗教表現，例如「希賈布」（婦女穿戴面紗頭巾），直到不久前都還被強制禁止。就實踐意識形態的決心而言，你可以說，土耳其這樣的世俗國家和伊朗這樣的宗教國家其實沒有什麼差別，因為兩者都以意識形態形塑社會。然而，美國卻是個世俗化國家，毫不掩飾地以一種猶太—基督教（說得更準確些應該是新教）的道德框架為基礎。將近兩百年前，托克維爾（Alexis de Tocqueville）就已經看出，宗教是美國政治制度的基礎。它不只反映了美國的社會價值觀，還經常支配著這些價值觀。只要看看美國國會用什麼樣的語言來爭論墮胎權和同志婚姻之類的政治議題，就能看出直到今日，宗教依舊是美國國家認同不可或缺的一部分，也是美國憲法、法律與國家習俗的潛在道德基礎。不管學童的歷史課本是怎麼寫的，事實是：「政教分離」並不是美國政府的基礎，而是一場長達兩百四十年的世俗化過程的結果，這個進程並不是基於世俗主義，而是基於**多元主義**。

民主的特色不是世俗主義，而是多元主義。一個民主國家就可以建立在任何具規範性的道德框架之上，只要多元主義仍是其正當性的來源。英國至今還保留著一個國家教會，而教會的最高領袖就是英國君主，主教則在上議院服務。直到不久前，印度的當政者都還是菁英主義神學派系「印度教覺醒」（Hindu Awakening）的成員，他們一心想實現一種看似不可行但卻極度成功的願景：在國家落實「真正的印度教」。但和美國一樣，這些國家也被視為民主國家，不是因為它們是世俗國家，而是因為它們（至少在理論上）提倡多元主義。

或者看看以色列。這個國家是建立在一種排他主義的猶太教道德框架之上，全世界的猶太教徒不分國籍，都可以立即成為以色列公民，享有一套非猶太教徒公民沒有的物質利益與特權。正統拉比法庭可以判決所有跟猶太教相關的事務（包括誰是猶太教徒、誰不是），宗教學校（yeshiva）受國家補助，婚禮則是宗教事務而不是民事事務（意思是沒有一個官員會為猶太教徒與非猶太教徒證婚），而所有的新公民不分宗教，都必須宣誓效忠，承認以色列是個「猶太教國家」。不管你用何種方式定義，以色列都是個「猶太教民主國家」。有些人讚美以色列，說他們達成了猶太教理念與民主理念之間的和解（儘管他們在以色列境內和被占領的巴勒斯坦領土上都製造了非常明顯的衝突），但同樣這群人卻直覺地否認，伊斯蘭理念與民主理念也可以在穆斯林國家達成類似的和解。更別提，說到像這樣的和解，土耳其、印尼、馬來西亞、孟加拉、塞內加爾等國家都是極為成功的案例，也別提全世界有將近三分之一的穆斯林已經生活在民主國家。對某些伊斯蘭教的批評者而言，伊斯蘭多元主義這種東西就是不可能存在，不管有多少證據證明事實恰恰相反。

如前所見，伊斯蘭教提倡宗教多元主義的歷史由來已久。穆罕默德承認猶太人和基督徒都是受保護的民族（「齊米」），相信有所有降示的經文都是出自一部共通的聖書（經書之母），還夢想建立一個統一的溫瑪，把亞伯拉罕的三種宗教盡括其中。在一個人們確實會因為宗教而壁壘分明的時代，這些都是驚人的革命性想法。且儘管好戰分子和基本教義主義者拒絕根據《古蘭經》的歷史與文化背景去解釋這部經書，世界各大宗教卻少有幾部經書是秉持和《古蘭經》一樣的敬意在談論其他的宗教傳統。

確實，相較於一神信仰，《古蘭經》對多神信仰就沒這麼尊重了。但這主要是因為天啟降示的時候，他們正跟「多神論」的古萊須人進行著一場漫長血腥的戰爭。事實上，《古蘭經》對「受保護的民族」的定義是非常有彈性的，會不時根據公共政策進行調整。當伊斯蘭教傳入伊朗和印度時，二元論的拜火教和某些多神論的印度教派也都被歸為「齊米」。《古蘭經》確實不允許任何宗教破壞穆斯林的核心價值，但話說回來，全世界也沒有任何一個國家不根據公共道德限制宗教自由。多元主義的意思是宗教寬容，不是毫無限制的宗教自由。

伊斯蘭多元主義的基礎，可以用這句無從爭辯的經文總結：「對於宗教，絕無強迫」（2:256）。這意味著，把世界劃分成信道者（*dar al-Islam*）和不信道者（*dar al-Harb*）的過時做法是完全站不住腳的，這種分割法發源於十字軍東征時期，卻一直盤踞在傳統主義派神學家腦袋裡。這也意味著，像瓦哈比派這種伊斯蘭清教徒的意識形態必須斷然摒棄，他們想讓伊斯蘭教恢復到原本的純淨狀態，但這種狀態根本是他們自己幻想出來的。伊斯蘭教向來都是個多元的宗教。認為過去曾經有過一種原始的、毫無雜質的伊斯蘭教，後來才分裂成各種異端派系，這樣的想法只是歷史的虛構故事。什葉派和蘇非派各有自己美妙的表現方式，代表的都是從伊斯蘭誕生之初就已經存在的思想潮流，且兩者的靈感都是源自於先知的言行。真主或許是獨一的，但伊斯蘭教絕對不是。

讓伊斯蘭民主牢牢扎根在多元主義的理念中是至關重要的事，因為宗教多元主義是在中東建立一套有效人權政策的第一步。事實上，如同薩切地納指出的，宗教多元主義可以做為「民主與社會多元主義的一種積極典範，來自各種不同宗教背景的人樂於組成一個全球公民的社群」。和伊斯蘭多元主義一樣，伊斯蘭人權政策的靈感也必須以麥地那的理想為基礎。

本書已經鉅細靡遺地描述了穆罕默德賦予公社邊緣人的革命性權利，也同樣詳盡地說明了穆罕默德的宗教與政治繼承人如何千方百計地想要推翻這些權利。但只要想起先知在麥地那如何警告那些質疑他平等主義作風的人——「真主將使〔他們〕入火獄，而永居其中，他將受淩辱的刑罰」（4:14）——你就能看出，在伊斯蘭教裡，承認人權不只是一種保護公民自由的手段，還是一種基本的宗教義務。

不過，伊斯蘭的人權觀並不是道德相對主義的處方，也不代表人可以不受任何道德約束。伊斯蘭教本質上具有群體性格，使其在任何人權政策上勢必把保護群體看得比個人自主性重要。而即使在某些狀況下，伊斯蘭道德觀可能會讓群體權利凌駕於個人權利之上——例如《古蘭經》禁止飲酒賭博——但這些議題和其他所有道德議題都必須不斷受到重新評估，以符合群體的意願。

我們一定要瞭解，對人權的尊重就和多元主義一樣，是一種在民主體制內自然發生的過程。別忘了，在兩百四十年的美國歷史上，有大約兩百年時間，美國的黑人公民在法律上都比白人低等。最後，人權也好、多元主義也好，都不是世俗化的結果，而是世俗化的根本成因，也就是說，任何提倡多元主義與人權原則的民主社會——不管是不是伊斯蘭的——都必須努力走上**政治**世俗化這條無可避免的道路。

伊斯蘭民主理論的關鍵就在這裡：伊斯蘭民主不該是個「神學民主體制」，而是一個以伊斯蘭道德框架為基礎的民主系統，致力於保存最初被引進麥地那的伊斯蘭多元主義與人權理念，而且能夠接受無可避免的政治世俗化進程。伊斯蘭教或許迴避世俗主義，但伊斯蘭基本價值觀中卻沒有什麼東西是跟政治世俗化相對立的。美國引以為傲的「政教分離」早在十四個世紀前就已經在伊斯蘭教中建立，當時的人決定，沒有任何哈里發能夠在公社中享有宗教權威。唯有先知能夠同時握有宗教與世俗權威，而先知已經不在人世了。所以，跟歷史上那些伊斯蘭最偉大文明中的哈里發、國王與蘇丹一樣，伊斯蘭民主體制的領導者只能擔負世俗責任。此外，在這樣一個體制內，主權歸誰，也不該有任何疑問。想要建立或廢除一個民有、民治、民享的政府，都只能透過民意。畢竟，創造法律的是人類，不是神。就算是以神聖經文為基礎的法律，都必須經過人類的解釋才能應用在現實世界。無論如何，主權不只要有立法的能力，也要有執法的能力。除了偶爾降下瘟疫外，神很少會選擇在人間行使這樣的權力。

有些人堅稱，一個國家的主權必須掌握在真主手中，它才稱得上是伊斯蘭國家，但他們的意思其實是主權必須掌握在神職人員手中。因為從本質上來說，宗教就是解釋，因此在一個宗教國家裡，主權就該歸給有權解釋宗教的人。也正是因為這樣，伊斯蘭民主國家才不能是宗教國家。否則它就會成為寡頭政體，而不是民主政體。

從先知的時代到正統哈里發的時代，再綜觀伊斯蘭史上所有偉大的帝國與蘇丹國，從來都沒有人能成功地為伊斯蘭信仰與習俗的意義與重要性建立一套單一的解釋方式。事實上，直到伊朗伊斯蘭共和國建國之前，歷史上從來不曾有過任何伊斯蘭政體是透過一個人對經文的解釋來治國的。這不表示宗教權威不該對國家有影響力。何梅尼說的也許有幾分道理：一輩子都在研究宗教的人最有資格解釋宗教。不過，如同教皇在羅馬的角色，這樣的影響力只能是道德上的，不能是政治上的。在伊斯蘭民主國家，神職人員的作用不是統治，而是維繫——更重要的是反映——國家的道德狀態。同樣的，由於決定道德的不是宗教，而是宗教的解釋方式，所以這些解釋一定要符合群體共識才行。

但這確實表示，在許多穆斯林國家，伊斯蘭教一定會在決定本土民主制度該是什麼樣子的時候起到某種作用，至少在初步階段是如此。有些歐美人士認為，那些除了獨裁統治之外幾乎什麼經驗也沒有的國家想就這麼搖身變成有模有樣的世俗自由民主國家，根本是癡人說夢。只要對伊斯蘭史做點最粗淺的研究，就能發現所有的穆斯林族群不分左派右派，在塑造自身對政府與政治的態度時，都受到伊斯蘭教的強大影響。以伊朗為例，改革派和堅決的保守派都仰賴同一套符號、辭藻和語言來為民主改革或不容妥協的神權政體而戰，因為兩邊都明白，伊斯蘭教具有動員大眾的能力。事實上，中東的政治反對勢力之所以往往帶有宗教性質，並不是因為反對黨想建立神權國家，而是因為在穆斯林社群裡，最廣為流通的語言就是宗教語言。

在許多穆斯林占多數的國家，民主若要有機會成功，就必須鼓勵不同的宗教派系參與政治過程。尤其是溫和派的伊斯蘭團體，例如埃及的穆斯林兄弟會，過去十年來，他們一直積極地讓自己轉型成為合法政黨。但就算是更極端的伊斯蘭團體，例如黎巴嫩的真主黨和巴勒斯坦的哈馬斯組織，都必須被帶入政治圈。確實，有些人一心只想建立高壓又老派的神政體制，透過暴力與恐懼來追求他們的神權政體目標。我們必須採取所有必要手段來對抗他們。但倘若連合法的宗教反對勢力都不鼓勵甚至禁止，那麼只會有一個不幸的結果：它會變得激進化。伊朗就是如此。沙赫打壓了所有反對他專制政權的宗教勢力，結果只是讓它激進化，變成一種全新的、革命性的什葉主義，最後推翻他，把伊朗改造成伊斯蘭共和國。

讓宗教上屬於保守派的團體參與政治，絕對有潛在的危險，這點沒有人懷疑。而且不可否認，宗教影響國事也可能帶來問題，因為永遠都會有一些團體企圖利用自己對宗教的特定解釋方式來推動自己的社會與政治計畫，但所有的民主政體都是如此，尤其是美國。然而，真正危險的做法卻是壓抑這類團體的政治野心。因為凡是合法伊斯蘭反對勢力被打壓的地方，好戰團體跟宗教極端主義者就會崛起。以阿爾及利亞為例：極端暴力的聖戰組織「伊斯蘭武裝小組」（GIA）之所以會崛起，完全是因為阿爾及利亞軍方決定禁止較溫和、較包容的「伊斯蘭救世陣線」（FIS）參與政治。反之，只要是溫和派伊斯蘭政黨可以參與政治與政府的地方，人民對較極端團體的支持度就會降低。土耳其就是個例子：伊斯蘭教的正義與發展黨（簡稱AKP）在政治上的成功已經獲得普羅大眾的支持，讓比較激進的宗教團體無從發揮。簡單的事實是，如果不讓那些願意依法行事、放下武器、拿起選票的伊斯蘭主義者參政，民主就不可能在中東與其他地方生根。

最後，伊斯蘭民主應該關心的不是如何讓人民主權和神的主權獲得和解，而是如何「既讓人民滿意又讓真主認同」（引用索魯許的話）。如果兩者之間出現衝突，那麼伊斯蘭教的解釋方式必得遷就民主現實，而不是反過來。向來都是如此。打從真主對穆罕默德說出天啟的第一句話──「宣讀！」──的那一刻開始，伊斯蘭教的故事就不斷在演變，順應著敘事者的社會、文化、政治與時代狀況。如今它必須再次演化。因為伊斯蘭內部正在進行一場全球性戰役，一方想在信仰與傳統跟現代世界的現實狀況之間尋求和解，一方則抗拒這些現實，時而用暴力手段迫使現實回歸到信仰的「基本教義」。而爭取伊斯蘭民主，只是這場戰役的其中一條戰線而已。

儘管發生了九一一的悲劇和後來針對其他西方國家發動的恐怖攻擊，儘管全球都陷入了文明衝突的思維，且背後潛藏著一神信仰衝突的心態，儘管許多政府的殿堂內迴盪著不加掩飾的宗教言辭，但有一件事卻怎麼強調都不嫌太過。伊斯蘭世界此刻正在發生的，是一場穆斯林之間的內部衝突，而不是伊斯蘭世界與西方世界的外部戰爭。西方國家只是個沒設防但卻知情的第三方，在伊斯蘭世界激烈爭辯下一步該怎麼走的時候成了受害者。

所有的偉大宗教都必須處理這種問題，只是有些過程比較激烈。只要想想歐洲新教聯盟和天主教聯盟之間毀傷巨大的三十年戰爭（一六一八—一六四八），就能看出基督教史上的宗教衝突有多麼慘烈。從許多角度而言，三十年戰爭代表了基督教改革的終結：或許這場改革在爭執的也就是一個信仰的未來該由誰決定的典型問題。那場可怕的戰爭期間，德國有將近一半的人口死亡，結束之後，基督教神學就逐漸演進，從前改革時代的教條絕對主義演變成現代早期的教條多元主義，最後再到啟蒙時代的教條相對主義。基督教這場從萌芽到改革的驚人演變，總共花了十五個殘暴、血腥、偶爾還帶有末日毀滅色彩的世紀。

一千四百年以來，大家不斷爭論身為穆斯林的意義，激辯《古蘭經》的解經法與伊斯蘭律法的應用，並試圖以神聖一元呼籲這個四分五裂的群體彼此和解。經過十四個世紀的部族糾紛、奮鬥與世界大戰後，伊斯蘭終於進入了它的第十五個世紀，也實現了自己等待已久、得來不易的改革。但這場改革獲得解決的地點，不會是阿拉伯半島的沙漠——伊斯蘭訊息的誕生地；而會是伊斯蘭世界各個發展中的首府——德黑蘭、開羅、大馬士革、雅加達——以及歐洲和美國的大都會——紐約、倫敦、巴黎、柏林。在這些地方，大量的第一代和第二代穆斯林移民受夠了傳統主義和好戰主義在他們信仰中的主流地位，正在開始重新定義伊斯蘭訊息。這些穆斯林融合了祖先的伊斯蘭價值觀與新家園的民主理想，塑造出拉馬丹（在瑞士出生的知識分子，班納的孫子）口中的伊斯蘭改革「推動力」。

跟以往的改革一樣，這會是件可怕的大事，而它已經開始蔓延全球。但歷經巨變、浴火重生之後，伊斯蘭的故事正在進入新的一章。雖然這一章該由誰來寫，目前仍無定論，但此時此刻，新的啟示即將降臨。在沉寂了好幾個世紀之後，它終於已經甦醒，並悄悄地朝麥地那前進，等待誕生。

第十一章

歡迎進入伊斯蘭改革期

伊斯蘭的未來

在古城開羅的中心，有一個跟這座城市一樣古老輝煌的機構。超過一千年來，知名的艾資哈爾清真寺與大學都是世界各地數百萬穆斯林的遜尼派伊斯蘭學術中心。如果伊斯蘭教也有某種類似梵蒂岡的東西，那麼絕對是這裡。艾資哈爾於公元九七二年由法蒂瑪王朝哈里發所建，他們宣稱自己是先知穆罕默德的女兒法蒂瑪的後裔。法蒂瑪被暱稱為「札赫拉」（al-Zahra），「亮麗之人」的意思，而艾資哈爾（al-Azhar）字面上的意思則是**最亮麗者**。也確實，只要在傍晚時分造訪，當夕陽落到它高聳的土黃色尖塔後方時，你就能看出這座光芒四射的建築比朦朧天空裡的星辰還要閃亮多少。

艾資哈爾大學校園坐落在開羅的中央市集旁，中央市集名為「汗哈利利」（Khan el-Khalili），鋪著鵝卵石的小路和迷宮般的走道上擠滿了想撿便宜的當地人和疲倦的遊客。每到夏季，當開羅變得嘈雜到連開羅人自己都受不了時，男女老幼、穆斯林和基督徒就全擠進艾資哈爾偌大的中庭裡，享受那裡的涼爽靜謐。赤腳的老先生坐在大理石地板上，背靠著即將傾頹的石柱，在門廊的陰影下乘涼。年輕的學生則聚在主要祈禱堂雕刻精美的門框旁和角落裡，有些是來念書的，但大部分是來東家長西家短。在特別炎熱的日子，整座建築裡唯一會動的就只有鴿子，還有那些頭戴白帽、身穿灰袍、拿著乾燥的棕櫚枝掃地的農民。

這些神聖的圍牆裡頭的一切，包括圍牆本身，都迴盪著歷史之音。第一次造訪艾資哈爾時，我詢問一位埃及朋友，這個神學機構在開羅多久了?「一直都在這裡，」他回答。

他沒誇張。埃及的現代首都或許是建立在五、六個遭人遺忘已久的城市的廢墟之上，但這座名為開羅的城市卻是以艾資哈爾為脊梁建成的。開羅的阿拉伯語是al-Qahira，「勝利者」的意思，擁有上千座尖塔，最初是什葉派法蒂瑪帝國的首都，如今則是公認的阿拉伯世界文化中心。十二世紀，當舉世無雙的穆斯林戰士薩拉丁（Saladin）征服埃及、徹底消滅什葉派的帝國勢力時，他也撤銷了艾資哈爾的資金，任由它崩毀。但他的埃宥比王朝（Ayyubid Dynasty）滅亡之後，艾資哈爾卻東山再起，而且變得比從前更加強大。十八世紀，拿破崙用炮彈打下艾資哈爾，他的軍隊騎著馬闖進這座偉大的清真寺，將它洗劫一空，還殺了三千人。三年後，艾資哈爾領導人民起而反抗法國人，逼得拿破崙只能狼狽退回歐洲。二十世紀，在英國殖民統治之初，艾資哈爾的烏拉瑪學者為罷工與抵制提供了神學基礎，最後終於把異國侵略者逐出埃及。一九五〇年代，納塞的社會主義革命期間，艾資哈爾先是替泛阿拉伯主義的理想背書，接著當納塞把這間學校變成受國家控制的世俗大學時，他們又改變立場。在後革命時期，艾資哈爾成了一種工具，既被用來正當化世俗政權的獨裁統治，也被用來煽動伊斯蘭主義的反撲。當反恐戰爭在鄰近的伊拉克和阿富汗打得如火如荼時，艾資哈爾就像一道擋土牆，抵抗著西方國家「對伊斯蘭教的討伐」，但面對國內年輕人狂熱的極端主義時，它又是冷靜保守主義的典範。

艾資哈爾的高牆內，有一種東西被恭敬地稱為「傳統」。而這個機構與當中的學者之所以有權決定一切跟信仰與道德相關的事物，就是因為他們和這「傳統」有關係。確實，不論是在艾資哈爾還是在其他任何地方，烏拉瑪的地位都是奠基於這樣的能力之上：反芻前賢們說過、寫過、想過的東西，而一千多年來，那些前賢也是在同樣這些教室裡，修習同樣的文獻與經注。

在什葉派眼中，宗教權威是源自烏拉瑪跟先知還有十二伊瑪目之間的精神連結。而在遜尼派伊斯蘭教，烏拉瑪擁有宗教權威是因為他們能夠完全融入傳統。什葉派權威被視為永恆的、神示的。遜尼派權威則是暫時的、扎根於過去的；是自取的，不是神授的。和猶太教拉比一樣，遜尼派神職人員是學者，不是祭司。人們之所以服從他的判斷，不是因為他的判斷具有神的權威（他的判斷並不具有神的權威），而是因為神職人員學識淵博、熟悉傳統，而且跟過去有著牢不可破的連結，因此擁有洞察神意的特殊能力。所以，如果發生一場巨變，讓烏拉瑪和他們賴以立足的權威之間發生斷裂，如果出現一場社會、政治或宗教危機，突然動搖了穆斯林社會的根基，那麼這整個制度就會開始分崩離析。

在伊斯蘭教一千四百年的歷史上，這樣的巨變並不少見：先知之死、帝國的擴張、與歐洲的衝突、十字軍東征、殖民主義、哈里發政權的消滅。然而，相較於穆斯林和現代化與全球化之間的相遇，先前的巨變都沒有對伊斯蘭的演化造成這麼大的衝擊，不曾像它這麼徹底地摧毀烏拉瑪與過去之間的連結。

十四個世紀以來，艾資哈爾備受尊敬的學者和他們在世界各地類似機構裡的同伴都一手掌控了穆斯林信仰的意義與訊息。從如何祈禱到何時齋戒，從如何穿衣到與誰結婚，一切都掌握在一群有學問的老男人手中，他們隱居在幾十個神學機構和法學院裡，認為自己的使命就是要透過控制伊斯蘭教的過去來推測它的未來。不再如此了。

今日，如果有個埃及穆斯林想在如何正直生活這方面尋求法律或精神上的建議，他應該會捨棄艾資哈爾這個莊嚴高貴的埃及神學院所提供的過時學識，打開大受歡迎的埃及電視傳道人卡列德（Amr Khaled）的電視廣播。卡列德在每週一次的節目上針對宗教與法律事務提供建言，收看的穆斯林年輕人有好幾千萬，遍布全球各地，從雅加達到底特律。他的臉書有超過兩百萬粉絲。他的 YouTube 頻道有超過兩千六百萬的點閱率。他的DVD賣得比很多好萊塢強片都好。二〇〇七年，《時代》雜誌將他列為全世界最有影響力人物的第十三名。他無疑是全球最紅、最搶手、最權威的伊斯蘭學者之一。

只是，卡列德不是學者。他也不是神職人員。他從來沒念過艾資哈爾大學，更確切地說，他什麼神學名校都沒上過。事實上，他從不曾以任何正式身分研習過伊斯蘭之學或伊斯蘭律法。他是個會計師。根據伊斯蘭律法的嚴苛要求，他根本無權發表自己對伊斯蘭教的意義與解釋的看法。然而，透過無所不在的電視與網路曝光，卡列德已經完全奪走了原本只有烏拉瑪才能扮演的角色：伊斯蘭教的解釋者。而且這麼做的不只他一個。在世界各地，有一群自封的傳道家、精神導師、學者、社運人士和業餘知識分子開始積極重新定義伊斯蘭，他們把解釋權從烏拉瑪的鐵腕掌握中奪下，抓在自己手上，想要藉此決定這個迅速擴張、四分五裂的信仰的未來。

歡迎進入伊斯蘭改革期。

必須承認，「改革」這個詞帶有許多宗教與文化包袱，因此歷史學家與宗教學者往往不想使用它。除了明顯帶有無法避免的基督教與歐洲色彩之外，對很多人而言，改革這個概念也代表存在著某種缺陷或不足，必須改善或修正。但「改革」這個詞卻不帶有任何價值判斷。若不考慮歷史背景，它只代表一種共通的宗教現象，幾乎所有制度化的宗教裡都有。因為不論你如何定義基督教改革，它主要還是一場爭論，爭的是誰有權定義信仰：是個人還是機構。那場爭論最後讓基督教分裂成互相競爭的派系。但基督教改革背後的衝突絕對不只存在於歐洲史或基督教史上。反之，我們可以說宗教（尤其是所謂的西方宗教）的整部歷史就是一場持續不斷的漫長戰爭，機構和個人不斷爭奪宗教權威。在社會壓力升高或政治動盪的時代，這場時時都在發生的衝突便有可能浮上檯面，且經常造成災難性的後果。

公元一世紀就發生過這樣的事。在羅馬人占據的巴勒斯坦*，有一些好戰的猶太派系為了自行定義猶太教，開始大力挑戰神廟的權威與祭司階級制度。這場名符其實的「猶太教改革」最後不只促成了拉比猶太教的創立，還帶來了一個嶄新的猶太教派系，名叫基督教——發起人是個猶太教改革者，他的主要訊息就是：定義猶太信仰的權力不該歸給「主祭司與律法老師」，而是每一個信徒。（必須注意，猶太教改革也造成耶路撒冷被摧毀、猶太人被逐出城市。）

促成基督教誕生的這場改革又在十五個世紀後造成基督教分裂。當時，馬丁．路德把他的「九十五條論綱」釘在了威登堡（Wittenberg）的諸聖堂（All Saints' Church）門上。當然，基督教改革並不

* 這裡的巴勒斯坦指的是羅馬時代的一片廣大土地，涵蓋了今日的以色列與巴勒斯坦全境，以及約旦、敘利亞與黎巴嫩的大部分地區。

是路德發起的，也不單純是因為大家普遍對天主教會的腐敗感到不滿。基督教改革是一個漫長的漸進過程的結果，這個過程早在十四世紀就開始了，當時有一批極具影響力的教會領袖，特別是英國的威克里夫（John Wycliffe）、波希米亞的胡斯（Jan Hus）和法國的日爾松（Jean Gerson），開始積極嘗試從內部改革教會。早在路德加入簡樸的奧古斯丁教團之前，基督教人文主義者（Christian Humanist）已發起一場改革中世紀神學的文藝復興運動，堅持跳過《拉丁通俗譯本》（*Latin Vulgate*），直接研讀原文版的《聖經》。伊拉斯謨（Desiderius Erasmus）可能是十六世紀最有影響力的知識分子，他在一五一六年出版的《新約》已預示許多新教的意識形態：聖母瑪莉亞從「充滿聖寵」變成了「仁慈」，而〈馬太福音〉裡約翰呼籲大家在末世「贖罪」，也被刻意改成了「悔改」。

路德和伊拉斯謨與人文主義者之所以不同，之所以被歷史定位成基督教改革的發起者，是因為路德根本不想**改革**天主教會。在他眼中，天主教會就是敵基督的聖座。反之，路德想要拆毀教會，剝奪它做為救贖唯一媒介、經文唯一權威的特殊地位。因此他提出「唯獨聖經」（*sola scriptura*）的概念，強調經文的解釋權不該握在教皇手中，而是應該交給每一個信徒。

這樣的改革現象永遠地改變了猶太教和基督教，而在伊斯蘭教，同樣的改革現象也出現將近一個世紀——從歐洲殖民時期就已經開始。在十九世紀和二十世紀早期，全世界有大約九〇%的穆斯林都生活在殖民主義之下。然而，和猶太教與基督教不同的是，伊斯蘭教從來不曾有過一個單一的宗教權威。從來沒有過「穆斯林神廟」或「穆斯林教皇」這樣的東西——也就是有一個中央的宗教權威，有權為整個穆斯林社群發言。要記得，哈里發是個政治職位，不是宗教職位。尤其是遜尼派，在全世界的十五億穆斯林當中，他們就占了八五%。根據他們的傳統，宗教權威並不歸某一個人或某一個機構（即便是地位崇高的艾資哈爾也一樣）。反之，宗教權威是分散在許多互相競爭的神學機構和法學院之間。如本書所闡述的，從先知穆罕默德辭世以後，伊斯蘭的解釋權就一直完全掌握在這些機構手中。

但在過去這個世紀，尤其在哈里發政權被摧毀之後（這個制度雖然已經變得無用，卻依舊是穆斯林團結的具體象徵），許多穆斯林被迫將自己視為不同國家的國民，而不是一個全球性的信仰群體的成員。這場地理政治分裂所造成的結果，就是伊斯蘭教賴以為本的群體理念幾乎完全崩解。有一段時間，泛阿拉伯主義和泛伊斯蘭主義的意識形態企圖讓穆斯林群體越過國界再次團結起來。但這些意識形態崩潰之後，新一代穆斯林成年時已經沒有任何建立統一溫瑪的意識，而且也沒有這樣的渴望。在此同時，許多穆斯林國家重視現代教育，大幅提昇了識字率和教育程度，也因此粉碎了烏拉瑪做為伊斯蘭教中「飽學之士」的獨特地位。此外，由於大家都能取得新的想法和知識來源，烏拉瑪宣稱是專屬於他們的那種制式教育，也逐漸失去價值。再加上其他另類形式的穆斯林認同興起，例如政治伊斯蘭（伊斯蘭主義）、伊斯蘭社會主義、甚至是聖戰（吉哈德）主義——全都斷言烏拉瑪必須為伊斯蘭文明的衰弱與穆斯林社會的道德淪喪負責——結果就是宗教權威「民主化」，因為任何人只要有適當的平臺且聲音夠大，就能自行取得原本專屬於伊斯蘭神職人員階級的那些權利與特殊待遇。

烏拉瑪之所以能夠持續壟斷伊斯蘭教的解釋權，部分原因主要是伊斯蘭教的經文與文獻只有他們看得懂。從七世紀末被蒐集成書並封聖以來，《古蘭經》就一直只有阿拉伯語版，因為烏拉瑪堅稱，如果把聖書翻譯成其他任何語言，都會破壞經文的神聖屬性。直到今日，非阿拉伯語版的《古蘭經》都還是被視為對《古蘭經》的「詮釋」，不是《古蘭經》本身。這意味著過去十四個世紀以來，全球有大約八〇%的穆斯林都必須仰賴烏拉瑪來替他們決定他們信仰的意義和訊息，因為他們的母語不是阿拉伯語。（可以想像，這種無可爭辯的經文解釋控制權，對穆斯林女性的影響尤其負面，因為除了兩、三個特例之外，解經者全是男人，所以女性跟經文之間的距離就更遙遠了。）

這一切都在改變。光是在上一個世紀，《古蘭經》被譯成的語文版本就比過去十四個世紀加起來還要多。有愈來愈多穆斯林大眾（尤其是女性）決定忽視幾百年來神職人員的解經法，選擇以個人化的方式直接閱讀《古蘭經》。阿拉伯語中有兩個詞可以用來描述這個過程：「塔吉底德」（*tajdid*），「更新」的意思，還有「伊斯拉赫」（*islah*），「改革」的意思。兩個詞放在一起則意指要剝除累積了好幾個世紀的神職人員經文解釋，回歸伊斯蘭教最原始的基礎文獻。事實上，今日伊斯蘭教中發展最迅速、最有活力的運動之一是由一個名叫「唯獨古蘭經」（Qurantists）的國際穆斯林團體主導的，他們拒絕伊斯蘭教中所有的權威性文獻——聖訓、聖行（訓那）、沙里亞——只接受《古蘭經》。

你如果覺得這想法聽起來很熟悉，那是因為經文向來是宗教改革的主戰場。除非個人也可以取得賦予宗教機構權力的那些文獻，否則改革是不可能成功的。如果不是路德把《新約》從只有神職人員和上流知識分子才看得懂的拉丁文翻譯成一般大眾能讀懂的德文，路德的「唯獨聖經」概念——任何人都應當能夠自行解經，不需要教皇當媒介——將不具任何意義。同樣的，當這些穆斯林男男女女決定自行定義《古蘭經》，並積極根據自己演變中的需求重新解釋它時，他們走的也是跟過去偉大改革家一樣的路。

這個驚人的過程持續了幾個世紀，結果全世界的穆斯林都受到一個既熟悉卻又具革命性的想法所刺激：信徒和真主之間不需要有媒介，所有的人都能自己辨別神意，和過去緊緊相繫不代表就有資格決定未來。有些人運用這種激進的信條發展出全新的伊斯蘭解釋方式，結果孕育出多元主義、個人主義、現代主義和民主；有些人則利用它來推動一種同樣新奇的伊斯蘭理念，要求的是嚴苛、偏執、好戰、不斷打仗。這些解釋方式究竟哪一種才是「真正的伊斯蘭」，我們無法回答，因為摒棄制度化的權威，就表示**所有的**伊斯蘭解釋方式都必須被視為同樣有權威。路德很快就發現，個別信徒一旦可以自行解釋宗教，人們對信仰的理解就不可能再有任何限制（不論是不是制度上的）。基督教改革讓基督教出現好幾種經常互相矛盾、時而令人困惑的解釋方式，同樣的，伊斯蘭改革也帶來了好幾種南轅北轍、互相競爭的伊斯蘭意識形態。但我們必須承認，卡列德那種平和、寬容、前瞻的伊斯蘭教，還有賓拉登那種暴力、嚴苛、回顧過去的伊斯蘭教，其實是同一場改革現象互相競爭、互相衝突的兩個面，因為兩邊都是建立在同一個論點之上：為伊斯蘭教發言的權力不再專屬於烏拉瑪。不論是好是壞，如今全世界的每一個穆斯林都擁有這樣的權力。

◎◎◎

在距離艾資哈爾大學校園幾公里的地方，偌大的多奇商業區（Dokki）一棟不起眼的辦公大樓內，有大約一百五十個全職員工——大多二、三十歲——在經營一個網站，它已經火速成為網路上最多人拜訪的網站之一。根據某些估計，Islam-Online.net每天都有將近一百萬訪客，年齡大多在十八到二十四歲之間（它也是穆斯林女性最常造訪的網站之一）。使用者可以獲得世界各地的新聞與資訊，學習保持健康與身心愉悅的祕訣，爭辯伊斯蘭律法，討論政治、藝術、文化，並且跟世界另一端氣味相投的穆斯林交流。但IslamOnline最大的吸引力，來自它廣受歡迎也飽受爭議的「法特瓦銀行」（fatwa bank）。

從前，如果有個開羅的穆斯林想為某個有爭議的事項取得一份法特瓦（教令），他就必須來到艾資哈爾大學地位崇高的學者跟前，因為他們對宗教與社會事務的看法基本上就是法律。換成今天，這個穆斯林可以待在家裡，瀏覽IslamOnline的巨大檔案庫，裡頭有世界各地的「穆夫提」（*mufti*，有資格頒布法特瓦的學者）剛發表和從前發表過的法特瓦，內容涵蓋女性議題、健康問題、信仰間的關係、金錢與業務往來、體育活動、戰爭與和平，任何你能想到的主題都有。網站上甚至還有一個區域，專門提供跟當天焦點新聞相關的現成的法特瓦。

IslamOnline有數以萬計的法特瓦可供選擇，其中將近五千份是英文的。由於這些法特瓦來源眾多，單單一個問題，使用者就可以找到很多種不同的法特瓦，往往互相矛盾，你只要選擇自己最滿意的那個就好。如果資料庫裡找不到想要的法特瓦，IslamOnline的員工也會樂於幫使用者找到一位現場的「網路穆夫提」，他會以即時通訊的方式跟求問者聊天，並在二十四小時內發布一份令人滿意的法特瓦。如果對這位網路穆夫提的法特瓦不滿意，使用者可以直接切換視窗，轉而投向IslamOnline的眾多競爭者，例如Fatwa-Online.com、IslamismScope.net、Almultaka.net、Islam-QA.com（這裡的法特瓦有十二種語言），或AskImam.org——他們全都有自己獨特（也常常互相矛盾）的法特瓦資料庫。如果還是不滿意，那總歸還有AmrKhaled.net，或伊拉克大阿亞圖拉西斯塔尼的網站（Sistani.org），或其他上千個不同的網站，站長有神職領袖、社運人士、學者、世俗領袖、精神導師、知識分子、業餘人士，大家都可以憑著一個簡單的IP位址將自己的影響力傳播到當地社群以外的地方。且由於伊斯蘭教沒有一個中央的宗教權威可以裁奪這些見解中哪些合理、哪些不合理，使用者完全可以根據自己最喜歡哪個人，選擇自己最想要的法特瓦。

說網際網路對於伊斯蘭教的衝擊甚巨並不誇張，網路不只影響了伊斯蘭教的演進，更重要的是分散了伊斯蘭教的宗教權威，使它民主化。唯一可以與之相比的只有印刷機的發明，因為如同那項科技發展無情地把基督教歐洲推上了改革之路、讓運動領導者可以把他們的想法傳遍整個歐洲大陸，網際網路也成為實現伊斯蘭改革的主要媒介。在伊斯蘭世界，原本要花幾十年、甚至幾百年才能越過國界傳遞出去的想法與見解，如今任何人只要點一下滑鼠，就可以立刻觸及。上百萬名穆斯林都能不受約束地接受知名宗教學者與不知名業餘知識分子的思想與教導，因此沙烏地阿拉伯阿布杜拉濟茲國王大學有一位著名的穆夫提哀嘆道：「今日的法特瓦簡直人人都能發。這很危險，而且錯誤的法特瓦可能帶來全面性的毀滅。」

這位穆夫提說的也許有幾分道理。網際網路就像一把雙面刃。它或許使宗教權威民主化，也散播著令人興奮的新思維，但同時它也創造了一個環境，讓高度個人化的伊斯蘭解釋方式得以在網上互相廝殺，爭取穆斯林的認同。更重要的是，網際網路已然變成對伊斯蘭教進行暴力詮釋的一個堡壘，尤其是聖戰（吉哈德）主義，讓好戰派的傳教者和宣傳者可以不顧烏拉瑪的權威，直接對世界各地的穆斯林傳遞他們反制度的訊息。且拜網際網路相對容易隱匿姓名之賜，人們常常很難分辨誰是烏拉瑪、誰是聖戰（吉哈德）主義者，誰是備受尊敬的學者、誰是危險的外行人。

但也正因如此，網際網路成為新一代積極參與政治、有社會意識且全球化的穆斯林年輕人一個主要的精神引導來源。網際網路——加上愈來愈多的旅行經驗、衛星電視以及五花八門的社交網絡——已經讓這些穆斯林年輕人有了一種全新的世界觀，也因此，他們對制度化的權威產生了一種健康的不信任感，不論是對政府還是對烏拉瑪。事實上，很多人把這兩種制度視為同一種東西。畢竟，幾乎在每一個穆斯林占多數的國家，政府是直接控制著烏拉瑪，監管他們的領導權、挑選週五的帶禱者，偶爾甚至幫他們撰寫講道稿。這導致很多穆斯林普遍相信，烏拉瑪根本就是國家指派的，所以不能再信任他們對當下重大社會、政治與宗教議題所做出的判斷。

由於穆斯林移民迅速湧入歐洲和北美洲，這樣的情緒更加高漲，因為在這些地方，個人主義和反制度倫理已經完全與社會結構交織成一體。新一代所謂「西化的穆斯林」不再到父母去的大清真寺尋求精神指引（根據一些估算，美國只有不到三分之一的穆斯林會上清真寺），而是去較小的「車庫清真寺」(garage mosque)、學生團體、精神團體與伊斯蘭中心，這些大多獨立於傳統的制度化領導權之外，且完全脫離祖國的社會與文化約束。沒錯，歐美的穆斯林人口數依然相對稀少。雖然不時有人歇斯底里地說西方國家正被神不知鬼不覺地「伊斯蘭化」，但穆斯林其實只占了歐洲人口的六%左右，在美國更是不到二%，而且人口學家認為這些數字不會再攀升多少。然而，由於享有言論與思想自由，加上更能以新的通訊技術把他們對當代伊斯蘭的創新看法傳往世界各地，這群「西化」穆斯林擁有巨大的影響力，影響著穆斯林國家的同宗教人士。

歐美的穆斯林和世界其他地方的穆斯林倒是有一個共同點，那就是年齡不到三十五歲的人口都占了將近四分之三。在某些地區，例如最近的伊朗、突尼西亞、埃及、阿爾及利亞和葉門，「穆斯林青年膨脹」已創造出一群躁動不安的人口，他們受夠了政治與經濟機會的匱乏，願意起而反抗政府，為自己爭取權利。臉書、推特和其他社交媒體平臺讓全球年輕人口瞥見一個不一樣的世界，窺見不同的機會與不同的社會結構。事實上，對許多年輕穆斯林而言，網際網路不只是一個溝通與尋求精神支持的媒介。一種新的溫瑪正透過這個平臺獲得實現——一個**虛擬**的溫瑪，其基礎不是教條的遵守或文化的忠誠，而是共同的利益、價值與關懷。

想要改造宗教權威、改寫溫瑪之意義與組成的這份渴望，也吸引許多穆斯林年輕人投向聖戰（吉哈德）主義者所提倡的伊斯蘭——充滿好戰的個人主義與激進的反制度情緒。聖戰（吉哈德）主義領袖利用網路吸引在社會、經濟或宗教上對自己的群體感到疏離的年輕人，為他們提供了另一種團體感和認同感，而諷刺的是，他們的目標與結論會讓人想起基督教改革中那些比較激進的改革者。賓拉登尤其擅長利用網際網路將自己描繪成一個與宗教權威競爭的人，發布自己的法特瓦、推銷他自己對《古蘭經》的解釋，即使他和卡列德一樣，既不是神職人員，也完全沒有受過任何形式的神職訓練。

然而，聖戰（吉哈德）主義領袖就是因為跟神職機構完全斷絕關係，才得以建立他們的權威。事實上，對聖戰（吉哈德）主義的整體認同感，是以反烏拉瑪為前提發展出來的。也因此，他們的領袖必須被看成是在效法過去的偉大宗教改革家，尤其是基督教改革中所謂的激進派改革者，例如赫德（Hans Hut）、胡特爾（Jacob Hutter）和閔采爾（Thomas Müntzer）等，他們將宗教個人主義的原則無限上綱，呼籲以猛烈的方式推翻社會秩序。事實上，很多人或許不願承認，但賓拉登跟路德之類的主流基督教改革家之間可能有不少共同點。儘管路德提倡以一種類似的反制度方式去解讀經文與基督教傳統，但同時他也堅決反對任何與他不同的解釋方式。（他甚至還把《聖經》中不同的書卷分等，有些比較有價值、有些比較沒價值，端視它們是否符合他的神學理論。）路德也毫無保留地以暴力手段對付與他意見相左的其他改革家。一五二五年，路德的對手閔采爾帶領農民起義時，路德不僅和世俗行政官員站在同一邊，還公然提倡集體殺害農民，寫道：「任何人都可以偷偷地或公開地毆打、殺害、刺死〔他們〕，因為切記，沒有什麼是比反叛者更歹毒、更有殺傷力、更邪惡的。」被屠殺的農民總計超過十萬。

也難怪在這場一般認為是由路德發起的改革運動裡，人們很快就把他視為問題而不是解決之道。到了十六世紀中葉，基督教改革者或多或少都摒棄了路德，轉向比較平民主義的運動，例如瑞士的慈運理派（Zwinglian）、萊茵蘭（Rhineland）的再洗禮派（Anabaptist）和日內瓦的喀爾文派（Calvinist），喀爾文教派很快就成為西歐最主要的新教支派。如今，伊斯蘭教內部也正發生著類似的事：賓拉登和他的聖戰（吉哈德）主義追隨者在這場運動中已被拋棄。這場運動既不是由他們發起、也不是由他們主導，卻被他們以高明的手段用來推動他們的宗教與政治計畫。而過去十年來，這種自始至終都只吸引了極少數穆斯林的意識形態又變得更加不被接受，幾乎在每一個穆斯林占多數的國家，絕大多數人都已摒棄聖戰（吉哈德）主義的訊息。

但促成聖戰（吉哈德）主義誕生的這場改革現象絲毫沒有減弱。它甚至開始影響它最初想要對抗的那些神學機構。有一個新的階級，所謂的「反對派烏拉瑪」（宣告脫離正統法學院的教師與學者），也開始在伊斯蘭世界吸引到大批追隨者。這些烏拉瑪把自己轉型成某種類似流浪傳道人的角色，創造出一種平行的權威組織，跟傳統的神學機構抗衡。在此同時，傳統機構本身也採用和他們的改革派對手一樣的策略，藉此恢復了某種程度的影響力和權威。你也許可以稱之為「反改革」。艾資哈爾甚至成立了自己的電視網，語言有英語、法語、烏爾都語（Urdu）和其他語言，以對抗如卡列德這樣的大眾傳道人的影響力。世界上幾乎每個神學機構如今在網路上都設有一個重要據點。烏拉瑪普遍意識到，想擁有權威與聲望，就必須懂得使用新的社交媒體吸引穆斯林年輕人，並根據他們的程度、依照他們的意願來進行對話。結果就是百家爭鳴，各式各樣五花八門的想法、價值觀、思維與解釋方式都有，很多是互相衝突的，但大家都想爭取為伊斯蘭教決定未來的權利，這個宗教很快就會成為世界最大宗教。

我們從基督教史得知，宗教改革可能會是一連串混亂血腥的事件。而伊斯蘭宗教改革還有一段路要走。激進的個人主義和反制度主義已經擄獲了世界各地穆斯林的心，想推測它們未來將如何影響伊斯蘭教，目前時候還太早。但有件事是肯定的：真實的過去，以及清教主義者和基本教義主義者幻想出來且力圖重現的那個理想化而完美的過去，都已經不復存在。伊斯蘭故事的下一章，只會由這樣的人來書寫：願意向前看，願意面對未來的一切，且深深明白十四個世紀前，先知穆罕默德為了以嶄新的神聖道德觀與社會平等主義取代部族社會過時、僵化又不公平的限制而發起的那場革命，至今尚未完成。

阿拉伯半島花了好幾年才清除掉那些「虛假偶像」。而伊斯蘭將要耗費更多更多年的時間，才清除得掉新的虛假偶像——偏執與狂熱主義，它們的膜拜者用自己充滿仇恨與爭執的理念取代了穆罕默德最初對寬容與團結的想望。但這場淨化是無可避免的，而改革的浪潮也勢不可擋。伊斯蘭宗教改革已經發生。

我們全都置身其中。

Sunni　遜尼派；伊斯蘭教的主流（「正統」）派別。

Surah　蘇拉；《古蘭經》的一章。

Tabiun　繼聖伴之後的第二代穆斯林

tafsir　塔夫西爾；傳統的《古蘭經》解經法。

tahannuth　塔哈努斯；前伊斯蘭時期的宗教閉關靈修。

tajwid　塔吉威德；《古蘭經》的誦讀學。

tanzi　真主直接頒降給穆罕默德的啟示

taqiyyah　塔基亞；什葉派的防範性偽裝行為。

taqlid　塔格利德；對司法先例的盲從。

tariqah　塔里卡；蘇非派的精神旅程，或稱「道乘」。

tasawwuf　身為蘇非行者的這個狀態

tawaf　塔瓦夫；繞著卡巴走七圈的儀式。

tawhid　塔維德；「認主獨一」的意思，指的是主的獨一性

ta'wil　塔威爾；著重在《古蘭經》內隱奧義的解經法。

ta'ziyeh　塔吉葉；一種公開表演，重現胡笙在卡爾巴拉殉道的故事。

topos　一種傳統文學主題

Ulama　烏拉瑪；伊斯蘭教的神學權威人士。

Ummah　溫瑪；麥地那穆斯林公社的名稱。

Umm al-Kitab　「經書之母」、「天經」；所有降示的經文都源自這本天上的書。

umra　溫拉；麥加副朝。

Valayat-e Faqih　「法基赫的監護」、「法學家治國」；由阿亞圖拉何梅尼提出的宗教政治意識形態。

Wahhabism　瓦哈比主義；阿布杜—瓦哈比在阿拉伯建立的伊斯蘭清教教派。

wali　瓦利；真主神聖訊息的執行者。

zahir　札希爾；《古蘭經》顯現於外的訊息。

zakat　扎卡特，天課；強制性的課捐，繳交給穆斯林公社，再分送給窮人。

zakir　札基爾；什葉派的宗教專家，負責在穆哈蘭姆月的儀式上朗誦殉道者的故事。

zamzam　滲滲泉；卡巴附近的那口井。

madrassa　馬德拉薩；伊斯蘭宗教學校。

Mahdi　馬赫迪；「隱遁的伊瑪目」，會一直隱遁到末日，然後帶來一個正義的新時代。

matam　馬塔姆；哀悼胡笙殉道的自殘儀式。

Mujahadin　穆加哈丁；穆斯林好戰分子，字面上的意思就是「進行吉哈德的人」。

mujtahid　穆智臺希德；值得效法的穆斯林法律學者，具備發布權威性法律判決的資格。

muruwah　穆魯瓦；前伊斯蘭時期的部族行為準則。

Muslim Brothers　穆斯林兄弟會；班納於一九二八年在埃及成立的伊斯蘭社會主義組織。

Mu'tazilah　穆爾太齊賴；伊斯蘭神學中的理性主義學派。

nabi　納比；先知。

nafs　納夫；「氣息」的意思，蘇非派中的本我或自我。

Najd　內志；阿拉伯東部的沙漠地區。

naskh　納斯赫；《古蘭經》中某一節經文被另一節經文廢除的狀況。

Pan-Arabism　泛阿拉伯主義；全世界阿拉伯人口的種族團結原則。

Pan-Islamism　泛伊斯蘭主義；全世界穆斯林人口的宗教團結原則。

Pir　辟爾；蘇非派大師（也叫「謝赫」或「阿拉之友」）。

Qa'id　卡伊德；前伊斯蘭時期的部族戰事領袖。

qalb　卡爾布；「心」，等同於蘇非主義中的靈魂。

qiblah　面對麥加的朝拜方向

qiyas　格雅斯；類比論證，在伊斯蘭法律的發展過程中被當作法源之一。

Quraysh　古萊須人；前伊斯蘭時期阿拉伯的麥加統治者。

Qurra　古拉；第一批背誦、記錄並傳播天啟的《古蘭經》誦讀者。

qutb　庫特卜；「宇宙的極點」，整個宇宙都繞著它旋轉。

Rashidun　正統之人；前四任「正統」哈里發：阿布—巴克爾、伍瑪爾、伍斯曼，以及阿里。

rasul　拉蘇；使者。

ruh　魯哈；宇宙之靈、神之氣息。

Salafiyyah　薩拉菲運動；穆罕默德・阿布都和阿富汗尼在埃及發起的穆斯林改革運動。

salat　薩拉特；每天五次的祈禱儀式，分別在清晨、中午、下午、黃昏和晚上。

sawm　索姆；齋戒。

shahadah　舍西德，清真言；穆斯林的信仰宣言：「萬物非主，唯有真主；穆罕默德是主使者。」

Shariah　沙里亞；伊斯蘭律法，以《古蘭經》和聖訓為主要法源。

Shaykh　謝赫；部族或氏族的領導者，又稱薩義德（Sayyid）。

Shi'ism　什葉派；伊斯蘭教最大的支派，由阿里的追隨者所建立。

shirk　謝克；以任何方式混淆真主的獨一性。

shura　舒拉；在前伊斯蘭時期阿拉伯，負責選舉謝赫的部族長老所舉行的諮商會議。

Sufism　蘇非主義；伊斯蘭教的神祕主義傳統。

Sunna　訓那，聖行；由聖訓構成的先知傳統。

fikr 費克赫；某些蘇非派教團採用的神祕冥思儀式。

fiqh 費格赫；伊斯蘭法學。

fitnah 穆斯林內戰

hadith 聖訓；先知和他最早同伴（聖伴）的傳說與軼事。

Hajj 哈吉；麥加朝覲。

Hakam 哈卡姆；前伊斯蘭時期阿拉伯的仲裁者，負責仲裁部族內與部族間的紛爭。

Hani 哈尼夫；前伊斯蘭時期阿拉伯的一神論者。

Hashim 哈須彌；穆罕默德氏族的名稱。

henotheism 單一主神論；信仰一個「至高主神」，但不明顯排斥其他地位較低的小神明。

hijab 希賈布；穆斯林女性戴面紗與隔離的習俗。

Hijaz 漢志；阿拉伯的西部地區。

Hijra 希吉拉，聖遷；公元六二二年從麥加前往葉斯里卜（麥地那）的遷徙行動；伊斯蘭曆法中的希吉拉元年。

Iblis 易卜劣廝，惡魔（拉丁文*diabolus*的誤植）；撒旦。

ijma 伊智馬；傳統上指的是烏拉瑪針對某個《古蘭經》或聖訓都沒有涵蓋到的特定法律議題所達成的共識。

ijtihad 伊智提哈德；有資格的法律學者（穆智臺希德）獨立做出來的法律判決。

Ikhwan 伊赫萬；協助沙烏地家族拿下阿拉伯半島的瓦哈比派聖戰士。也被用來稱呼穆斯林兄弟。

Imam 伊瑪目；什葉派中受到真主啟發的社群領袖。

Islamism 伊斯蘭主義；一場伊斯蘭運動，主要目標是建立一個伊斯蘭政體。

isnad 傳述鏈；用來驗證個人提出來的聖訓。

Jahiliyyah 賈希利亞；伊斯蘭教興起之前的「蒙昧時代」。

jihad 吉哈德；奮鬥、掙扎。

Jinn 鎮尼，精靈；感知不到、可被救贖的靈體，西方稱作genie。

jizyah 人丁稅；順民（齊米）繳交的保護稅。

Ka'ba 卡巴；麥加的古老聖殿，被穆罕默德淨化、重新獻給阿拉之前，原本供奉著漢志地區各個部族的神明

kafir 卡菲爾；不信道者。

Kahin 卡辛；前伊斯蘭時期阿拉伯的算命師或是進入忘我恍神狀態的詩人，能夠跟鎮尼（精靈）溝通。

kalam 卡蘭；伊斯蘭神學。

Kharijites 哈里哲派（出走派）；在阿里擔任哈里發時脫離什葉派的激進教派。

Khazraj 哈茲拉吉；麥地那的兩大異教阿拉伯氏族之一，也是第一個接受穆罕默德訊息的氏族。

khedive 赫迪夫；受大英帝國宗主權控制的埃及君王。

名詞解釋

ahadiyyah　阿哈迪亞，「獨一」的意思，蘇非派的「神聖一元」理念。

ahl/qawm　阿赫／闊姆，民族或部族。

ahl al-bayt　先知穆罕默德的家族

ahl al-Kitab　「有經者」；指的通常是猶太人和基督徒（參見「dhimmi」）。

al-Qaeda　蓋達組織；賓拉登領導的瓦哈比派組織。

amir　阿米爾穆斯林省分的總督

Ansar　輔士；歸信伊斯蘭教的麥地那氏族成員。

asbab al-nuzul　古蘭經降示背景；一段經文降示給穆罕默德時的背景或原因。

Ash'ari　阿夏里派；伊斯蘭神學的傳統主義學派。

Ashura　阿舒拉節；伊斯蘭曆法中穆哈蘭姆月的第十天，也是什葉派哀悼儀式的高潮。

Aws　奧斯；麥地那兩個主要的異教阿拉伯氏族之一，另一個是哈茲拉吉。

ayah　阿亞；《古蘭經》的一節。

ayatollah　阿亞圖拉；「真主的象徵」之意；除了「阿拉瑪」（Allamah）之外，什葉派神職人員所能達到的最高階級。

baraka　巴拉卡；精神力量。

Basmallah　巴斯馬拉；《古蘭經》大部分的篇章（蘇拉）開頭都有的呼求：「奉至仁至慈的真主之名」。

batin　巴丁；《古蘭經》隱藏於內的訊息。

bay'ah　貝阿；部族對謝赫的忠誠誓言。

bayt/banu　巴伊特／巴努；「家族／兒子」，意指氏族。

bid'a　比達；宗教創新。

Caliph　哈里發；穆罕默德的繼承者及穆斯林社群的暫時領袖。

Companions　同伴、聖伴。伴隨穆罕默德從麥加遷往葉斯里卜（麥地那）的第一代穆斯林。又稱「遷士」。

darvish　德爾威什，「乞丐」的意思，是蘇非行者的常用名稱（又稱苦行僧）。

dhikr　迪克爾；「讚念」的意思，是蘇非派的主要儀式。

dhimmi　齊米，順民；猶太人、基督徒和其他被視為「有經者」的非穆斯林，受伊斯蘭律法保護。

du'a　都阿；非正式的祈禱。

erfan　埃爾凡；神祕知識。

fana　法納；蘇非行者得道時所達到的「無我」境界。

faqir　見「darvish」

fatwa　法特瓦；有資格的穆斯林法學家所發布的教令。

記載。請見“Report: U.S. Supplied the Kinds of Germs Iraq Later Used for Biological Weapons”，刊載於2002年9月30日的*USA Today*。

- 想更瞭解塔利班，可參閱Ahmed Rashid的*The Taliban* (2000)。所有研究宗教與政治的學生都該閱讀Harvey Cox的*The Secular City* (1966)，另外也可參閱Will Herberg的*Protestant, Catholic, Jew* (1955)。
- Abdulaziz Sachedina的*The Islamic Roots of Democratic Pluralism* (2001)以絕佳的方式探討了伊斯蘭多元主義。Abdolkarim Soroush的英文著作不多，但Mahmoudm與Ahmad Sadri將他的重要作品編纂翻譯成冊，題為*Reason, Freedom, and Democracy in Islam: Essential Writings of Abdolkarim Soroush* (2002)。他那句話是出自2004年他獲頒美國華盛頓特區伊斯蘭與民主研究中心「年度穆斯林民主人士」時的得獎致辭。

第十一章　歡迎進入伊斯蘭改革期

- 「巨變」(ruptures)這個詞我是取自Qasem Zamam, *The Ulama in Contemporary Islam: Custodians of Change* (Princeton: Princeton University Press, 2002)。
- 想深入瞭解IslamOnline.net的內部機制，請見Bettina Graf, “IslamOnline.net: Independent, Interactive, Popular,” *Arab Media and Society* 4 (2008), http://www.arabmediasociety.com/index.php?article=576&printarticle。也可參考Jens Kutscher, “Online Fatwas and their Relevance to the European Union,” Freiburg, September 724-28, 2007, http://orient.ruf.uni-freiburg.de/dotpub/kutscher.pdf。
- 穆夫提學者Sheikh Abduallah bin Beh的哀嘆出自Rasha Elass的“Scholar Condemns ‘Fatwa Piracy’,” *The National*, (September 17, 2008), https://www.thenational.ae/uae/scholar-condemns-fatwa-piracy-1.491209y。
- 想更瞭解路德和基督教改革，請見Diarmade MacCulloch的權威著作*The Reformation: A History* (New York: Viking, 2004)。
- 皮尤調查中心於2010年進行的一項調查顯示，黎巴嫩的穆斯林，十個當中有超過九個(94%)對蓋達組織抱持負面看法，而這些國家的多數穆斯林也一樣：土耳其(74%)、埃及(72%)、約旦(62%)、印尼(56%)。請見http://pewglobal.org/2010/12/02/muslims-around-the-world-divided-on-hamas-and-hezbollah/。

Arabs Face the Modern World (1998)、Abd al-Rahman al-Bazzaz, *Islam and Nationalism* (1952)、Michael Doran, *Pan-Arabism Before Nasser* (1999)，以及Taha Husayn, *The Future of Culture in Egypt* (1954)。

- 想瞭解庫特布，可參閱他的大作*Milestones* (1993)和他的*Social Justice in Islam*——英譯本書名叫*Sayyid Qutb and Islamic Activism*（1996，William Shepard譯）。另外也可參閱Jalal-e Ahmed, *Gharbzadeghi* (1997)。
- Madawi al-Rasheed在他的*A History of Saudi Arabia* (2003)中敘述了沙烏地阿拉伯的歷史。想瞭解瓦哈比主義，我推薦Hamid Algar的簡介*Wahhabism: A Critical Essay* (2002)。值得注意的是，瓦哈比派偏好稱自己為*ahl al-tawhid*或*al-Muwahhidun*。
- 關於基本教義主義在伊斯蘭教中的意義與作用，有幾點必須澄清。「基本教義主義」（fundamentalism）這個詞創於二十世紀初，用來形容美國一場迅速蓬勃發展的清教徒運動，他們想重申基督教的基本教義，以因應迅速現代化與世俗化的美國社會。其中最主要的信念之一，就是要依照字面意思解釋《聖經》——這種想法原本已經不再受歡迎，因為有演化之類的科學理論興起，這些科學理論通常以嘲諷戲謔的方式看待《聖經》中的歷史說法。由於所有的穆斯林都相信《古蘭經》的「字面」意思——畢竟《古蘭經》是真主的直接語言，所以把穆斯林極端主義者或好戰分子稱為「基本教義主義者」，根本沒什麼道理。用這個詞來形容庫特布這樣的伊斯蘭主義者也不恰當，因為他們的目標是要建立一個伊斯蘭政體。然而，由於「伊斯蘭基本教義主義」這個詞已經太常用，甚至連波斯文和阿拉伯文裡都有了（字面翻譯倒是頗為恰當：在阿拉伯文裡是「偏見」、在波斯文裡是「落伍」），所以我在本書中仍然沿用這個詞——只是不用來形容政治化的伊斯蘭教。那場運動應當叫「伊斯蘭主義」。相對之下，「伊斯蘭基本教義主義」指的是超級保守、極度拘謹的意識形態，在穆斯林世界最清楚的代表就是瓦哈比派。
- 關於政治伊斯蘭教的歷史，少有幾本簡介勝過Gilles Kepel的*Jihad: The Trail of Political Islam* (2002)和*The War for Muslim Minds* (2004)。另外也可參閱Anthony Shadid, *The Legacy of the Prophet* (2002)。賓拉登說的話是出自1998年5月ABC記者John Miller的專訪。
- 想更瞭解聖戰（吉哈德）主義的創造與演變，請見Reza Aslan, *Beyond Fundamentalism* (2010)。
- 根據2005年一份蓋洛普全球民意調查，中東有78%的人認為民主是「最佳的政府形式」。請見http://www.voice-of-the-people.net/。2006年的皮尤調查在這裡：http://pewglobal.org/2006/06/22/the-great-divide-how-westerners-and-muslims-view-each-other/。

第十章　朝麥地那前進

- 1979年革命之後有兩部憲法草案。第一部草案並未讓神職人員在政府中擔任重要角色，但諷刺的是，卻被伊朗的左派政黨拒絕。第二部草案在11月由一個73人的「專家會議」（Assembly of Experts）完成，他們改寫了原本的文件，讓國家由神職人員來主導。
- 疾管局和美國典型培養物保藏中心在兩伊戰爭之前與期間的活動，解密的官方文件中有

Muhammad (1995) 以及 J.T.P. de Bruijn 的 *Persian Sufi Poetry* (1997)。

- 關於印度的蘇非派，我推薦 Muhammad Mujeeb 的 *Indian Muslims* (1967) 和 Carl W. Ernst 的 *Eternal Garden: Mysticism, History, and Politics at a South Asian Sufi Center* (1992)。也可參閱 Bruce Lawrence 的 "The Early Chisti Approach to Sama'"，收錄於 Milton Israel 與 N.K. Wagle 編，*Islamic Societies and Culture: Essays in Honor of Professor Aziz Ahmad* (1983)。
- Muhammad Iqbal 的話出自 Ali Shariati 的評論：*Iqbal: Manifestations of the Islamic Spirit* (1991)。另外也可參 Muhammad Iqbal, *The Reconstruction of Religious Thought in Islam* (1960)。

第九章 東方的覺醒

- 古柏對第二十六本土步兵團處決事件的描述節錄於 Edward J. Thompson 的 *The Other Side of the Medal* (1925)，但為了呈現歷史背景並潤飾文句，我必須為古柏的說法添上一些細節，並重新安排敘事順序。特里維廉爵士對眾議院做的評論收錄在 Thomas R. Metcalf 的 *The Aftermath of Revolt* (1964)，另外也可參見 C. E. Trevelyan 的 *On the Education of the People of India* (1838)。迪斯雷利和杜夫所說的話都收錄在 Ainslee T. Embree, *1857 in India* (1963)。巴哈杜爾沙對印度人民的呼求出自 "Azimgarh Proclamation"，刊印於 Charles Ball 的 *The History of the Indian Mutiny* (1860)。關於英國人對印度革命的反應，第一手資料可參閱 C. G. Griffiths, *Siege of Delhi* (1912) 與 W. H. Russel, *My Indian Diary* (1957)。羅德斯的說法和引語出自 *The Columbia Encyclopedia* 第六版（2001）。
- 關於賽義德．阿赫梅德．汗爵士的著作與見解，請參閱他的 *The Causes of the Indian Revolt* (1873) 和 "Lecture on Islam"，後者節錄於 Christian W. Troll, *Sayyid Ahmed Khan: A Reinterpretation of Muslim Theology* (1978)。想更瞭解阿里格爾運動，可參閱 Shan Muhammad 編纂的 *The Aligarh Movement: Basic Documents, 1864-1898* (1978)。奇拉格．阿里說的話是出自 *The Proposed Political, Legal, and Social Reforms in the Ottoman Empire and Other Mohammadan States* (1883)。想更瞭解莫度迪，請參閱 *Nationalism and Islam* (1974) 和 *The Islamic Movement* (1984)。
- 關於印度殖民主義，可參閱 Joel Gordon, *Nasser's Blessed Movement* (1992)、Juan R. I. Cole, *Colonialism and Revolution in the Middle East* (1993) 和 William Welch, *No Country for a Gentleman* (1988)。阿富汗尼的生平與作品分析，可參見 Nikki R. Keddie, *Sayyid Jamal al-Din "al-Afghani": A Political Biography* (1972)、M. A. Zaki Badawi, *The Reformers of Egypt* (1979) 和 Charles C. Adams, *Islam and Modernism in Egypt* (1933)。想瞭解穆罕默德．阿布都，可參閱 Osman Amin, *Muhammad 'Abduh* (1953) 和 Malcolm H. Kerr, *Islamic Reform: The Political and Legal Theories of Muhammad 'Abduh and Rashid Rida* (1966)。關於班納，我推薦他的 *Memoirs of Hasan al-Banna Shaheed* (1981) 以及 Richard P. Mitchell, *Society of the Muslim Brothers* (1969) 和 Ali Rahnema 編，*Pioneers of Islamic Revival* (1995)。
- 有關泛阿拉伯主義的優秀著作有 Sylvia G. Haim, *Arab Nationalism* (1962)、Nissim Rejwan,

Turner的（1970）、R. Gelpke的（1966），以及James Atkinson美妙的韻文版（1968）。我的版本大致融合了上述三者，再加上我自己從波斯文翻譯過來的部分。另外也可參閱Ali Asghar Seyed-Gohrab對這首詩的評論分析：*Layli and Jajnun: Love, Madness and Mystic Lounging in Nizami's Epic Romance* (2003)。想瞭解蘇非主義的早期發展，我推薦Shaykh Fadhlalla Haeri的 *The Elements of Sufism* (1990)與Julian Baldick的*Mystical Islam* (1989)。Baldick分析了各種宗教與文化對蘇非主義造成的影響，同時也探討了這個詞的意涵。R. A.Nicholson的著作有 *The Mystics of Islam* (1914)和*Studies in Islamic Mysticism* (1921)。Idris Shah有許多珍貴的著作，其中兩部是 *The Sufis* (1964)和 *The Way of the Sufi* (1969)。另外也可參閱*Martin Lings, What is Sufism?* (1993)、Inayat Khan, *The Unity of Religious Ideals* (1929)、Ian Richard Netton, *Sufi Ritual* (2000)、Nasrollah Pourjavady與Peter Wilson合著的*Kings of Love* (1978)、J. Spencer Trimingham, *The Sufi Orders in Islam* (1971)、Carl Ernst, *Teachings of Sufism* (1999)，以及Titus Burckhardt, *An Introduction to Sufi Doctrine* (1976)。

- 想瞭解謝赫沙德悉里的教誨，請參閱他的*Music of the Soul* (1994)。什葉派和蘇非派之間的歷史淵源和神學關係，Kamil M. al-Shaibi在他的*Sufism and Shi'ism* (1991)中有介紹。最後，有一套Seyyed Hossein Nasr撰寫的*Sufi Essays* (1972)，有幫助但不太容易消化。
- 噶札里 *The Alchemy of Happiness*英譯本譯者為*Claud Field* (1980)，Niche of Lights英譯本譯者則為David Buchman (1998)。想更瞭解噶札里的哲學，請參閱Montgomery Watt, *The Faith and Practice of al-Ghazali* (1953)。胡吉威里的 *The Revelation of the Mystery*英譯本譯者為Reynold Nicholson (1911)。阿塔爾 *The Conference of the Birds*最棒的英譯本，無疑是Afkham Darbandi與Dick Davis的版本（1984）。蘇非派的波斯學者Javad Nurbakhsh在他的短篇論文"Master and Disciple in Sufism" (1977)中深入探討導師與門生之間的關係。想瞭解「道乘」上的各個站，可參閱Shaykh Abd al-Khaliq al-Shabrawim, *The Degrees of the Soul* (1997)和Abu'l Qasim al-Qushayri, *Sufi Book of Spiritual Ascent*（1997，Rabia Harris譯）。哈拉智的*Kitab al-Tawasin*只有法語譯本，譯者是偉大的蘇非派學者Louis Massignon (1913)。對已經具備蘇非派基礎知識的學生而言，Massignon的*Essay on the Origins of the Technical Language of Islamic Mysticism* (1997)會是有用的工具書。
- 關於蘇非派的一元論概念，Molana Salaheddin Ali Nader Shah Angha在他的 *The Fragrance of Sufism* (1996)中有詳細的論述。阿拉比的*Fusus al-Hikam*有英譯本，叫 *The Wisdom of the Prophets* (1975)。想更瞭解拉比雅和其他的蘇非派女性，請參閱Camille Adams Helminski的 *Women of Sufism* (2003)和Margaret Smith的*Rabi'a the Mystic and Her Fellow-Saints in Islam* (1928)。Charles Upton蒐集並翻譯了拉比雅的詩作，叫*Doorkeeper of the Heart: Versions of Rabi'a* (1988)。
- 魯米作品最棒的英譯本見Colman Barks的 *The Essential Rumi* (1995)，還有A. J. Arberry翻譯的兩冊*Mystical Poems of Rumi* (1968)。另外也可參閱Reynold Nicholson的 *Rumi: Poet and Mystic* (1950)。想更瞭解魯米的生平，可參閱Annemarie Schimmel的*I Am Wind, You Are Fire: The Life and Works of Rumi* (1992)。想瞭解哈菲茲，請參閱Nahid Angha的*Selections* (1991)和*Ecstasy* (1998)。關於蘇非派詩作的一般論述有Ali Asani和Kamal Abdel-Malek的*Celebrating*

- 我對卡爾巴拉事件的描述是參考Syed-Mohsen Naquvi, *The Tragedy of Karbala* (1992)與Lewis Pelly, *The Miracle Play of Hasan and Husain*, 2 vols. (1879)。想瞭解什葉派穆哈蘭姆月慶典的發展與作用，請見Heinz Halm的*Shi'a Islam: From Religion to Revolution* (1997)，Halm的引文在第41頁。另外，也可參閱有關這個主題的社會學著作：Vernon Schubel的*Religious Performance in Contemporary Islam* (1993)和David Pinault的*The Shi'ites* (1992)，本書中的兩段證言就是出自Pinault的第103-6頁。我也推薦Pinault的*The Horse of Karbala* (2001)。Ehsan Yarshater在"Ta'ziyeh and Pre-Islamic Mourning Rites"一文中追溯哀悼儀式的起源，收錄於Peter Chelowski編，*Ta'ziyeh: Ritual and Drama in Iran* (1979)。
- 有一些很棒的著作介紹什葉派，包括之前提過的Moojan Momen, *An Introduction to Shi'I Islam* (1985)與S. Husain M. Jafri的*The Origins and Early Development of Shi'a Islam* (1979)。Allamah Tabataba'i的*Shi'ite Islam*有英譯本，由Seyyed Hossein Nasr翻譯（1977）。想瞭解什葉派眼中的沙里亞，請參閱Hossein Modarressi的*An Introduction to Shi'I Law* (1984)。關於「預先存在的伊瑪目」這個概念，Mohammad Ali Amir-Moezzi在他的*The Divine Guide in Early Shi'ism* (1994)中有非常詳細的論述。想瞭解什葉派對《古蘭經》的看法，可參見Tabataba'i的*The Qur'an in Islam* (1987)。賈法爾對「光之頌」的注解是摘自Helmut Gatje的*The Qur'an and Its Exegesis* (1976)。
- 然而，少有幾本書充分探討伊斯蘭教中馬赫迪的起源與演進。進行這項研究時，最有用的書包括Jassim M. Hussain, *The Occultation of the Twelfth Imam* (1982)與Abdulaziz Abdulhussein Sachedina, *Islamic Messianism* (1981)。Sachedina也在*The Just Ruler in Shi'ite Islam* (1988)中探討了伊瑪目代理人的角色。
- Ibn Khaldun的歷史鉅作*The Muqaddimah*有完整版和濃縮版的英譯本，譯者為傑出的伊斯蘭學者Franz Rosenthal。若想深入瞭解伊朗神職機構中的鬥爭，就該看看Roy Mottahedeh的*The Mantle of the Prophet* (1985)。關於伊朗革命的通史太多，無法一一列出，但我推薦Said Amir Arjomand, *The Turban for the Crown* (1988)和Charles Kurzman, *The Unthinkable Revolution in Iran* (2004)。想以較接近當代的視角看這件事，可參閱Dariush Zaheri的*The Iranian Revolution: Then and Now* (2000)。Sandra Mackey在她的*The Iranians* (1996)一書中，以輕鬆有趣、易於閱讀的方式介紹了伊朗歷史。
- 想更瞭解何梅尼主義，可參閱Ervand Abrahamian的*Khomeinism: Essays on the Republic* (1993)。何梅尼著作的英譯本，請參見*Islamic Government* (1979)、*Islam and Revolution* (1981)和*A Clarification of Questions* (1984)。Mohammad Manzoor Nomani在*Khomeini, Irania, Revolution, and the Shi'ite Faith* (1988)一書中強烈批評了何梅尼對什葉派伊斯蘭教的重新詮釋。何梅尼的詩是摘自Baqer Moin撰寫的傳記：*Khomeini: Life of the Ayatollah*

第八章　讓祈禱毯染上紅酒

- Nizami的*The Legend of Layla and Majnun*（萊拉與瑪吉努）有不少優秀的英譯本，包括Colin

- 我們會發現，有一些穆斯林基於他們的虔誠主義，編造了一些穆罕默德和聖伴創造神蹟的虛構故事。然而，正統伊斯蘭教直接否認這些故事，認為穆罕默德只是個空的容器，《古蘭經》只是透過他降示而已——他是個值得仿效的榜樣，但不該像基督一樣受到膜拜。al-Tabari講過一個特別奇怪的故事，說穆罕默德彈了一下手指，就把一棵棗椰樹連根拔起、挪到自己身邊（第1146頁）。不過這個故事跟阿里讓人起死回生或在水上行走的類似故事一樣，主要都是為了辯護，旨在堵住某些批評者的嘴，因為這些批評者習慣性地認為先知就是應該用一些把戲來證明自己背負著神聖任務。
- 關於創造出來的《古蘭經》，若想對這方面的辯論有更全面的瞭解，我推薦Harry Austryn Wolfson的*The Philosophy of Kalam*，尤其是第235-78頁。我所引用的伊本—哈茲姆和伊本—庫拉卜的話都是出自*Wolfson*。想更瞭解「巴拉卡」在伊斯蘭書法中的角色與作用，請參閱Seyyed Hossein Nasr的*Islamic Art and Spirituality* (1987)。關於《古蘭經》中對巴拉卡的論述，可參閱 John Renard的*Seven Doors to Islam* (1996)，第一章。William Graham有一篇充滿洞見的文章叫"Qur'an as Spoken Word"，收錄於Richard C. Martin編，*Approaches to Islam in Religious Studies* (2001)。《古蘭經》的誦讀方式有兩種：tajwid（潤飾）和tartil（平緩）。後者比較不具音樂性，主要用在禮拜儀式上。可參閱Lois Ibsen al-Faruqi的"The Cantillation of the Qur'an"，刊載於*Asian Music* (1987)，以及Kristina Nelson的"Reciter and Listener: Some Factors Shaping the Mujawwad Style of Qur'anic Reciting"，刊載於*Ethnomusicology* (1987)。
- 權威的聖訓一共有六部：布哈里版、哈賈吉版、as-Sijistani（886年歿）版、al-Tirmidhi（915年歿）版、al-Nasa'i（915年歿）版，以及Ibn Maja（886年歿）版。除了上述這些，還有馬立克（795年歿）編纂的什葉派六大聖訓集，這是第一次有人把這樣一套聖訓集寫下來。可參閱Joseph Schacht的*Origins of Muhammadan Jurisprudence* (1950)和*An Introduction to Islamic Law* (1964)。Schacht說的話是引用自"A Revaluation of Islamic Traditions"，刊登於*Journal of the Royal Asiatic Society* (1949)。也可參閱Jonathan Berkey的*The Formation of Islam*，第141-51頁。那位巴基斯坦學者是Abdul Qadir Oudah Shaheed，引文是出自*Criminal Law of Islam* (1987)，第13頁。
- 塔赫對《古蘭經》的看法可參閱*The Second Message of Islam* (1996）以及Abdullahi an-Na'im的*Toward an Islamic Reformation* (1996)。至於阿布—札伊德的觀點，可參閱他的短文"Divine Attributes in the Qur'an: Some Poetic Aspects"，收錄於John Cooper等人編的*Islam and Modernity* (1998)。噶札里的話是出自Zakaria著作附錄一，第303頁。
- 想更瞭解「納斯赫」，可參閱Ahmad Von Denffer的*Ulum al-Qur'an: An Introduction to the Sciences of the Qur'an* (1983)。有些學者完全不接受納斯赫這個概念，可參閱Ahmad Hasan的*The Early Development of Islamic Jurisprudence* (1970)，第70-79頁。然而，連Hasan也承認，解釋《古蘭經》時，考慮歷史背景是很重要的。

第七章　殉道者的足跡

- Wilfred Cantwell Smith對伊斯蘭正教的描述出自他的*Islam in Modern History* (1957)，第20頁。五大支柱的一般論述，可參閱Mohamed A. Abu Ridah的"Monotheism in Islam: Interpretations and Social Manifestations"，收錄於Hans Kochler編，*The Concept of Monotheism in Islam and Christianity* (1982)，以及John Renard的*Seven Doors to Islam* (1996)。
- 有證據顯示，早期的傳統只規定每天須進行三次儀式性禱告（唯一的例外是那個杜撰的故事，說穆罕默德跑上天堂進行交涉，把禱告次數從五十次減到了五次）。《古蘭經》說：「你當在白晝的兩端和初更的時候謹守拜功」(11:114)。另外那兩次禱告一定是後來才追加的，但沒有人知道是何時、原因又是什麼。Ibn Jubayr關於麥加與「哈吉」朝覲的引文是摘自他的*Voyages* (1949-51)。Malcolm X的引文則出自*The Autobiography of Malcolm X* (1965)。
- 噶札里Ninety-nine Beautiful Names of God英譯本由David B. Burrell和Nazih Daher翻譯(1970)，同時他的*Revival of the Religious Sciences*英譯本則叫*The Foundations of the Articles of Faith* (1963，Nabih Amin Faris譯)。Ali Shariati對「塔維德」(認主獨一)的思考，可參見他的*On the Sociology of Islam* (1979)。
- 關於傳統主義派和理性主義派之間的辯論，Binyamin Abrahamov在他的*Islamic Theology: Traditionalism and Rationalism* (1998)裡有絕佳的論述。我也推薦Wilferd Madaelung編，*Religious Schools and Sects in Medieval Islam* (1985)裡面的論文，以及Montgomery Watt的*The Formative Period of Islamic Thought*。Richard S. Martin、Mark R. Woodward與Dwi S. Atmaja在*Defenders of Reason in Islam* (1997)中詳細討論了穆爾太齊賴學派的信念，而Richard McCarthy則在*The Theology of the Ash'ari* (1953)中闡述了阿夏里學派的論點。塔哈威的引文，以及罕百里與阿夏里的信條，全都出自Montgomery Watt的*Islamic Creeds: A Selection* (1994)。另外也可參閱George F. Hourani的*Islamic Rationalism: The Ethics of Abd al-Jabbar* (1971)。
- Ibn Rushd作品的絕佳譯本囊括了他對亞里斯多德《形上學》的評論，譯者為Charles Genequand (1984)，另外還有Kalman P. Bland翻譯的*The Epistle on the Possibility of Conjunction with the Active Intellect* (1982)，以及Charles E. Butterworth翻譯的*Averroes' Three Short Commentaries on Aristotle's "Topics," "Rhetoric," and "Poetics"* (1977)。一定要注意的是，所謂「兩個真理」是種錯誤的說法，因為伊本—魯世德認為，哲學上的真理是「唯一」的真理。關於伊本—西納，可參閱他的傳記，也就是William E. Gohlman翻譯的*The Life of Ibn Sina* (1974)，以及他的*Treatise on Logic*(Farhang Zabeeh翻譯)。
- 想更瞭解口述傳統的民族，請參閱Denise Lardner Carmody和John Tully Carmody的*Original Visions: The Religions of Oral Peoples* (1993)。關於詩人和詩歌在卡巴信仰中所扮演的角色，可參閱Michael Sells的*Desert Tracings: Six Classical Arabian Odes* (1989)。Mohammed Bamyeh在他的"The Discourse and the Path"一章中探討了關於奇蹟的事，這個章節出自*The Social Origins of Islam*第115-40頁。我的論點完全是以他的說法為基礎。另外也可參閱Cragg的*The Event of the Qur'an*，第67頁。達亞所說的話是引用自Annemarie Schimmel的*And Muhammad Is His Messenger*，第67頁。

Zakaria也在第48-53頁針對伍瑪爾的哈里發任期提出了珍貴的分析。另外也可參閱M. A. Shaban的*Islamic History* (1994)第16-19頁，還有Moojan Momen的*An Introduction to Shi'I Islam* (1985)第9-22頁。Momen以令人稱奇的方式介紹了什葉派，並指出Ibn Hanbal記錄了十種不同的傳說，每一種都稱阿里為穆罕默德的「亞倫」(第325頁)。Watt的引文則出自*Muhammad: Prophet and Statesman*第36頁。

- 伍瑪爾的外型，還有他對王權的看法，皆是引自Cyril Glasse編，*New Encyclopedia of Islam*，第462頁。關於項鍊事件，請參閱al-Tabari第1518-28頁。雖然傳統說法宣稱伍瑪爾是第一個使用「信道者的指揮官」這個頭銜的哈里發，但有證據顯示，阿布—巴克爾也曾使用這個頭銜。
- Noeldeke關於《古蘭經》的論文可見於*Encyclopaedia Britannica*第9版第16冊(1891)。Caetani的文章“Uthman and the Recension of the Koran”則出自*The Muslim World* (1915)。想瞭解現存對《古蘭經》的不同解讀，可參閱Arthur Jeffery的“A Variant Text of the Fatiha”，刊登於*Muslim World* (1939)。我必須再次感謝Wilferd Madelung在*The Succession to Muhammad*中對伍斯曼刺殺事件的分析，尤其是第78-140頁。
- 有很多關於阿里生平與統治期的著作。Momen的*An Introduction to Shi'I Islam*還有S. Husain M. Jafri的*The Origins and Early Development of Shi'a Islam* (1979)對這一部分特別有幫助。另外也可參閱Mohamad Jawad Chirri的*The Brother of the Prophet Mohammad* (1982)。想更瞭解哈里哲派的教條與歷史，請參閱Montgomery Watt的*The Formative Period of Islamic Thought*第9-37頁。阿里的引文出自*A Selection from “Nahjul Balagha”*第7頁(Ali A. Behzadnia與Salwa Denny譯)。阿里並不是第一個被稱為伊瑪目的人，因為四任哈里發都擁有這個頭銜，只是在阿里身上，伊瑪目這個頭銜強調的是他跟先知的特殊關係。
- Sir Thomas W. Arnold的引文出自*The Caliphate* (1966)第10頁。想瞭解對伊斯蘭宗教與政治關係的各種不同看法，請參閱Abu-l Ala (Mawlana) Mawdudi的*Nationalism and India* (1947)、Abd ar-Raziq的*Islam and the Bases of Government*、Sayyid Qutb的*Social Justice in Islam* (1953)，以及Ruhollah Khomeini的*Islamic Government* (1979)。

第六章 伊斯蘭教是一門學問

- 關於伊本—罕百里在穆塔辛面前受審一事，很多文獻都有提及，Nimrod Hurvitz將其中的大部分都彙整在他的*The Formation of Hanbalism: Piety into Power* (2002)一書中，並且進行了完善的分析。欲瞭解罕百里和馬蒙的生平，可參考Michael Cooperson的*Classic Arabic Biography: The Heir of the Prophets in the Age of al-Ma'mun* (2000)。我對罕百里外型的描述，還有馬蒙的臨終遺言，都是取自Cooperson的著作。想更瞭解宗教審判帶來的衝擊，可參閱*Jonathan Berkey* (2003)，第124-29頁與Richard Bulliet的*Islam: The View from the Edge* (1994)，第115-27頁。Patricia Crone在她的最新著作*God's Rule: Government and Islam* (2004)中也針對這個議題做了頗完善的論述。馬立克的引文出自Mernissi著作第59頁。

- 想瞭解伊本—薩亞德的歷史背景，請見David J. Halperin的"The Ibn Sayyad Traditions and the Legend of al-Dajjal"，發表於*Journal of the American Oriental Society* (1976)。雖然伊本—薩亞德可能接受了穆罕默德的先知身分，穆罕默德卻似乎不承認伊本—薩亞德也是先知。事實上，Halperin指出，後來的伊斯蘭傳統都把伊本—薩亞德扭曲成了一個敵基督似的人物。至於耶穌和穆罕默德之間的關連性，請參閱Neal Robinson, *Christ in Islam and Christianity* (1991)。
- 伊斯蘭與猶太人和基督徒之間的切割，可參閱M. J. Kister的"Do Not Assimilate Yourselves…"，發表於*Jerusalem Studies in Arabic and Islam* (1989)。想更瞭解穆罕默德的一神多元主義，請見Mohammed Bamyeh, *The Social Origins of Islam* (1999)第214-15頁。《古蘭經》有特別提及祆教徒（22:17），而且他們擁有一部比猶太教和基督教經典都還更古老的「經」(《伽薩》，the Gathas)，因此征服波斯後，祆教徒也被歸為「有經人」。至於拜星教徒是什麼人就很難說了。似乎有一些宗教團體（包括幾個基督教和印度教教派）在穆斯林征服期間慌忙以拜星教徒自稱，以便被歸為「有經」的順民（齊米）。Nabia Abbot針對早期穆斯林與猶太人的關係進行了研究，可參閱*Studies in Arabic Literary Papyri*, vol. 2 (1967)。根據Abbot的說法，閱讀《妥拉》的風氣是一種特徵，反映出「早期穆斯林很關注非伊斯蘭的思想與著述」，尤其有經者的著述。

第五章　正統之人

- 穆罕默德之死的故事，取自Ibn Hisham（Guillaume譯），第1012-13頁。Goldziher的引文出自*Introduction to Islamic Theology and Law*第31-32頁，另外也可參閱他的*Muslim Studies* (1971)。John Wansbrough提出的理論，可參閱之前提過的*Quranic Studies: Sources and Methods of Scriptural Interpretation* (1977)以及*The Sectarian Milieu: Content and Composition of Islamic Salvation History* (1978)。Sarjeant審視了Wansbrough的*Quranic Studies*以及Cook與Crone的*Hagarism*，他的看法發表於*Journal of the Royal Asiatic Society* (1978)。Dale F. Eickelman從社會人類學家的角度在"Musaylima"一文中發表了他對「假先知」的看法，刊登於*Journal of Economic and Social History of the Orient* (1967)。想更瞭解「先知家族」(ahl al-Bayt)，請參閱M. Sharon的"Ahl al-Bayt – People of the House"，發表於*Jerusalem Studies in Arabic and Islam* (1986)。值得注意的是，Sharon認為ahl al-Bayt一詞是到了伍麥亞王朝才出現的。雖然這有可能是事實，但穆罕默德甚至還沒去世，這個詞背後的情感（認為哈須彌氏族在社會上扮演著重要角色）就已經是大家心照不宣的事。想瞭解早期哈里發宗教影響力的反面觀點，請見Patricia Crone與Martin Hinds的*God's Caliph: Religious Authority in the First Centuries of Islam* (1986)。
- 關於繼位者的問題，最完善的分析莫過於Wilferd Madelung的*The Succession to Muhammad* (1997)。若說這一章完全是以Madelung教授的著作為基礎，那是一點也不誇張。我也推薦Rafiq Zakaria的*The Struggle Within Islam* (1988)，阿布—巴克爾的演講出自第47頁。

刊載於*Jerusalem Studies in Arabic and Islam* (1990)。Moshe Gil幾乎是唯一堅信《麥地那憲章》原本並不包含猶太人的人，請見"The Constitution of Medina: A Reconsideration"，刊登於*Israel Oriental Studies* (1974)，第64-65頁。除了他以外，學者幾乎一致同意，這部憲章是真實可信的，而且有包括猶太人。關於古萊札氏族的傳統，請見M. J. Kister的"The Massacre of the Banu Qurayaz: A Reexamination of a Tradition"，刊登於*Jerusalem Studies in Arabic and Islam* (1986)，以及Hodgson於1974年的著作。Kister認為人數大約是四百。Ahmad則估計當時留在麥地那的猶太人大約在2萬4000到2萬8000人之間。想瞭解猶太人的視角，請見H. Graetz, *History of the Jews*, vol. 3 (1984)、Salo Wittmayer Baron, *A Social and Religious History of the Jews*, vol. 3 (1964)、Francesco Gabrieli, *Muhammad and the Conquests of Islam* (1968)。Gabrieli對巴德爾之役的論述在第68頁。

- 關於阿拉伯人對古萊札氏族屠殺事件的反應，請見Ahmad (1976)第76-94頁以及W. N. Arafat的"New Light on the Story of Banu Qurayza and the Jews of Medina"，刊載於*Journal of the Royal Asiatic Society* (1976)。Tor Andrae的引文出自*Mohammad: The Man and His Faith* (1935)，第155-56頁。
- 關於這場屠殺，較客觀的研究可參見Karen Armstrong, *Muhammad* (1993)與Norman A. Stillman, *The Jews of Arab Lands* (1979)。身為古萊札氏族的盟友，有些奧斯部族成員請求穆罕默德法外開恩。正因如此，穆罕默德才會選擇一個奧斯部族的人來擔任哈卡姆。然而薩德一旦做出決定，奧斯部族（或者其他任何人）就再也沒有任何異議。
- 關於伍瑪爾在大馬士革拆除清真寺的故事，可參閱J. L. Porter的*Five Years in Damascus: With Travels and Researches in Palmyra, Lebanon, the Giant Cities of Bashan, and the Huaran* (1855)。穆罕默德對軍隊的指示，可見Ignaz Goldziher, *Introduction to Islamic Theology and Law*第33-36頁。Maria Menocal的絕佳著作*The Ornament of the World* (2002)描述了伍麥亞家族在中世紀西班牙建立起來的宗教寬容文化。S. D. Goitein以較學術的角度探討穆斯林統治下的猶太人，可參見*Jews and Arabs* (1970)，他的那句引文出自第63頁。穆罕默德要保護猶太人和基督徒的說法，出自*The Shorter Encyclopedia of Islam*第17頁。F. E. Peters的引文出自*Muhammad*第203頁（原文斜體字），Watt的引文則出自*Muhammad at Medina* (1950)，第195頁。
- H. G. Reissener對麥地那猶太人的觀點，可參見"The Ummi Prophet and the Banu Israil"，刊載於*The Muslim World* (1949)，而D. S. Margoliouth的看法則可參閱他的*The Relations Between Arabs and Israelites Prior to the Rise of Islam* (1924)。關於阿拉伯猶太人對《聖經》的認識，可參見S. W. Baron 1964年作品第261頁的87號注腳。Gordon Newby在他的*A History of the Jews of Arabia* (1988)，第75-79頁與第84-85頁概述了葉斯里卜猶太氏族的經濟優勢。關於穆罕默德和麥地那猶太氏族的關係，也可參閱Hannah Rahman的傑出論文"The Conflicts Between the Prophet and the Opposition in Medina"，發表於*Der Islam* (1985)，以及Moche Gil的"The Medinan Opposition to the Prophet"，刊載於*Jerusalem Studies in Arabic and Islam* (1987)與"Origin of the Jews of Yathrib"，刊載於*Jerusalem Studies in Arabic and Islam* (1984)。關於考古學與猶太身分的問題，可參見Jonathan L. Reed的*Archeology and the Galilean Jesus* (2000)。

Hadith Literature"中介紹了女性經文學者的卓越貢獻，發表於*Muslim Studies* (1977)。

- 克羅默勛爵的引文出自*Leila Ahmed* (1992)第152-53頁。Ali Shariati的引文出自*Fatima Is Fatima* (1971)第136頁。Shirin Ebadi引用的話則是出自挪威諾貝爾委員會主席Ole Danbolt Mjos教授的致辭，可在http://www.payvand.com/news/03/dec/1065.html查詢。
- 有幾本非常卓越的研究是關於女性在當代穆斯林社會中的角色。我推薦Mahnaz Afkhami編，*Faith and Freedom* (1995)；Yvonne Yazbeck Haddad與John L. Esposito編，*Islam, Gender, and Social Change* (1998)；Mahnaz Afkhami與Erika Friedl編，*In the Eye of the Storm: Women in Post-Revolutionary Iran* (1994)，以及Haideh Moghissi的*Feminism and Islamic Fundamentalism* (1999)。也可參考我對Moghissi的評論，發表於*Iranian Studies* (2002)。

第四章 為主道而戰

- 本章一開始對烏胡德之役的描述，取自al-Tabari的作品第1384-1427頁。Samuel Huntington的引文出自他的文章"Clash of Civilizations?"，刊載於*Foreign Affairs* (Summer 1993)，第35頁。Bernard Lewis的話出自Hilmi M. Zawati的*Is Jihad a Just War?* (2001)，第2頁，其中Zawati在第15-17、41-45與第107頁概述了把吉哈德當作防禦性戰爭的做法。Max Weber的引文出自Bryan S. Turner, *Weber and Islam: A Critical Study* (1974)，第34頁。手持彎刀的阿拉伯戰士則是引用自*Rudolph Peters, Islam and Colonialism: The Doctrine of Jihad in Modern History* (1979)，第4頁。
- 想更瞭解吉哈德信條的用途、作用與發展，可參見Rudolph Peters的另一作品：*Jihad in Classical and Modern Islam* (1996)，還有Mehdi Abedi與Gary Legenhausen編，*Jihad and Shahadat* (1986)，尤其是第2-3頁的定義。也可參閱Mustansir Mir的文章"Jihad in Islam"，收錄於Hadia Dajani-Shakeel與Ronald A. Messier編，*The Jihad and Its Times* (1991)。聖訓禁止屠殺婦孺一事，可參閱Sahih al-Hajjaj，4319與4320號條文。想更瞭解毗濕奴與濕婆的傳統和以它們為中心的諸王國，可參閱Gavin Flood, *An Introduction to Hinduism* (1996)。
- 關於十字軍如何影響穆斯林的吉哈德概念，可參閱Hadia Dajani-Shakeel的"Perceptions of the Counter Crusade"，刊登於*The Jihad and Its Times*第41-70頁。Mustansir Mir的引文在第114頁。若對戰爭的比較倫理學有興趣，也想瞭解吉哈德信條如何被當作正義戰爭理論，請參閱Michael Walzer的*Just and Unjust Wars* (1977)以及John Kelsay, *Islam and War* (1993)，尤其是第57-76頁。Dr. Azzam的引文出自Peter L. Bergen, *Holy War Inc.: Inside the Secret World of Osama bin Laden* (2001)，第53頁。想瞭解Moulavi Chiragh Ali對吉哈德的看法，可參閱*A Critical Exposition of the Popular Jihad* (1976)，而Mahmud Shaltut的看法則可參閱Kate Zabiri, *Mahmud Shaltut and Islamic Modernism* (1993)。蓋達組織穆斯林受害者的完整報告，請見Scott Helfstein等人合著的*Deadly Vanguards: A Study of al-Qa'ida's Violence Against Muslims* (Terrorism Center at West Point, December 2009)。
- 想更瞭解穆罕默德在麥地那的哈尼夫派敵人，請見Uri Rubin的"Hanifiyya and Ka'ba"，

- 我堅信,「清真言」原本的立誓對象不是真主,而是穆罕默德,因為很多在穆罕默德生前立下清真言(並藉此加入溫瑪)的人都認為,先知一死,他們的誓言就隨之失效了(根據部族習俗,「貝阿」絕對不會延續到部族謝赫去世之後)。如我們在第五章所見,貝阿失效導致了里達戰爭。附帶一提,穆罕默德可能是等到他去進行告別朝聖的時候,才用「伊斯蘭」(Islam)這個詞來指稱他的宗教運動:「今天,我已完善了你們的宗教,我已完成了對你們的祝福,也認定伊斯蘭是你們的宗教」(5:5)。
- 埃漢姆的故事有很多版本。我的是取自Watt的*Muhammad at Medina*第268頁。關於穆罕默德的市場,詳見M. J. Kister的"The Market of the Prophet",發表於*Journal of the Economic and Social History of the Orient* (1965)。
- 當然,〈創世紀〉裡有兩個創世故事。第一種源自所謂的祭司傳統(Priestly tradition),出現在第一章,在這裡,神同時創造了男人和女人。第二種傳說較廣為人知,也就是亞當和夏娃的故事,出現在第二章。
- 關於穆罕默德為女性所做的改革以及人們的反應,可參見Fatima Mernissi的*The Veil and the Male Elite* (1991)。我所引用的al-Tabari的話,就是取自Mernissi的著作第125頁。男性和女性繼承人究竟要如何分遺產,可參閱《古蘭經》第4章9-14節,而Watt在*Muhammad at Medina*第289-93頁也有完善的解釋。Watt也在第272-89頁探討了麥加社會從母系社會變成父系社會的轉型。想更瞭解有關妻子嫁妝的規定,可參閱*Hodgson* (1974)第182頁。關於前伊斯蘭時期結婚與離婚的傳統,還有面紗的強制規定,Leila Ahmed的*Women and Gender in Islam* (1992)裡有非常詳盡的論述。
- 關於用石刑來懲罰通姦者的問題,有興趣的人可以參閱我的文章"The Problem of Stoning in Islamic Law: An Argument for Reform",發表於*UCLA Journal of Islamic and Near Eastern Law* (2005),以及Ahmad Von Denffer的*Ulum Al-Qu'ran* (1983)第110-11頁。用石頭把人砸死的懲罰方式其實是源自希伯來律法,適用於幾種罪行,包括通姦(申命記22:13-21)、褻瀆神明(申命記22:14)、召喚靈魂(申命記20:27),以及違抗父母之命(申命記21:18-21)。《古蘭經》有一段經節(24:2)規定通姦者必須處以鞭刑,另一段(4:15-16)則說要終身監禁。然而,《布哈里聖訓》(Sahih al-Bukhari)和《穆斯林聖訓實錄》(Sahih al-Hajjaj)都宣稱,穆罕默德本人曾下令用石刑懲罰通姦者。但這些傳說都非常混亂。例如,Abdullah ibn Aufa(聖伴之一)說穆罕默德確實曾經執行石刑,但被問到穆罕默德究竟是在明白規定用鞭刑懲罰通姦者的〈光明章〉(Surah an-Nur)降示之前還是之後提出石刑的,ibn Aufa卻說他不知道(見《布哈里聖訓》8.824)。關於伍瑪爾仇女思想的革新,詳見Leila Ahmed (1992)第60-61頁。
- 關於*sufaha*和阿布—巴克拉的聖訓,請參見Mernissi第126頁,以及第49頁(也可見45-46頁)。關於女權的聖訓是出自Kitab al-Nikah(婚姻之書)第1850條。先知論女性的弱點,出自《布哈里聖訓》卷一,第304條。Fakhr ad-Din ar-Razi的評論則是出自他的大作*at-Tafsir al-Kabir*。(穆罕默德在侯代比亞諮詢烏姆—薩拉瑪的意見一事,可參見al-Tabari第1550頁)。關於聖訓的來源與問題,Ignaz Goldziher在*Introduction to Islamic Theology and Law* (1981)中有非常完善的論述。Goldziher也在他的短文"Women in the

閱al-Tabari第1175頁，以及*Richard Bell* (1968)第55頁。有關麥加之宗教與貿易的引語出自Muhammad Shaban的"Conversion to Early Islam"，Nehemia Levtzion編，*Conversion to Islam* (1979)。Maxime Rodinson的*Mohammad* (1971)一書講述先知的生平，雖然看法過時，卻十分有趣。他對穆罕默德與卡蒂嘉婚姻的評語在第51頁。我對穆罕默德外貌的描述是參考Tirmidhi，這段優美的文字在Annemarie Schimmel的*And Muhammad Is His Messenger* (1985)中受到引用。

第三章 先知之城

- Ibn Batuta在他的名作*Travels* (1958)中描述了先知的清真寺，這應該是最早的一份描述。有證據暗示，葉斯里卜的居民在穆罕默德還沒到來前就已經把這座綠洲稱為麥地那(「城市」之意)，但穆罕默德的出現顯然改變了那個名字的意涵。
- Ali Abd ar-Raziq的*Islam and the Bases of Government*也有法語版，名為"L'Islam et les Bases du Pouvoir"，由L. Bercher翻譯，刊載於*Revue des Etudes Islamiques* VIII (1934)。這部著作的重要段落的英文翻譯，可參閱*Islam in Transition*，John J. Donohue與John L. Esposito編(1982)。關於塔利班在阿富汗的歷史，Ahmed Rashid的*The Taliban* (2002)是最好的一本簡介。
- 納迪爾氏族和古萊札氏族各自擁有幾個分支，兩個氏族之間可能有結盟關係。他們被共同稱為達里赫氏族(Banu Darih)。但跟所有部族關係一樣，這是一種政治上與經濟上的忠誠，跟共同的宗教傳統無關。葉斯里卜的猶太人究竟是改信者還是移民，至今仍有爭議。大多數學者認為他們是阿拉伯改信者，而證據似乎也這麼顯示。這個論點的梗概，可參閱Watt的*Muhammad at Medina* (1956)與S.D. Goiten的*Jews and Arabs* (1970)。Barakat Ahmad估計，葉斯里卜的猶太人口應該在2萬4000到3萬6000之間，可參閱*Muhammad and the Jews: A Re-Examination* (1979)，但這可能有點高估了。
- 想更瞭解波斯人控制該地區的短暫時期，以及猶太人和阿拉伯人如何分割葉斯里卜，可參見Peters的Muhammad第193頁所引用的al-Waqidi的話。關於奧斯部族晚期改信的事，請參閱Michael Lecker的*Muslims, Jews, and Pagans: Studies on Early Islamic Medina* (1995)。
- 關於《麥地那憲章》日期與意義的爭議，完整的討論可參閱Moshe Gil的"The Constitution of Medina: A Reconsideration"，刊載於*Israel Oriental Studies* (1974)。想更瞭解穆罕默德身為遷士謝赫的角色，可參閱Watt的*Islamic Political Thought*。Watt還在第130-34頁的附錄裡提供了一份《麥地那憲章》的英文翻譯。
- 關於「溫瑪」(*Ummah*)一詞的起源，我建議查閱*Encyclopedia of Islam*。Bertram Thomas把溫瑪描繪成一個「超級部族」，請參見*The Arabs* (1937)。G. S. Hodgson的「新型部族」一詞則出自*The Venture of Islam*, vol. 1 (1974)。溫瑪和異教部族都舉行儀式，其目的與作用有許多相似之處，關於這點，Anthony Black在*The History of Islamic Political Thought* (2001)中提出了珍貴的見解。

第二章 鑰匙的保管者

- Rubin在The Ka'ba一書中探討了古賽伊的宗教創新。關於麥加在南北貿易路線上的地理位置，Richard Bulliet在*The Camel and the Wheel* (1975)中進行了分析。Montgomery Watt是堅持傳統看法、認為麥加是漢志地區主要貿易中心的學者，著有*Muhammad at Mecca* (1953)，以及M. A. Shaban，著有*Islamic History: A New Interpretation* (1994)。Patricia Crone則反對這個理論，可參閱*Meccan Trade and the Rise of Islam* (1987)。F. E. Peters的折衷理論可參見*Muhammad and the Origins of Islam* (1994)，第27、74-75、93頁。關於穆罕默德與伊斯蘭教的崛起，對Crone的理論有興趣者可參閱她的著作*Hagarism: The Making of the Islamic World*（1997，與M. A. Cook合著）以及*God's Caliph: Religious Authority in the First Centuries of Islam*（1986，與Martin Hinds合著）。
- 關於前伊斯蘭時期阿拉伯謝赫的角色與作用，可參見Montgomery Watt的*Islamic Political Thought* (1968年)。哈卡姆在發展規範性法律傳統（Sunna）的過程裡所扮演的角色，Joseph Schacht在*An Introduction to Islamic Law* (1998)裡描述得再清楚不過。哈尼夫派忠於古萊須人的那段文字引用自Rubin的"The Hanafiyya and Ka'ba"，第97頁。順帶一提，保護孤兒寡婦向來都是正義之治的首要條件，這點值得注意。偉大的巴比倫國王漢摩拉比最出名的事蹟就是寫下史上第一部治理社會的法典，他曾說過，他征服敵人是為了「讓孤兒寡婦獲得公平對待」。
- 想更瞭解*an-nabi al-ummi*的各種意義，可參見Kenneth Cragg探討《古蘭經》之歷史與意義的著作*The Event of the Qur'an* (1971)。Lawrence Conrad的話出自"Abraha and Muhammad"，第374-75頁。穆罕默德的第一場啟示經驗以及他跟卡蒂嘉的婚姻，請見Ibn Hisham第150-55頁與al-Tabari第139-56頁。
- 如第六章所述，《古蘭經》並不是依照時序編排的，所以很難確定最早的天啟究竟是哪些。雖然各方說法不一，不過大家普遍同意，最早期的經節編纂得最好的兩份文獻分別由Theodor Noeldeke和Richard Bell各自完成。Watt整合了這兩個人的共識，列出他所認為最早的《古蘭經》經節。大部分學者都認同Watt的這張清單，我則不予評論。我只說，不論這份清單是否無可挑剔，它都提供了一個很好的模版，可以知道最早的訊息內容是什麼。Watt清單上的經節出自下列這幾章的主要段落：96、74、106、90、93、86、80、87、84、51、52、55。我認為還可以加上Noeldeke的104和107章，因為裡面提到對穆罕默德訊息的最早反對聲浪，所以可能是緊接在最早的經節後面降示的。另外，請參閱Watt的*Muhammad: Prophet and Statesman* (1974)。Richard Bell在他的*Introduction to the Qur'an* (1953)第110-14頁，以四個欄位分析了伍斯曼和埃及人製作的編年表，再和Noeldeke和William Muir的進行對照。
- 穆罕默德最早的追隨者的名字，在Ibn Hisham第159-65頁列出。al-Tabari清楚指出，這群人「人數稀少」。第一位男性改信者究竟是阿布—巴克爾還是阿里，遜尼派和什葉派的說法不同，但這是一場意識形態的爭論。阿里當時是穆罕默德最親近的人，第一個改信伊斯蘭教的男人是他，這點不可能有什麼好質疑的。古萊須人捍衛多神論，請參理論，光明之子與黑暗之子（這兩者都是拜火教的用詞）在末日互相對抗，最後開啟了「正義導師」（Teacher of Righteousness）的統治期。想更瞭解拜火教，我推薦Mary Boyce的*History of Zoroastrianism* (1996)，這套書共有三本，內容無所不包。比較忙的人可以試試她的濃縮版：*Zoroastrians: Their Religious Believes and Practices* (2001)或Farhang Mehr的*The Zoroastrian Tradition* (1991)。簡單來說，馬茲達教（Mazdakism）是一場社會宗教運動，發起者是一個名叫馬茲達（Mazdak）的袄教異端者，強調平等與團結，主要是透過共享所有的物質與財產（包括女人）。由先知摩尼（Prophet Mani）創立的摩尼教則是一場諾斯底派的宗教運動，受到袄教、基督教和猶太教很大的影響，提倡一種激進的二元主義，一方是黑暗／邪惡的力量，另一方則是光明／善良的力量。

- 宰德和哈尼夫的故事可參閱Ibn Hisham著作，第143-49頁。也可參閱Jonathan Fueck的"The Originality of the Arabian Prophet"，收錄於Schwartz編，*Studies on Islam* (1981)。Mohammed Bamyeh的*The Social Origins of Islam* (1999)一書引用了卡利德與卡斯的墓誌銘。想更瞭解阿布—阿米爾與阿布—卡伊斯，可參見Rubin的"Hanafiyya and Ka'ba"，這兩個人都大力反對穆罕默德在麥地那建立穆斯林公社。Rubin再次清楚證明了哈尼夫派在伊斯蘭教興起前就已經存在，雖然其他學者（包括Montgòmary Watt、Patricia Crone和John Wansbrough）並不同意。儘管宰德的詩句很明顯是後來的阿拉伯編年史家寫的，但他詩作的內容還是揭露了這些阿拉伯人眼中的哈尼夫思想究竟代表什麼。
- 關於宰德與穆罕默德的傳說，M. J. Kister在"A Bag of Meat: A Study of an Early Hadith"一文中進行了分析，刊登於*Bulletin of the School of Oriental and African Studies* (1968)。我在本書中講述的故事，融合了兩個傳說：其一出自Qarawiyun手稿727，卷37b-38a，Alfred Guillaume翻譯後發表為"New Light on the Life of Muhammad," *Journal of Semitic Studies* (1960)。另外一個則出自al-Khargushi的文字紀錄，由Kister翻譯。雖然「塔哈努斯」的確切定義究竟是什麼，學者之間仍有爭議，但Ibn Hisham和al-Tabari都指出這是一種異教習俗，跟卡巴的膜拜有某種關係，地點在麥加的「花園」、「谷地」和「山嶺」間。想更瞭解這個主題，可參見M. J. Kister的"al-Tahannuth: An Inquiry into the Meaning of a Term"，發表於*Bulletin of the School of Oriental and African Studies* (1968)。F. E. Peters在*The Hajj* (1994)中指出，第七節經文中「犯錯」一詞的阿拉伯文（*dalla*，「受到誤導」或「誤入歧途」之意）「明白顯示，這『過錯』並不只是說穆罕默德感到迷惘困惑，它也表示穆罕默德參與了跟古萊須人一樣的可惡行為，即便真主已經給予他們『指引』。」
- 關於卡巴的重建，可參閱al-Tabari第1130-39頁。傳統說法暗示穆罕默德算是被硬拉進重建工程，但這無法反駁穆罕默德對於重建異教聖殿一事十分配合。關於阿比西尼亞人的攻擊與穆罕默德的出生年分，Lawrence I. Conrad在"Abraha and Muhammad"中有完整的討論，發表於*Bulletin of the School of Oriental and African Studies* (1987)。關於穆罕默德童年的故事，可參閱Ibn Hisham第101-19頁，以及al-Tabari第1123-27頁。

的"The Arabian Background of Monotheism in Islam"，收錄於Hans Kochler編，*The Concept of Monotheism in Islam and Christianity* (1982)。

- 關於伊斯蘭興起前中東地區的異教信仰，Jonathan P. Berkey的 *The Formation of Islam* (2003)）做了完善的論述。也可參閱Robert G. Hoyland的*Arabia and the Arabs* (2001)。想更深入瞭解伊斯蘭興起前阿拉伯半島上的各種宗教傳統，我推薦Joseph Henninger的短文"Pre-Islamic Bedouin Religion"，收錄於Martin Schwartz編，*Studies on Islam* (1981)。穆罕默德雖是嚴格的一神論者，卻完全能夠接受鎮尼（精靈）的存在，《古蘭經》甚至有一個章節（第十八章）在談論它們。穆罕默德也許是把鎮尼跟某種模糊的天使概念畫上了等號。所以好鎮尼是天使，而壞鎮尼——尤其是易卜劣廝（撒旦），人們常說他是一個鎮尼——則是魔鬼（見《古蘭經》18：50）。
- 關於卡巴受到的猶太教影響，G. R. Hawting在"The Origins of the Muslim Sanctuary at Mecca"進行了深入的探討，收錄於G.H.A. Juynboll編，*Studies on the First Century of Islamic Studies* (1982)。至於卡巴的起源時間早於伊斯蘭教這件事，我認為已經在Uri Rubin的"Hanafiyya and Ka'ba: an Enquiry into the Arabian Pre-Islamic Background of din Ibrahim"一文中獲得了充分的證明，此文收錄於*Jerusalem Studies in Arabic and Islam* (1990)。進一步檢視跟那塊「黑石」有關的傳說，就會發現它顯然是一顆掉落地球的隕石。阿拉伯歷史學家Ibn Sa'd描述，剛被發現的時候，「這塊黑石像月亮一樣照耀著麥加的人，直到被不潔之人身上的汙物染黑」。〈創世紀〉28:10-17提到了雅各的夢境。想更瞭解阿拉伯的猶太人，可參閱Gordon Darnell Newby的*A History of the Jews of Arabia* (1988)，尤其是第49-55頁。想更瞭解卡辛和寇亨之間的關係，可查閱 *The Encyclopedia of Islam*的相關條目。
- 《古蘭經》使用了一些明顯屬於基督教的意象，例如最後審判之前會有「號角」響起（6:73；18:99；23:101等），罪人會進入煉獄（104:6-9），以及天堂是一座花園（2:25）——雖然後者也可能是源自伊朗的宗教傳統。關於這份連結，更深入的研究可參閱John Wansbrough的*Quranic Studies: Source and Methods of Scriptural Interpretation* (1977)與H.A.R. Gibb的*Mohammedanism* (1970)，這本書雖然書名取得不太恰當，資訊卻極為豐富。關於基督教在阿拉伯半島的影響力，比較概括的評論可參閱Richard Bell的 *The Origins of Islam in Its Christian Environment* (1968)。巴庫拉的故事可參閱al-Tabari的著作第1135頁，以及Peters的Mecca中所引用的al-Azraqi編年史。請注意，《古蘭經》說被釘死在十字架上的不是耶穌，而是另一個跟他很像的人，且同樣是在呼應類似於基督一性論與諾斯底派的信仰，認為耶穌是神性的。其他已知改信基督教的部族包括Taghlib、Bakr ibn Wa'il、Banu Hanifa。
- 瑣羅亞斯德傳播信仰的確切時間並不清楚。這位先知的生存年代眾說紛紜，從純屬神話的公元前8000年到公元前七世紀（伊朗王國建國前夕）都有。我認為拜火教（祆教）最合理的出現年代應該大約在公元前1100到1000年之間。可參見我的論文："Thus Sprang Zarathustra: A Brief Historiography on the Date of the Prophet of Zoroastrianism"，收錄於*Jusur* (1998-99)。拜火教末世論的影響在猶太教的末世運動中清晰可見，例如艾賽尼派（Essenes）——或者說《死海文稿》(Dead Sea Scrolls）的作者——發展出一套複雜的末世

注釋

為了讓西方讀者便於閱讀，筆者盡量提供阿拉伯文獻的英文翻譯。

序：一神信仰的衝突

- 葛福臨牧師（Reverend Franklin Graham）於2006年11月16日在*NBC Nightly News*這麼評論伊斯蘭教：「我們沒有攻擊伊斯蘭，但伊斯蘭卻攻擊了我們。伊斯蘭的神跟我們的神不是同一個。祂不是基督教或猶太基督信仰中的神之子。那是個不同的神，而我認為〔伊斯蘭〕是個非常邪惡歹毒的宗教。」
- Ann Coulter的文章"This is War: We Should Invade Their Countries"於2001年9月13日發表在*National Review Online*。文斯的演講是在2001年6月10日的美南浸信會年度大會上。殷霍夫於2002年3月4日發表的那場令人困擾的國會演說，全文可以在Middle East Information Center網站上找到，請見：http://middleeastinfo.org/article316.html。
- Barry Yeoman寫了一篇關於傳教士在穆斯林世界臥底的絕妙文章，題為"The Stealth Crusade"，刊登於*Mother Jones* (May/June 2002)。

第一章 沙漠中的聖殿

- 我對異教卡巴的描述以Ibn Hisham與al-Tabari的著作為基礎，此外還有*The Travels of Ali Bey al-Abbasi*，這份敘述取自Michael Wolfe蒐集編纂的朝聖故事集*One Thousand Roads to Mecca* (1997)。我也推薦F. E. Peters的*Mecca: A Literary History of the Muslim Holy Land* (1994)。Ibn Hisham作品的英文翻譯，請見Alfred Guillaume的*The Life of Muhammad* (1955)。al-Tabari的英文譯本，請見Ihsan Abbas等人編纂的套書*The History of Al-Tabari* (1988)。
- 聖殿中有「三百六十個」神明，但這必須被理解成一個神聖的數字，不是實際數字。卡巴很小，所以大部分（就算不是全部）的麥加偶像原本很可能都是擺在聖殿外一個名叫*Hijr*的半圓形區域附近。想更瞭解Hijr的角色與作用，請見Uri Rubin的"The Ka'ba: Aspects of Its Ritual Function and Position in Pre-Islamic and Early Times"一文，收錄於*Jerusalem Studies in Arabic and Islam* (1986)。個人認為，以神聖地點為主題的文章，最棒的還是Mircea Eliade的*The Sacred and the Profane* (1959)，此外也可參閱他的*The Myth of the Eternal Return* (1954)。關於「世界臍點」的故事，可參閱G. R. Hawting的短篇論文"We Were Not Ordered with Entering It but Only with Circumambulating It: Hadith and Fiqh on Entering the Kaaba"，收錄於*Bulletin of the School of Oriental and African Studies* (1984)。關於阿米爾部族對杜─薩馬威的崇拜，我們所知甚少，可參閱Sheikh Ibrahim al-Qattan與Mahmud A. Ghul

of Oriental and African Studies 30 (1968) 223–36.

———. " 'A Bag of Meat:' A Study of an Early Hadith," Bulletin of the School of Oriental and African Studies 31 (1968) 267–75.

———. "Do Not Assimilate Yourselves . . . ," Jerusalem Studies in Arabic and Islam 12 (1989) 321–71.

———. "The Market of the Prophet," Journal of the Economic and Social History of the Orient 8 (1965) 272–76.

———. "The Massacre of the Banu Qurayza: A Reexamination of a Tradition," Jerusalem Studies in Arabic and Islam 8 (1986) 61–96.

Nelson, Kristina. "Reciter and Listener: Some Factors Shaping the Mujawwad Style of Qur'anic Reciting," Ethnomusicology (Spring/Summer 1987) 41–47.

Rahman, Hannah. "The Conflicts Between the Prophet and the Opposition in Medina," Der Islam 62 (1985) 260–97.

Reissener, H. G. "The Ummi Prophet and the Banu Israil," The Muslim World 39 (1949). Rubin, Uri. "Hanafiyya and Ka'ba: An Enquiry into the Arabian Pre-Islamic Background of din Ibrahim," Jerusalem Studies in Arabic and Islam 13 (1990) 85–112.

———. "The Ka'ba: Aspects of Its Ritual Function and Position in Pre-Islamic and Early

字典及百科全書

A Dictionary of Buddhism. Damien Keown, ed. Oxford, 2003.

The Encyclopedia of Gods. Michael Jordan, ed. Great Britain, 1992.

The Encyclopedia of Indo-European Culture. J. P. Mallory and D. Q. Adams, eds. New York, 1997.

The Encyclopedia of Islam (11 vols.). H.A.R. Gibb et al., eds. Leiden, 1986.

The Encyclopedia of Religion (16 vols.). Mircea Eliade et al., eds. New York, 1987.

The Encyclopedia of World Mythology and Legend. Anthony S. Mercatante, ed. New York, 1988.

The Encyclopedia of World Religions. Wendy Doniger, ed. Springfield, Mass., 1999.

The New Encyclopedia of Islam. Cyril Glasse, ed. Walnut Creek, Calif., 2002.

The Oxford Dictionary of World Religions. John Bowker, ed. Oxford, 1997.

The Oxford Encyclopedia of the Modern Islamic World. John L. Esposito, ed. Oxford, 1995.

Wolfson, Harry Austryn. The Philosophy of Kalam. Cambridge, 1976.

Zabiri, Kate. Mahmud Shaltut and Islamic Modernism. New York, 1993.

Zaheri, Dariush. The Iranian Revolution: Then and Now. Boulder, Colo., 2000.

Zakaria, Rafiq. The Struggle Within Islam: The Conflict Between Religion and Politics. London, 1989.

Zawati, Hilmi M. Is Jihad a Just War? Lewiston, Me., 2001.

論文

Abbot, Freedland. "The Jihad of Sayyid Ahmad Shahid," Muslim World (1962) 216–22. al-Faruqi, Lois Ibsen. "The Cantillation of the Qur'an," Asian Music 19:1 (1987) 2–23. Arafat, W. N. "New Light on the Story of Banu Qurayza and the Jews of Medina," Journal of the Royal Asiatic Society (1976) 100–107.

Aslan, Reza. "The Problem of Stoning in the Islamic Penal Code: An Argument for Reform," Journal of Islamic & Near Eastern Law 3 (2004).

———. "Thus Sprang Zarathustra: A Brief Historiography on the Date of the Prophet of Zoroastrianism," Jusur: Journal of Middle Eastern Studies 14 (1998–99) 21–34. Caetani, Leone. "Uthman and the Recension of the Koran," The Muslim World 5 (1915) 380–90.

Conrad, Lawrence I. "Abraha and Muhammad," Bulletin of the School of Oriental and African Studies 50 (1987) 225–40.

Gil, Moshe. "The Constitution of Medina: A Reconsideration," Israel Oriental Studies 6 (1974) 44–65.

———. "The Medinan Opposition to the Prophet," Jerusalem Studies in Arabic and Islam———. "Origin of the Jews of Yathrib," Jerusalem Studies in Arabic and Islam 4 (1984) 203–24.

Guillaume, Alfred. "New Light on the Life of Muhammad," Journal of Semitic Studies (1960) 27–59.

Halperin, David. "The Ibn Sayyad Traditions and the Legend of al-Dajjal," Journal of the American Oriental Society 96 (1976) 213–25.

Hawting, G. R. "We Were Not Ordered with Entering It but Only with Circumambulating It: Hadith and Fiqh on Entering the Kaaba," Bulletin of the School of Oriental and African Studies 47 (1984) 228–42.

Huntington, Samuel. "The Clash of Civilizations," Foreign Affairs 72:3 (Summer 1993) 22–49.

Kister, M. J. "al-Tahannuth: An Inquiry into the Meaning of a Term," Bulletin of the School

Studies on Islam. New York, 1981.

Sells, Michael. Desert Tracings: Six Classical Arabian Odes. Connecticut, 1989.

Shaban, M. A. Islamic History: A New Interpretation. Cambridge, 1994.

Shah, Idris. The Sufis. New York, 1964.

———. The Way of the Sufi. New York, 1969.

Shariati, Ali. Fatima Is Fatima. Tehran, 1971.

———. Iqbal: Manifestations of the Islamic Spirit. New Mexico, 1991.

Smith, Margaret. Rabi'a the Mystic and Her Fellow-Saints in Islam. Cambridge, 1928.

Smith, Wilfred Cantwell. Islam in Modern History. Princeton, 1957.

Soroush, Abdolkarim. Reason, Freedom, and Democracy. New York, 2000.

Stillman, Norman A. The Jews of Arab Lands. Philadelphia, 1979.

Tabataba'i, Muhammad H. Qur'an in Islam. London, 1988.

———. Shi'ite Islam. New York, 1979.

Taha, Mahmoud. The Second Message of Islam. Syracuse, 1987.

Thompson, Edward J. The Other Side of the Medal. London, 1925.

Trevelyan, C. E. On the Education of the People of India. Hyderabad, 1838.

Trimingham, J. Spencer. The Sufi Orders in Islam. Oxford, 1971.

Troll, Christian W. Sayyid Ahmed Khan: A Reinterpretation of Muslim Theology. New Delhi, 1978.

Turner, Bryan S. Weber and Islam: A Critical Study. London, 1974.

Von Denffer, Ahmad. Ulum al-Quran: An Introduction to the Sciences of the Qur'an. Leicester, 1983.

Wadud, Amina. Qur'an and Woman: Rereading the Sacred Text from a Woman's Perspective. New York, 1999.

Walzer, Michael. Just and Unjust Wars. New York, 1977.

Wansbrough, John. Quranic Studies: Sources and Methods of Scriptural Interpretation. Oxford, 1977.

———. The Sectarian Milieu: Content and Composition of Islamic Salvation History. Oxford, 1978.

Watt, W. Montgomery. The Faith and Practice of al-Ghazali. London, 1953.

———. Islamic Creeds. Edinburgh, 1994.

———. Islamic Political Thought. Edinburgh, 1968.

———. Muhammad at Mecca. London, 1953.

———. Muhammad at Medina. Oxford, 1956.

———. Muhammad: Prophet and Statesman. London, 1961.

Welch, William M. No Country for a Gentleman. New York, 1988.

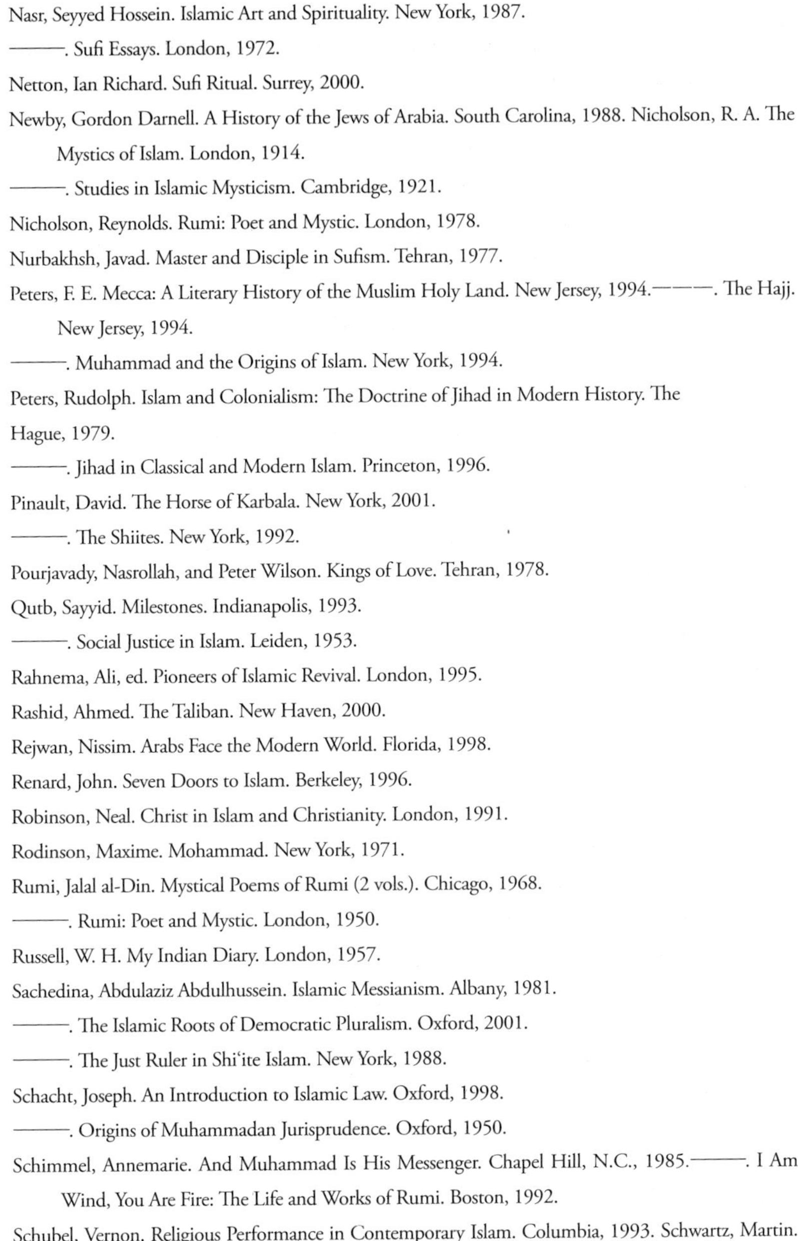

Nasr, Seyyed Hossein. Islamic Art and Spirituality. New York, 1987.

———. Sufi Essays. London, 1972.

Netton, Ian Richard. Sufi Ritual. Surrey, 2000.

Newby, Gordon Darnell. A History of the Jews of Arabia. South Carolina, 1988. Nicholson, R. A. The Mystics of Islam. London, 1914.

———. Studies in Islamic Mysticism. Cambridge, 1921.

Nicholson, Reynolds. Rumi: Poet and Mystic. London, 1978.

Nurbakhsh, Javad. Master and Disciple in Sufism. Tehran, 1977.

Peters, F. E. Mecca: A Literary History of the Muslim Holy Land. New Jersey, 1994.———. The Hajj. New Jersey, 1994.

———. Muhammad and the Origins of Islam. New York, 1994.

Peters, Rudolph. Islam and Colonialism: The Doctrine of Jihad in Modern History. The

Hague, 1979.

———. Jihad in Classical and Modern Islam. Princeton, 1996.

Pinault, David. The Horse of Karbala. New York, 2001.

———. The Shiites. New York, 1992.

Pourjavady, Nasrollah, and Peter Wilson. Kings of Love. Tehran, 1978.

Qutb, Sayyid. Milestones. Indianapolis, 1993.

———. Social Justice in Islam. Leiden, 1953.

Rahnema, Ali, ed. Pioneers of Islamic Revival. London, 1995.

Rashid, Ahmed. The Taliban. New Haven, 2000.

Rejwan, Nissim. Arabs Face the Modern World. Florida, 1998.

Renard, John. Seven Doors to Islam. Berkeley, 1996.

Robinson, Neal. Christ in Islam and Christianity. London, 1991.

Rodinson, Maxime. Mohammad. New York, 1971.

Rumi, Jalal al-Din. Mystical Poems of Rumi (2 vols.). Chicago, 1968.

———. Rumi: Poet and Mystic. London, 1950.

Russell, W. H. My Indian Diary. London, 1957.

Sachedina, Abdulaziz Abdulhussein. Islamic Messianism. Albany, 1981.

———. The Islamic Roots of Democratic Pluralism. Oxford, 2001.

———. The Just Ruler in Shi'ite Islam. New York, 1988.

Schacht, Joseph. An Introduction to Islamic Law. Oxford, 1998.

———. Origins of Muhammadan Jurisprudence. Oxford, 1950.

Schimmel, Annemarie. And Muhammad Is His Messenger. Chapel Hill, N.C., 1985.———. I Am Wind, You Are Fire: The Life and Works of Rumi. Boston, 1992.

Schubel, Vernon. Religious Performance in Contemporary Islam. Columbia, 1993. Schwartz, Martin.

Edwardsville, Ill., 1982.

Keddie, Nikki R. Sayyid Jamal al-Din "al-Afghani": A Political Biography. Berkeley, 1972. Kelsay, John. Islam and War. Kentucky, 1993.

Kepel, Gilles. Jihad: The Trail of Political Islam. Cambridge, 2002.

———. The War for Muslim Minds: Islam and the West. Cambridge, 2004.

Kerr, Malcolm H. Islamic Reform: The Political and Legal Theories of Muhammad 'Abduh
and Rashid Rida. Berkeley, 1966.

Khan, Inayat. The Unity of Religious Ideals. London, 1929.

Khan, Sayyid Ahmed. The Causes of the Indian Revolt. Benares, 1873.

Khomeini, Ruhollah. A Clarification of Questions. Boulder, 1984.

———. Islam and Revolution. Berkeley, 1981.

———. Islamic Government. New York, 1979.

Kochler, Hans. The Concept of Monotheism in Islam and Christianity. Austria, 1982. Lammens, Henri. Islam: Beliefs and Institutions. London, 1968.

Lecker, Michael. Muslims, Jews, and Pagans: Studies on Early Islamic Medina. Leiden, 1995. Lings, Martin. What Is Sufism? Cambridge, 1993.

Mackey, Sandra. The Iranians. New York, 1996.

Madelung, Wilferd. Religious Schools and Sects in Medieval Islam. London, 1985.

———. The Succession to Muhammad. Cambridge, 1997.

Margoliouth, D. S. The Relations Between Arabs and Israelites Prior to the Rise of Islam. London, 1924.

Martin, Richard. Approaches to Islam in Religious Studies. Oxford, 2001.

Martin, Richard, et al. Defenders of Reason in Islam. Oxford, 1997.

Massignon, Louis. Essay on the Origins of the Technical Language of Islamic Mysticism.
Bloomington, Ind., 1997.

Mawdudi, Abu-l Ala (Mawlana). Nationalism and India. Lahore, 1947.

———. The Islamic Movement. London, 1984.

McCarthy, Richard. The Theology of the Ash'ari. Beirut, 1953.

Mehr, Farhang. The Zoroastrian Tradition. Amherst, Mass., 1991.

Menocal, Maria Rosa. Ornament of the World. New York, 2002.

Mernissi, Fatima. The Veil and the Male Elite. Cambridge, 1991.

Metcalf, Thomas. The Aftermath of Revolt. Princeton, 1964.

Mitchell, Richard P. Society of the Muslim Brothers. New York, 1969.

Momen, Moojan. An Introduction to Shi'i Islam. New Haven, 1985.

Mottahadeh, Roy. The Mantle of the Prophet. New York, 1985.

Naquvi, M. A. The Tragedy of Karbala. Princeton, 1992.

Embree, Ainslee. 1857 in India. Boston, 1963.

Ernst, Carl. Eternal Garden: Mysticism, History, and Politics at a South Asian Sufi Center. New York, 1992.

———. Teachings of Sufism. Boston, 1999.

Esposito, John L., and John O. Voll. Makers of Contemporary Islam. New York, 2001. Gabrieli, Francesco. Muhammad and the Conquests of Islam. New York, 1968.

Gatje, Helmut. The Qur'an and Its Exegesis. Berkeley, 1976.

Gelpke, R. Layla and Majnun. London, 1966.

Gibb, H.A.R. Mohammedanism. London, 1970.

Goiten, S. D. Jews and Arabs. New York, 1970.

Goldziher, Ignaz. Introduction to Islamic Theology and Law. Princeton, 1981.

———. Muslim Studies (2 vols.). Albany, 1977.

Graetz, Heinrich. History of the Jews (3 vols.). Philadelphia, 1894.

Griffiths, C. G. Siege of Delhi. London, 1912.

Haeri, Shaykh Fadhlalla. The Elements of Sufism. Great Britain, 1990.

Haim, Sylvia G., ed. Arab Nationalism. Berkeley, 1962.

Halm, Heinz. Shi'a Islam: From Religion to Revolution. Princeton, 1997.

Helminski, Camille Adams. Women of Sufism. Boston, 2003.

Herberg, Will. Protestant, Catholic, Jew. New York, 1955.

Hodgson, Marshall G. S. The Venture of Islam. Chicago, 1974.

Hourani, George. Islamic Rationalism. Oxford, 1971.

Hoyland, Robert G. Arabia and the Arabs. New York, 2001.

Hurvitz, Nimrod. The Formation of Hanbalism: Piety into Power. London, 2002.

Ibn Batuta. The Travels of Ibn Batuta. Cambridge, 1958.

Ibn Hisham. The Life of Muhammad. Oxford, 1955.

Ibn Rushd. Commentary on Aristotle's Metaphysics. Leiden, 1984.

———. The Epistle on the Possibility of Conjunction with the Active Intellect. New York, 1982.

———. Three Short Commentaries on Aristotle's "Topics," "Rhetoric," and "Poetics." Albany, 1977.

Ibn Sina. The Life of Ibn Sina. Albany, 1974.

———. Treatise on Logic. The Hague, 1971.

Israel, Milton, and N. K. Wagle, eds. Islamic Societies and Culture: Essays in Honor of Professor Aziz Ahmad. New Delhi, 1983.

Jafri, S. Husain M. Origins and Early Development of Shi'a Islam. London, 1978. Juynboll, G.H.A., ed. Studies on the First Century of Islamic Studies. Carbondale and

Baldick, Julian. Mystical Islam. New York, 1989.

Ball, Charles. The History of the Indian Mutiny. London, 1860.

Bamyeh, Mohammed A. The Social Origins of Islam. Minneapolis, 1999.

Baqer, Moin. Khomeini: Life of the Ayatollah. New York, 1999.

Barks, Colman. The Essential Rumi. San Francisco, 1995.

Baron, Salo Wittmayer. A Social and Religious History of the Jews (3 vols.). New York, 1964. Bell, Richard. The Origin of Islam in Its Christian Environment. London,1968.

Bergen, Peter L. Holy War, Inc.: Inside the Secret World of Osama bin Laden. New York, 2001.

Berkey, Jonathan P. The Formation of Islam. Cambridge, 2003.

Black, Anthony. The History of Islamic Political Thought. New York, 2001.

Boyce, Mary. History of Zoroastrianism (3 vols.). Leiden, 1996.

———. Zoroastrians: Their Religious Beliefs and Practices. New York, 2001.

Bulliet, Richard. The Camel and the Wheel. Cambridge, 1975.

———. Islam: The View from the Edge. New York, 1994.

Burckhardt, Titus. An Introduction to Sufi Doctrine. Wellingsborough, 1976.

Chelowski, Peter. Ta'ziyeh: Ritual and Drama in Iran. New York, 1979.

Cole, Juan R. I. Colonialism and Revolution in the Middle East. Princeton, 1993.

Cooper, John, et al., eds. Islam and Modernity. London, 1998.

Cooperson, Michael. Classical Arabic Biography. Cambridge, 2000.

Cox, Harvey. The Secular City. New York, 1966.

Cragg, Kenneth. The Event of the Qur'an. Oxford, 1971.

———. God's Rule: Government and Islam. New York, 2004.

———. Readings in the Qur'an. London, 1988.

Crone, Patricia. Meccan Trade and the Rise of Islam. New Jersey, 1987.

——— and M. A. Cook. Hagarism: The Making of the Islamic World. Cambridge, 1977.——— and Martin Hinds. God's Caliph: Religious Authority in the First Centuries of Islam. Cambridge, 1986.

Dajani-Shakeel, Hadia, and Ronald A. Messier, eds. The Jihad and Its Times. Ann Arbor, 1991.

de Bruijn, J.T.P. Persian Sufi Poetry. Surrey, 1997.

de Tocqueville, Alexis. Democracy in America. New York, 1969.

Donohue, John J., and John L. Esposito, eds. Islam in Transition. New York, 1982. Doran, Michael. Pan-Arabism Before Nasser. Oxford, 1999.

Eliade, Mircea. The Myth of the Eternal Return. Princeton, 1954.

———. The Sacred and the Profane. San Diego,1959.

參考書目

專書

Abbott, Nabia. Studies in Arabic Literary Papyri. Chicago, 1957–72.

Abd al-Rahman al-Bazzaz. Islam and Nationalism. Baghdad, 1952.

Abedi, Mehdi, and Gary Legenhausen, eds. Jihad and Shahadat. Houston, 1986. Abrahamian, Ervand. Khomeinism: Essays on the Islamic Republic. Berkeley, 1993. Abrahamov, Binyamin. Islamic Theology: Traditionalism and Rationalism. Edinburgh, 1998. Adams, Charles C. Islam and Modernism in Egypt. London, 1933.

Ahmad, Barakat. Muhammad and the Jews: A Re-Examination. New Delhi, 1979. Ahmad, Jalal-e. Gharbzadeghi. California, 1997.

Ahmed, Leila. Women and Gender in Islam. New Haven, 1992.

Ahmed, Rashid. The Taliban. New Haven, 2000.

al-Banna, Hasan. Memoirs of Hasan al-Banna Shaheed. Karachi, 1981.

Algar, Hamid. Wahhabism: A Critical Essay. New York, 2002.

al-Ghazali. The Alchemy of Happiness. London, 1980.

———. The Foundations of the Articles of Faith. Lahore, 1963.

———. The Niche of Lights. Utah, 1998.

———. The Ninety-nine Beautiful Names of God. Nigeria, 1970.

al-Rasheed, Madawi. A History of Saudi Arabia. Cambridge, 2003.

al-Shaibi, Kamil M. Sufism and Shi'ism. Great Britain, 1991.

al-Tabari, Abu Ja'far Muhammad. The History of al-Tabari, ed. Ihsan Abbas et al. New

York, 1988.

Amin, Osman. Muhammad 'Abduh. Washington, D.C., 1953.

Andrae, Tor. Mohammed: The Man and His Faith. New York, 1960

Angha, Molana Salaheddin Ali Nader Shah. The Fragrance of Sufism. Lanham, 1996. Angha, Nahid. Ecstasy. California, 1998.

———. Selections. California, 1991.

An-Na'im, Abdullahi. Toward an Islamic Reformation. Syracuse, 1990.

Arjomand, Said Amir. The Turban for the Crown. New York, 1988.

Armstrong, Karen. Muhammad. San Francisco, 1992.

Asani, Ali, and Kamal Abdel-Malek. Celebrating Muhammad. South Carolina, 1995. Ash-Shabrawi, Abd al-Khaliq. The Degrees of the Soul. London, 1997.

Attar, Farid ad-Din. The Conference of the Birds. New York, 1984.

Badawi, M. A. Zaki. The Reformers of Egypt. London, 1979.

書系
知識共同體 27

伊斯蘭大歷史：穆斯林的信仰故事與改革之書

No god but God : the origins, evolution, and future of Islam

作者	雷薩・阿斯蘭（Reza Aslan）
譯者	魏靖儀
總編輯	莊瑞琳
責任編輯	盧意寧
編輯協力	向淑容
美術設計	王小美
內頁排版	丸同連合studio

社長	郭重興
發行人兼出版總監	曾大福
出版	衛城出版／遠足文化事業股份有限公司
發行	遠足文化事業股份有限公司
地址	23141 新北市新店區民權路 108-2 號九樓
電話	02-22181417
傳真	02-86671065
客服專線	0800-221029
法律顧問	華洋法律事務所蘇文生律師
製版	瑞豐電腦製版印刷股份有限公司
初版	2018 年 8 月
定價	520 元

伊斯蘭大歷史：穆斯林的信仰故事與改革之書／雷薩・阿斯蘭（Reza Aslan）作；魏靖儀譯. -- 初版. -- 新北市：衛城出版：遠足文化發行，2018.08
面；公分. --（藍書系；27）
譯自：No god but God : the origins, evolution, and future of Islam

978-986-96435-6-6（平裝）

1. 伊斯蘭教 2. 歷史

258　　107010643

ACRO
POLIS
衛城
出版

Email acropolis@bookrep.com.tw
Blog www.acropolis.pixnet.net/blog
Facebook www.facebook.com/acropolispublish

● 親愛的讀者你好，非常感謝你購買衛城出版品。
我們非常需要你的意見，請於回函中告訴我們你對此書的意見，
我們會針對你的意見加強改進。

若不方便郵寄回函，歡迎傳真回函給我們。傳真電話 —— 02-2218-1142

或上網搜尋「衛城出版FACEBOOK」
http://www.facebook.com/acropolispublish

● 讀者資料

你的性別是 □ 男性 □ 女性 □ 其他

你的職業是 ________________ 你的最高學歷是 ________________

年齡 □ 20 歲以下 □ 21-30 歲 □ 31-40 歲 □ 41-50 歲 □ 51-60 歲 □ 61 歲以上

若你願意留下 e-mail，我們將優先寄送 ________________ 衛城出版相關活動訊息與優惠活動

● 購書資料

● 請問你是從哪裡得知本書出版訊息？（可複選）
□ 實體書店 □ 網路書店 □ 報紙 □ 電視 □ 網路 □ 廣播 □ 雜誌 □ 朋友介紹
□ 參加講座活動 □ 其他 ________

● 是在哪裡購買的呢？（單選）
□ 實體連鎖書店 □ 網路書店 □ 獨立書店 □ 傳統書店 □ 團購 □ 其他 ________

● 讓你燃起購買慾的主要原因是？（可複選）
□ 對此類主題感興趣 □ 參加講座後，覺得好像不賴
□ 覺得書籍設計好美，看起來好有質感！ □ 價格優惠吸引我
□ 議題好熱，好像很多人都在看，我也想知道裡面在寫什麼 □ 其實我沒有買書啦！這是送（借）的
□ 其他 ________

● 如果你覺得這本書還不錯，那它的優點是？（可複選）
□ 內容主題具參考價值 □ 文筆流暢 □ 書籍整體設計優美 □ 價格實在 □ 其他 ________

● 如果你覺得這本書讓你好失望，請務必告訴我們它的缺點（可複選）
□ 內容與想像中不符 □ 文筆不流暢 □ 印刷品質差 □ 版面設計影響閱讀 □ 價格偏高 □ 其他 ________

● 大都經由哪些管道得到書籍出版訊息？（可複選）
□ 實體書店 □ 網路書店 □ 報紙 □ 電視 □ 網路 □ 廣播 □ 親友介紹 □ 圖書館 □ 其他 ________

● 習慣購書的地方是？（可複選）
□ 實體連鎖書店 □ 網路書店 □ 獨立書店 □ 傳統書店 □ 學校團購 □ 其他 ________

● 如果你發現書中錯字或是內文有任何需要改進之處，請不吝給我們指教，我們將於再版時更正錯誤

請

沿

虛

線

剪

下

廣　告　回　信
板橋郵政登記證
板橋廣字第1139號

免貼郵票

23141
新北市新店區民權路108-2號9樓

衛城出版 收

● 請沿虛線對折裝訂後寄回，謝謝！

書系

知識共同體

ACRO
POLIS
衛城
出版

ACRO
POLIS
衛城
出版